경찰
공무원

영어

PREFACE

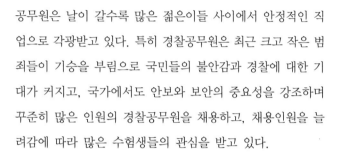

공무원은 날이 갈수록 많은 젊은이들 사이에서 안정적인 직업으로 각광받고 있다. 특히 경찰공무원은 최근 크고 작은 범죄들이 기승을 부림으로 국민들의 불안감과 경찰에 대한 기대가 커지고, 국가에서도 안보와 보안의 중요성을 강조하며 꾸준히 많은 인원의 경찰공무원을 채용하고, 채용인원을 늘려감에 따라 많은 수험생들의 관심을 받고 있다.

본서는 경찰공무원을 준비하는 수험생들을 위해 발행된 경찰공무원시험의 필수과목 영어 기본서로 영어 핵심이론과 함께 기존에 출제되었던 문제들을 분석하여 기출예상문제를 상세한 해설과 함께 수록하였다.

국민의 안전과 질서유지를 위해 경찰공무원을 준비하는 많은 수험생들이 본서와 함께 합격의 달콤한 꿈을 이룰 수 있게 되길 기원한다.

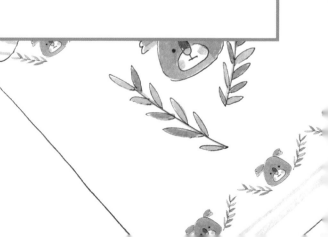

STRUCTURE

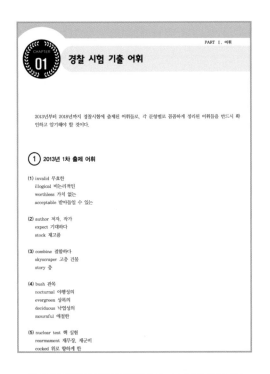

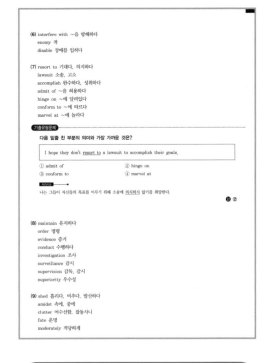

핵심이론정리

각 단원별로 필수적으로 알아야 할 내용을 정리하여 수록하였습니다.

기출유형문제

기출문제를 분석하여 이론과 관련된 유형문제를 수록하였습니다.

STRUCTURE

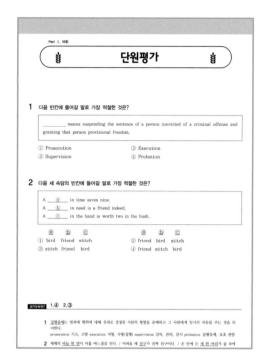

INFORMATION

❋ 경찰공무원 소개

① **경찰공무원이란** : 공공의 안녕과 질서유지를 주 임무로 하는 국가공무원을 말한다. 일반 공무원과는 달리 특수한 임무를 수행하기 때문에 경찰공무원법에 따라 임용, 교육, 훈련, 신분보장, 복무규율 등이 이루어지고 있다. 일반적으로 경찰관으로 통칭한다.

② **경찰공무원시험의 종류**

　㉠ 순경(일반남녀, 101경비단)

　㉡ 간부후보생 : 경찰간부가 되기 위하여 선발되어 경찰교육기관에서 교육훈련을 받는 교육생을 말한다.

③ **응시자격**

• 공통자격 : 운전면허 1종 보통 또는 대형면허 소지자(원서접수 마감일까지)

• 공채

모집분야	순경(일반남녀, 101경비단)	간부후보생
응시연령	18세 이상 40세 이하	21세 이상 40세 이하

• 특채

구분	선발 분야 및 자격요건
경찰행정학과	- 연령 : 20세 이상 40세 이하 - 2년제 이상의 대학의 경찰행정 관련 학과를 졸업했거나 4년제 대학의 경찰행정 관련학과에 재학 중이거나 재학했던 사람으로서 경찰행정학전공 이수로 인정될 수 있는 과목을 45학점 이수
전의경특채	- 연령 : 21세 이상 30세 이하 - 경찰청 소속 '전투경찰순경'으로 임용되어 소정의 복무를 마치고 전역한자 또는 전역예정인자(해당시험 면접시험 전일까지 전역예정자) - 군복무시 모범대원 우대

④ **채용절차** : 시험공고 및 원서접수 > 필기 · 실기시험 > 신체검사 > 체력 · 적성검사 > 면접시험 > 최종합격(가산점 적용)

    ㉠ **필기시험**

    • 공채

    − 간부후보생

구분	객관식	주관식	
		필수	선택
일반	경찰학개론, 한국사, 영어, 형법, 행정학	형사소송법	행정법, 경제학, 민법총칙, 형사정책 중 1과목
세무 · 회계	한국사, 영어, 형법, 형사소송법, 세법개론	회계학	상법총칙, 경제학, 통계학, 재정학 중 1과목
사이버	한국사, 영어, 형법, 형사소송법, 정보보호론	시스템 네트워크보안	데이터베이스론, 통신이론, 소프트웨어공학 중 1과목

    − 순경(일반남녀, 101단) : 필수(한국사, 영어) 2과목, 선택(형법, 형사소송법, 경찰학개론, 국어, 수학, 사회, 과학 중) 3과목

    • 특채

    − 경찰행정학과 : 경찰학개론, 수사, 행정법, 형법, 형사소송법

    − 전의경특채 · 학교전담경찰관 · 경찰특공대 : 한국사, 영어, 형법, 형사소송법, 경찰학개론

    ㉡ **신체검사**

    • 체격, 시력, 색신(色神), 청력, 혈압, 사시(斜視), 문신을 검사한다.

    ㉢ **체력 · 적성검사**

    • 체력검사 : 총 5종목 측정(100m달리기, 1,000m달리기, 팔굽혀펴기, 윗몸일으키기, 좌 · 우악력)

    • 적성검사 : 경찰공무원으로서의 적성을 종합적으로 검정한다.

      ※ 적성검사는 점수화하지 않으며, 면접 자료로 활용된다.

    ㉣ **면접시험**

    • 집단면접과 개별면접으로 나뉘며 집단면접에서는 의사발표의 정확성 · 논리성 · 전문지식을, 개별면접에서는 품행 · 예의 · 봉사성 · 정직성 · 도덕성 · 준법성을 본다.

⑤ **합격자결정방법**

    ㉠ 필기 또는 실기시험(50%) + 체력검사(25%) + 면접시험(20%) + 가산점(5%)를 합산한 성적의 고득점 순으로 선발예정인원을 최종합격자로 결정한다.

    ㉡ 경찰특공대는 실기(45%) + 필기(30%) + 면접(20%) + 가산점(5%)로 결정한다.

CONTENTS

어휘 단원은 최근 경찰공무원 시험에 출제되었던 어휘들과 주제별
필수 어휘, 주요 숙어 및 구어 표현을 수록하였다.

어휘

경찰 시험 기출 어휘

2013년부터 2018년까지 경찰시험에 출제된 어휘들로, 각 문항별로 꼼꼼하게 정리된 어휘들을 반드시 확인하고 암기해야 할 것이다.

① 2013년 1차 출제 어휘

(1) invalid 무효한
illogical 비논리적인
worthless 가치 없는
acceptable 받아들일 수 있는

(2) author 저자, 작가
expect 기대하다
stock 재고품

(3) combine 결합하다
skyscraper 고층 건물
story 층

(4) bush 관목
nocturnal 야행성의
evergreen 상록의
deciduous 낙엽성의
mournful 애절한

(5) nuclear test 핵 실험
rearmament 재무장, 재군비
cocked 위로 향하게 한

(6) interfere with ~을 방해하다
　　enemy 적
　　disable 장애를 입히다

(7) resort to 기대다, 의지하다
　　lawsuit 소송, 고소
　　accomplish 완수하다, 성취하다
　　admit of ~을 허용하다
　　hinge on ~에 달려있다
　　conform to ~에 따르다
　　marvel at ~에 놀라다

기출유형문제

다음 밑줄 친 부분의 의미와 가장 가까운 것은?

> I hope they don't <u>resort to</u> a lawsuit to accomplish their goals.

① admit of　　　　　　　② hinge on
③ conform to　　　　　　④ marvel at

Advice

나는 그들이 자신들의 목표를 이루기 위해 소송에 <u>의지하지</u> 않기를 희망한다.

답 ②

(8) maintain 유지하다
　　order 명령
　　evidence 증거
　　conduct 수행하다
　　investigation 조사
　　surveillance 감시
　　supervision 감독, 감시
　　superiority 우수성

(9) shed 흘리다, 비추다, 발산하다
　　amidst 속에, 중에
　　clutter 어수선함, 잡동사니
　　fate 운명
　　moderately 적당하게

(10) oriental 동양의
　　　subordination 복종
　　　prevail 만연하다
　　　on an equal basis 대등하게
　　　dare 감히 ~하다

(11)~(12)
　　　discretion 재량
　　　minority 소수
　　　prevalent 일반적인, 널리 퍼진
　　　appreciate 이해하다
　　　rank-and-file 사병, 평사원
　　　violence 폭력
　　　attention 관심
　　　debate 논쟁하다, 토론
　　　indicate 보여주다, 가리키다
　　　embrace 껴안다, 받아들이다
　　　productivity 생산성
　　　affirmative 긍정의
　　　crucial 중요한
　　　widespread 널리 퍼진
　　　request 요청하다
　　　uncommon 특별한, 비범한
　　　valuable 가치 있는

(13) hazard 위험
　　　method 방법
　　　slippery 미끄러운
　　　equipment 장비
　　　emit 방출하다, 내뿜다
　　　sensitive 민감한
　　　odd 이상한
　　　odor 냄새
　　　chemical 화학물질
　　　construction 건설
　　　suspect 용의자, 혐의자
　　　renovation 수리, 개조

(14) suspicion 혐의

exceptionality 예외성

capacity 수용력

recognize 알아차리다, 인식하다

unexpected 예기치 못한

variation 변수, 변화

routine 일상의

beat 맥박, 울림

adept at ~에 능숙한

presence 존재

normality 정상 상태

etched 새겨진

ordinary 일상, 보통

attract 끌다

(15) excitement 흥분

adventure 모험

cowhand 소 돌보는 일꾼, 목장 노동자

herd 떼, 선도하다

cattle 소 무리

wagon 마차

rugged 울퉁불퉁한, 험한

(16) mirage 신기루

refraction 굴절

surface 표면

via ~를 통해

refract 굴절시키다

density 밀도

refractive 굴절시키는

allow + 목적어 + to 동사원형 ~가 ~하도록 허락하다

straight line 직선

due to ~ 때문에

take into consideration 고려하다

bend 구부러지다

scatter 흩어지다

reflex 반사하다

intensify 강화되다

(17) be associated with ~와 관련이 있다
mental 정신의
function 기능
cellular 세포의
component 요소
permanent 영구적인
rigid 엄격한
flexible 유연한, 융통성 있는
circumstance 상황, 환경
extensive 광범위한
remarkable 놀랄만한
take place 발생하다
in response to ~에 대한 반응으로
the nervous system 신경계
be struck blind 시력을 잃다
dedicate 헌신하다, 전념하다
visual 시각적인
stimuli 자극

(18) characteristic 특징적인
feeding 먹이 먹이기
nesting 둥지 짓기
migration 이주
frequent 빈번한
migratory bird 철새
misleading 오해의 소지가 있는
endeavor to ~하려고 노력하다
classify 분류하다
ecologically 생태학적으로
in general 일반적으로
shore 호숫가
woodland 삼림지대
make allowance for ~을 감안하다
arrange 정리하다, 배열하다
association 연관

(19)~(20) novel 소설

conventional 전통적인

narrative 서술, 묘사

explicit 솔직한, 명백한

characterization 성격묘사

distinctly 뚜렷하게, 명백하게

phased 단계적인

sequence 연속의 사건

setting 배경

firmly 확고하게

outline 개요를 서술하다

specifically 구체적으로

describe 묘사하다

gradually 점차적으로

subtle 미묘한

deliberate 의도적인

diffuse 산만한

accumulation 축적

minutely 상세하게

discriminate 구별하다, 차별하다

detail 세부사항

significance 중요성

grasp 꽉 잡다, 완전히 이해하다

constant 지속적인

attention 집중, 관심

sensitive 민감한

inference 추론

scene 장면

abrupt 갑작스러운

prominent 두드러진

succession 연속

piecemeal 단편적인

addition 추가

perception 인식, 지각

shrouded 뒤덮여진

be suited to ~에 어울리다

essential 필수적인, 중요한

subject 주제

② 2013년 2차 출제 어휘

(1) in need 어려움에 처한
　　indeed 정말, 실로
　　worth 가치가 있는
　　bush 관목, 덤불
　　stitch 바늘땀

(2) It is natural that ～는 당연하다
　　stale 퀴퀴한
　　basement 지하실
　　rainy season 우기, 장마
　　dank 눅눅한
　　sparse 드문, 희박한
　　sluggish 부진한
　　numb 멍한, 감각이 없는

기출유형문제

다음 빈칸에 들어갈 말로 가장 적절한 것은?

> It is natural that the air is _____ and stale in the basement during the long rainy season.

① dank　　　　　　　　② sparse
③ sluggish　　　　　　④ numb

Advice

긴 장마 기간 동안 지하실에 공기가 <u>눅눅하고</u> 퀴퀴한 것은 당연하다.

답 ①

(3) refer to ～을 가리키다, 언급하다
　　minor 사소한, 작은
　　violation 위반
　　major 큰, 중요한
　　murder 살인
　　felony 중범죄

misbehavior 부정행위
misdemeanor 경범죄

(4) prank 장난
security code 보안 코드
figure out 알아내다
illegally 불법적으로
on the other hand 반면에
vulnerability 취약성
patch 때우다
malicious 악의적인
exploit 부당하게 이용하다
ethical 윤리적인

(5) celebrate 축하하다, 찬양하다, 기리다
defeat 패배시키다
reduce 줄이다
eliminate 제거하다
renowned 유명한, 명성 있는

(6) the right 권리
remain 남아있다
silent 침묵의
court of law 법정
lawyer 변호사
against 어긋나는, 반하는
afford 여유가 되다
assimilate 동화되다

(7) Help yourself! 마음껏 드세요!
Mud in your eye! 건배!
by the skin of my teeth 간신히
Let s toss for it! 동전을 던지자!

(8) suggest 제안하다
put up 올리다

(9) preliminary 예비의, 서론

    investigation 조사

    indicate 가리키다, 지적하다

    accident 사고

    occur 발생하다

    fatigue 피로

(10) fine 벌금을 부과하다

    charge 요금을 청구하다

    impact 충돌, 영향

    under the influence of ～의 영향 아래에

    state 상태, 진술하다

(11) owner 주인

    headquarter 본사

    break into 침입하다

    investigate 조사하다

    incident 사건

    immediately 즉시

    cash register 금전 등록기

(12) amendment 개정

    Constitution 미 헌법

    bear 낳다, 지니다

    foundation 기초

    own 소유하다

    widely 널리

    make sure 확실히 하다

    defend 방어하다, 변호하다

    threat 위협

    independence 독립

    apply to ～에 적용되다

    property 재산

    sponsor 후원하다

    enact 상연하다, 행동을 취하다

    debate 논쟁하다

    reject 거절하다

(13) encourage 격려하다

expression 표현

due to ～ 때문에

diversity 다양성

standard 기준

apply 적용하다

govern 지배하다, 통제하다

prevent ～from ～ing ～가 ～하는 것을 막다

block 막다

flow 흐름

alarmed 두려워하는

accessible 접근할 수 있는

restrict 제한하다

insist 주장하다

political 정치적인

religious 종교적인

register 등록하다

nature 자연, 본성

effort 노력

lasting 지속되는

effect 효과

otherwise 그렇지 않으면

(14) glacier 빙하

rapidly 빠르게

retreat 후퇴하다, 퇴각하다

climate change 기후 변화

region 지역

remarkable 현저한, 눈에 띄는

altitude 고도

range 범위

impact 영향

be related to ～에 관련되다

melt 녹다

magnificent 장엄한, 훌륭한

appearance 외모

bare 벌거벗은

rocky 바위투성이의
lifeless 생명이 없는
rubble 돌무더기
core 핵, 핵심
no longer 더 이상 ~가 아닌
splendid 정말 좋은, 인상적인
expansion 확대, 확장

(15) disappearance 사라짐, 소멸
satisfactory 만족스러운
explanation 설명
charge 요금을 부과하다, 고발하다
theft 절도
appear 등장하다, 보이다
magistrate 치안 판사
arrest 체포하다
violent 폭력적인
handcuff 수갑을 채우다

(16) coarse 굵은, 거친
fine 좋은, 미세한
roast 굽다
flavor 향미, 맛
grind-ground-ground 갈다
brew 차를 끓이다
pour 붓다
boil 끓다

(17) lateralization 편측화, (대뇌의) 좌우의 기능 분화
developmental 발달의
specialized 전문화된
asymmetric 비대칭의
recognition 인지, 인식
conventional 전통적인
vocal 목소리의
disagreement 불일치
as to ~에 관해서

specialization 전문화
complete 완전한, 완성하다
puberty 사춘기
lateralize 한쪽이 지배하다

(18)~(19)

mark 표시하다, 기록하다
miner 광부
originally 원래
journalist 기자
preserve 보존하다
pepper 후추, 뿌리다, 퍼붓다
phrase 어구
interestingly 흥미롭게
in use 사용하는
trace back 거슬러 올라가다
separate 분리하다
mineral 광물
settle to 가라앉다
sediment 침전물
remove 제거하다
likely 가능한, 있을 법한
origin 기원
gather 모으다
prefer 더 선호하다

(20) smallpox 천연두
widespread 널리 퍼진
disease 질병
eliminate 제거하다
intervention 개입
the World Health Organization 세계 보건 기구
agency 기관, 대행사
authorize 권한을 부여하다
initiate 착수시키다
eradicate 근절하다, 뿌리 뽑다
decade 십 년
pose 제기하다

yellow fever 황열병

initial 초기의

strategy 전략

mass 대량의

vaccination 예방 접종

isolate 고립시키다

active 활발한

chain 고리

transmission 전염

reward 보상

assist 돕다

motivate 동기를 부여하다

aid 돕다

victim 희생자

seek out 찾아내다

vaccinate 예방 주사를 맞히다

③ 2014년 1차 출제 어휘

(1) disturb 방해하다

refrain 그만두다, 삼가다

remove 제거하다, (어떤 곳에서) 치우다

convert 전환시키다, 개조하다

exclude 제외하다, 배제하다

(2) in honor of ~에게 경의를 표하여, ~을 기념하여

on behalf of ~을 대신(대표)하여

for the sake of ~을 위해서

according to (진술·기록 등에) 따르면

(3) coworker 협력자, 동료

workplace 직장

(4) crime 범죄

perpetrator 가해자, 범인

commit 저지르다, 범하다
victim 피해자, 희생자
criminal 범죄의, 범인

(5) commission 위원회, 수수료
authority 권한, 권위
bail 보석(금)
custody 유치, 구류
warrant 영장
restraint 규제, 통제

(6) alias 가명, ~라는 가명으로 알려진
alchemist 연금술사
apprentice 견습생
avarice 탐욕
inspector 조사관, 감독관
ex-convict 전과자

(7) sentence 형벌, (형을) 선고하다
prison 감옥
threat 협박, 위협
resort ~에 의지하다, 호소하다

(8) point out ~을 지적(언급) 하다
legitimate 합법적인, 정당한
illegitimate 불법의
coercion 강제, 강압
dictatorship 독재 정부
resistance 저항, 반대

(9) polar 극지의
global warming 지구 온난화
temperature 온도, 기온

(10) suit 정장
handsome 멋진, 잘생긴

(11) stomach 배, 복부
nauseous 메스꺼운
peanut butter 땅콩 버터
potato chip 감자 튀김

(12) Great Depression 대공황
unequal 불공평한
distribution 분배, 분포
excessive 지나친, 과도한
expansion 확대, 팽창

(13) mammal 포유동물
bat 박쥐
nocturnal 야행성의
roost 앉다, 쉬다
cave 동굴
attic 다락(방)
insect 곤충
echolocation 반향 위치 측정
radar 전파 탐지기

(14) extraordinary 기이한, 놀라운
celestial 하늘의, 천체의
navigational 항해의
distribute 분배하다, 배부하다
attribute (~을 …의) 덕분으로 보다
enhance 높이다, 향상시키다
disrupt 방해하다, 지장을 주다

(15) craft (수)공예
pottery 도자기
leather 가죽
straw 짚, 밀짚
necklace 목걸이
brass 놋쇠, 황동

autobiography 자서전
obituary 사망기사

(16) wearily 지쳐서, 싫증이 나서
intensive 집중적인
trembling 떨림, 전율
sympathetic 동정적인
preparation 준비, 대비

(17)~(18)
masculine 남자같은, 사내다운
privilege 특권, 특혜
deprive 빼앗다, 허용치 않다
vote 투표하다
astronaut 우주비행사
athlete 운동선수

(19) integrity 진실성, 온전함
irrespective ~을 무시하고
villain 악당
inhibit 억제하다, 저해하다
allegation 혐의(주장)
impartiality 공명정대
vulnerable 취약한, 연약한
inquisitive 호기심이 많은
prudence 신중, 조심
adamant 요지부동의, 단호한

(20) intruder 불법 침입자
captive 사로잡힌, 억류된
fundamental 근본적인, 본질적인
pardon (죄인에 대해) 사면하다, 용서하다

④ 2014년 2차 출제 어휘

(1) make up one's mind 결심하다
decide 결정하다
contemplate 고려하다, 심사숙고하다
hesitate 망설이다
register 등록하다

(2) release 풀어주다, (대중들에게) 공개, 발표하다
drop 떨어지다
contain ~이 들어있다
obsess (어떤 생각이 사람의 마음을) 사로잡다

(3) reasonable 합리적인, 적정한
endurable 견딜 수 있는
valuable 소중한, 귀중한
intelligent 총명한, 똑똑한

(4) mutiny 반란, 폭동
rebellion 반란
transaction 거래, 처리
intrigue 강한 흥미를 불러일으키다, 음모를 꾸미다
intimidation 협박, 위협

(5) down-to-earth 실제적인, 현실적인
practical 현실적인
distinct 뚜렷한, 분명한
profitable 수익성 있는
absolute 완전한, 절대적인

(6) downstairs 아래층으로
on time 정각에
beat 때리다, 두드리다

(7) available 이용할 수 있는
hang up 전화를 끊다

collect call 수신인 지불 요금 통화

(8) besides ~외에
bosom pal 가까운 친구
relatives 친척
sibling 형제자매

(9) make an appointment 약속을 하다
worst 최악의

(10) advance 발전, 진전
corporation 기업
positive 긍정적인
chemistry 화학

(11) looking forward to ~을 기대하다
make it a rule to do ~하기로 하고 있다, ~을 원칙으로 하다

(12) pass the exam 시험에 합격하다
advice 조언, 충고

(13) eventually 결국, 종내
anticipate 예상하다
significantly 상당히
prepare 준비하다
consider 고려하다, 숙고하다

(14) enforcement (법의) 시행, 집행
seize 붙잡다, 장악하다
property 재산, 소유물
judicial 사법(재판)의
debate 논의하다
neutral 중립적인
suspicion 혐의, 의혹
conviction 유죄 선고

(15) depressed 우울한

solve 해결하다

consult 상담하다

hide 숨다, 감추다

relieve (불쾌감·고통 등을) 덜어 주다

(16) police 치안을 유지하다, (규칙 준수를) 감시하다

investigator 조사관, 수사관

affairs 일, 사건

misconduct 위법 행위

intervention 조정, 간섭

discipline 규율, 징계

protester 시위자

(17) courtesy 공손함

efficiency 능률

effectiveness 효과적임, 유효성

break (법·약속 등을) 어기다

enforce (법률 등을)집행 하다

shaky 떨리는, 불안한

repressive 억압적인

(18) uncertainty 불확실성

inherent 내재하는

regulatory 규제력을 지닌

surge 급증, 급등

point to 가리키다, 암시하다

harness 이용하다, 활용하다

substantial 상당한

lurk (불쾌한 일·위험이) 도사리다, 숨어 있다

backstop 안전장치

(19) urban 도시의

maddening 미치게 하는

car alarm 자동차의 도난 경보 장치

annoyance 짜증, 성가심

irritation 짜증
nonexistent 존재하지 않는

(20) trap 함정, 덫
pursue 추구하다
polish 다듬다
convince 확신시키다
revision 수정, 정정

⑤ 2015년 1차 출제 어휘

(1) obscure 분명치 않은, 모호한
precise 정확한
impending 임박한

(2) prime minister 수상 thoroughly 대단히, 철저히
dismay 경악하게 만들다, 실망시키다

(3) go through something (특히 무엇을 찾기 위해) ~을 살펴보다[조사하다]
trousers 바지

(4) be in two minds about something/about doing something ~하는 데 대해 마음이 두 갈래이다[마음을 못 정하다]

(5) prepare for ~를 준비하다

(6) point out 지적하다
progress 진전을 보이다, 나아가다
oppression 압박, 억압

(7) for the first time 처음으로
adjust to ~에 적응하다

(8) renew 재개하다, 갱신하다
  expiration 만료, 만기
  revoke 폐지[철회]하다
  termination 종료
  suspend 유예[중단]하다

(9) impetuous 성급한, 충동적인
  temperament 기질, 성질

(10) investigator 연구자, 조사자
  rule out 제외시키다, 배제하다
  send out ~을 보내다

(11) taste 맛이 ~하다, ~ 맛이 나다

(12) surveillance 감시
  deterrent 제지하는 것
  intrude (남이 원치 않거나 가서는 안 될 곳에) 자기 마음대로 가다[침범하다], 방해하다

(13) lean back 상체를 뒤로 젖히다
  astonished 깜짝 놀란
  insult 모욕

(14) seize 붙잡다, 장악하다
  extent 정도, 크기
  hence 이런 이유로
  engage in ~에 종사하다

(15) debate 논의하다
  substantial 상당한
  in the long run (앞으로 길게 보았을 때) 결국에는
  infrastructure 사회[공공] 기반 시설

(16) be accustomed to ~에 익숙하다
  lie detectors 거짓말 탐지기
  foolproof 실패할[잘못될] 염려가 없는, 누구나 이용할 수 있는
  let alone ~커녕

(17) aging society 노령화 사회
emerge 나타나다
noticeable 뚜렷한, 현저한

(18) conversationally 담화로, 회화체로
funeral 장례식
consoling 위안이 되는

(19) come across 이해되다, (특정한) 인상을 주다
attentiveness 조심성, 정중함

(20) desirable 바람직한
messiness 뒤범벅임, 혼란스러움
align 나란히[가지런히] 만들다
comprehensive 포괄적인, 이해가 빠른
apprehensive 염려[우려]하는

⑥ 2015년 2차 출제 어휘

(1) by this age 이 나이에, 이 나이가 되면

(2) break down 고장나다
settle down 정착하다

(3) abrogated (법령·합의 등을) 폐지하다, 철폐하다

(4) count on ~에 의지하다, ~에 의존하다, ~에 기대하다

(5) emphasize 강조하다, 두드러지게 하다

(6) aggressive 공격적인, 호전적인
turn down 거절하다(=refuse)

(7) be on the tip of one's tongue (기억은 안 나고) 말이 혀끝에서 뱅뱅 돌다

(8) pull one's weight 자기의 역할(직무)을 다하다

(9) confirm (특히 증거를 들어) 사실임을 보여주다[확인해 주다]

(10) yearn (문예체) 갈망하다, 동경하다

(11) while ~하는 동안에 whether A or B A인지 혹은 B인지

(12) quit (비격식) (직장·학교 등을) 그만두다

(13) enthusiasm 열광, 열정
engaging 호감이 가는, 매력적인

(14) accompany 동반하다, 동행하다
sacrifice for ~을 위해서 희생하다

(15) expedition 탐험, 원정
acquired 획득한, 기득의
extraordinary 기이한, 놀라운
enthralling 마음을 사로잡는

(16) deal with something (문제·과제 등을) 처리하다
appreciate 진가를 알아보다

(17) vanity 허영심, 헛됨
peer 또래
reasoning 추리, 추론

(18) unnerve 불안하게 만들다

(19) fanned (바람을 일으켜 불길을) 거세게 하다

(20) legitimately 합법적으로, 정당하게

⑦ 2015년 3차 출제 어휘

(1) extraordinary 놀라운, 비범한

(2) discreet 신중한, 조심스러운

(3) take after somebody ~을 닮다

(4) according to 따르면, ~에 의하면
prefer to ~보다 선호하다

(5) be responsible for ~에 대한 책임이 있다
be committed to ~에 헌신[전념]하다

(6) outburst (감정의) 폭발[분출]
fine 벌금을 물리다

(7) stay in shape 건강을 유지하다

(8) to fill out a form 서식을 작성하다

(9) shell (달걀·견과류 등의 딱딱한) 껍데기, 포탄
due ~하기로 되어 있는[예정된]

(10) It is no use ~ing ~해도 소용없다
try to 하려고 노력하다

(11) counterfeit 위조하다

(12) be unwilling to do 마음이 내키지 않다
untidy 단정하지 못한, 어수선한

(13) limp 절뚝거리다, 느릿느릿 가다

(14) approximately 거의, 가까이
eastbound 동쪽으로 가는
comply 따르다

(15) moldy 곰팡이가 핀

(16) adaptive 적응할 수 있는
   cope with ~에 대처하다
   high alert 삼엄한 경계

(17) assume 추정하다
   presumption 추정
   burden 부담을 지우다

(18) term 용어
   black swan event 돌발변수, 돌연사태
   Highly Improbable 거의 일어날 것 같지 않은

(19) hemisphere (지구의) 반구
   phenomenon 현상

(20) impatient 짜증난, 안달하는
   tailgate (다른 차의 뒤를) 바짝 따라 달리다

(8) 2016년 1차 출제 어휘

(1) precarious 불안정한, 위태로운

(2) prone to ~하는 경향이 있는
   consistency 일관성
   coherence 일관성

(3) indicate ~을 나타내다

(4) argument 논쟁

(5) initiative 계획

(6) look forward to ~ing ~을 기대하다, 고대하다

(7) one'es cup of tea 취향이다, 좋아하는 것이다

(8) Are you following me? 내 말을 알겠니?

(9) drawing room 거실

(10) counterfeited money 위조지폐

(11) rational 이성적인
adequate 적절한
dominant 우세한

(12) inroad 진출

(13) plump 통통한, 볼록한
stealthy 몰래하는
stump 그루터기

(14) predator 포식자
keystone species 핵심종

(15) condemn 선고를 내리다, 규탄하다
execute 처형하다

(16) General Assembly 주 의회
Secretary of State 국무장관

(17) thriving 번성하는, 번영하는
embark ~을 착수하다
notable for ~으로 유명한

(18) patent 특허권
composition 구성

(19) a letter of reference 추천서

(20) strive to ~을 분투하다
omission 누락
discrepancy 차이

⑨ 2016년 2차 출제 어휘

(1) athlete 운동선수
crucial 중대한, 결정적인

기출유형문제

다음 문장에서 밑줄 친 부분의 의미와 가장 가까운 것은?

Having a strong mind-set as an athlete is <u>crucial</u>, and it will lead you to win this game.

① inferior ② perpetual
③ pivotal ④ conscientious

Advice

운동선수로서 강한 마음가짐을 갖는 것이 중요한데, 이것은 이번 게임에서 당신을 승리로 이끌 수도 있다.」

 ③

(2) interrogate 심문하다, 추궁하다

(3) awkward 어색한

(4) Let's call it a day. 오늘은 그만 끝내자
Look on the bright side. 긍정적인 면을 보다
Just step on your toes. 발을 밟다, 심기를 불편하게 하다
Don't mention it. 그것에 대해 언급하지 마.

(5) enact ~을 제정하다

(6) inclement (날씨가) 좋지 못한, 궂은

(7) GPS tracking devices GPS 추적 장치

(8) self-directed 자기주도적

(9) top priority 우선순위
innocent 무고한, 죄 없는
take over ~을 떠맡다, 인수하다

(10) unauthorized 승인되지 않은, 공인되지 않은
unaccountable 이해할 수 없는, 책임을 질 필요가 없는
cease 중단

(11) detective 탐정, 형사
stray 길 잃은
endangered 멸종될 위기에 처한

(12) circumstances 사정, 상황

(13) integration 통합
custom barrier 관세장벽

(14) interaction 상호작용
raise one's spirit 사기를 북돋아주다

(15) forensic 범죄과학수사의
intact 온전한
more likely than not 아마

(16) election campaign 선거운동
supporter 지지자 ↔ opponent 반대자
indicator 암시, 조짐

(17) represent 나타내다, 상징하다

(18) exertion 분투, 움직임
unison 조화, 화합

(19) transportation 교통

(20) immediate 즉각적인
subtle 미묘한
mature 성숙한

⑩ 2017년 1차 출제 어휘

(1) ingenuous 순진한(= naive)
tenacious 끈질긴
preliminary 예비의

기출유형문제

다음 밑줄 친 부분의 의미와 가장 가까운 것은?

A <u>preliminary</u> investigation indicates that the accident occurred because of the pilot's fatigue.

① latter   ② hectic
③ hurry   ④ preparatory

Advice

예비 조사는 사고가 조종사의 피로 때문에 일어났다는 것을 보여준다.

답 ④

(2) notorious 악명 높은(= infamous)
marvelous 놀라운

(3) conspire 공모하다, 계획하다
plotting 몰래 꾸미다, 음모하다
colliding 충돌하다
reconciling 조화시키다, 화해시키다
irritating 자극하다

(4) objection 이의, 반대

malicious 악의적인

innocuous 악의 없는, 무해한

malleable 펴 늘일 수 있는, 영향을 잘 받는

ambivalent 반대 감정이 병존하는, 애증이 엇갈리는

spiteful 앙심을 품은, 악의적인

(5) close down 폐쇄하다, 마감하다   see off 배웅하다

(6) Need a hand? 도와드릴까요?

(7) household budget 가계예산

make ends meet 수입과 지출의 균형을 맞추다

hit the ceiling (몹시 화가 나서) 길길이 뛰다

beat around the bush 둘러말하다, 요점을 피하다

brush up ~의 공부를 다시하다, 복습하다

(8) accuse A of B A를 B의 죄로 고발하다.

embarrass 당황스럽게 만들다

(9) intuitively 직감적으로

distinctive 독특한

attribute ~을 ~의 것이라고 보다(말하다)

(10) no longer 더 이상 ~아닌[하지 않는]

enforcement (법률의) 시행, 집행

(11) alarmingly 놀랄 만큼

controversial 논란이 많은

deterrence 제지, 저지

discourage 막다

(12) martial art 무술

limbs 팔다리(사지)

fresh 담수(민물)

⒀ substance 물질
consequently 그 결과

⒁ acquire 습득하다, 획득하다
carbohydrate 탄수화물
insulation 단열 처리
cushioning 완충재
lubricant 윤활유
soluble 녹는
digestion 소화
absorption 흡수

⒂ dreamer 몽상가
contradiction 모순
beacon 신호등, 봉화

⒃ offend against ~에 어긋나다
severely 엄하게
inadequate 불충분한

⒄ grey area 애매한 영역
pirate (비디오테이프 · 컴퓨터 프로그램 · 책 등에 대한) 저작권 침해자
infringement 위반
lax 느슨한

⒅ graduate studies 대학원에서의 연구
emulate 모방하다

⒆ numerous 많은
consistency 일관성
approximately 거의
vowel 모음

다음 문장에서 밑줄 친 부분의 의미와 가장 가까운 것은?

Some witnesses are prone to exaggerate <u>consistency</u> and coherence of what they see.

① magnification   ② consecution
③ nullification   ④ sanitarian

Advice

몇몇 목격자들은 그들이 본 것의 일관성을 확대하는 경향이 있다.

답 ②

(20) assumed 추정되는
province (행정 단위인) 주[도], 지역

(11) 2017년 2차 출제 어휘

(1) efface 지우다, 없애다(＝erase)
enlighten 이해시키다
resurrect 부활시키다
revere 숭배하다

(2) exacerbate 악화시키다(＝aggravate)
allude 암시하다
ameliorate 개선하다
alleviate 완화하다

(3) farewell meeting 송별회
production 생산
conflict 마찰, 충돌
deduction 추론
response 대응

(4) linguist 언어학자
primitive 원시의, 태초의

intermediate 중간의
adopt 입양하다
abandon 버리고 떠나다
appreciate 진가를 알아보다
absorb 흡수하다

(5) smoking rate 흡연율

(6) alternative 대체 가능한
harmful 해로운, 유해한

(7) jar 병, 단지

(8) conservationist (환경) 보호론자
endangered 멸종 위기에 처한
species 종

기출유형문제

다음 빈칸에 들어갈 말로 가장 적절한 것은?

> Each (　　　) of bird, in addition to having its characteristic coloring and song, has its favorite resorts for feeding and nesting.

① species
② incidents
③ babies
④ regions

Advice

새의 각 종들은 그것의 특징적인 색깔과 울음소리뿐만 아니라 먹이를 주고 둥지를 트는데 가장 좋아하는 장소를 가지고 있다.

탑 ①

(9) generous 넉넉한, 관대한

(10) come down with (별로 심각하지 않은 병이) 들다

(11) gauge 측정하다
duration 기간

dirt road 비포장도로
impassable 통과가 불가능한

(12) archaeologist 고고학자
posit 단정 짓다
populate 살다, 거주하다
imply 의미하다
settler 정착민

(13) deal with 처리하다
fluctuate 요동치다
abundant 풍부한
tempting 매력적인
guarantee 보장
set aside 떼어두다, 비축하다

(14) prehistoric 선사시대의
shed light on ~을 비추다, 밝히다
jawbone 턱뼈
reveal 드러내다
consume 섭취하다, 소비하다
foliage 나뭇잎
temperate 온대의
give way to 길을 내어주다, 양보하다

(15) engage in 참여하다
present 제시하다
verbal 구술의
interactive 쌍방향의
considerable 상당한
discourage 단념시키다
prerequisite 전제조건

(16) astronomer 천문학자
gas giant 가스상 거대 혹성(목성·토성 등)
conducive 도움이 되는
distant 멀리 떨어진
prevalent 흔한, 일반적인

(17) alleviate 완화시키다
adequate 충분한, 적절한
enduring 오래 가는

(18) leisure 여가
suspicious 의혹을 갖는
demanding 힘든
hold ~ in high regard ~를 매우 존경하다
welfare system 복지 체계

(19) concrete 구체적인
reinforce 강화하다
inadequacy 불충분함
sophisticated 섬세한
put across 이해시키다

(20) characteristically 특질상, 특징으로서
distribution 배분, 분포
reproduce 번식하다

⑫ 2018년 1차 출제 어휘

(1) convict 유죄를 선고하다, 유죄 판결을 내리다
sentence (형을) 선고하다
indisposed ~ 할 수 없는, 몸이 안 좋은
tattered 낡을 대로 낡은, 다 망가진
condemned 비난받은, 유죄 선고를 받은
dejected 기운 없는, 낙담[낙심]한

(2) subsequent 그[이] 다음의, 차후의
aftershock 여진
opaque   불투명한
repellent 혐오감을 주는, 불쾌한
sanguine 쾌활한, 희망에 찬
ensuing 다음의, 계속되는

(3) run somebody/something over (차량이나 그 운전자가) (사람·동물을) 치다
pedestrian 보행자

(4) absorb 흡수하다
peasant 농부
nomadic 유목의
thermal 열의, 온도의
radiate 발산하다
willingly 자진해서, 기꺼이

(5) adopt 입양하다, 채택하다
adapt 맞추다, 적응하다

 기출유형문제

다음 빈칸에 들어갈 말로 가장 적절한 것은?

> The reason emotions have a powerful effect on our performance is that emotions have
> (   ) value.

① negative ② adaptive
③ contribute ④ adoptive

Advice
감정이 우리의 행동에 강력한 영향력을 주는 이유는 감정이 적응할 수 있는 가치를 가지고 있기 때문이다.

 ②

(6) be stunned into silence 놀라서 할 말을 잃다

(7) approach 다가가다

(8) retire 은퇴하다
take a nap 낮잠을 자다

(9) superior to ~보다 뛰어난

(10) parcel 소포

shape up (특히 좋은 방향으로) 되어 가다[전개되다]

(11) intersection 교차로

elevated train 고가 열차

(12) implicit 은연중의, 암묵적인

tolerant 관대한

deviation 벗어남, 일탈

(13) prospective 장래의, 유망한

demographics 인구통계

enlist (협조·참여를) 요청하다

in stark contrast (이와는) 아주 대조적으로

recruitment strategies 채용 전략

intimacy 친밀감

fair 박람회

(14) notion 관념, 개념

norm 표준

participate 참가하다

specify 명시하다

tribal 부족의

infant 유아

toddler 걸음마를 배우는 아이

doze 졸다

stir 움직이다, 휘젓다

(15) powerhouse 유력[실세] 집단[기관]

modest (크기·가격·중요성 등이) 그다지 대단하지는 않은, 보통의

corporate tax rate 법인세율

recession 불황

descend 내려가다, 내리막이 되다

anaemic 빈혈이 있는, 활기 없는

(16) ecosystem 생태계

radiant 방사의, 복사의

photosynthesis 광합성

bond 유대, 결합

molecule 분자
glucose 포도당
respiration 호흡

(17) stick with ~을 계속하다
divert 전환하다

(18) bureau 사무소, 국
arboretum 수목원
concentrate 집중하다
rely on ~에 의지[의존]하다, ~을 필요로 하다

(19) witness 목격하다
friendly conversation 담소
overhear 어쩌다 듣다, 엿듣다
polarize 양극화하다
argumentative 논쟁적인

(20) postural 자세의
forearm 팔뚝

⑬ 2018년 2차 출제 어휘

(1) verify 확인하다, 입증하다
repeal (법률을) 폐지하다
refute 논박하다
confirmed 확고부동한
neutralize 무효화[상쇄]시키다

(2) divulge (비밀을) 누설하다
diverge (다른 방향으로) 갈라지다
deluge 쇄도하다
decry 매도하다

(3) substitute 대신하다, 대용하다
volatile 변덕스러운

fluctuate 변동[등락]을 거듭하다
differentiate 구별하다
subdue 진압하다

(4) infantile 어린애 같은, 유치한   clamor 시끄러운 외침, 소란
grown 다 큰, 장성한
innocent 결백한
obstinate 완강한
juvenile 어린애 같은

(5) persistent 끈질긴, 집요한   arousal level 각성 수준   deliberate 의도적인

(6) be allowed to ～하는 것이 허용되다

(7) camouflage 위장

(8) leap forward 빠르게 진보하다

(9) arrive 도착하다

(10) impressed 인상 깊게 생각하는, 감명을 받은

(11) be equipped with ～을 갖추고 있다
rump (네 발 달린 동물의) 엉덩이
mane 갈기
brindle 얼룩무늬인
reasonably 상당히

(12) digestive system 소화기 계통
drifting 표류하는
current 해류
prevalent 일반적인, 널리 퍼져 있는
respectively 각자, 각각

(13) real estate 부동산
prolonged 장기적인
contraction 수축
phase (변화·발달 과정상의 한) 단계[시기/국면]
accommodate 공간을 제공하다

vacancy 결원, 공석
subsidize 보조금을 주다
distress prices 투매 가격(판매자가 손해를 감수하는 매우 싼 가격)

(14) can afford to ~할 수 있다
push forward 계속 나아가다
place a bet on ~에 (내기를) 걸다

(15) comparison 비교
circumstance 환경
take pride in ~에 자부심을 갖다

(16) agricultural 농업의
conversion 전환, 변환
communal 공동의
holding 보유
restrict 제한하다
subsistence 생존
yield 내다[산출/생산하다]
acquire 얻다
fertilizer 비료
inaccessible 접근할 수 없는
exclude 배제하다

기출유형문제

다음 밑줄 친 부분의 의미와 가장 가까운 것은?

> In the late 1990s, many countries became alarmed at the freedom of speech accessible
> on the Internet and tried to <u>restrict</u> it.

① relieve
② participate
③ constraint
④ release

Advice

1990년대 후반에 많은 나라들은 인터넷 상에 접근할 수 있는 발언의 자유를 두려워하고 그것을 제한하려고 노력했다.

답 ③

(17) household 가구, 가정
　　empty nester 빈집지기, (장성한 자녀가 집을 떠난 뒤) 둘만 사는 부부
　　domination 지배
　　patronage 후원, 애용
　　sophisticated 세련된

(18) solitary 혼자 하는, 홀로 있는
　　confinement 갇힘, 얽매임
　　ultimately 궁극적으로
　　arguably (충분한 근거를 갖고) 주장하건대, 거의 틀림없이

(19) evaluating 평가
　　analogy 비유, 유사점
　　inaccurate 부정확한
　　racism 인종 차별

(20) profound 엄청난, 심오한
　　unambiguous 모호하지 않은, 분명한
　　notation 표기법
　　accurately 정확히, 정밀하게
　　take somebody/something for granted ~을 당연시하다
　　sight-read (악보를 처음 보고) 즉석에서 노래[연주]하다

⑭ 2018년 3차 출제 어휘

(1) obligatory 의무적인
　　clumsy 어설픈, 세련되지 못한
　　nebulous 흐릿한, 모호한
　　compulsory 강제적인, 의무적인
　　mutable 변할 수 있는

(2) involve 수반하다, 관련[연루]시키다
　　lacking ~이 없는[부족한]
　　impending (보통 불쾌한 일이) 곧 닥칠, 임박한
　　compelling 설득력 있는, 강력한
　　upcoming 다가오는, 곧 있을

(3) aging 노화

　　fight against ~와 싸우다

　　incipient 막 시작된

　　inexorable 멈출[변경할] 수 없는, 거침없는

　　congenial 마음이 맞는[통하는]

　　salutary (흔히 불쾌해 보이지만) 유익한, 효과가 좋은

(4) prevent A from ~ing A가 ~하는 것을 막다

(5) injure 부상을 입다

　　scramble (특히 힘겹게 손으로 몸을 지탱하며) 재빨리 움직이다, 허둥지둥[간신히] 해내다

　　instinct 본능

　　drive 몰아붙이다

　　predator 포식자

　　devastating 대단히 파괴적인, 엄청나게 충격적인

(6) nocturnal 야행성의

　　primate 영장류

　　fearlessness 겁 없음, 대담무쌍

　　sniff 코를 킁킁거리다

　　incisor teeth 앞니

　　rodent 설치류

　　larvae 유충

　　skeleton 뼈대

　　extract 꺼내다[뽑다/빼다]

　　mammal 포유동물

(7) stream 줄줄[계속] 흐르다[흘러나오다]

(8) provide A with B A에게 B를 제공하다

　　deeply 몹시, 매우

(9) tricky 힘든[까다로운], 곤란한

(10) bunch 다발, 송이

　　compartment 칸막이, 구획

　　humidity 습기

(11) minority 소수

distinguish 구별하다

ancestry 조상

descend 자손이다, 계통을 잇다

integrate 통합시키다

folklore 민속

superstition 미신

(12) offer 제안

ponder 숙고하다, 곰곰이 생각하다

(13) Classification 분류

classify 분류하다

variation (특히 양·정도의) 변화[차이]]

(14) underlying 근원적인

billiard 당구의

collide 충돌하다

trajectory 궤도

fundamentally 본질적으로

interact 상호 작용하다

membrane 얇은 막

make-up 조직, 성질

(15) domain 영역

confine 제한하다

(16) bar (악보의) 마디

emphasis 강세

(17) atmosphere 대기

respiratory 호흡의, 호흡기

degree Celsius 섭씨

droplet 작은 물방울

net cooling 순수 냉각

(18) preserve 보전하다, 유지하다
　　 perish 멸망하다, 사라지다
　　 echo 메아리
　　 Hence 그러므로
　　 merely 단지
　　 ancestor 선조, 조상

(19) sustain 유지하다
　　 consume 소비하다
　　 relevant 적절한, 의미 있는
　　 skyrocket 급히 상승하다
　　 exhausted 다 써버린
　　 finite 유한한
　　 carrying capacity 적재량
　　 expand 확장하다
　　 conflict 다툼, 분쟁
　　 inevitable 피할 수 없는
　　 ultimately 궁극적으로
　　 exceed 넘다, 초과하다

(20) melt down 녹이다, 붕괴되다
　　 definition 정의
　　 regardless ～에 관계없이
　　 intent 의도
　　 unwittingly 자신도 모르게, 부지불식간에

주제별 필수 어휘

CHAPTER 02

외워야 할 단어들이 너무 많지만, 그 단어들을 주제별로 연결하여 외운다면 많은 도움이 될 것이다. 영어의 기본은 언제나 어휘라는 것을 잊지 말고 항상 단어 암기에 충실하도록 하자.

① 정치, 행정, 선거, 사회문제

administer : (v) (국가·정부·단체 등을) 관리하다 ; (약 등을) 주다

administration : (n) (국가의) 통치, 지배 ; 관리, 경영 ; 행정(부)

administrative : (adj) 관리(행정)상의

advocacy : (n) 지지, 옹호

advocate : (v) (계획·안 등을) 옹호(지지)하다 ; 주장하다 (n) 옹호(지지)자 ; 주창자

aide : (n) (정부 관리의) 보좌관, 측근 ; 조수, 조력자

authority : (n) 당국 ; 권한, 권위

autonomy : (n) 자치, 자치권 ; 자치단체

ballot box : 투표함

ballot : (n) 비밀(무기명) 투표 ; (무기명) 투표용지

bipartisan : (adj) 양당의, 두 당을 대표하는 ; (2개 정당의) 초당파적인

bureau : (n) (관청의) 국, 부 ; (일반의) 사무국(소)

bureaucracy : (n) (불필요한 규칙이나 무능한 관리들이 많다고 간주되는) 관료제도, 관료정치 ; 융통성이 없는) 관료적 형식주의

bureaucratic : (adj) 관료정치의, 관료적인

campaign : (n) 선거운동, 유세 ; (일련의) 군사행동

candidacy : (n) 입후보

candidate : (n) (선거의) (입) 후보자 ; 지원(지명)자

cast a ballot : 투표를 하다

chamber : (n) (상하 양원 중 한 쪽) 의원 ; 회의실

citizenship : (n) 시민권 ; 시민의 신분

clout : (n) (정치적인 정치적인) 영향력 ; (손으로) 때리기

coalition : (n) (정치상의) 제휴, 연립 ; 연합

congress : (n) (미국 · 남미 국가들의) 의회, 국회 ; (각국 대표들이 모이는) 회의, 회합

conservative : (adj) (정치적으로) 보수적인 (n) 보수주의자

constituent : (n) 선거구민 ; 구성 요소 (adj) 선거권(지명권)을 갖는 ; 구성하는

convention : (n) (정치 · 종교적인) 대회, 집회

corrupt : (v) 타락시키다, 부패하다, 매수하다 (adj) 부정한, 부패한 ; 타락한

corruption : (n) 부패, 부정 ; 타락

demographic : (adj) 인구통계학의

demography : (n) 인구통계학, 인구학

demonstrate : (v) 시위하다

demonstration : (n) 시위, 데모

deputy chairman : 의장대리, 부의장

deputy governor 부지사

deputy : (adj) 대리의, 부(副)의 (n) 대리인

dictator : (n) 독재자

discriminate : (v) 차별(대우)하다

discrimination : (n) (인종 · 남녀 등의) 차별

dissolve : (v) (의회 · 단체 등을(이)) 해산시키다(되다) ; 용해시키다(되다)

district : (n) 행정 · 선거 · 교육 등 특정한 목적으로 설정된) 관할구, 지구

election district : (미국 주 의회 등의) 선거구

election : (n) 선거

elective : (adj)(공직 등이) 선거에 의해 임용되는 ; 선거권이 있는 ; (학과목이) 선택의

electorate : (n) (집합적) 유권자, 선거민

enforce : (v) (규칙 · 법률 등을) 시행(집행)하다 ; 강요하다

enforcement : (n) 시행, 실시 ; 강제

execute : (v) (명령 · 계획 등을) 실행하다 : (법률 등을) 집행하다 ; 사형에 처하다

execution : (n) 집행, 수행 ; 처형

federal : (adj) (미국의) 연방정부의 ; 연합의, 동맹의

general election : 총선거

govern : (v) (국가 · 국민 등을) 다스리다 ; 통제(관리)하다

government : (n) 정부 ; 정치

hierarchy : (n) (공무상의) 계급 제도(조직), 위계

identification card : 신분증명서

identification : (n) 신분증명서 ; 동일함의 확인

inaugural address : 취임 연설

inaugural : (adj) 취임(식)의 ; 개시(개회)의

inauguration : (n) 취임(개시)식

incumbent ; (adj) 현직의, 재직 중의 (n) 재직자

institution : (n) 제도, 관습 ; (사회 · 교육적 목적을 위한) 협회, 단체

institutional : (adj) 제도상의 ; 협회(단체)의

integration : (n) (사회적) 통합, 융합 ; 인종차별의 철폐

landslide : (n) (선거에서의) 압도적 승리 ; 산사태

legislation : (n) 법률 제정, 입법 ; (제정된) 법률

liberate : (v) 자유롭게 하다 ; 해방(석방)하다

liberation : (n) (여성 · 흑인 · 동성연애자 등의) 권리 확장 운동 ; 해방

local autonomy system : 지방자치제

metropolitan : (adj) 대(주요)도시의 ; 수도의 (n) 대(주요) 도시 시민

morning(summer) session : 오전(하계) 수업

municipal : (adj) 자치도시의 ; 시의

nominate : (v) (선거 · 임명의 후보자로서) 지명하다, 추천하다 ; 임명하다

nomination : (n) 지명, 추천 ; 임명

opposition party : 야당

oppress : (v) 억압하다, 압제하다

oppressive : (adj) (지배자가) 압제적인

overthrow : (v) (정부 등을) 전복시키다 (n) 타도, 전복

party : (n) 정당 ; (소송 · 계약 등의) 당사자

poll : (n) 투표(결과) ; 투표소 ; 여론조사

presidential election : 대통령 선거

proclaim : (v) (공식적으로) 선언하다, 선포하다

proclamation : (n) 선언 선포 ; 성명서

racial discrimination : 인종차별

radical : (adj) 과격한, 급진적인 ; (변화 등이) 근본적인, 철저한

rally : (n) (특히 정치적) 집회, 대회 (v) (어떤 목적을 위해) 모이다 ; 불러 모으다

recognition : (n) (정부에 대한) 승인 ; 인색, 인정

referendum : (n) (특정한 문제에 대한) 국민투표

reform : (v) 개혁(개선)하다 (n) 개혁, 개선

regime : (n) 정체, 정권 ; 사회 제도

regular session : 정기 의회

revolutionary : (adj) 혁명의 ; 혁명적인 (n) 혁명가, 혁명론자

riot : (n) 폭동, 소요

ruling party : 여당

sanction : (n) 재가, 승인 ; 제재(조치) (v)

secret ballot : 비밀 투표

segregate : (v) (인종에 따라) 차별(대우)하다 ; (사람 · 단체 등을) 분리(격리)하다

segregation : (n) (인종에 따른) 차별(대우) ; 분리, 격리

senatorial election : 상원의원 선거

session : (n) (의회의) 회기 ; 개회, (법정의) 개정 ; (대학의) 학기, 수업

sovereign : (adj) 주권(통치권)이 있는 ; 독립의 (n) 통치자

sovereignty : (n) 주권 ; 독립국

special election : 보궐 선거

special session : 임시(특별) 의회

staunch : (adj) (신조 · 주의 등에) 충실한

suffrage : (n) 투표권, 참정권

suppress : (v) (반란 · 폭동 등을) 진압하다 ; (감정을) 억누르다

term in office : 재직 기간, 임기

term : (n) 임기 ; (전문) 용어 ; 관계, 사이

the coalition cabinet : 연립 내각

the incumbent senator : 현역 상원의원

the municipal council : 시의회

two-party system : 양당제(도)

uphold : (v) 지지(후원)하다 ; 격려하다 ; (들어) 올리다

urbanization : (n) 도시화

voting booth : 기표소

voting district : 선거구

voting : (n) 투표, 선거 ; 투표권(의 행사)

welfare : (n) 복지 ; 행복 ; 복지사업

② 법, 수사, 경찰

abolish : (v) (법률 · 제도 등을) 폐지(철폐)하다

accusation : (n) 고소, 고발 ; 비난

accuse : (v) (범죄자를) 고소하다, 고발하다 ; 비난하다

accuser : (n) (형사) 고소인

acquit : (v) 무죄를 선고하다, (혐의를) 벗겨주다

amend : (v) (헌법 · 법률 등을) 개정하다, 수정하다

amendment : (n) 개정, 수정

arrest : (v) 체포하다, 검거하다 (n)체포 ; 구류

assassin : (n) (돈이나 정치적 목적으로 요인을 살해하는) 암살자

assassinate : (v) (요인을) 암살하다

attorney : (n) 변호사, 법정대리인

authorization : (n) 권한 부여, 위임 ; 인가, 허가

authorize : (v) 권한을 주다 ; 인가(허가)하다

bail : (n) 보석금 (v) (남을 석방시키기 위해) 보석금을 지불하다

ban : (n) (법률상의) 금지(령) (v) (법률에 의해) 금지하다, 추방하다

blackmail : (n) 공갈, 협박 (v) (협박하여) 빼앗다

breach : (n) (법률·약속 등의) 위반, 불이행

break-in : (n) 불법 침입

burglar : (n) (주거 침입) 강도, 밤도둑

burglary : (n) 강도죄, 건물(가택) 침입죄

client : (n) 소송(변호) 의뢰인

commit : (v) (죄·과실 등을) 범하다 ; 위임(위탁)하다

compulsory : (adj) 강제적인 ; 의무적인, 필수의

confess : (v) 실토하다 ; 인정하다

confession : (n) 자백, 자인

confiscate : (v) (재산 등을) 몰수(압수)하다

confiscation : (n) 몰수, 압수

conspiracy : (n) 공모, 음모

conspirator : (n) 공모(음모)자

conspire : (v) (불법적이거나 사악한 일을) 공모하다, 음모를 꾸미다

convict : (v) 유죄를 선고하다 (n) (장기형을 선고받은) 기결수, 죄수

conviction : (n) 유죄 판결 ; 신념

cop : (n) 경찰관

courtroom : (n) 법정

crime rate : 범죄 발생률

crime : (n) (법률상의) 범죄, 죄

criminal : (adj) 범죄의, 형사상의 (n) 범인

culprit : (n) 범죄자, 죄인 ; 피고인, 미결수

custody : (n) (경찰에 의한) 구금, 보호관리 ; (법적) 보호권, 양육권

decree : (v) (법령에 의거하여) 포고하다, 명하다 (n) 포고, 법령

defendant : (n) 피고

denounce : (v) 비난하다 ; 고발하다

denunciation : (n) 고발, 탄핵, 비난

detain : (v) 구류(감금)하다 ; (남을) 지체하게 하다

district(circuit) attorney : 지방검사

eligible : (adj) (법적으로) …할 자격(권리)이 있는 ; 적임의, 적당한

embezzle : (v) 횡령하다, 착복하다

embezzlement : (n) 횡령

enact : (v) (법률을) 제정하다

enter a plea : 탄원서를 제출하다

exempt : (v) (의무 · 책임 등을) 면제하다, 면해주다

extort : (v) 강탈(강요) 하다

felon : (n) 중죄인

felony : (n) 중죄

file a claim : 청구권을 내세우다

file : (n) (신청 · 항의 등을) 제출(제기)하다

fine : (n) 벌금 (v) 벌금을 부과하다

forfeit : (v) (죄 · 과실에 의해서 지위 · 재산 · 권리를) 상실하다, 몰수되다 (n) 벌금; (권리 · 명예 등의) 상실

fraud : (n) 사기(행위) ; 사기꾼

fugitive : (n) (경찰 등으로부터의) 도망자, 탈주자

homicide : (n) 살인죄(행위); 살인자

hostage : (n) 인질

impeach : (v) (고위 공무원을) 탄핵하다, 고발하다

impeachment : (n) 탄핵, 고발

imprisonment : (n) 투옥, 구금

indict : (v) 기소하다

indictment : (n) 기소, 고소

infringe : (v) (법률을) 위반하다; (권리를) 침해하다

infringement : (n) (법규) 위반; (권리의) 침해

inmate : (n) (교도소 · 정신병원 등의) 수감자, 입원자

interrogation : (n) 심문, 질문

investigate : (v) 취조하다, (상세히) 조사하다

investigation : (n) 조사, 연구

judicial : (adj) 사법의, 재판상의

judiciary : (n) 사법부; (집합적) 재판관, 법관

juror : (n) 배심원

kidnap : (v) (몸값을 노려) 유괴(납치)하다

lawsuit : (n) 소송

legal age : 법정 연령, 성년

legal holiday : 법정 공휴일

legal : (adj) 법률의; 합법의, 적법한

libel : (n) (출판물에 의한) 명예훼손; 모욕

murder : (n) (고의적) 살인 (v) 살해하다

murderer : (n) 살인자

obligation : (n) (도덕 · 법률상의) 의무, 책임

observance : (n) (법 · 규칙의) 준수

observation : (n) 관찰, 관측

observe : (v) (법 · 규칙 등을) 준수하다 ; 관찰(관측)하다

on probation : 집행유예(보호관찰)로 ; 수습으로

ordinance : (n) (시나 지방 정부의) 조례 ; 법령

outlaw : (v) …을 불법화하다

parole : (n) 가석방, 가출옥

patent infringement : 특허권 침해

penalty : (n) 형벌, 처벌 ; 벌금

perjury : (n) (법정에서의) 위증(죄)

petition : (n) 청원(서), 진정(서) (v) 청원하다, 탄원하다

pickpocket : (n) 소매치기

plaintiff : (n) 원고, 고소인

plea : (n) (법정에서의) 진술, 주장 ; 탄원, 간청

plead : (v) (법정에서) 답변하다 ; 간청(탄원)하다

probation : (n) 집행유예, 보호관찰 ; 수습(기간)

prohibit : (v) (법률 · 규칙으로) 금지하다 ; 방해하다

prosecute : (v) 기소(고소)하다

prosecution : (n) 기소, 고발

prosecutor : (n) 검사 ; 기소자

provision : (n) (법률 · 협정 등의) 규정, 조항 ; 준비, 대비

ransom : (n) 몸값, 배상금

regulate : (v) (법률 · 규칙 등으로) 규정하다 ; 관리(통제)하다

regulation : (n) 법규, 규정 ; 통제, 규제

release : (v) 석방(해방)하다 ; (서적 · 음반 등을) 발매하다, 공개하다 (n) 석방, 해방 ; 발매, 개봉

repeal : (v) (법을 공식적으로) 폐지하다

retroactive law : 소급법

retroactive : (adj) (법령 등이) 소급 적용되는

sentence : (n) 판결, 선고 (v) 판결을 내리다, 형을 선고하다

shoplift : (v) (가게 안에서 물건을) 슬쩍 훔치다

shoplifter : (n) (가게 안에서 물건을) 슬쩍 훔치는 사람

smuggle : (v) 밀수입(밀수출)하다, 밀매하다

smuggler : (n) 밀수범

statute : (n) 성문법 ; 법령, 법규

sue : (n) (소송을) 제기하다, 고소하다

suspect : (v) 혐의를 두다 ; …이 아닌가 의심하다 (n) 용의자

suspicion : (n) 혐의, 용의 ; 의심

suspicious : (adj) 혐의를 두는 ; 의심하는

take a person into custody : (어떤) 사람을 수감하다

testify : (v) (법정에서) 증언하다 ; 입증(증명)하다

testimony : (n) (법정에서의) 증언

transgress : (v) (법규를) 어기다 ; (적정 한도를) 넘다, 벗어나다

trial : (n) 재판, 공판

verdict : (n) (배심원의) 평결

verification : (n) 입증 ; 확인

verify : (v) (증인에 의해서) 진실임을 입증하다

waive : (v) (권리 · 주장 등을) 포기하다 ; 미루다, 연기하다

waiver : (n) (법률상 권리 · 의무 등의) 포기

warrant : (n) 영장 ; 소환장

witness : (n) (법정의) 증인 ; 목격자 (v) (법정에서) 증언하다 ; (현장을) 목격하다

would-be assassin : 암살 미수범

③ 경제, 무역, 재정

agricultural : (adj) 농업의

agriculture : (n) 농업

allocate : (v) 할당하다

allocation : (n) 할당, 배당 ; 배당금, 할당량

annual income : 연수입

appreciate : (v) 가치가 오르다 ; 고맙게 여기다 ; …의 진가를 인정하다

assess : (v) (세금을 부과하기 위해 재산 등을) 평가하다

assessment : (n) 사정, 평가 ; 사정액

assessor : (n) 과세(재산) 평가인

auction : (n) 경매

barter : (v) (화폐를 이용하지 않고) 물물교환하다 (n) 물물교환

belongings : (n) 소유물, 소지품

bid : (n) 입찰 (v) (경매에서) 값을 매기다, 입찰하다

boom : (v) 갑자기 경기가 좋아지다 (n) 벼락경기 ; 급등

brisk : (adj) (경기가) 활기 있는 ; 기운찬, 활발한

brokerage : (n) 중개업

budget : (n) (정부 · 개인의) 예산(안) ; 경비, 운영비 (v)…의 예산을 세우다

capital investment : 자본 투자

collateral : (n) 담보(물)

collector : (n) (세금 · 티켓 · 빚 등의) 징수(수금)원

commission : (n) 수수료 ; 위원회 ; 임무 (v) 위임하다

commodity : (n) 상품, 일용품, 생활필수품

consignment : (n) 위탁(물) ; 탁송

consume : (v) 소비하다

consumer price index : 소비자 물가지수

consumer : (n) 소비자

consumption : (n) 소비, 소비량

contract : (n) 계약(서) (v) 계약하다

contractor : (n) 계약인

creditor : (n) 채권자

deduct : (v) (세금 등을) 공제하다

deductible rate : 공제율

deductible : (adj) 공제 가능한

deduction : (n) 공제

default : (v) (채무 · 계약을) 이행하지 않다 (n) (채무 · 계약의) 불이행, 체납

deficit : (n) 적자 ; 부족액

deflation : (n) (통화 수축에 의한) 물가 하락, 디플레 ; 통화 수축

depress : (v) 불경기로 만들다, (시세 등을) 떨어뜨리다

depression : (n) 불경기, 불황

diminish : (v) 줄다, 감소하다

disposable income : 가처분소득

distribute : (v) (물건을 상점에) 배급(분배)하다

distribution : (n) 분배, 배포

distributor : (n) (상품을 상점에 보급하는) 도매상인, 배급사

domestic : (adj) 국내의 ; 가정의

downturn : (n) (경제 활동 등의) 내림세, 하락

downward : (adj) (시세 등이) 하락(하향)하는

economic growth : 경제 성장

economic indicator : 경제 지표

economic : (adj) 경제학(상)의

economical : (adj) 경제적인, 절약하는

economics : (n) 경제학

economist : (n) 경제학자

economize : (v) 절약하다

embargo : (n) 통상(수출) 금지 (v) 통상(수출)을 금지하다

estate : (n) (큰 저택이 있는 넓은) 토지

expenditure : (n) 지출 ; 경비, 소비

expiration : (n) (계약 · 기한 등의) 만기

expire : (v) 만기가 되다, 기한이 다 되다

exporter : (n) 수출업자

extravagant : (adj) 낭비하는, 사치스러운 ; 지나친

fiscal year : 회계 연도

fiscal : (adj) 재정의, 회계의

fluctuate : (v) (물가가) 오르내리다, 변동하다

fluctuation : (n) 변동, 동요

franchise : (n) (회사가 판매업자에게 주는 특정 지역에서의) 독점판매권

frugal : (adj) 절약하는, 검소한

gift tax : 증여세

goods : (n) 상품 ; 물품, 물건

Gross Domestic Product : 국내총생산(=GDP)

gross income : 총수입

Gross National Product : 국민총생산(=GNP)

gross : (adj) (경비 · 세금 공제 전) 총계의 (v) …의 총수익을 올리다

heavy industry : 중공업

impose : (v) (의무 · 세금 · 벌 등을) 부과하다 ; 강요하다

income tax : 소득세

income : (n) (근로 · 투자 등으로부터의) 소득, 수입

indebted : (adj) (물질적 · 정신적으로) 빚지고 있는

indicator : (n) 지시하는 것(사람) ; (계기 · 문자판 등의) 표시기

industrialize : (v) 산업(공업)화하다

industrialized nation : 공업국

industry : (n) 산업, 공업

inflation : (n) (통화 팽창에 의한) 물가 상승, 인플레 ; 통화 팽창

infrastructure : (n) (도로 · 수도 · 전기 등의) 산업 기반 ; (전체 조직이 기능을 발휘할 수 있도록 지원하는) 하부 구조

inheritance tax : 상속세

insolvent : (adj) (빚진 돈을) 갚을 능력이 없는, 파산한

international trade : 국제 무역

invest : (v) 투자하다

investment : (n) 투자(액)

investor : (n) 투자자

labor(capital)-intensive industry : 노동(자본) 집약적 산업

landlord : (n) (남자) 건물주, 지주

lavish : (adj) 낭비하는 ; 아낌없이 주는 (v) 낭비하는 ; 아낌없이 주다

lease : (n) (건물ㆍ토지 등의) 임대 계약 (v) (건물ㆍ토지 등을) 임대하다

legacy : (n) 유산 ; (과거의) 유물

levy : (v) (세금을) 부과하다

manufacture : (v) (기계를 이용하여 대규모로) 제조(생산)하다

manufacturer : (n) 제조업자, 생산자

manufacturing industry : 제조업

merchandise : (n) (소매점의) 상품

mortgage loan : 담보 대출

mortgage rate : 담보율

mortgage : (n) (주택ㆍ자동차 등의 구입 시 은행으로부터 얻는) 장기 융자

multilateral trade : 다자간 무역

multilateral : (adj) 다자간의 ; 다각적인

multiply : (v) 증가(증대)하다 ; 곱하다

nationalize : (v) 국유화하다

net income : 순수입

occupancy : (n) (토지ㆍ가옥 등의) 점유 ; 거주

occupant : (n) 점유자 ; 거주자

outlay : (n) 지출(액), 경비

outlet : (n) 대리점, 판로 ; 배출구 ; (전기) 콘센트

output : (n) 생산(량), 산출

ownership : (n) (특히 법적) 소유권

panic : (n) 경제 공황

per capita income : 1인당 수입

personal estate : 동산

plummet : (v) (물가가) 곤두박질치다, 급강하하다 ; 수직으로 떨어지다

premises : (n) (건물을 포함한) 토지, 대지 ; 구내

price control : 가격 통제

price freeze : 가격 동결

price stability : 가격 안정

property tax : 재산세

property : (n) 재산 ; (땅ㆍ건물을 합친) 부동산

proprietary : (adj) 소유주의, 소유하고 있는

proprietor : (n) (기업ㆍ호텔 등의) 소유주, 소유경영인

protectionism : (n) 보호무역주의

raise(put · impose) tariff barriers : 관세 장벽을 철회하다(치다)

real estate : 부동산

realtor : (n) 부동산 중개인

recession : (n) (일시적인) 경기 후퇴 ; 침체

reduce : (v) (양 · 액수 · 정도 등을) 줄(이)다

reduction : (n) 감소, 절감

rent : (n) (건물) 임대료, 집세, 지대 ; (텔레비전 등의) 사용료 (v) (집 · 건물 · 토지 · 자동차 등을) 임대하다

rental : (n) 임대(임차)료 (adj) 임대의

renter : (n) 임대인

retail : (n)(adj) 소매(의)

retailer : (n) 소매상인

retaliate : (v) 보복하다

retaliation : (n) 보복

revenue and expenditure : 세입 세출

revenue stamp : 수입 인지

revenue : (n) 세입

sales(commodity) tax : 판매세

sector : (n) (산업 등의) 부문, 분야

slack : (adj) (경기가) 침체된, 한산한

sluggish : (adj) (경기가) 부진한 ; 게으른

soar : (v) (물가 등이) 급등하다, 치솟다

speculation : (n) 투기 ; 추측

stability : (n) 안정(성)

stabilize : (v) 안정시키다

stable : (adj) 안정된

stagnation : (n) 경기 침체

state ownership : 국유

stimulate : (v) 활발하게 하다, 자극하다

stimulation : (n) 자극, 고무

stipulate : (v) (계약 조항으로서) …을 규정(명기)하다

stipulation : (n) 계약 조건

supplier : (n) 공급자, 납품업자

surplus : (n) (필요량보다 많은) 잉여 ; (쓰고 남은) 나머지

tariff rate : 관세율

tariff : (n) 관세

tax collector : 세금 징수원

tax deduction : 세금 공제

tax law : 조세법

tax rate : 세율

tax return : (납세를 위한) 소득 신고

tax-deductible : (adj) 소득세를 공제 받을 수 있는

tax : (n) 세금

taxation : (n) 과세 ; 세금

tenant : (n) (방 · 건물 · 토지 등의) 임차인

tenure : (n) (재산 · 부동산의) 보유 기간 ; (교수 등 전문 직종의) 재직 기간

thrift : (n) 검약, 검소

thrifty : (adj) 검소한, 절약하는

trade deficit : 무역 적자

trade dispute(friction) : (n) 무역 마찰

trade fair : 무역 박람회

trade imbalance : 무역 불균형

trade retaliation : 무역 보복

trade surplus : 무역 흑자

trade : (n) 무역 ; 거래 (v) 매매(거래)하다 ; 교환하다

trustee : (n) 수탁인, 피신탁인

valid : (adj) (계약 · 티켓 · 서류 등이) (법적으로) 유효한 ; 근거 있는, 타당한

validity : (n) 효력 ; 타당성

wholesale : (n)(adj) 도매(의)

wholesaler : (n) 도매상인

④ 금융, 통화, 주식, 보험

account number : 계좌번호

account : (n) 예금(액) ; 예금계좌 (v) 설명하다

accrue : (v) (이자 등이) 붙다 ; (결과로서) 생기다

allot : (v) 분배하다, 할당하다

allotment : (n) 할당금, 배당 ; 분배

annual premium : 연간 보험료

appreciation : (n) 가격(가치) 상승 ; (올바르게) 평가하기, 이해 ; 감상 ; 감사

auto insurance : 자동차보험

automated teller machine : 현금 자동 인출기

balance : (n) (예금) 잔고

bankbook : (n) 예금통장

banker : (n) 은행가, 은행간부

banking : (n)(adj) 은행업(의)

beneficial : (adj) 수익을 얻는

beneficiary : (n) (연금·보험금 등의) 수령인

benefit : (n) (보험·사회보장제도의) 수당 ; 이익, 이득

bill : (n) 지폐 ; 청구서 계산서

bond : (n) 채권

bounce : (v) (수표 등이) 부도가 나서 되돌아오다

bounced(bad) check : 부도 수표

canceled check : 지불필 수표

cash card : 현금 카드, 현금 인출 카드

cash : (n) 현금, 현찰 (v) (수표 등을) 현금으로 바꾸다

certificate of deposit : 양도성 정기 예금 증서

certificate : (n) 증명서

certification : (n) 증명, 보증

change : (n) 잔돈 ; 거스름돈

check : (n) 수표 ; 계산서

checkbook : (n) 수표책

checking account : 당좌예금

circulate : (v) (화폐 등이) 유통하다 ; 돌다, 순환하다

circulation : (n) (화폐 등의) 유통 ; (혈액의) 순환

commercial loan : 상업대출

compound interest : 복리

compound : (adj) 복합의, 합성의

consumer loan : 소비자금융

corporate bond : 회사채

counterfeit bill(note) : 위조지폐

counterfeit : (adj) 위조(가짜)의

coverage : (n) (보험의) 보상 범위 ; (신문 등의) 보도(취재) 범위

credit line(line of credit) : 대출한도액

credit rating : 신용도

credit report : 신용 평가 보고서

credit terms : 상환조건

credit : (n) (금융상의) 신용(도) ; 신용거래(대출), 외상 (v) (대변에 기입하여) 불입하다

cumulative interest : 누적이자

cumulative : (adj) 누적하는, 누진적인

currency exchange : 환전

currency fluctuation : 환율 변동

currency value : 통화 가치

currency : (n) 통화, 유통 화폐 ; (화폐의) 유통

current : (adj) (화폐가) 유통되고 있는

damage insurance : 손해보험

delinquency : (n) 체납금 ; (청소년의) 비행

delinquent account : 체납 계좌

delinquent : (adj) 체납돼 있는 ; 비행의

denomination : (n) (화폐의) 단위, 금전의 액면가 ; 명명, 호칭

deposit : (v) 예금하다 ; (정해진 장소에) 놓다, 두다 (n) 예금(액) ; 계약금 ; 맡기기

depreciate : (v) (화폐 · 재산 등의) 가치가 떨어지다

depreciation : (n) 가치의 하락

devaluate : (v) (화폐 가치를) 평가절하 하다 ; …의 가치를 내리다

devaluation : (n) 평가 절하 ; 가치의 하락

dividend : (n) (주식의) 이익 배당금

endorse : (v) (수표에) 이서(裏書)하다, 뒷면에 이름 등을 기입하다

endorsement : (n) 이서

equities : (n) (보통) 주식 ; 주주 지분

exchange rate : 환율

exchange : (n) 환전, 환(시세) ; (증권 등의) 거래소 ; 교환 (v) 교환하다

fake money : 위조 화폐

fake : (n) 위조품 (adj) 모조(가짜)의 (v), 모조(날조)하다

finance : (n) 재정, 재무 ; 융자 (v) …에게 자금을 대주다, 융자하다

financial : (adj) 재무(금융)상의

fire insurance : 화재보험

foreign currency : 외화

foreign exchange : 외국환

full coverage : 전체보상

government bond : 국채

health insurance : 건강보험

home equity loan : 주택 담보 대출

honor : (v) (어음 · 수표 등을 기일 내에) 지급하다

insurance agent : 보험대리점

insurance company : 보험회사

insurance : (n) 보험 ; (보험회사에서 지급하는) 보험금

insurer : (n) 보험회사, 보험업자

interest rate : 이자율

interest : (n) 이자

life insurance : 생명보험

loan : (n) 대부(금), 대여 (v) 대부하다 ; 빌려주다

marine insurance : 해상보험

minimum balance : (계좌에 유지해야 할) 최소한의 잔고

monetary policy : 통화 정책

monetary system : 화폐 제도

monetary : (adj) 화폐(통화)의 ; 금융상의

outstanding : (adj) 미지불의 ; 미해결의

overdue : (adj) (지불) 기한이 지난, 미지불의, 연체된

partial coverage : 부분 보상

pension : (n) 연금

personal check : 개인 수표

policy statements : 보험약관

policy : (n) 보험증서, 보험계약서

policyholder : (n) 보험계약자

portfolio : (n) 유가증권 명세표

premium : (n) 보험료

public bond : 공채

remit : (v) (돈을) 보내다, 송금하다

remittance : (n) 송금(액), 송금된 돈

rider : (n) 특약 ; 추가(보충)사항

savings account : 보통예금

savings : (n) (은행의) 저축(액) ; 저금

securities : (n) (증권 · 회사채 등의) 유가증권

stock brokerage : 증권 중개업

stock exchange : 증권거래소, 증권시장

stock investment : 주식투자

stock price index : 주가지수

stock : (n) 주식 ; (판매용) 재고(품)

stockholder : 주주(株主)

surrender value : 중도해약 환급금

surrender : (n) 보험해약 ; 항복, 포기

teller : (n) (은행의) 금전 출납 계원

traveler's check : 여행자 수표

value : (n) 교환(금전적) 가치 ; 액면 금액

withdraw : 인출하다

withdrawal : (n) 인출

yield : (v) (배당금·이자 등을)벌다 ; 생산하다 ; 포기(항복)하다

⑤ 회사, 재무, 기업조직

accountant : (n) 회계원, 회계사

adjust : (v) 조정하다, 맞추다 ; 순응(적응)하다

adjustment : (n) 적응 ; 조절, 조정

administrative assistant : 전문 비서

advertise : (v) 광고하다

advertisement : (n) 광고, 선전

advertising agency : 광고 대행 회사

advertising : (adj) 광고의, 광고에 관한

advisor : (n) 고문, 상담역

advisory : (adj) 고문(자문)의, 조언을 주는

affiliate : (v) 지부로 삼다 ; 제휴하다 (n) 지사, 지점 ; 계열(협력) 회사

affiliated company : 계열(자매) 회사

analysis : (n) 분석

analyst : (n) 분석가

analytical : (adj) 분석적인

analyze : (v) 분석하다

appraisal : (n) 감정

appraise : (v) (자산 등을) 감정하다, 값을 매기다

assembly line : 조립 라인

assembly plant : 조립 공장

assets and liabilities : 자산 및 부채

assets : (n) 자산, 재산

assignment : (n) 임무, 부여(할당)된 일

assistant : (adj) 보조의, 보좌의 (n) 보조자, 조수

associate : (v) 제휴(연합)하다 (n) 제휴자

association : (n) 제휴, 연합 ; 협회

at sight : 제시하자마자, 일람출급의

audit : (n) 회계 감사 (v) (회계를) 감사하다

backlog of orders : (상품 등의) 주문 잔고

bankrupt : (adj) 파산한, 지불 능력이 없는

bankruptcy : (n) 파산, 도산

board of directors : 이사회

board : (n) 이사회, 위원회, 협의회

bookkeeper : (n) 회계 장부 기입자

boost : (v) 증가(증대)시키다

branch manager : 지점장, 지사장

branch office : 지사, 지점

branch : (n) 지점, 지부

business card : 명함

business(commercial) correspondence : 상업통신문

capital : (n) 자본(금) ; 수도 ; 대문자

certified public accountant : 공인회계사(=CPA)

Chief Executive Officer : 최고 경영 책임자(=CEO)

clerical staff(personnel) : 사무직원

commercial paper : (환어음 · 수표 · 약속어음 등의) 상업어음

commercial : (n) (라디오 · TV의) 광고 방송 (adj) 상업상의 ; 영리적인

company : (n) 회사(=firm)

competitive edge : 경쟁 우위

conglomerate : (n) 복합 기업, 콩글로머리트

consolidate : (v) (새로운 회사를 형성하기 위해 여러 회사가) 합병(통합)하다

consolidation : (n) 합병, 통합

consult : (v) (전문가에게) 의견을 묻다, 상담하다

consultant : (n) 고문

consultation : (n) 상담, 협의

consulting : (adj) 고문(자문)의

cooperate : (v) 협력(협조)하다

cooperation : (n) 협력, 협조

corporation : (n) 유한(주식)회사 ; 법인

curtail : (v) 삭감하다

cutback : (n) (생산 · 노동력 등의) 축소, 삭감

delivery date : 납품일

diversification : (n) 다양(화) ; 다각 경영

diversify : (v) 다양하게 하다

division : (n) (회사 등의) 부, 국 ; 분할, 분배

document : (n) 서류, 문서 (v) (문서로 된) 증거를 제공하다

downsizing : (n) (경영합리화를 위해) 기업의 규모를 축소함

due date : (어음의) 지불 만기일

due : (adj) 지불 기일이 된, 당연히 치러야 할 ; 예정인 ; …에 기인하는

edge : (n) 우세, 강점 ; 날 ; 테두리

effective : (adj) 효과적인, 유효한

efficiency : (n) 능률, 효율 ; 능력

efficient : (adj) 능률(효율)적인 ; 유능한, 실력 있는

enhance : (v) (가치 · 힘 · 아름다움 등을) 늘리다, 강화하다

enhancement : (n) 증대, 강화

enterprise : (n) 기업 ; 사업

entrepreneur : (n) (모험적이고 혁신적인) 기업가

evaluate : (v) 평가하다

evaluation : (n) 평가(액)

executive board : 집행(운영) 위원회

executive committee : 실행위원회, 집행위원회

executive : (n) (경영) 간부 (adj) 행정적인 ; 실행하는

expand : (v) 확장하다 ; 팽창시키다

expansion : (n) 확장, 팽창

expense account : (업무상의 필요 경비를 회사 · 고용주가 환불해 주는 교제비 등의) 수당, 소요 경비

expense report : 경비 보고서

expense : (n) 비용 ; 소요 경비

feasibility study : 타당성 조사

feasibility : (n) 실행할 수 있음, 가능성

FYI : 참고로(for your information)

go bankrupt : 파산하다

headquarters : (n) (회사의) 본사 ; (군대의) 본부, 사령부

implement : (v) 실행(이행)하다

implementation : (n) 이행, 실행

incorporated company : 유한책임회사(=limited company(=Ltd.))

incorporated : (adj) (회사가) 유한 책임의 ; 법인의(=Inc.)

innovate : (v) 쇄신(혁신)하다

innovation : (n) 혁신, 쇄신

inquiry : (n) 조사, 탐구 ; 질문, 문의

interoffice : (adj) (동일 조직 내에서) 각 부서 간의

invoice : (n) 송장 (v) 청구서를 작성해 보내다

joint venture : 합작 투자, 합작 사업

L/C : 신용장(letter of credit)

ledger : (n) (회사 · 은행 등에서 돈의 출납을 기록하는) 대장, 원장

liability : (n) 빚, 채무 ; 책무, 의무

liquidate : (v) (빚을 갚기 위해 회사를) 정리하다 ; (빚을) 청산하다

lucrative : (adj) 돈벌이가 되는, 수지맞는

make a profit : 이익을 얻다

management : (n) (the~) (집합적) 경영진 ; 경영, 관리

marketability : (n) 시장성

marketable : (adj) 시장성이 높은

mass production : 대량 생산

merge : (v) (강력한 회사가 다른 회사를 흡수하는 식으로) 합병(병합)하다

merger : (n) (두 개 이상 회사의) 합병

multinational company : 다국적 기업

net profit : 순이익

operating expenses(cost) : 운영비

organization : (n) 조직(화), 구성 ; 단체

overhead : (n) 경상비, (운영) 고정비

oversee : (v) (작업 · 직원 등을) 감독(감시)하다

P.O. : 구입 주문(서)(purchase order)

partnership : (n) (사업상의) 제휴, 연합 ; 공동 경영(합자)회사

place(put) an ad : 광고를 내다

proceeds : (n) (판매 · 거래 등의) 매상고, 수입

production line : 생산 라인

profit margin : (생산 원가와 판매 가격 사이의) 이윤 폭

profit : (n) (금전상의) 이익, 수익

profitable : (adj) 이익이 되는 ; 이로운, 유익한

prospect : (n) (장래에 대한) 가망, 전망

prospective : (adj) 가망 있는 ; 예상되는

publicity : (n) 광고(물), 선전, 홍보

publicize : (v) 선전하다, 광고하다

quality control : 품질 관리

rating : (n) (신용 · 재무 구조 등의) 등급(을 매김), 평가 ; (TV · 라디오의) 시청(청취)률

receptionist : (n) (회사 · 호텔 등의) 접수 계원

reimburse : (v) 배상(변제)하다

reimbursement : (n) 배상, 변상

reorganization : (n) 재편성, 개편

reorganize : (v) 재편성하다, 개편하다

restructure : (v) (기업의 위기 상황에 대응하기 위해 경영 구조를) 재구축하다

sales representative : 출장 판매원

sales staff(personnel) : 영업 직원

scheme : (n) 계획, 기획 ; 책략

secretarial : (adj) 비서의, 비서의 일에 관한

secretary : (n) 비서

setup : (n) 조직, 구성, 배치

standardize : (v) 표준(규격)화하다

streamline : (v) (업무를) 합리화(간소화)하다

submission : (n) 제출, 제안 ; 복종, 굴복

submit : (v) 제출(제안)하다 ; 복종(굴복)시키다

subsidiary company : 자회사

subsidiary : (n) 자회사 ; 보조자 ; 부속물

supervise : (v) 관리(감독)하다 ; 지휘(지도)하다, 감시하다

supervision : (n) 관리, 감독 ; 지휘, 감시

supervisor : (n) 주임, 관리(감독)자

support staff(personnel) : 지원부서 직원

synergy : (n) (각 기능의 협동에 의한 산술적 합계 이상의) 상승효과

takeover : (n) (회사 등의 지배·관리의) 인수, 취득

target market : 표적 시장

target : (n) 표적 ; 목표, 대상

top management : 최고 경영층

transact : (v) (업무·교섭 등을) 행하다, 처리하다

treasurer : (n) 회계 담당자, 회계원

tycoon : (n) 실업계의 거물(거두)

underestimate : (v) 실제보다 낮게(적게) 평가하다

undertake : (v) (일·책임 등을) 떠맡다 ; (일에) 착수하다

update : (v) 최신화하다, 갱신하다

upgrade : (v) (제품의) 질을 높이다 ; (직원 등을) 승격시키다

venture capital : 위험 부담 자본, 모험 자본

venture : (n) 모험적 사업, 투기적 사업

workload : (n) (일정 기간 내에 기계·사람 등이 처리하는 일의) 표준 작업량

⑥ 인사, 고용

acceptance : (n) 채용, 수락 ; 받아들임, 수용

adept : (adj) 숙련된, 숙달된

advance : (v) 승진(향상)시키다 ; 전진하다

advancement : (n) 승진

annual leave(vacation) : 연차 휴가

applicant : (n) (공식 서류에 의한 직장 등의) 지원자, 응모자, 신청자

application form : 응시원서, 지원용지

application : (n) 지원, 신청 ; 적용, 응용

appoint : (v) 임명(지명)하다

appointment : (n) 임명, 지명

aptitude : (n) 적성, 소질

base pay(rate) : 기본급

colleague : (n) (업무상의) 동료

competence : (n) 능력, 역량

competent : (adj) 유능한, 충분한 자격을 갖춘

compromise : (n) (상호간의) 타협, 절충, 조정 (v) 타협하다, 해결하다, 절충하다

confront : (v) 대항하다, 직면하다

confrontation : (n) 대결, 직면

demanding : (adj) (사람이) 지나치게 요구하는 ; (일이) 몹시 노력이 필요한

demote : (v) 강등시키다, …의 지위를 떨어뜨리다

dependable : (adj) 신뢰할 수 있는, 의지할 수 있는

designate : (v) 임명(지명)하다 ; 가리키다

director of personnel : 인사 담당 부서의 총책임자(=personnel director)

dismiss : (v) 해고하다 ; 해산시키다

dismissal : (n) 해고 ; 해산, 퇴거

employ : (v) 고용하다

employee : (n) 고용인, 종업원

employer : (n) 고용주

employment contract : 고용 계약

employment : (n) 고용 ; 취업

fire : (v) 해고(파면)하다 ; (총을) 발사하다

flextime : (n) 근무시간 자유선택 제도

friction : (n) 알력 ; 마찰

fringe benefit : (본 급여 이외의 유급휴가·건강보험·연금 등의 후생복지급여

full-time : (adj) 전임의, 전시간의

go on (a) strike : 동맹파업에 들어가다

hands-on : (adj) 실습(위주)의, 직접 해보는

Help Wanted : (게시문) 구인

hiring freeze : 고용 동결

in-service training : 현직 직원들을 대상으로 근무시간 중에 이루어지는 교육

in-service : 근무시간 중에 행해지는, 근무 중인

job advertisement : 구인 광고

job applicant : 구직자

job interview : 면접시험

job opening(vacancy) : (구인) 일자리

job performance : 업무 성과

labor dispute : 노동쟁의

labor movement : 노동운동

leave of absence : 휴가

leave : (n) 휴가 ; 허락

letter of recommendation : 추천장

lockout : (n) 직장폐쇄, 종업원 축출

manpower : (n) 인적자원, 유효 총인원

merit system : 실적(실력) 본위의 임용·승진 제도

merit : (n) 공적, 공로 ; 장점

minimum wage : (법정) 최저 임금

motivate : (v) …에게 동기를 주다 ; 자극하다

motivation : (n) 동기부여, 자극

name : (v) 지명(임명)하다 ; …라고 이름을 짓다, 명명하다

negotiable : (adj) 협상할 수 있는

negotiate : (v) 협상하다, 교섭하다

negotiation : (n) 협상, 교섭

newcomer : (n) 새로 온 사람, 신참

outgoing : (adj) 퇴임하는, (직위를) 떠나는 ; 사교적인, 외향적인

overtime pay : 초과 근무 수당

paid leave : 유급 휴가

pay raise(increase) : 임금 인상

paycheck : (n) 급료, 봉급, 급료 지불 수표

payroll : (n) (종업원의) 급료 지불 명부

performance(merit) rating : 근무 평점

performance : (n) 성과 ; 실행 ; 공연

personnel division : 인사부(과)

personnel : (n) 인사 담당 부서 ; (회사·군대의) 전 직원, 인원

placement : (n) 인원배치 ; 배치 ; 직업알선

promote : (v) 승진(진급)시키다 ; 장려하다

promotion : (n) 승진, 진급

qualification : (n) 자격(부여) ; 능력, 자질

qualify : (v) … 에게 자격(권한)을 주다, 적격(적임)이다

quit : (v) (직장을) 떠나다, 사직하다 ; 그만두다 중단하다

recommend : (v) 추천하다 ; 권고하다

recommendation : (n) 추천(장) ; 권고

recruit : (v) (회사 등에서) 직원을 모집(채용)하다 (n) 신입회원 ; 신병

recruitment : (n) 신입사원 모집 ; 신병 징모

remuneration : (n) 급료, 봉급 ; 보답, 보상

replacement : (n) 대리인, 교대(교체)자 ; 교체

requirement : (n) 자격 요건

reshuffle : (n) (조직에서의) 인사이동 (v) 자리바꿈 하다

resign one's post : 직위를 사임하다

resign : (v) 사임(사직)하다

resignation : (n) 사임, 사직 ; 사표 ; 포기, 체념

resume : (n) 이력서

retire : (v) 퇴직(은퇴)하다

retiree : (n) 퇴직자

retirement age : 정년(停年)

retirement allowance : 퇴직금

retirement : (n) 퇴직

sabotage : (n) 사보타주

salary : (n) 봉급, 월급, 연봉(주로 사무직 근로자들에게 정기적으로 지불되는 고정급)

shorthand typist : (n) 속기사(=stenographer)

shorthand : (n) 속기

shutdown : (공장 등의) 임시휴업, 조업중지

sick leave : 병가

sit-in : (n) 연좌 항의

slowdown : (n) 태업

strike : (n) 동맹파업

successor : (n) 후임자, 후계자

superior : (n) 상관 ; 선배 ; (adj) …보다 높은, 상급의

superiority : (n) 우월

temporary : (adj) 임시의 ; 일시적인 (n) 임시 고용인

trainee : (n) 견습(연습)생, 훈련받는 사람

unemployed : (adj) 실직한, 실업(자)의 ; 사용하지 않은 ; 실업자

unemployment rate : 실업률

unemployment : (n) 실업, 실직 ; 실업 상태

union : (n) 노동조합 ; 결합, 연합 ; 국가연합, 연방

voluntary retirement : 명예 퇴직

wage : (n) 임금(주로 근무시간 단위로 계산되는 육체 노동에 대한 하루 또는 한 주일의 임금)

workday : (n) 작업일, 근무일 ; 하루 근무시간

workforce : (n) (산업체에서 일하는) 노동인력 ; 전 종업원

⑦ 회의, 토론

absentee : (n) 불참자, 결석(결근)자

address : (v) 연설하다 ; (봉투 등에) 주소 · 성명을 쓰다 (n) 연설 ; 주소

adjourn : (v) 휴회하다 ; 연기하다

agenda : (n) (회의에 상정될) 안건, 의제

annual conference : 연례 회의

appropriate : (adj) 적절한, 적당한 (v) (특정한 목적에) 충당(책정)하다 ; (불법적으로) 전용하다

approval : (n) 승인 ; 허가

approve : (v) (공식적으로) 승인(동의)하다 ; 찬성하다

argue: (v) 논쟁(논의)하다 ; (논리 정연하게) 의견을 주장하다

assemble : (v) 모이다, 소집하다 ; (기계를) 조립하다

assembly : (n) (특정 목적을 위한) 집회, 회합, 회의

assert : (v) 주장하다, 단언하다

attendance : (n) 출석, 참석 ; 출석자(수)

breakthrough : (n) (난관의) 타개, 돌파 ; 획기적 발견

brief : (v) 요점을 보고하다 (adj) 간결한, 짧은 ; 잠시의

by unanimous consent : 만장일치로

clash : (v) (의견 등이) 대립하다 ; 충돌하다 (n) 불일치, 대립 ; 충돌

coherent : (adj) (이야기 · 생각 등이) 논리 정연한, 일관성 있는

concede : (v) 인정(시인)하다 ; 양보하다

concession : (n) 인정, 시인 ; 양보

conclude : (v) (토론 후에) 결정을 내리다

conference call : 회의 전화

conference : (n) 회의, 회담

consensus : (n) 합의, 대다수의 의견

consent : (v) 동의(승낙)하다 ; 허가하다 (n) 동의, 승낙 ; 허가

contention : (n) 논쟁 ; 주장, 논지

council : (n) 협의(심의)회, (지방자치단체의) 의회

deadlock : (n) (해결 불능의) 교착 상태

debate : (n) 토론, 토의 (v) (공적인 모임에서 찬반 양파로 갈려 정식으로) 토론하다

decision-making : (n) 의사결정

disapproval : (n) 불승인, 불찬성

disapprove : (v) 찬성(승인)하지 않다 ; 비난하다

dispute : (n) 논쟁, 말다툼 ; 쟁의, 분쟁 (v) (장시간 화가 나서 혹은 격렬하게) 논쟁(논의)하다

irrelevant : (adj) 타당(적절)하지 않은, 관계가 없는

issue : (n) 쟁점, 문제점 ; 발행(물)

notification : (n) 통보 ; 통지서

notify : (v) (공식적으로) 알리다, 통보하다

objection : (n) 반대, 이의

opening address : 개회사

oppose : (v) …에 반대하다

opposition : (n) 반대, 대립

persuasive : (adj) 설득력 있는

postpone : (v) 연기하다, 늦추다

postponement : (n) 연기

present : (v) (격식을 차려) …을 제출하다, 내놓다

presentation : (n) 발표 ; 제출

preside : (v) (집회·회의 등의) 사회(의장 역할)를 맡다

proponent : (n) 찬성자, 지지자

proposal : (n) 제안, 제의 ; 계획(안)

propose : (v) 제안(제의)하다 ; 계획하다

quote : (v) (논지를 뒷받침하기 위해) 사례를 들다 ; 인용하다

recess : (n) (회의·근무 중의) 휴회, 휴식

representative : (n) 대표자, 대의원

the General Assembly : 유엔 총회

turnout : (n) (회의·선거 등의) 참석자수

unanimous : (adj) 만장일치의, 합의의

⑧ 과학, 기술, 우주

artificial intelligence : 인공지능

astronaut : 우주비행사

automate : (v) (기계나 컴퓨터에 의한) 자동화하다

automatic : (adj) 자동의

computer network : 컴퓨터 통신망

computer terminal : 컴퓨터 단말기

computerize : (v) (정보 등을) 컴퓨터로 처리하다 ; (컴퓨터를 이용하여) 자동화하다

database : (n) 데이터베이스, 데이터의 집적

desktop computer : 탁상용 컴퓨터

desktop : (adj) (컴퓨터가) 탁상용의, 책상 위에 올려 놓을 수 있는 크기의

disc drive : 디스크 드라이브

disc space : 디스크 용량

electronic data processing system : 전자정보처리장치

electronic : (adj) 전자의

floppy disc : 플로피디스크

hard disc : 하드디스크

hardware : (n) (컴퓨터의) 기계적 설비 부분, 하드웨어

high-tech : (n)(adj) 첨단(고도)기술(의)

information superhighway : 정보 초고속도로

intercom : (n) (사무실 · 비행기 등의) 내부 통화 장치, 인터폰

interface : (n) (정보처리 기능을 가진 두 부분 간의) 접속(장치)

mobile : (adj) 이동할(움직일) 수 있는

on-line : (adj) (중앙처리장치에) 직결된, 온라인의

optical fiber : 광섬유

orbit : (n) (천체 · 인공위성의) 궤도

patent : (n) 특허권 (adj) 특허의

print-out : (n) 출력물

retrieve : (v) (정보를) 검색하다 ; 되찾다, 회수하다

satellite : (n) 인공위성, 위성

semiconductor : (n) 반도체

sophisticated : (adj) (기계 등이) 정교한 ; (사람이) 세상 물정에 밝은

space probe : 우주탐사선

space shuttle : 우주왕복선

state-of-the-art : (adj) (기기가) 최첨단 기술을 사용한, 최고 기술 수준의

technician : (n) (과학 · 산업분야의) 기술자 ; 전문가

technological : (adj) 과학(공업)기술의

telecommunication : (n)(pl) (케이블 · 텔레비전 · 라디오 · 컴퓨터 · 인공위성 등에 의한) 원격 통신

the Patent Office : 특허청(국)

virtual reality : 가상 현실

virtual : (adj) 가상기억의 ; 실제상의, 실질적인

⑨ 전화, 우편

addressee : (n) 수신인

airmail : (n) 항공우편

answering machine : 전화 자동 응답 장치

answering service : 전화 응답 서비스

area code : 지역번호

attention : (n) …앞, 참조

basic rate : 기본요금

booth : (n) 칸막이 장소 ; 노점, 간이점

busy signal(tone) : 통화중일 때 들리는 신호음

busy : (adj) 전화가 통화중인

care of : …씨 댁(방)

cellular phone : 휴대폰

coin-release lever : 동전 반환 레버

collect call : 수신인 요금 지불 통화

collect : (adj) 수신인 요금 지불의(로)

cordless phone : 무선 전화기

correspond : (v) (…와) 편지 왕래하다 ; (…에) 일치(부합)하다

correspondence : 편지 왕래, 통신 ; 일치, 조화

country code : 국가번호

delivery : (n) (편지 · 물품 등의) 배달 ; 인도, 양도

dial phone : 다이얼식 전화기

dial tone : 발신음

direct mail : (직접 개인이나 가정으로 보내는) 광고 우편물

directory : (n) (이름 · 주소 등을 알파벳 순서로 배열) 주소 성명록, 인명록

disconnect : (v) (전화 회선 등을) 끊다 ; …와의 접속을 끊다

discount rate : 저녁 시간이나 주말, 공휴일에 할인되는 요금

dispatch : (n) 급송, 특전 ; 신속함 (v) (편지 등을) 급송하다, 급파하다

enclosure : (n) (편지 속에) 동봉된 것

envelope : (n) 봉투

evening rates : 저녁 시간대 전화요금

extension number : 내선 번호

extension : (n) (빌딩 내에서 각 사무실의) 내선, 구내전화 ; 연장, 확대

fragile : (adj) (물건이) 깨지기 쉬운

hot line : 긴급 직통 전화

international mail : 국제우편

junk mail : (광고물 · 선전 책자 등을 수취인의 명시도 없이 사서함 따위에 넣는) 광고 우편물

local call : 시내전화

long-distance call : 시외전화, 장거리전화

long-distance operator : 장거리 전화 교환수

mail : (n) 우편(물) (v) 우편으로 부치다, 우송하다

money order : (송금)환, (특히) 우편환

operator-assisted call : 교환수를 통한 통화

operator : (n) 전화 교환수 ; (기계 · 기구 등을 조작하는) 기사

outgoing mail : 발송우편

overnight mail : (하루 걸리는) 속달우편

overseas call : 국제전화

overseas operator : 국제 전화 교환수

parcel post : 소포우편

parcel : (n) 소포 ; 꾸러미

peak rates : 통화 최대량 시간대 요금

person-to-person call : (지명된 사람이 받을 때만 요금이 계산되는) 지명 통화

phone booth : 전화박스

phone card : 전화카드(=calling card)

postage due : 우편요금 부족

postage free : 우편요금 무료

postage paid : 우편요금 지불됨

postage stamp : 우표

postal card : 관제엽서

postal : (adj) 우편의, 우체국의

postscript : (n) 추신(=P.S.)

public phone : 공중전화(=pay phone)

register : (v) 등기 우편으로 보내다 ; 기록(등록)하다 (n) 기록(부), 명부 ; 자동 등록기

registered mail : 등기 우편

return postage : 반송우편요금

salutation : (n) (편지의) 인사말

seal : (n) 인장 (v) …에 도장을 찍다 ; 밀봉하다

separate cover : 별봉

special delivery : 속달

station-to-station call : (장거리 전화에서 통화된 순간부터 요금이 계산되는) 번호 통화

surcharge : (n) (정상 요금에 덧붙이는) 추가 요금

telegraph : (n) 전보, 전신 (v) 전보를 치다

telegraphic : (adj) 전신(전보)의

telephone bill : 전화 요금 고지서

telephone directory : 전화번호부

toll-free call (기업의 소비자 상담 · 공공 서비스 등을 위한) 무료 전화 서비스

touch-tone phone : 전자식 전화기

weekdays rates : 평일 요금

weekends & holidays rates : 주말과 공휴일요금

zip code : 우편 번호

⑩ 방송, 신문, 출판

anchorperson : (n) 종합 뉴스 진행자

announce : (v) (아나운서가 프로를) 방송하다 ; 발표하다

announcement : (n) 공고, 발표

article : (n) (신문 · 잡지의) 기사 ; (계약의) 조항 ; 품목

broadcast : (v) …을 방송하다 (n) 방송, 방송프로

bulletin board : 게시판

bulletin : (n) 뉴스 속보 ; 게시, 고시 ; (학회 등의) 회보

cartoon : (n) 시사 풍자 만화 ; 연재 만화

classified ad : 항목별 광고

classified : (adj) 분류된, 등급에 따라 배치된 ; 비밀(기밀)의

commentator : (n) 방송 해설가 ; 시사문제 해설가

compile : (n) (많은 자료를 모아 책을) 편찬(편집)하다, (자료를) 수집하다

contributor : (n) (신문 · 잡지의) 기고가, 투고가 ; 기부자

control room : 라디오 · TV의 조정실

Copyright reserved : 판권 소유

copyright : (n) 판권, 저작권

correspondent : (n) 특파원

draft : (n) 초고, 초안 ; 도안, 밑그림 ; 징병(제도)

edit : (v) (신문 · 잡지 · 영화 등을 인쇄 · 상영에 알맞게) 편집하다

edition : (n) (개정 · 증보 등에 의해 내용이 일부 다른) 판, 간행본

editor-in-chief : (n) 편집장

editor : (n) 편집자 ; (신문의) 주필, 논설위원 ; (신문 · 잡지의) 편집 책임자

editorial : (adj) 편집(상)의 ; 사설의 (n) (신문 · 잡지의) 사설, 논설

excerpt : (n) 발췌 ; 인용(구) (v) 발췌하다, 인용하다

extract : (n) 발췌하다 ; 추출하다, (치아 등을) 뽑아내다 (n) 인용(구) 추출물

feature : (n) (신문 · 잡지의) 특집기사 ; 특징, 특색 (v) (사건 등을) 크게 다루다

free translation : 의역

front-page : (adj) 신문의 제1면에 실린(실을 만한) 중요한

glossary : (n) 용어(어휘) 풀이

headline : (n) (신문 기사의) 표제 ; 중요 뉴스

hit(mike) the headlines : 중대 뉴스가 되다, 유명해지다

impression : (n) (지난번 것과 내용의 변경 없이 그대로 인쇄 · 발행되는) 쇄

in-depth : (adj) 심층의, 철저한

journal : (n) (일간) 신문 ; 잡지, 정기 간행물 ; 일지, 일기

journalist : (n) 신문 · 잡지의 종사자, 언론인

literal translation : 직역

live : (adj) 생방송의, 실황의 ; 살아 있는

lively : (adj) 활기찬, 발랄한 ; 생생한

manuscript : (n) (손으로 쓰거나 타이프로 친 인쇄 전의) 원고 ; 필사본

newsstand : (n) (거리 · 역구내 등의) 신문 · 잡지 판매대

obituary : (n) (죽은 이의 약력 등이 들어간) 사망기사(광고), 부고

overview : (n) 개관, 개요

paperback : (n) 페이퍼 백, 종이 표지 책

periodical : (n) (일간지 이외의) 정기간행물

press conference : 기자회견

press release : 보도자료

proofread : (n) 교정을 보다

publication : (n) 출판(물), 간행(물) ; 발표, 공표

publisher : (n) (책 · 신문 · 음반 등의) 출판업자 ; 출판사

quarterly : (adj) (잡지 등이) 계간의, 1년에 4회의 (n) 계간지

radio station : 라디오 방송국

reference book : 백과사전 · 지도 등의) 참고 도서

reference : (n) 참고, 참조 ; 언급 (adj) 참고(조)용의

release the news : 뉴스를 발표하다

rely : (v) (방송 등을) 중계하다 ; 교체시키다 (n) 중계 ; 교체(자)

revise : 개정하다 ; (의견 · 의도 등을) 바꾸다

revised edition : 개정판

revision : (n) 개정(판)

scoop : (n) (신문의) 특종 (v) (특종기사를) 앞질러 보도하다

sitcom : (n) 상황 희극(=situation comedy)

soap opera : 소프 오페라(낮 시간에 가정주부 대상의 연속 멜로 드라마)

subscribe : (v) 정기 구독하다 ; 기부하다

subscriber : (n) 정기 구독자 ; 기부자

subscription : (n) (신문 · 잡지 등의) 정기 구독(료) ; 기부

supplement : (n) (신문의) 증보면 ; (책의 잘못된 부문의 정정 및 내용 보충을 위해 나중에 첨가한) 보완, 추가(부분)

telecast : (v) 텔레비전 방송을 하다 (n) 텔레비전 방송

television station : TV 방송국

translation : (n) 번역(작품)

translator : (n) 번역자 ; 통역자

up-to-the-minute : (adj) 최신의 정보를 담고 있는

version : (n) (어떤 것의) 변형, …판 ; 번역(서판) ; (개인적 또는 특수한 입장에서의) 견해, 설명

wrap-up : (n) (보도 프로그램이 끝나기 바로 전의) 간추린 내용(뉴스)

⑪ 환경, 에너지

acid rain : 산성비

air pollution : 대기 오염

carbon dioxide : 이산화탄소

CFCs : 불화 염화 탄소화합물의 총칭-chlorinated fluorocarbons의 약어로, 지구 오존층 파괴의 주범이다.

contaminate : (v) 오염시키다

contamination : (n) 오염

disposal : (n) 처리 폐기

dispose : (v) 처리(처분)하다 ; 배치(준비)시키다

dump : (n) 쓰레기 하치장 (v) 아무렇게나 내던지다 ; (상품을) 덤핑하다

environment : (n) 환경

environmental : (adj) 환경의

environmentalist : (n) 환경(보호)론자, 환경 문제 전문가

exhaust : (n) (자동차의) 배기가스 (v) (자원 등을) 고갈시키다 ; (사람을) 기진맥진하게 하다

exploit : (v) 개발하다 ; 착취하다

fallout : (n) (핵폭발에 의한) 방사능 낙진

fossil fuel : (석탄 · 석유 · 천연 가스 등의) 화석 연료

fossil : (n)(adj) 화석(의)

fume : (n) 매연, (냄새가 독한 또는 유독의) 가스, 연기

garbage disposal : 쓰레기 처리

garbage : (n) (부엌에서 나온 음식) 찌꺼기, 쓰레기 : 하찮은(무가치한) 것

greenhouse effect : 온실효과

hydropower : (n) 수력 전기

industrial waste : 산업폐기물

incinerator : (n) (쓰레기의) 소각로

junk : (n) (낡고 쓸모없는) 쓰레기, 폐품

lumber : (n) (각목 · 판재 등으로 켜진 건축 · 가구용의) 목재

natural environment : (n) 자연 환경

natural resources : 천연자원

noise pollution : 소음공해

nuclear fission : 핵분열

nuclear fusion : 핵융합

nuclear waste : 핵폐기물

nuclear : (adj) 원자력의 ; 핵무기의 ; 핵의

oil refinery : 정유 공장

ozone layer : 오존층

petroleum : (n) 석유

photochemical smog : 광화학적 스모그(=white smog)

pollutant : (n) 오염 물질

pollute : (v) 오염시키다

pollution : (n) 오염

powerhouse : (n) 발전소

radiation : (n) (빛 · 열 등의) 반사, 복사 ; 방사물(선)

recycle : (v) (폐물을) 재생 이용하다

recycling : (n) 재활용, 재생

red tide : 적조

refinery : (n) (금속 · 원유 등의) 정제소, 제련소

resource : (n) (국가의) 자원 ; 부, 재원

skin cancer : 피부암

solar power : 태양 에너지

solar : (adj) 태양의

trash can 쓰레기통

trash : (n) 쓰레기, 잡동사니 ; 시시한 말(생각)

tropical rain forest : 열대우림

waste : (n) 폐기물, 쓰레기 ; 낭비 ; 황무지 (v) 낭비하다 (adj) 황폐한 ; 폐기된

(12) 자연, 지리, 재해, 날씨

atmosphere : (n) 대기 ; 공기 ; 분위기

atmospheric pressure : 기압

avalanche : (n) 눈사태

bay : (n) (바다 · 호수의) 만

blast : (n) 돌풍 ; 폭발, 폭파

bleak : (adj) (날씨 · 바람 등이) 차가운, 살을 에는 듯한 ; 황량한

breeze : (n) 미풍, 산들바람

calamity : (n) (사람들에게 큰 슬픔과 고통을 주는) 재난, 참화 ; 불행, 비운

canal : (n) 운하

catastrophe : (n) (회복 불가능할 정도의) 대참사 재앙

centigrade : (n) 섭씨(온도계) (adj) 섭씨의

chill : (n) 냉기, 한기 ; (몹시 춥고 떨리는) 오한

chilly : (adj) 쌀쌀한, 차가운 ; 으슬으슬한

cliff : (n) (해안의) 낭떠러지, 절벽

conservation : (n) (자연) 보호, 관리

conserve : (v) 보호(보존)하다 ; 유지하다

damp : (adj) 습기가 있는, 축축한

devastate : (n) (국토 등을) 황폐화시키다, 유린하다

disaster : (n) (생명을 잃거나 재산상의 큰 손실을 가져오는 예기치 못한) 재해, 참사 ; 큰 불행

disastrous : (adj) 재해의, 비참한 ; 실패의

dormant volcano : 휴화산

downpour : (n) 폭우, 호우

drizzle : (n) 이슬비, 보슬비

drought : (n) (장기간의) 가뭄, 한발

earthquake : (n) 지진

ecological : (adj) 생태학의

ecology : (n) 생태학

ecosystem : (n) 생태계

erupt : (v) (화산 등이) 폭발(분화)하다 ; (갑자기) 발생하다

eruption : (n) (화산의) 분출, 분화 ; (사건의 갑작스런) 발생

evacuate : (n) (위험으로부터) 대피(피난)시키다 ; (집 등을) 비우다

extinct volcano : 사화산(active volcano : 활화산)

Fahrenheit : (n) 화씨(온도계) (adj) 화씨의

flood : (n) 홍수, 범람 ; 쇄도 (v) 범람하(게 하)다, 침수(되게)하다

fog : (n) (시계를 상당히 가리는) 짙은 안개

foggy : (adj) 안개가 자욱한

forecast : (v) (날씨를) 예보하다 ; 예상하다 (n) 예보 ; 예상

gale : (n) 강풍, 센바람(초속 17-25m)

gulf : (n) (보통 bay보다 큰) 만

gust : (n) 돌풍, 갑자기 부는 바람

gusty : (adj) 돌풍의 ; (비바람 등이) 세찬, 거센

habitat : (n) (동물의) 서식지, (식물의) 자생지

hail : (n)(v) 우박(이 내리다)

haze : (n) (연기 · 먼지 따위가 엷게 퍼져 시계를 약간 가리는) 안개

hazy : (adj) (엷은) 안개가 낀, 흐린

hemisphere : (n) 반구

herb : (n) 풀 ; (약용 향료용) 식물

high pressure : 고기압

humid : (adj) 습기가 많은

humidity : (n) 습기, 습도

inclement : (adj) (춥거나 폭풍우가 치는 등 날씨가) 험한, 혹독한 ; 무자비한

inland : (adj)(ad) 내륙의(으로) ; 오지의(로) (n) 내륙, 오지

insect : (n) 곤충

latitude : (n) 위도

lightning : (n) 번개

low pressure : 저기압

mammal : (n) 포유류

mercury : (n) 수은(주) ; 수성

mist : (n) 안개

misty : (adj) 안개 낀

moist : (adj) (적당히) 습기가 있는, 촉촉한

muggy : (adj) 무더운, 후덥지근한

overcast : (adj) (하늘이) 잔뜩 흐린, 우중충한

peninsula : (n) 반도

pest : (n) 해충 ; (쥐와 같이 농작물에 피해를 입히는) 작은 동물

precipitation : (n) 강우, 강설(량)

pressure : (n) 기압 ; 압력 ; 압박

rainfall : (n) (일정한 기간에 한 지역에 내리는) 강우(량)

rainstorm : (n) 폭풍우

reptile : (n) 파충류

rescue : (n) 구조(구출)하다 (n) 구조, 구출

scorching : (adj) 몹시 더운

seismic area : 지진대

seismic center : 진원

seismic : (adj) 지진(성)의 ; 지진에 의한(관한)

severe : (adj) (자연 현상 등이) 심한, 맹렬한 ; 엄격한

shower : (n)(v) 소나기(가 오다)

sleet : (n) 진눈깨비

soak : (v) 흠뻑 적시다 ; 흠뻑 젖다 ; 담그다 (n) 흠뻑 젖음 ; 담그기

species : (n) (생물 분류상의) 종

strait : (n) 해협

surge : (n) 큰 파도 ; (감정의) 격동 (v) (파도처럼) 밀려오다, 쇄도하다 ; (감정이) 끓어오르다

swamp : (n) 늪, 습지대 (v) (물에) 잠기게 하다 ; 압도하다

temperature-humidity index : 불쾌지수

terrain : (n) (자연적 특징에서 본) 지대, 지역 ; 지형, 지세

thunderstorm : (n) (천둥과 번개를 수반한) 폭풍우

tornado : (n) 격렬한 회오리 바람

turbulence : (n) 난기류 ; 동요, 소란

vapor : (n) 증기, 수증기

victim : (n) 희생자, 피해자

volcanic : (adj) 화산의, 화산 작용에 의한 ; 폭발성의

volcano : (n) 화산

weather bureau : 기상국(청)

weather forecast : 일기예보

weather map : 일기도, 기상도

weatherman : (n) 일기예보 아나운서

weed : (n) 잡초 (v) 잡초를 뽑다

wilderness : (n) (사막과 같은) 황야, 황무지

wildlife : (n)(adj) (집합적) 야생 생물(의)

windy : (adj) 바람이 많이 부는

⑬ 교통

aboard : (adj) (배·열차·버스·비행기 등을) 타고 있는

accelerate : (v) 빨라지게 하다, 가속하다

air freight : 항공 화물

aircraft : (n)(pl) (모든 종류의) 항공기

airliner : (n) 여객기

airlines : (n) 항공 회사

automobile part : 자동차 부품

aviation : (n) 비행, 항공(기 산업) ; 비행술

be stuck(caught) in traffic : 교통 체증으로 움직이지 못하다

board : (v) (배·비행기 등에) 탑승하다, 승선하다

boulevard : (n) (도시 안팎의) 대로, 넓은 가로수길

bumper-to-bumper : 자동차가 꼬리를 문

bus stop : 버스 정류소

bypass : (n) (자동차용의 임시) 우회로

cab : (n) 택시

capsize : (v) (배가) 전복되다

car rental agency : 자동차 대여점

car repair shop : 자동차 정비소

car wash : 세차(장)

carrier : (n) 나르는 사람(것) ; 운송업자(회사) ; 항공모함

casualty : (pl) 사상자수, 부상자수

charter : (n) (특별한 목적을 위한 자동차·비행기·선박 등의) 임대, 전세 (v) 임대(전세)하다 ; 특허를 주다

chartered bus : 전세 버스

chauffeur : (n) (자가용의) 고용 운전사

collide : (v) 충돌하다 ; (의견이) 상반되다

collision : (n) 충돌 ; (이해의) 상충

commute : (v) (정기적으로 기차·버스 등을 이용하여) 통근하다

commuter train : 통근 열차

commuter : (n) 통근자

compact car : 소형차

compartment : (n) (열차 등의) 칸막이한 객실

congest : (v) 혼잡하게 하다

congestion : 혼잡 ; 밀집

convey : (v) 운반하다, 나르다

conveyance : (n) 운반, 수송

conveyor : (n) 운송업자 ; 운반 장치, 컨베이어

crash : (n) 충돌(사고) ; (비행기의) 추락 (v) 충돌하다, 추락하다

crosswalk : (n) 횡단보도

delay : (v) 지체시키다(하다) (n) 지체, 지연

depart : (v) (열차 등이) 출발하다 ; 떠나다

departure : (n) 출발

detour : (n) 우회로

double-park : (v) 이중 주차하다

drive-in bank(theater) : (adj) 드라이브인 식의 은행(극장)

drive-in : (adj) 차를 탄 채로 들어가게 되어 있는 (n) (영화관·극장·은행 등) 차를 몰고 들어가는 시설

drive-up window : 손님이 승차한 채 서비스를 받을 수 있는 창구

drive-up : (adj) 승용차를 탄 채로 볼일을 볼 수 있게 된

driver's license : 운전면허증

driving test : 운전 면허 시험

embark : (v) (배·비행기에) 탑승하다 ; (사업·모험 등을) 시작하다

express train : 급행 열차

express : (n) (기차·버스 등의) 급행편 ; (우편의) 속달 (adj) 급행의 ; 속달의

fare : (n) 교통 요금, 운임

fill her(it) up : (기름을) 탱크에 가득 넣다

flat tire : 펑크 난 타이어

freight forwarder : 화물 운송업자

freight : (n) 화물

fuel-efficient : (adj) 연료 효율이 높은

full-size car : 대형차

gas pump : 주유기

gas station : 주유소

ground transportation : 육상 교통 수단

head-on collision : 정면 충돌

heavy traffic : 극심한 교통(량)

highway patrol : 고속 도로 순찰대

intersection : (n) (도로의) 교차점, 네거리

interstate highway : (미국의) 주간 고속도로

jam : (v) (장소·통로를) 막다, 메우다 ; 쑤셔 넣다 (n) (차량 등의) 혼잡 ; (기계의) 고장

jaywalk : (v) (도로를) 무단 횡단하다

land : (v) 착륙하다, 상륙하다

launch : (v) (배를) 진수시키다 ; (로켓 등을) 발사하다 ; (계획 등을) 시작하다

license number : 차량번호

license plate : 차량 번호판

license : (n) 면허장, 인가(허가)서 (v) 면허를 주다, …을 인가하다

limousine : (n) (운전수가 있는) 대형 고급 승용차

load : (n) 짐 ; (정신적인) 짐, 부담 (v) …을 싣다

make(take) a detour : 우회로로 가다

mid-size car : 중형차

mileage : (n) 주행 거리 ; 총 마일 수

motor vehicle : (승용차 · 버스 · 트럭 등의 총칭으로) 자동차

motorist : (n) 자동차 운전(여행)자

non-stop(direct) bus : 직행 버스

off-road : (adj) (차가) 일반 도로 이외의 장소에서 사용되도록 만들어진

one-way (street) : (n) 일방 통행로

out of order : 고장 난

overhaul : (n) (기계의) 분해 검사(수리) (v) 철저히 점검(정비)하다

parking lot : 주차장

part : (n) (기계의) 부품, 부속품

pedestrian : (n) 보행자

pickup : (n) 자동차 편승 여행자(를 태우기)

pier : (n) 선창, 부두

public transportation : 공공 교통 수단

ramp : (n) (입체 교차로 등의) 연결용 경사로

refuel : (v) 연료를 재보급하다(시키다)

rental car : 임대 자동차

rental : (n) 임대용의 자동차(집 · 방) ; (자동차 · 집 등의) 임대료 (adj) (집 · 자동차 등을) 임대한

rest area : 휴게소

run over : (차가 사람을) 치다

ship : (v) (배로) 운반하다, 수송하다

shipment : (n) 선적(화물), 적재 ; 발송, 탁송

shortcut : (n) 지름길, 최단 노선

shuttle : (v) (정기적으로) 왕복 운행하다(시키다) (n) 정기 왕복 버스(열차 · 비행기)

sidewalk : (n) 보도

station wagon : 스테이션 왜건 (좌석 뒷부분에 큰 짐을 실을 수 있는 공간이 있는 승용차)

steer : (n) (배 · 자동차 등을) 조종하다

take-off : (n) 이륙 ; 출발

taxi stand : 택시 승차장

thoroughfare : (n) (양끝이 다른 거리로 통하는) 가로 ; 주요 도로

timetable : (n) (비행기 · 열차 등의) 시간표 ; (계획 · 행사 등의) 예정표

toll : (n) (다리 · 유료도로의) 통행세 ; 장거리 전화료

tollbooth : (n) 통행료 징수소

traffic congestion : 교통 체증

traffic signal : 교통 신호등

transfer : (n) (탈것을) 갈아타기 ; 이전 ; 전임, 전근(자)

transit passenger : 통과 여객

transit : (n) (사람 · 화물의) 운송, 운반 ; 통과, 통행

transportation : (n) 운송, 수송 ; 교통(수송) 기관

underpass : (n) (철도 · 도로 밑을 지나는) 지하(보)도

unleaded gasoline : 무연 가솔린

van : (n) 밴, 유개 트럭

vehicle : (n) 운송 수단, 탈것 ; (전달) 수단, 매체

vessel : (n) (대형의) 배, 선박 ; 용기

wreck : (n) (열차 · 자동차 등의) 충돌, 파괴 ; 난파(선의 잔해)

⑭ 여행, 공항, 호텔

accommodate : (v) 숙소를 제공하다, 수용하다 ; …의 편의를 도모하다

accommodation : (n) 숙박(설비) ; 편의, 도움

admission : (n) 입국(허가) ; 입장(허가), 입학(허가) ; 입장료

agency : (n) 대리점 ; (정부의) 기관, 청

agent : (n) 대행인, 대리인

airsickness : (n) 비행기 멀미

aisle seat : 통로 쪽 좌석

aisle : (n) (비행기 · 열차 · 극장 등의 좌석 사이의) 통로

arrange : (v) 계획을 짜다, 준비하다 ; 배열하다, 정돈하다

arrangement : (n) 준비, 채비 ; 배열, 정돈 ; 협정, 합의

attendant : (n) 시중드는 사람, 수행원 ; (호텔 · 주차장 등의) 안내원 ; 참석자

attraction : (n) 명소, 인기거리 ; 매력

baggage check : 수화물 보관증

baggage claim area : 수화물 찾는 곳

baggage : (n) (트렁크 · 소형 여행가방 등) 수화물

bell captain : (호텔의) 급사장

boarding gate : 탑승구

boarding pass : (비행기의) 탑승권

boarding ramp : (여객기용) 이동 트랩

boarding : (n) 탑승

cancel : (v) 취소하다

cancellation : (n) 취소

capacity : (n) (방·극장 등의) 수용 능력 ; 재능, 역량

captain : (n) 기장, 선장 ; 지도자 ; 육군(공군) 대위

carry-on baggage : 기내 휴대 수화물

checkout : (n) (호텔에서) 계산하고 나오는 절차

complimentary service : 기내 무료 서비스

confirm : (v) 확인하다

confirmation : (n) 확인 ; 입증

connection : (n) (다른 교통수단으로의) 접속

control tower : (비행장의) 관제탑

cruise ship : 유람선

cruise taxi : 관광 택시

cruise : (n) 순항 여행 (v) 순항하다 ; (차가 긴 여행에서) 경제속도로 달리다

custom : (n) 세관 ; 관세 ; 관습

customs clearance : 통관

customs declaration card(form) : 여행자 휴대품 신고서

customs duties : 관세

customs inspection : 세관 검사

customs office : 세관(사무소)

customs officer(official) : 세관원

daylight saving time : 일광 절약 시간

declaration : (n) 신고(서) ; 선언, 포고

declare : (v) (세관에서 과세품을) 신고하다 ; 선언하다

destination : (n) (여행의) 목적지, 행선지

detect : (v) 탐지하다

detection : (n) 탐지, 발견

detector : (n) 탐지기

direct flight : (n) 직행 비행편

double occupancy : 2인 1실

double room : 2인용 객실

duty-free item : 면세품

duty-free shop : 면세점

duty : (n) 관세 ; 의무

embarkation card : 출국 기록 카드

embarkation : (n) (비행기에) 탑승 ; 승선 ; 적재

entry permit : 입국 허가

entry visa : 입국 비자

entry : (n) (화물 · 선적의) 통관 수속 ; 입장(권) ; 기재, 등록

excess baggage charge : 수화물 초과 요금

excursion : (n) (짧은) 유람 여행, 소풍

fasten : (v) 단단히 고정시키다 ; (지퍼 · 단추 등을) 채우다

flight attendant : 기내 승무원

flight check-in : 탑승자 수속

flight number : 항공편 번호

flight : (n) (정기항공로의) 편, 비행기 여행 ; 날기

guided tour : 안내인이 함께 하는 여행

immigrant : (n) (타국에서의) 이주자

immigration office : 출입국 관리 사무소

immigration : (n) (공항 · 항구 등에서의) 입국 심사 ; 다른 나라로부터의) 이민, 이주

in-flight meals : 기내식

in-flight : (adj) 비행중의

information booth : 안내소

International Date Line : 날짜변경선

itinerary : (n) 여행 계획, 일정표 ; 여행 안내서

jet lag : (비행기 여행의) 시차에 의한 피로

key deposit : 열쇠 보관소

landmark : (n) (특정한 위치를 알려주는 두드러진) 표시물 ; 유적물, (토지의) 경계표

landscape : (n) (한눈에 바라보이는) 경치, 풍경 ; 전망, 조망

life jacket(vest) : 구명조끼

local time : 현지시간

Lost & Found : 분실물 신고 센터

morning(wake-up) call : 모닝콜(아침에 전화로 깨워 주는 것)

nationality : (n) 국적 ; 국민성

one-way ticket : 편도표

optional guided tour : 자유 선택 가이드 여행

outlook : (n) (특정 장소에서 보았을 때의) 전망, 경치 ; (장래의) 전망

overhead rack : (짐을 넣는) 선반

overseas flight : 해외 비행편

oxygen mask : 산소 마스크

package tour : 패키지 여행(tour package)

page : (v) (호텔·공항 등에서 구내 방송으로) …를 호출하다 (n) (호텔의) 급사, 보이

pager : (n) 휴대용 소형 무선호출기

quarantine officer : 검역관

quarantine : (n) (공항의) 검역소 ; 격리, 고립

reconfirm : (v) (예약 등을) 재확인하다

red-eye : (n) 야간 비행편

registration card : 숙박 카드

registration(front, reception) desk : 접수대

registration : (n) (숙박부·명부 등에 이름을) 기입 ; 등록 ; (우편물의) 등기

renew : (v) 갱신하다 ; 재개하다

renewal : (n) 갱신, 재개

reservation : (n) (호텔·교통편 등의) 예약

reserve : (v) 예약하다 ; 남겨두다

resort : (n) 휴양지

restroom : (n) (호텔·레스토랑 등의) 화장실

return flight : 왕복 비행편

room service : 룸서비스

round-trip ticket : 왕복표

safety instructions : 안전 지침

scenery : (n) (아름다운 시골의) 경치, 풍경 ; (극장. 무대의) 배경, 무대 장치

scenic : (adj) 경치 좋은

security area : 보안 구역

security check(screening) : 보안 검색

security checkpoint : 검문소

security officer : 검색 공무원

security : (n) 보안, 안전

sightseeing bus : 관광 버스

sightseeing : (n) (명승지) 관광

single occupancy : 1인 1실

single room : 1인용 객실

souvenir store : 기념품 가게

souvenir : (n) 기념품

stand-by passenger : 탑승 대기 승객

stand-by : (n) (예약이 취소된 항공권을 구입하기 위한) 대기자 (adj) 대기(중)의

standard time : 표준시간

suite : (n) (거실과 침실이 있는 호텔의 호화로운) 특별실

surname : (n) (이름의) 성

ticket agent : 승차권(입장권) 판매원

tour guide : 여행 안내자

tourism information center : 여행 정보 센터

tourism : (n) 관광여행 ; 관광객

tourist : (n) 관광객 (adj) 관광객(용)의

travel agency : 여행사

travel agent : 여행사 직원

twin-bed room : 한 쌍의 침대가 있는 객실

via air mail : 항공우편으로

via : …을 경유하여 ; …에 의하여

visa : (n) 비자, (여권 등의) 사증, 배서

waiting list : 탑승 대기자 명단

waiting lounge : 탑승 대기자실

(15) 쇼핑

advertising brochure : 광고 책자

after-sales service : 애프터서비스

asking price : (판매자의) 제시 가격, 부르는 값

brand-new : (adj) 신품인

brochure : (n) (제품이나 회사에 대한 정보를 제공하는) 소책자, 팜플렛

bulk purchasing(buying) : 대량 구입

cash register : 금전등록기

cashier : (n) (상점·식당·은행·호텔 등의) 현금 출납원

clearance : (n) 재고 정리(판매) ; 정리, 제거

closing-down sale : 폐업 세일

consumer protection bureau : 소비자 보호기관

convenience store : 편의점(=CVS)

customer service representative : 고객 서비스 담당 직원

customer : (n) 고객, 단골손님

defect : (n) 결점, 흠 ; 결함

defective : (adj) 결함이 있는

display : (v) 전시(진열)하다 (n) (상품의) 전시, 진열

door-to-door delivery service : 집집마다 배달해 주는 서비스

durability : (n) 내구성

durable : (adj) 내구력이 있는, 질긴

exorbitant : (adj) (가격 · 요구 등이) 과도한, 터무니없는

faulty : (adj) 결점(흠)이 있는, 잘못된

fruit vendor : 과일 노점상

full-credit : (n) 상품 구매 후, 반환 · 환불 · 교환을 보장해 주는 것

garage(yard) sale : 주로 가정의 차고에서 중고품이나 필요 없는 물건을 염가로 파는 것

giveaway : (n) (손님을 끌기 위한) 무료 증정품, 염가품 (adj) 투매 가격의, 공짜나 다름없는

gratis : (adj) 무료의(로)

guarantee : (v) 보증하다 (n) 보증(서)

half-price sale : 반액 할인 판매

hand-made : (adj) 수제의, 손으로 만든

handout : (n) (홍보 · 정보 전달이 목적인) 배포 인쇄물

hot seller : 잘 팔리는 것

installment plan : 월부, 분할불

installment : (n) 할부, 할부의 1회 불입금

interest-free : (adj) 무이자의

inventory : (n) 재고품(목록) ; (상품 등의) 목록

leaflet : (n) (배포용 낱장) 인쇄물, (광고용) 전단

list price : 정가

lower : (v) (가격 등을) 내리다 ; (목소리 등을) 낮추다, 낮아지다

mall : (n) 보행자 전용의 상점가, 쇼핑센터

manual : (n) (기계 등의 작동법을 알려주는) 안내서, 소책자

moving sale : 이사할 때 필요 없는 물건들을 파는 것

option : (n) 선택 사항, 옵션

optional : (adj) 임의의, 선택의

oversize : (adj) 특대의 (n) 특대품

payment by installments : 분할 불입

payment in a lump sum : 일시 불입

pick up the tab : 셈을 치르다

price cutting : 할인

product brochure : 제품 설명서

purchase price : 구입가

purchase : (v) 구입하다, 사다 (n) 구매, 산 물건

purchaser : (n) 구매자

reasonable : (adj) (가격 등이) 적당한, 비싸지 않은 분별 있는, 이치에 맞는

rebate : (n) (금액 일부의) 환불 (v) (금액의 일부를) 돌려주다

receipt : (n) 영수증 ; 인수, 수취

refund : (n) 환불, 반환(금) (v) 환불하다 ; 상환하다

retail price : 소매가

rip-off : (n) 폭리, 바가지

rip : (v) 바가지를 씌우다 ; 훔치다 ; 잡아 뜯다, 찢다 (n) 터짐, 터진 곳

salesclerk : (n) 판매원, 점원

secondhand : (adj) 중고품인, 중고의

shopper : (n) 쇼핑하는 사람, 물건을 사러 나온 사람

shopping cart : (슈퍼마켓 등의) 손님용 손수레

specialty store : (단일 품종, 동일 용도품을 다루는) 전문점

storage : (n) 창고, 저장소 ; 저장

store hours : 영업시간

storekeeper : (n) 가게 주인, 소매상인

tab : (n) 계산서, 청구서 ; 명찰 ; 물표, 짐표

tag : (n) 꼬리표, 가격표 (v) 꼬리표(정가표)를 달다

vending machine : 자동판매기

vendor : (n) 노점상

voucher : (n) (특별한 목적으로 돈 대신에 사용할 수 있는) 교환권, 할인권

warehouse : (n) (특히 상품 또는 수송전의 물품을 보관하는) 창고

warrant : (n) 증명(서) (v) 보장하다 ; 정당화하다

warranty : (n) (품질) 보증(서), 애프터 서비스 보증(서)

waterproof : (adj) 방수의

wholesale price : 도매가

withstand : (v) 견디어 내다, 버티다 ; …에 저항하다

wrap : (v) 포장하다 ; 감싸다

wrapping : (n) 포장(재료)

⑯ 패션

attire : (n) 의복 ; 성장 ; 옷차림새

bathing suit : 수영복

blended fabric : 혼방직물

bow tie : 나비넥타이

coordinate : (v) (색 · 디자인 등이) 조화를 이루다

coordinator : (n) 코디네이터, 진행책임자

cosmetic : (n) 화장품(보통 복수로 쓰임) (adj) 화장용의, 미용을 위한

costume : (n) (특정 국민 · 계급 · 시대 등의) 복장, 의상

dress shirt : 예복용 와이셔츠

dress-up : (n) 정장 (adj) (때 · 장소 등이) 정장을 해야 하는

dressing room : 탈의실

fabric : (n) 직물, 천

fad : (n) 일시적 유행

fitting room : 가봉실

fragrance : (n) (꽃 · 풀 등의 은은한) 향기 ; 향수

fragrant : (adj) 향기로운

garment : (n) 의류 (한 점)

gem : (n) (깎아서 다듬은) 보석 ; 귀중품

long-sleeved : (adj) 긴 소매의

makeup : (n) 화장(품)

old-fashioned : (adj) 구식의, 시대(유행)에 뒤진

outfit : (n) (특정한 목적에 필요) 구색 갖춘 옷 한 벌

patch : (n) 뚫어지거나 해진 곳에) 덧대는 조각 (v) (…에) 헝겊을 대어 수선하다

perfume : (n) 향수 ; (강하고 매혹적인) 향기

perm : (n) 파마 (v) (머리를) 파마하다

purse : (n) 핸드백 ; 돈지갑, 돈주머니

shabby : (adj) (옷이) 낡은, 남루해진 ; 초라한

shrink : (v) (열 · 물 등에 의해 천 따위가) 줄어들다

stylish : (adj) 유행의, 멋진

tie tack : 넥타이 핀

trend : (n) 유행 ; 경향

valuable : (n) (보석 · 귀금속 등의 값비싼) 귀중품

vogue : (n) 유행

wallet : (n) (지폐를 넣는 접는 식의) 지갑

wardrobe : (n) (개인이 소지한) 의상 ; 옷장

woolen(cotton) fabrics : 모(면)직물

(17) 여가, 오락, 파티

amenity : (n) 위락 시설 ; (기후 · 장소 등의) 쾌적함

amuse : (v) 즐겁게 하다, 웃기다

amusement park : (오락시설 · 음식점 등이 있는) 유원지

amusement : (n) 즐거움 ; 오락

ball : (n) 무도회 ; 즐거운 한때

banquet : (n) (연설 · 건배가 행해지는 공적인 연회

cater : (v) (파티나 연회에) 음식물을 제공하다 ; …의 요구를 충족시키다

doze : (v) 졸다, 선잠 자다 (n) 졸기, 선잠

entertain : (v) (음식물로) 대접하다 ; 즐겁게 하다

entertainer : (n) 연예인

entertainment : (n) 대접, 환대 ; 오락

gamble : (n) 도박 ; 모험 (v) 도박을 하다, 내기를 하다

grove : (n) 작은 숲

guest of honor : (파티나 행사의) 주빈

horoscope : (n) 점성술, 별점

lottery : (n) 복권 ; 추첨, 제비뽑기

luncheon : (n) (정식의) 오찬

open house : (친지 등을 집에 초대해서 베푸는) 공개 파티 ; (학교 · 기숙사 등의) 일반 공개일

pageant : (n) (화려한) 가장행렬

pastime : (n) (기분전환을 위한) 오락, 소일거리

picnic grove : 피크닉에 알맞은 숲

recline : (v) 기대다, (기대어) 쉬다, 눕다

recreation : (n) 레크리에이션, 오락, 기분전환

refresh : (v) (심신을) 상쾌하게 하다, 원기를 회복시키다

refreshment : (n) (파티 · 회의 · 공연에서 제공되는 간단한) 다과, (원기를 회복시켜 주는) 음식

relaxation : (n) 휴식, 긴장을 풂 ; 오락, 기분전환

spree : (n) (과소비 또는 술로) 흥청거림 ; 술잔치

stroll : (n) 산책, 한가로이 거닐기 (v) 산책하다, 한가로이 거닐다

toast : (n) 축배, 건배 (v) (성공 · 건강 등을 기원하며) 축배를 들다

⑱ 음식, 요리, 재료

additive : (n) (빛깔 · 막 등을 더하기 위해 소량으로 넣는) 첨가물

appetizer : (n) (식사 전에) 식욕을 돋우는 음식, 전채

aroma : (n) (후각 뿐 아니라 미각도 돋우는) 향기

beverage : (n) (물 이외의) 음료

blend : (n) 혼합물 (v) 섞(이)다

boil : (v) 팔팔 끓이다 ; 삶다, 데치다 ; 졸이다

brew : (v) (원두나 차 잎사귀로 커피·차 등을) 끓이다 ; (맥주 등을) 양조하다

broil : (v) (직접 불·석쇠에) ⋯을 굽다

broth : (n) (고기·생선·쌀·채소로 조리한) 묽은 수프

cereal : (n) 곡물 ; (조반으로 먹는 오트밀·콘프레이크 등의) 곡물식

chef : (n) (식당·호텔 등의) 주방장, (솜씨 좋은) 요리사

chew : (v) 씹다

chop : (v) 잘게 썰다, 저미다 ;(도끼 등으로) 쳐서 자르다

continental breakfast : 커피[홍차]와 빵을 먹는 간단한 유럽식 아침 식사

crisp : (adj) (과자 등이) 바삭바삭한

crush : (v) 으깨다 ; 가루로 만들다, 빻다

cuisine : (n) 요리 ; 조리법

decaf coffee : 카페인이 제거된 커피

delicatessen : (n) 델리(=deli)(샌드위치·샐러드·음료 등을 파는 음식점)

devour : (v) 게걸스럽게 먹다

diner : (n) (간단한 음식을 파는 길가의) 작은 식당 ; (기차의) 식당차

edible : (adj) 식용의, 먹을 수 있는

entre'e : (n) 주요리

fillet : (n) (가시를 발라낸) 생선의 한 토막 ; 소·돼지의 연한 허리고기

flavor : (n) 맛, 풍미 ; 조미료, 양념 (v) ⋯에 맛(풍미)을 내다

flour : (n) 밀가루

foodstuff : (n) (종종) 식량, 식료품

gin and tonic : 진토닉

gourmet : (n) 미식가

grain : (n) 곡물, 곡식 ; (쌀·밀 등의) 낟알

grate : (v) (음식을) 강판으로 갈다

grocer : (n) 식료잡화 상인

grocery : (n)(pl) 식료품류, 잡화류 ; 식료품점

gulp : (v) (음식·음료를) 꿀꺽 삼키다

helping : (n) (음식의) 한 사람 몫, 한 그릇

ingredient : (n) (요리의) 재료 ; 성분 요소

intake : (n) 섭취량 ; 흡입량

intoxicate : (v) (술 등으로) 취하게 하다

intoxication : (n) (술에) 취한 상태, 취(하게)함

lick : (v) ⋯을 핥다

liquor : (n) (위스키 같은) 독한 술

mash : (v) 짓이기다

mellow : (adj) (과일이 익어서) 달콤한, (포도주가 잘 익어) 감칠맛 나는

on the rocks : (알코올성 음료에) 얼음을 넣은

pastry : (n) (파이 껍질 등에 쓰이는) 가루 반죽 식품

peel : (v) (과일 · 채소 등의) 껍질을 벗기다 (n) (과일 · 채소의) 껍질

preservative : (n) 방부제

preserve : (v) 보존하다

quench : (v) 갈증을 풀다

recipe : (n) 요리(조리)법

roast : (v) (불 · 오븐에) 굽다

saute′ : (n) (약간의 기름으로) 살짝 튀겨낸 요리, 소테 (v) 살짝 튀기다

scramble : (v) (계란을) 버터나 우유와 섞어 휘저으며 익히다

seasoning : (n) 양념, 조미료

serving : (n) (음식의) 한 그릇, (음료의) 한 잔 ; 음식 시중

side order : (주요리에) 곁들이는 추가 주문 요리

sift : (v) 체로 걸러내다

simmer : (v) (약한 불에서) 부글부글 끓이다(끓다)

sip : (v) 홀짝홀짝 마시다 (n) (음료의) 한 모금

sirloin steak : (소의 허리 윗부분의 상등육으로 만든) 설로인 스테이크

slice (n) (…에서 떼어낸) 얇은 조각 (v) 얇게 베(어 내)다

soft drink : 비 알코올성 음료

sour : (adj) (발효 · 부패 또는 익지 않아서 맛이) 신, 시큼한 (v) 시큼해지다

spice : (n) (가루 형태의 식물성) 양념, 향미료 (v) …에 양념을 치다

stale : (adj) 신선하지 않은, 상한

starve : (v) (몹시) 허기지다 ; 굶주리다

steam : (v) (음식을) 찌다

stew : (n) (고기 · 야채를 넣고 국물이 있게 끓인) 스튜(요리) (v) (걸쭉해질 때까지 오랫동안) 끓이다(끓다)

stir : (v) (액체 등을 스푼으로) 휘젓다, 뒤섞다

strong drink : 알코올 성분 음료, 주류

swallow : (v) (음식 · 음료를) 삼키다

tart : (adj) (맛이) 신, 시큼한

tasty : (adj) 맛있는

tenderloin steak (소의 허리 부분의 연한 고기로 만든) 안심 스테이크

topping : (n) (모양과 맛을 더하기 위해) 요리 위에 얹는 것

whip : (v) (계란 흰자 · 크림 등을) 휘저어 거품을 내다

⑲ 집, 가구, 가족관계

appliance : (n) (주로 가정용 전기) 기구

basement : (n) 지하실(층)

built-in : (adj) 붙박이로 만들어 놓은, 짜 맞추어 넣은

ceiling : (n) 천장

cellar : (n) (연료 · 식량 · 포도주 등을 저장하는) 지하(저장)실

chest of drawers : 서랍장(옷장)

chimney : (n) 굴뚝

closet : 벽장

clothes rack : 옷걸이

corridor : (n) (특히 두 줄로 늘어선 방 사이의) 복도

couch : (n) (등받이와 팔걸이가 있는) 긴 의자, 소파

daily necessities : 일용품

dish rack : 접시꽂이

divorce : (n) (법정에서 판결한) 이혼

do the laundry : 세탁하다

dome : (n) 둥근 지붕(천장)

drawer : (n) 서랍

dwell : (v) 살다, 거주하다

dweller : (n) 거주자, 주민

facade : (n) (건물의) 정면

fireplace : (n) 벽난로

fixture : (n) (설치되어 옮길 수 없는) 내부 시설물 ; 비품

furnish : (v) (가구를) 비치하다 ; 공급하다

garage : (n) 차고

guest room : 객실, 손님용 침실

habitation : (n) 거주(지)

house : (v) 거처할 곳을 제공하다

household(home) appliances : 가전제품

household : (n) (집합적) 가족 ; 집안일, 가사

housekeeper : (n) 가정부 ; 주부

housekeeping : (n) 살림살이, 가사

immigrate : (v) (다는 나라에서) 이주해 오다, 이민 오다

in-law : (n) (혼인으로 맺어진) 인척

inherit : (v) (재산 · 체질 등을) 물려받다

kin : (n) (집합적) 친척, 친족

lamp shade : 전등갓

laundry : (n) 세탁실(소) ; 세탁물

lodge ; (v) (잠시 동안) 숙박하다 (n) 오두막집 ; (관광지의) 여관

lodging : (n) 하숙, 셋방

marital status : 배우자의 유무

marital : (adj) 결혼(생활)의 ; 부부의

mower : (n) 잔디 깎는 기계

necessity : (n) 필수품 ; 필요성

next of kin : 가장 가까운 친척

posterity : (n) (집합적) 자손 ; 후세

rack : (n) (물건을 거는) …걸이 ; 선반

recreation room(hall) : 오락실

residence : (n) 거처, 주소 ; 주택

resident : (n) 거주자 ; 레지던트, 실습의사

residential area(quarter · district · section) : 거주 지역

residential : (adj) 주거의 ; 거주에 적합한

rug : (n) (부분적으로 까는, 카펫보다 작은) 양탄자, 깔개

settle : (v) 정착하다 ; (문제 등을) 해결하다

shade : (n) 차양 ; 그늘, 응달 ; 색조, 명암

sibling : (n) 형제자매

spouse : (n) 배우자

staircase : (n) (난간을 포함한) 계단

stool : (n) (등받이와 팔걸이가 없는) 의자

upholster : (v) (의자 · 소파 등의) 속을 채우고 덮개를 씌우다

utility room : 다용도실

vacancy : (n) 빈방, 공터 ; 공석, 결원

vacant : (adj) (집 · 방 등이) 비어있는, 입주자가 없는 ; 공석인

vacuum cleaner : 진공청소기

vacuum : (n) 진공 ; 공백 (v) 진공청소기로 청소하다

window shade : 블라인드

 건강

abortion : (n) 낙태, 중절

abrasion : (n) (피부의) 찰과상 ; (기계의) 마모

abuse : (n) 남용, 오용 ; 학대 (v) 남용하다, 오용하다 ; 학대하다

addict : (n) (마약 등의) 중독자 (v) (나쁜 버릇 · 습관 · 일 등에) 빠지게 하다

addiction : (n) (마약 등의) 상용, 중독 ; 탐닉

addictive : (adj) 중독(습관)성의

anesthetic : (n) 마취제(약)

ankle : (n) 발목

antibiotic : (n) 항생제

antiseptic : (n) 소독(방부)제

artificial respiration : 인공 호흡

assimilate : (v) 소화하다 ; 동화하다(되다)

assimilation : (n) (음식물의) 소화 ; 동화(작용)

be admitted to the hospital : 입원하다

bleed : (v) 피를 흘리다

blood pressure : 혈압

blood test : 혈액 검사

blood type : 혈액형

case history : 병력

case : (n) (병의) 증세, 병상 ; 환자 ; (법률) 소송, 소송 사건

checkup : (n) (종합) 건강 진단

chest (n) 가슴

chronic arthritis : 만성 관절염

chronic : (adj) (병이) 만성의, 고질의

clinic : (n) 개인(전문)병원, 클리닉 ; (의과대학병원 부속) 외래환자 진찰실 ; (병원 내의) 전문 부분, 과

clinical : (adj) 진료소의 ; 치료(진찰)의

complexion : (n) 안색

conceive : (v) 임신하다 ; 생각하다

conception : (n) 임신 ; 개념, 생각

contagion : (n) 전염, 감염

contagious : (adj) (접촉이나 공기에 의한) 전염성의

contraception : (n) 피임(법)

contraceptive : (n) 피임약(기구)

cramp : (n) (우위나 심한 운동 등에 의한 나타나는) 쥐, 경련

cripple : (n) 다리를 저는 사람

crippled : (adj) 다리를 저는 ; 불구의

dental clinic : 치과

diagnose : (v) (병을) 진단하다

diagnosis : (n) 진단

digest : (v) (음식을) 소화하다 ; 요약하다 ; (지식 등을) 이해하다 (n) 요약, 개요

digestion : (n) 소화(작용) ; 소화력

digestive : (adj) 소화의 ; 소화를 돕는

disability : (n) 불구 ; 무능, 무력

disabled soldier : 상이군인

disabled : (adj) 신체 장애가 있는, 불구의

dispensary : (n) (병원·학교 등의) 조제실, 약국

dizzy : (adj) 현기증 나는, 어질어질하는

dosage : (n) (약의 1회분) 복용량, 투약량

emergency room : 응급실

epidemic : (n) (전염병 등의) 유행 ; 유행(전염)병

fatal : (adj) 치명적인

fatigue : (n) (심한) 피로, 피곤

fever : (n) (평소 보다 높은) 열, 고열 ; 열광, 흥분(상태)

fit : (adj) 건강한 ; 적합한 (v) (치수·모양 등이) 꼭 맞다 ; 적합하다

fitness : (n) 건강 ; 적합(성)

flu : (n) 유행성 감기, 독감

forehead : (n) 이마

gene : (n) 유전자

genetic : (adj) 유전의 ; 유전학의

genetics : (n) (단수취급) 유전학

germ : (n) 병원균, 세균

handicapped : (adj) 신체(정신)적 장애가 있는

headache : (n) 두통 ; 골치 거리

heal : (v) (병·상처 등을) 고치다 ; 낫다, 치유되다

hereditary : (adj) 유전하는 ; 세습의, 물려받은

heredity : (n) 유전(형질)

hoarse : (adj) (감기 등으로 목소리가) 쉰

hospital : (n) 종합병원

hospitalization : (n) 입원

hygiene : (n) 위생학, 위생법 ; 위생

immunization : (n) 면역

immunize : (v) (항체를 체내에 주사함으로써) 면역이 되게 하다

infect : (v) 감염(전염)시키다

infection : (n) 감염, 전염

infirmary : (n) (학교 등의) 양호실, 부속 진료소

injurious : (adj) 해로운, 유해한

injury : (n) 상처, 부상

inoculate : (v) (면역성을 기르기 위해 병균을 약화시켜) 예방 접종하다

intensive care unit : 중환자실

kidney : (n) 신장

labor : (n) 산고, 진통

liver : (n) 간

lung : (n) 폐

maternity clinic : 산부인과

medication : (n) 약, 약품

miscarriage : (n) (임신 12주에서 28주 사이의 자연) 유산

nausea : (n) 메스꺼움, 구역질

nourish : (v) …에게 영양분을 주다, 기르다

nutrition : (n) 영양(섭취) ; 음식물, 영양물

nutritious : (adj) 영양분이 풍부한

ointment : (n) 연고

onset : (n) (병 등의) 발병 ; 습격

operate : (v) 수술하다 ; (기계 등이) 작동하다

operation : (n) 수술 ; 작동(법) ; 운영

outpatient : (n) (병원에 다니면서 치료받는) 외래환자

over-the-counter : (adj) (약을) 의사의 처방 없이 판매할 수 있는

perspiration : (n) 발한(작용) ; 땀

perspire : 땀을 흘리다

pharmacist : (n) 약제사

pharmacy : (n) 약국 ; 약학, 조제술

pill : (n) 알약 ; 경구 피임약

plague : (n) 전염병, 역병 ; 페스트, 흑사병

plastic surgery : 성형수술

pregnancy : (n) 임신

pregnant : (adj) 임신한

prescribe : (v) (약을) 처방하다 ; 규정하다, 제시하다

prescription : (n) 처방(전) ; 규정, 명령

prevent : (v) 예방하다, 막다, 방해하다

prevention : (n) 예방(법), 방지

pro-choice : (adj) 낙태의 합법화에 찬성하는

pro-life : (adj) 낙태의 합법화에 반대하는

pulse : (n) 맥박, 고동

recover : (v) (건강을) 회복하다, 낫다

recovery : (n) 회복

relieve : (v) (고통 · 근심 등을) 완화시키다 ; 안심시키다 ; (임무를) 교대하다

respiration : (n) 호흡

respiratory : (adj) 호흡(기)의

respire : (v) 호흡하다, 숨쉬다

rib : (n) 갈비뼈

robust : (adj) 건장한, 튼튼한, 기운찬

runny : (adj) 콧물(눈물)이 나오는

sanitary : (adj) (공중) 위생의, 위생상의 ; 위생적인, 깨끗한

sanitation : (n) (쓰레기·하수 등의 제거·처리에 의한) 공중위생 ; 위생 설비, 하수 설비

sneeze : (n)(v) 재채기(를 하다)

soothe : (v) (고통을) 덜어 주다 ; 진정시키다, 위로하다

sore : (adj) (상처가) 아픈, 욱신욱신 쑤시는

spasm : (n) (갑작스런) 경련, 쥐

sprain : (n) 골절, 좌상 (v) (뼈 등을) 부러뜨리다 ; 부수다

stature : (n) 키, 신장

sterilize : (v) 소독(살균)하다 ; 불임이 되게 하다

stillborn : (adj) 사산(死産)의

stout : (adj) 살찐, 뚱뚱한 ; 튼튼한, 강인한

stroke : (n) (병의) 발작, 뇌졸중 ; 타격, 일격

surgery : (n) 수술 ; 외과

surgical : (adj) 수술(상)의 ; 외과의

susceptible : (adj) 병에 걸리기 쉬운 ; 영향 받기 쉬운 ; 민감한

symptom : (n) (병의) 증상, 증후

the disabled : 신체 장애인들

therapist : (n) 치료 전문가, 치료사

therapy : (n) (수술을 하지 않는 정신·육체의) 치료 요법

throb : (v) (심장이) 고동치다, (흥분 등으로 심하게) 가슴이 두근거리다 (n) 맥박

tonsil : (n) 편도선

transfusion : (n) 수혈

transplant surgery : 이식 수술

transplant : (v) (신체의 기관·조직을) 이식하다 ; (식물을) 옮겨 심다 (n) 이식(수술)

treatment : (n) 치료 ; 취급, 대우

vaccinate : (v) 백신(예방) 접종을 하다

vaccination : (n) 백신(예방) 접종

vaccine : (n) (질병 예방에 사용되는 바이러스를 함유한) 백신, 왁진

vital signs : (맥박·호흡·체온·혈압 등의) 생명 징후

vigor : (n) 힘, 활력, 정력

vigorous : (adj) 원기 왕성한, 정력적인

vomit : (v) 토하다

wholesome : (adj) (음식 등이) 건강에 좋은 ; 건전한

wrist : (n) 손목

주요 숙어 및 구어 표현

구어의 표현은 실제 영어 단어의 뜻과 다르게 쓰이는 표현들이 많다. 따라서 문제에 출제될 경우 어려운 것이 사실이다. 주요 표현들을 익히면서 구어 표현에 익숙해지자.

1. a Dear John letter 헤어지자는 편지, 절교의 편지

2. a man of one's word 자신이 한말을 잘 지키는 사람

3. a mixed blessing 잘된 일인지 잘못된 일인지 분간하기 힘든

4. a piece of cake 너무 쉬운, 누워서 식은 죽 먹기인

5. a steal 너무 싸서 훔친 것 같은↔rip off 바가지 쓰다

6. a sweet tooth 단 음식을 좋아하는

7. a tall order 많은 양의 주문

8. a wet blanket 흥을 깨는 사람, 분위기 파악 못하는 사람

9. a white lie 선의의 거짓말

10. all ears 주의를 기울이고 있는, 바싹 긴장을 하고 있는

11. all thumbs 손재주가 없는

12. as is often the case 자주 그렇듯이, 흔히 그렇듯이

13. at large (범인 따위가) 잡히지 않고 있는

14. bark up the wrong tree 대상을 잘못선택하다

15. be broke 무일푼의, 한 푼도 없는

16. be my guest 마음대로 하세요, 편안하게 하세요.

17. beat around the bush 초점을 피해 말을 빙빙 돌리다

18. beat it 꺼져버려

19. beats me(=I don't know) 난 모르겠다.

20. to jump on the bandwagon 시류에 편승하다, 유리한 편에 붙다

21. black sheep of the family 집안의 골칫거리, 문제아

22. break the ice 어색한 분위기를 깨다

23. bring home the bacon 가족의 생계를 책임지다, 집에 돈을 벌어오다

24. burn the midnight oil 밤새 공부하다

25. butter up 아부하다, 아첨하다(=brown-nose)

26. butterflies in one's stomach 신경이 곤두선, 심경이 불편한, 긴장이 되는

27. by the skin of one's teeth 간발의 차이

28. let's call it a day (off) 오늘은 이만하도록 합시다.

29. call one's names 욕을 하다

30. make heads and tails of something 전체를 이해(파악)하다

31. come in handy (도구 등이) 유용한, 도움이 되는, 편리한

32. rip off 바가지 쓰다

33. cost an arm and a leg 값비싼 대가를 치루다

34. crocodile tears 위선적인 눈물, 양면성이 있는

35. cut corners 지름길을 택하다

36. A Cock and Bull story 믿기 어려운 이야기, 말도 안 되는 소리

37. come of age 나이가 차다, 성년이 되다

38. call the tune 영향력 있는 위치 또는 지위

39. under the microscope(=scrutinize) 면밀하게 조사하다

40. cross the Rubicon 돌이키지 못할 상황에 처하다

41. call the shots(=call the tune) 지시하다, 명령하다, 제 뜻대로 하다

42. blow the whistle on 비밀을 폭로하다

43. hit the roof(ceiling) 몹시 화가 나다

44. raise the roof 매우 소란스러운, 몹시 시끄러운

45. couch potato TV앞에 앉아 감자칩 먹으면서 할 일 없이 빈둥거리는 사람

46. under the weather(=feel blue, long face) 몸 상태가 안 좋은, 아픈

47. up close and personal 밀착취재

48. rule of thumb 주먹구구식, 눈대중, 경험법칙

49. around the clock 주야로, 쉬지 않고(24시간 내내)

50. on cloud nine(=in the seventh heaven) 매우 기분이 좋은

51. cloud somebody's judgment(memory) 판단(기억)을 흐리게 하다

52. on the rocks 파산(파멸)상태인, 위기에 처한

53. pay through the nose 엄청난 대가를 치루다

54. make a beeline 직선코스, 최단거리 코스

55. kick oneself 후회하다

56. hot under the collar 화를 내어, 흥분하여

57. get hot 인기가 있는, 한창 뜨고 있는

58. for love or money 모든 수단과 방법을 다 써도

59. set the world on fire 세상을 떠들썩하게 만들다

60. bone up on (=cram)벼락치기 공부를 하다

61. taper off (음주습관 등을)차차(차츰) 버리다

62. rock the boat 편지풍파를 일으키다

63. eat crow 잘못을 인정하다. 실언을 취소하다

64. scratch the surface 수박 겉핥기식으로

65. skate on thin ice 살얼음판을 걷다

66. sink in 완전히 이해되다

67. have/get a frog in one's throat 쉰 목소리로

68. crop up 갑자기 발생하다

69. play cat and mouse with(=tease) 놀리다

70. come out of nowhere 갑자기 나타나다

71. egg on 사주하다. 선동하다

72. spell out 정확하게 설명하다

73. black out(=faint, pass out) 기절하다

74. keep a straight face 엄숙한 표정을 짓다

75. under the counter 부정한 뒷거래

76. off the top of my head 얼른 생각하건대

77. have it in(=be capable of) 능력이 있는

78. pain in the neck 불쾌하게 하는 사람/것

79. lemon 불량품, 결함상품, 매력이 없는 여성, 한물간 여성

80. have ants in one's pants 부산스럽다, 안절부절 못하여

81. give one's the creeps 섬뜩하게/소름끼치게 하다

82. drive a hard bargain 흥정을 잘하다

83. peter out (=fizzle out) 용두사미가 되다

84. get cold feet 자신(용기)을 잃다, 겁먹다

85. on the house(=free of charge, complimentarily) 공짜로, 무료로

86. feel the pinch 압박/위기감을 느끼다

87. be sent packing=kick out 쫓겨나다

88. keep a straight face 엄숙한/웃지 않는 표정을 짓다

89. bite the bullet 힘든 상황을 잘 견뎌내다

90. back out of 취소하다

91. ace in the hole 비장품, 비장의 무기

92. rain check 뒤로 미루다, 연기하다

93. put something on the back burner 문제를 보류하다, 뒤로 미루다

94. a slight edge on ~보다 약간 우세한

95. in the seventh heaven 매우 기분이 좋은

96. the cream of the crop 최상의 것, 최상의 사람

97. high as a kite 기분이 매우 좋은

98. have an eye for ~에 대한 심미안이 있다

99. a makeshift 미봉책, 임시변통

100. corny(=old-fashioned) 너무 구식인

101. come to terms with 타협할 수 있는

102. clamp down on 억압/탄압하다

103. pink slip 해고통지서

104. gym rat 운동광, 운동에 미친 사람

105. game geek 게임광

106. alcoholic / fitaholic / workaholic 알코올 중독, 운동중독, 일중독

107. for the birds(=silly) 어리석은 cf. for birds 새를 위하여

108. bring down the house 사람들을 포복절도하게 만들다.

109. to die for 너무나 매력적인

110. pros and cons 찬반, 장점과 단점

111. just the ticket 꼭 필요한 그 무엇

112. clockwatcher 퇴근시간만 목이 빠지게 기다리는 사람

113. a homeless romantic 백마 탄 왕자님을 만날 거라는 가망 없는 꿈을 쫓는 사람

114. jump out of the frying pan and into the fire 설상가상, 갈수록 태산, 산 너머 산

115. make a drama out of everything 작은 문제를 심각한 문제로 만들다

116. two-timer 양다리 걸치는 사람

117. word of mouth 입소문

118. bigmouth 입이 가벼운 사람, 비밀을 잘 지키지 않는 사람

119. potty mouth 말씨가 거친 사람

120. back stabber 중상 모략하는 사람

121. sleep like a log 업어 가도 모를 정도로 깊이 잠든

123. hit the headlines 신문이나 TV등의 언론에 대서특필 되다

124. fussy eater 편식하는 사람

125. beggars can't be chooser 얻어먹는 처지에 찬밥 더운밥 가리게 생겼나

126. a come-from-behind victory 역전우승

127. be on everyone's lips 인구에 회자되다(세상 사람들입에 자주 오르내리다)

128. shoot a hole in(=damage) ~에 흠집을 내다

129. pick-up line 여자의 환심을 사기 위해 하는 말

130. drop someone a line 메일이나 글로 연락하다

131. pull the strings (권력이나 돈 따위에) 줄을 대다

132. ding-dong(=stupid person) 멍청한 사람들

133. seize the day 매순간을 즐겨라

134 the life of the party(↔icebreaker) 분위기 메이커(분위기 깨는 사람)

135. a people person 사람들과 두루 뭉실하게 잘 어울리는 사람

136. two thumbs up 강력추천

137. make one's blood run cold 머리카락이 쭈뼛 서게 만들다

138. like a cat on a hot tin roof 안절부절 못하는

139. cold turkey 금단증상

140. drama queen 호들갑을 떠는 여자

141. go-getter 도전적인 야심가

142. god's gift to men 공주병 환자

143. god's gift to women 왕자병 환자

144. good from far, far from good 멀리서는 멋진데 가까이서 보면 꽝이야

145. be packed like sardines 콩나물시루 같이 들어찬

146. You rule 네가 짱이야

147. chin up(=cheer up) 기운 내

148. pick on(=torment) ~를 따돌리다, 왕따 시키다

149. rat race 극심한 경쟁

150. by the book 규칙에 따라, 원리원칙대로

151. a flash in the pan 빛깔 좋은 성공이 금방 끝나버리고 다시는 그런 기회가 오지 않는 것

152. practice what you preach (남의일 참견 말고) 너나 잘해

153. busy bee 늘 바쁘고 활동적인 사람

154. on the tip of one's tongue 혀끝에서 맴도는데 생각이 안나

155. sharp tongue 가시 담긴 말투

156. silver tongue 부드러운 말투

157. tone-deaf 음치

158. It's all Greek to me / It sounds all Greek to me 난 그런 것엔 까막눈이야. 봐도 몰라

159. big fat 떠들썩한

160. no brainer 머리를 굴릴 필요가 없는 매우 쉬운 결정

161. Don't add insult to injury 그건 날 두 번 죽이는 거야

162. brain box 매우 지적인 사람

163. pop one's clogs(=pass away, die) 죽다

164. south paw 왼손잡이 투수, 왼손잡이 복서

165. spare tire 두툼한 뱃살

166. It's what's inside that counts 중요한건 외모가 아니라 내면의 모습

167. crow's feet 눈가의 잔주름

168. sweetheart deal 짜고 치는 고스톱

169. hold out for (원하는 것을 얻을 때까지) 기다리다

170. in a million 가능성이 희박한, 최고의

171. leave no stone unturned 온갖 수단을 다 써보다

172. Put one's John Hancock 서명하다(John Hancock은 미국독립선언서 최초서명자)

173. Once in a blue moon 드물게 일어나는, 아주 가끔

단원평가

1 다음 빈칸에 들어갈 말로 가장 적절한 것은?

_____ means suspending the sentence of a person convicted of a criminal offense and granting that person provisional freedom.

① Prosecution

② Execution

③ Supervision

④ Probation

2 다음 세 속담의 빈칸에 들어갈 말로 가장 적절한 것은?

A ___ⓐ___ in time saves nine.

A ___ⓑ___ in need is a friend indeed.

A ___ⓒ___ in the hand is worth two in the bush.

	ⓐ	ⓑ	ⓒ		ⓐ	ⓑ	ⓒ
①	bird	friend	stitch	②	friend	bird	stitch
③	stitch	friend	bird	④	friend	stitch	bird

---

answer 1.④ 2.③

1 집행유예는 범죄에 행위에 대해 유죄로 결정된 사람의 형벌을 유예하고 그 사람에게 임시의 자유를 주는 것을 의미한다.
prosecution 기소, 고발 execution 처형, 사형(집행) supervision 감독, 관리, 감시 probation 집행유예, 보호 관찰

2 제때의 바늘 한 번이 아홉 바느질을 던다. / 어려울 때 친구가 진짜 친구이다. / 손 안에 든 새 한 마리가 숲 속에 있는 두 마리보다 낫다.

3 다음 빈칸에 들어갈 말로 가장 적절한 것은?

> Unless a GPS equipment is installed in your car, their place is very difficult to
> _____.

① repair   ② remove
③ locate   ④ paint

4 다음 빈칸에 들어갈 말로 가장 옳은 것은?

> Much behavior of animals is _____ : their genes determine the behavior.

① complex   ② innate
③ mature   ④ impressive

5 다음 빈칸에 들어갈 말로 가장 옳은 것은?

> Fear of falling is a(n) _____ human reaction, so it's difficult not to feel fear
> when a person is learning how to climb a wall.

① superficial   ② aggressive
③ competitive   ④ normal

answer 3.③ 4.② 5.④

3 GPS장비가 당신의 차에 설치되어 있지 않다면, 그들의 장소는 <u>위치를 알아내기</u>가 매우 어렵다.

4 동물들의 많은 행동 양식은 <u>선천적인</u> 것이다. 즉, 그들의 유전자들이 행동 양식을 결정해준다.

5 추락에 대한 두려움은 <u>정상적인</u> 인간의 반응이다. 그래서 사람이 벽에 오르는 법을 배울 때 두려움을 느끼지 않기
란 어렵다.

6 다음 빈칸에 들어갈 말로 가장 옳은 것은?

My grandparents' wedding picture was so old that I could barely _____ their faces.

① turn in   ② take over
③ make out   ④ work out

7 다음 빈칸에 들어갈 말로 가장 적절한 것은?

Your driver's licence is (   ) in the U.S. if you're just visiting, but if you decide to move there, then you'll need a new one.

① invalid   ② illogical
③ worthless   ④ acceptable

8 다음 빈칸에 순서대로 들어갈 말로 가장 적절한 것은?

그는 음주운전으로 벌금형을 받았다.
→He was _____ for driving _____ the _____ of alcohol.

① fined, to, impact
② charged, on, condition
③ fined, under, influence
④ charged, around, state

---

answer 6.③ 7.④ 8.③

6 나의 조부모님 결혼사진은 너무 오래되어서 나는 거의 그들의 얼굴을 <u>알아볼 수가</u> 없었다.

7 만일 당신이 그냥 방문하는 정도라면, 미국에서의 당신의 운전 면허증은 <u>유효하다</u>. 그러나 만일 당신이 그곳으로 이주하려고 결정한다면, 그때는 새로운 면허증이 필요할 것이다.

8 fine 벌금을 부과하다, under the influence of ~의 영향으로

9 다음 밑줄 친 빈칸에 알맞은 것을 고르시오.

Diet pills, when combined with exercise and important nutrition, can be an effective _____ of bringing about weight loss.

① instrument   ② means
③ approach   ④ technique

10 다음 빈칸에 들어갈 말로 가장 옳은 것은?

Congress voted to _____ the President for accepting the bribes but he resigned before any action was taken.

① muster   ② litigate
③ impeach   ④ register

11 다음 빈칸에 들어갈 말로 가장 옳은 것은?

Jackie is one of the most outstanding incoming students in our school and his academic credentials are _____.

① impeccable   ② invincible
③ intangible   ④ invulnerable

---

answer   9.②   10.③   11.①

9 문맥상 효과적인 수단이라는 의미가 타당하므로 an effective means가 적절하다.
다이어트 약은 운동과 중요한 영양분과 결합되면 체중 감소를 가져오는 효과적인 <u>수단</u>이 될 수 있다.

10 의회는 대통령이 뇌물을 받은 것에 대해 <u>탄핵하는 것</u>을 투표했으나, 어떤 조치가 취해지기 전에 그는 사임했다.

11 impeccable 결점이 없는
나무랄 데가 없는 Jackie는 우리 학교에서 가장 뛰어난 신입생 중 한 명이고, 그의 학위는 <u>나무랄 데가 없다</u>.

12 다음 빈칸에 들어갈 말로 가장 옳은 것은?

Heart disease and cancer together are _____ the lives of nearly 75 percent of populations in the industrialized countries.

① charging   ② claiming

③ dispersing   ④ amassing

13 다음 빈칸에 들어갈 말로 가장 옳은 것은?

Half-truths can be more _____ than outright falsehoods.

① penetrating   ② proverbial

③ pernicious   ④ provisional

14 다음 빈칸에 들어갈 말로 가장 옳은 것은?

A : Did the police catch the murderer?
B : Not yet. But they are _____ the usual suspect.

① summing up   ② rounding up

③ taking up   ④ pulling up

answer   12.②   13.③   14.②

12 claim 목숨을 빼앗다
심장 질환과 암은 모두 산업화된 국가에서 인구의 거의 75%의 목숨을 빼앗아가고 있다.

13 pernicious 해로운, 사악한
반쪽 진실은 완전한 거짓말보다 더 나쁘다.

14 round up 체포하다, 검거하다(=arrest) murderer 살인자 suspect 용의자
A : 경찰이 살인범을 체포했나요?
B : 아직은 아닙니다. 하지만 유력한 용의자들을 검거하고 있어요.

15 다음 빈칸에 들어갈 말로 가장 옳은 것은?

> He gets _____ by the other boys because he's so small.

① picked on   ② touched on
③ walked out   ④ took out

16 다음 보기 중 밑줄 친 부분의 의미와 가장 가까운 것은?

> Venice is <u>celebrated</u> for its beautiful buildings.

① defeated   ② reduced
③ eliminated   ④ renowned

17 다음 보기 중 밑줄 친 부분의 의미와 가장 가까운 것은?

> It is <u>controversial</u> whether nuclear weapons actually prevent war.

① extraordinary   ② debatable
③ invincible   ④ vulnerable

answer   15.①   16.④   17.②

15 get picked on 놀림을 당하다
그는 너무 작아서 다른 아이들에게 <u>놀림을 당한다</u>.

16 renowned 유명한, 명성 있는
베니스는 아름다운 건물들로 <u>명성이 있다</u>.

17 controversial 논쟁의 여지가 있는
핵무기가 실제로 전쟁을 예방할지에 대해서는 <u>논쟁의 여지가 있다</u>.

18 다음 밑줄 친 부분의 의미와 가장 가까운 것은?

> Police officers are responsible for maintaining law and order, collecting evidence and information, and conducting investigations and <u>surveillance</u>.

① supervision
② superiority
③ superstition
④ superficiality

19 다음 보기 중 밑줄 친 부분의 의미와 가장 가까운 것은?

> Although Steve was young, the sudden <u>onset</u> of his phobia is exactly like that of many older adults.

① limit
② beginning
③ mobility
④ chamber

20 다음 밑줄 친 부분과 의미가 가장 가까운 것은?

> Many doctors are still general practitioners, but the <u>tendency</u> is toward specialization in medicine.

① esteem
② preface
③ prelude
④ trend

18 supervision 감시, 감찰
경찰은 법과 질서를 유지하고, 증거와 정보를 수집하여, 조사와 <u>감독</u>을 수행하는데 책임을 진다.

19 onset 시작
비록 Steve가 어리기는 했지만, 그에게 갑작스럽게 공포증상이 <u>시작된 것</u>은 그보다 나이가 많은 수많은 어른들과 똑같다.

20 많은 의사들은 여전히 일반 개업 의사들이지만, 그러나 그 <u>추세</u>는 의료에 전문화 쪽으로 되어 가고 있다.

21 다음 밑줄 친 부분과 의미가 가장 가까운 것은?

> Her co-workers admired her seemingly <u>infinite</u> energy.

① boundless   ② dedicated

③ mighty   ④ efficient

22 다음 밑줄 친 부분과 의미가 가장 가까운 것은?

> He had an extremely <u>obese</u> friend whose mind was constantly occupied with the thought of delicacies.

① corpulent   ② thin

③ charming   ④ dirty

23 다음 밑줄 친 부분과 의미가 가장 가까운 것은?

> Everything that elevate an individual above the herd and <u>intimidates</u> the neighbor is henceforth called evil.

① inverts   ② disapproves

③ disbelieves   ④ threatens

---

answer   21.①   22.①   23.④

21 그녀의 직장동료들은 그녀의 겉보기에 <u>무한한</u> 에너지에 감탄했다.

22 obese 뚱뚱한, 비만인
     그는 마음이 끊임없이 나약한 생각에 사로잡혀 있는 매우 <u>뚱뚱한</u> 친구가 한 명 있다.

23 intimidates 위협하다, 협박하다
     무리보다 개인을 먼저 생각하고 이웃을 <u>위협하는</u> 모든 것은 그 이후로 악당이라고 불리어진다.

24 다음 밑줄 친 부분과 의미가 가장 가까운 것은?

> The instruction he had left regarding his burial was very <u>explicit</u>.

① clear   ② ambiguous
③ unexpected   ④ surprising

25 다음 밑줄 친 부분과 의미가 가장 가까운 것은?

> Even as a child Thomas Edison had a very <u>inquisitive</u> mind ; at the age of three he performed his first experiment.

① complex   ② mature
③ brilliant   ④ curious

26 다음 밑줄 친 부분과 의미가 가장 가까운 것은?

> The judge was <u>incredulous</u> when the defendant told his bizarre alibi.

① absurd   ② remarkable
③ skeptical   ④ paradoxical

---

answer   24.①   25.④   26.③

24 explicit 명백한, 명확한
　　그의 장례식에 관해 그가 남겼던 지시는 매우 <u>명확했다</u>.

25 inquisitive 호기심이 많은, 캐묻기 좋아하는
　　심지어 아이였을 때 토마스 에디슨은 매우 <u>호기심 많은</u> 마음을 가졌다; 3살 때 그는 그의 첫 실험을 했다.

26 incredulous 쉽사리 믿지 않는, 의심이 많은, 회의적인
　　판사는 그 피고가 이상한 알리바이를 말했을 때 <u>믿지 않았다</u>.

27 다음 밑줄 친 부분과 의미가 가장 가까운 것은?

> Matter exhibits <u>elasticity</u> when it resumes its original size and shape after being distorted.

① resilience   ② disruption

③ collapse   ④ mass

28 다음 밑줄 친 부분과 의미가 가장 가까운 것은?

> Many countries have now succeeded in <u>eradicating</u> the malarial mosquito.

① eliminating   ② avoiding

③ detoxifying   ④ redistributing

answer   27.① 28.①

27 elasticity 탄성, 신축성, 융통성이 있음
물질은 그것이 일그러진 후에 원래의 크기와 모양으로 돌아갈 때 <u>탄성을 보여준다</u>.

28 eradicate 근절하다, 박멸하다, 뿌리 뽑다
많은 나라들은 지금 말라리아모기를 <u>박멸하는</u>데 성공해 왔다.

29 다음 밑줄 친 부분과 의미가 가장 가까운 것은?

Again and again, the army unsuccessfully attacked the fortress, only to conclude that it was impregnable.

① phenomenal

② implicit

③ fragile

④ unconquerable

30 다음 밑줄 친 부분과 의미가 가장 가까운 것은?

A benevolent man provided the homeless with blankets and food.

① compound

② perplex

③ merciful

④ ingenious

---

answer 29.④ 30.③

---

29 impregnable 난공불락의, 철벽의
또 다시, 그 부대는 요새를 공격하는 데 실패했고, 그것이 공격하기 어렵다는 결론만 내리게 되었다.

30 benevolent 자비로운
자비로운 한 남자가 집 없는 사람들에게 이불과 음식을 제공했다.

회화 단원은 주요생활영어표현과 회화 구문을 수록하였다. 예시를 통해 회화 구문이
실제 대화문에서 어떻게 사용되는지 알아보자.

회화

주요 생활 영어 표현

CHAPTER
01

회화 문제가 많이 출제되는 것은 아니지만, 자주 쓰는 중요한 표현들을 익힘으로써 2, 3문제 출제되는 부분을 놓치지 않도록 해야 한다.

(1) 뭐라고 그랬지요? (말을 잘못 알아들었을 때)

I beg your pardon?

Pardon me?

Excuse me?

I'm sorry?

What was that again?

Come again?

What did you say?

Could you say that again?

기출유형문제

다음 대화의 빈칸에 들어 갈 수 없는 것은?

> A : I'd like to send this package airmail to Tokyo.
>
> B : Sure. Let's see. It weighs 14 pounds. That's $40.
>
> A : _____. How much did you say?
>
> B : Forty dollars, ma'am.
>
> A : How long will it take to get there?
>
> B : It'll be there in about ten days.

① Sorry   ② Pardon me

③ Excuse me   ④ Never mind

A : 이 소포 도쿄까지 항공우편으로 보내고 싶은데요.

B : 물론이죠. 어디 봅시다. 무게가 14파운드군요. 40달러입니다.

A : <u>뭐라고 하셨죠?</u> 얼마라고 하셨나요?

B : 40달러요, 부인.

A : 도착하는데 얼마나 걸릴까요?

B : 약 10일 정도 걸립니다.

 ④

(2) 죄송합니다. 실례했습니다.

I beg your pardon.

Pardon me.

Excuse me.

I'm very sorry.

Please forgive me.

I do apologize.

(3) 그 말 한 번 잘했다. 동감이야.

You can say that again.

You're telling me.

You said it.

That makes two of us.

I'll say.

I couldn't agree with you more.

I hear you loud and clear.

You took the words right out of my mouth.

다음 밑줄 친 부분의 의미로 가장 알맞은 것을 고르시오.

> A : Mr. and Mrs. Edwards have such wonderful children!
> B : Sure, they do.
> A : Their children are very well mannered!
> B : That's true.
> A : And they are so friendly to everybody in the neighborhood.
> B : I couldn't agree with you more.

① I am not quit sure.　　　② I felt the same way.
③ Be my guest.　　　　　 ④ It's nice talking to you.

Advice

A : Edward부부는 멋진 아이들을 두었어요.
B : 정말 그래요.
A : 그들의 아이들은 매우 예의가 발라요.
B : 사실이에요.
A : 그리고 그들은 이웃 사람들 모두에게 매우 상냥해요.
B : 동감이에요.

 답 ②

(4) 놀리시는 겁니까? 농담이시겠지요.

Are you pulling my leg?

Are you putting me on?

Are you teasing me?

You must be kidding.

You are joking.

No kidding.

No fooling.

(5) 진심이야.

I mean it.

I mean business.

I mean what I say.

I'm serious.

I'm not kidding.

(6) 얼마입니까?

How much is it [are they]?

What's the price?

How much do I owe you?

What do I owe you?

How much does it cost?

기출유형문제 ·····

다음 빈칸에 들어갈 말로 가장 적절한 것은?

A : Hi, May I help you?

B : I'd like to change some euro into US dollars, please.

A : Sure. How much would you like to change?

B : Six hundred euro.

A : _____.

B : In fifties please.

① Which bills would you like to change?

② What would you like the bills for?

③ How would you like your bills?

④ When would you like your bills ready?

Advice

A : 안녕하세요? 도와드릴까요?

B : 유로를 미국 달러로 좀 바꾸고 싶은데요.

A : 네. 얼마나 바꾸실 건가요?

B : 600 유로요.

A : <u>지폐를 어떻게 바꿔드릴까요?</u>

B : 50장으로요.

 ③

(7) 어떻게 다 감사를 드려야 할지 모르겠습니다.

I can't thank you enough.

I don't know how to thank you.

How can I ever thank you?

How can I ever repay you?

(8) 천만에요. (감사에 대한 응답)

You are welcome.

Don't mention it.

Not at all.

My pleasure.

Any time.

Think nothing of it.

No problem.

(9) 괜찮습니다. (사과에 대한 응답)

That's all right.

That's okay.

Don't worry about it.

Never mind.

It doesn't matter.

Think nothing of it.

Forget it.

기출유형문제

다음 대화의 빈칸에 들어갈 말로 옳지 않은 것은?

> A : Could you help me carry this heavy bag?
> B : Why not?
> A : Thank you very much for your kindness.
> B : _____

① It's my great pleasure.

② You're quite welcome.

③ Don't mention it.

④ Never mind.

Advice

A : 이 무거운 가방 옮기는 것 좀 도와주시겠어요?
B : 물론이죠.
A : 당신의 친절에 너무 감사드려요.
B : 천만에요.

답 ④

⑽ 그것이라면 진절머리가 나요 [이제 신물이 나요].

    I'm sick and tired of it.

    I'm fed up with it.

    I've had it (up to here).

    I can't take it any more.

    I'm disgusted with it.

    I've had enough of it.

    Enough is enough.

⑾ 잘 지내세요? 일은 잘 돼 가세요?

    How are you?

    How are you doing?

    How's it going?

    How are things going?

    How's everything with you?

    What's new?

    What's happening?

    What's up?

    What's cooking?

    What's going on?

⑿ 또 봐요. (작별 인사)

    Good-bye.

    See you later[again].

    See you around.

    I'll be seeing you.

    I'll keep in touch.

    So long.

    Catch you later.

    I'll check you later.

    Until next time!

    Take it easy.

    Take care.

⑴ 당신 부모님께 안부 전해 줘요.

Say hello to your parents.

Give my (best) regards to your parents.

Give my (best) wishes to your parents.

Give my love to your parents.

⑷ 역으로 가는 길을 좀 가르쳐 주시겠습니까?

Could you direct me to the station?

Could you show me the way to the station?

Could you tell me how to get to the station?

Which way is the station?

Could you tell me where the station is?

How can I get to the station (from here)?

⑸ 지금 몇 시냐?

What time is it now?

Could you tell me the time?

What time do you have?

Do you have the time?

What time does your watch say?

⒃ Mr. Kim 좀 바꿔 주세요.

May I speak to Mr. Kim?

I'd like to speak to Mr. Kim.

May I talk to Mr. Kim?

Is Mr. Kim in?

Is Mr. Kim there?

Is Mr. Kim available?

Would you give[get] me Mr. Kim?

⒄ 지금 안 계신데요.

He is not in right now.

He is not here right now.

He is not available now.

He just stepped out.

다음 대화의 빈칸에 들어갈 말로 적절하지 않은 것은?

> A : May I speak to Prof. Smith please?
>
> B : Sorry, _____. May I take a message?
>
> A : Yes, please tell him that Tom Andrews called and will drop by his office at two.
>
> B : I'll make sure he gets the message.

① he's not at his desk.

② he's on leave for the rest of the week.

③ he's on the other line.

④ he just stepped out.

Advice

A : Smith 교수님 좀 바꿔주시겠어요?

B : 죄송하지만, 지금 자리에 안 계십니다. 전하실 말씀 있으면 전해드릴까요?

A : 네, Tom Andrew가 전화했으며, 오늘 2시에 연구실에 잠깐 들른다고 전해 주시겠어요?

B : 말씀을 꼭 전해 드리겠습니다.

답 ②

⒅ 무슨 일로 전화하셨어요?

Regarding what, sir?

What's this regarding?

May I ask what this is regarding?

What are you calling about?

What is it concerning?

⒆ 접니다. 제가 ~인데요.

This is he[she].

This is he[she] speaking.

This is ~ speaking.

Speaking.

⒇ 누구십니까?

May I ask who's calling?

Who's calling, please?

Who is on the line, please?

Who's this, please?

Who's this speaking?

Who am I speaking to, please?

⑳ 잠깐만 기다리세요.

Just a moment [minute, second], please.

One moment, please.

Hold the line, please.

Hold a moment, please.

Hold on, please.

Will you hold (on)?

Hang on, please.

Wait a minute[second], please.

기출유형문제

다음 대화의 빈칸에 말로 가장 적절한 것은?

A : Hello. This is the long distance operator.

B : Hello, operator. I'd like to make a person to person call to Mr. James at the Royal hotel in Seoul.

A : Do you know the number of the hotel?

B : No, I don't. _____

A : Just a moment, please. The number is 123-4567.

① Would you find out for me?

② Would you hold the line, please?

③ May I take a message?

④ Do you know?

Advice

A : 안녕하세요. 장거리 전화 교환원입니다.

B : 안녕하세요. 저는 서울 로얄 호텔에 있는 James씨와 통화를 하고 싶은데요.

A : 호텔 전화번호 알고 계신가요?

B : 아니요. <u>좀 알아봐 주시겠어요?</u>

A : 잠시만요. 번호는 123-4567입니다.

답 ①

⑳ 언제쯤 들어오실까요?

When do you expect him back?

What time do you expect him back?

When will he be back?

When will he return?

How soon[When] is he expected back?

㉓ 전언을 남기시겠어요? / 전하실 말씀이 있으신가요?

May I take a[your] message?

Will you leave a message?

Would you like[care] to leave a message?

Is there any message?

Any message for him?

기출유형문제

다음 대화의 빈칸에 들어갈 말로 알맞은 것은?

A : Hello?

B : Hi, this is Susan. Is Ellen there?

A : She can't come to the phone right now. Would you like me to give her a message?

B : _____ She knows my number.

A : Sure. I'd be glad to.

B : Thanks a lot. Good bye.

① Can I help you with it?

② Why don't you tell me about it?

③ I'll get it.

④ Would you ask her to call me later?

Advice

A : 여보세요?

B : 안녕, 나 수잔이야. 엘렌 있니?

A : 그녀는 지금 전화 받을 수가 없는데, 내가 메시지 전해줄까?

B : 나중에 나에게 전화를 해 달라고 부탁해줄래? 그녀가 내 번호를 알고 있어.

A : 물론이지. 좋아.

B : 고마워. 안녕.

답 ④

⑳ 지금 통화 중입니다.

The line is busy.

It's busy.

There's still a busy signal.

Someone's still on the phone.

I keep getting a busy signal.

㉕ 전화를 잘못 거셨습니다.

You (must) have the wrong number.

Sorry. You've got the wrong number.

I'm afraid you've dialed the wrong number.

You have the correct number, but there's no one here by that name.

㉖ 직업이 무엇인가요?

What do you do (for a living)?

What' your occupation?

What's your job?

What's your profession?

What's your line?

What line of work are you in?

What (kind of) business are you in?

What kind[type] of job do you have?

㉗ 주문하시겠습니까?

May I take your order?

Are you ready to order (now)?

Have you decided what to order?

What would you like (to have)?

What would you care for?

What's your pleasure?

What will it be?

다음 대화의 빈칸에 가장 적절한 말은?

A : May I take your order?

B : Yes, I'll have a double cheeseburger with large fries.

A : Do you want anything to drink with that?

B : Why not? I guess I could use a medium coke.

A : _____.

B : I'm running a little late. I'll take with me.

① Do you have a reservation?

② Will that be cash or charge?

③ For here or to go?

④ Can you wait a couple of minutes?

Advice

A : 주문하시겠습니까?

B : 예, 감자튀김 큰 것하고 더블 치즈버거로 하겠습니다.

A : 마실 것도 같이 주문하시겠습니까?

B : 그렇게 하죠. 중간 크기의 콜라를 주세요.

A : 여기서 드시겠습니까? 아니면 가지고 가시겠습니까?

B : 제가 조금 늦어서요. 가지고 가겠습니다.

답 ③

㉘ 이미 주문했습니다. 이미 안내를 받고 있어요.

I'm being waited on.

I'm being served.

I'm being helped.

* 주문을 하셨나요?

Are you being waited on?

다음 대화의 빈칸에 들어갈 알맞은 것은?

> A : Have you been served?
>
> B : _____.

① Yes, I'm on my way.

② It was a close call.

③ Yes, I'm being waited on.

④ Please let go of my hand.

Advice ──────●

A : 주문하셨나요?

B : 네, 했습니다.

답 ③

⑳ 내가 지불하겠다. 제가 한 턱 낼게요.

This is on me.

This is my treat.

I'm treating[buying].

Let me treat you.

I'll pick up the tab[bill, check].

I'll take the check.

I'll take care of the check.

I'll get it.

I'll pay.

Let me settle the bill.

다음 빈칸에 들어갈 말로 가장 적절한 것은?

A : John, I want to pay for today's dinner.

B : No, you don't have to do that.

A : I really want to pay for it. You helped me with a lot of things for the week.

B : are you serious?

A : Yes, I really want to do that.

B : _____.

① Ok, Then I'll treat next time.

② That's right. The food here is good.

③ I'm sure. This is my first time here.

④ Would you tell me how much it is?

Advice

A : John, 오늘 저녁식사 내가 계산하고 싶어.

B : 아냐, 그럴 필요 없어.

A : 난 정말 그러고 계산하고 싶어. 네가 그 주 동안 나 많이 도와주었잖아.

B : 진심이야?

A : 응, 정말 그러고 싶어.

B : 좋아, 그럼 내가 다음에 살게.

답 ①

(30) 각자 부담하자.

Let's go Dutch.

Let's go halves.

Let's go half-and-half.

Let's go fifty-fifty.

Let's split[share] the bill.

(31) 이건 서비스로 드리는 거예요.

This is on the house.

We'll throw this in.

This is complimentary.

This is a free gift.

This is free of charge.

(32) 배가 고파요.

I am very hungry.

My stomach is growling.

I'm famished.

I'm starving.

I could eat a horse.

(33) 배가 불러요.

I'm full.

I'm stuffed.

I've had enough.

I can't eat another bite.

(34) 빨리 해! 서둘러라!

Hurry up.

Make haste.

Make it snappy.

Do it quickly.

Step on it.

Step on the gas.

Get the lead out (of your pants)!

Have you got lead in your pants?

Get a move on.

On the double.

We haven't got all day.

We have no time to lose.

(35) 서두를 것 없어. 천천히 해.

Take your time.

Take it easy.

There is no rush.

Don't jump the gun.

What's the (big) rush?

What's the[your] hurry?

Where's the fire?

㊱ 진정하세요! 흥분을 가라앉혀!

Calm down.

Stay calm.

Take it easy.

Hold your horses.

Cool it.

Simmer down.

Settle down.

Don't be so excited.

Easy does it.

Keep your shirt on.

㊲ 오늘은 이만 끝냅시다.

Let's call it a day.

Let's call it quits.

Let's knock off for the day.

Let's wrap it up.

Let's finish up.

기출유형문제

다음 대화 중 어색한 것은?

① A : I am really too tired to work any more.
B : Ok. Let's call it a day.

② A : What would you do if you were in my shoes?
B : I wish I were you.

③ A : You don't look yourself today.
B : I've got a headache.

④ A : I can't thank you enough.
B : You're welcome.

Advice

A : 네가 만약 내 입장이라면 무엇을 할 거니?
B : 내가 너라면 좋을 텐데.

답 ②

다음 중 여자의 말에 대한 남자의 대답이 의미하는 것은?

> Man : Let's call it a day.
>
> Woman : How about staying for just one more hour? Then, we could totally wrap this up.
>
> Man : How can you still have so much energy?

① He's too tired to continue.

② Know the amount she hourly spends.

③ Call him when she gets the total.

④ Finish up the work as fast as possible.

Advice

Man : 이제 일을 그만하자.

Woman : 한 시간 정도 더 머무르는 것이 어때? 그럼 우리는 이 일을 완전히 마무리 지을 수 있어.

Man : 넌 어떻게 여전히 그렇게 많은 힘이 남아있니?

답 ①

㉚ 내 말 알겠니?

Do you understand?

(You) Got it?

Did you get it?

Get[Got] the picture?

Do you follow me?

Am I getting across?

Do you know what I'm saying?

See what I mean?

Are you with me?

㉛ 무슨 말씀인지 전혀 모르겠습니다.

I don't understand.

I can't make it out at all.

I can't figure it out.

I don't get it.

I don't follow you.

I don't get the point.

I don't get the picture.

You are talking over my head.

You('ve) lost me.

It's beyond me.

It's all Greek to me.

I can't make head or tail of it.

* 모르겠다.

Beats me.

Search me.

You('ve) got me.

Don't ask me.

I can't tell.

I have no idea.

I don't have the slightest idea[clue].

Not the slightest[foggiest, vaguest].

⑩ 나는 곤경에 빠져 있다.

I'm in trouble.

I'm in a fix.

I'm in a dilemma.

I'm in a jam.

I'm in hot water.

I'm in a pickle.

I have my back to the wall.

I'm in a (double) bind.

⑪ 누워서 떡먹기죠.

It's a piece of cake.

It's a cinch.

It's a snap.

It's a breeze.

It's very easy.

It's as easy as ABC.

(42) 부탁 하나 드려도 될까요?

I have a favor to ask (of) you.

May I ask you a favor?

May I ask a favor of you?

Would you do me a favor?

Would you do a favor for me?

Can I ask you to do something for me?

(43) 왜 그렇게 시무룩하냐? / 왜 그렇게 우울한 표정을 짓고 있느냐?

Why so blue?

Why so down?

Why the[a] long face?

Why (do you have) such a long face?

What are you sulking about?

(44) 자업자득이지.

(It) Serves her right.

She asked for it.

She had it coming (to her).

She got her deserts.

She deserves it.

(45) 용기를 내라. 기운을 내라.

Snap out of it!

Keep your chin up!

Cheer up!

Be of good cheer!

Perk up!

(46) 아직은 미정입니다. 아직 결정되지 않았습니다.

It's up in the air.

It's up for grabs.

It is undecided.

(47) 교통이 혼잡했다. 교통 체증에 발이 묶였어.

I was caught in a traffic jam.

There was a traffic jam.

Traffic was heavy.

There was (traffic) congestion.

Traffic was bumper to bumper.

Traffic was at a standstill.

Traffic was backed up.

Traffic was at a crawl.

Traffic slowed down to a snail's pace.

* 교통이 아주 한산했어.

Traffic was very light.

The roads were clear.

(48) 그것 참 안됐군요.

That's too bad.

(I'm) Sorry to hear that.

That's a shame[a pity].

What a shame[a pity]!

기출유형문제

다음 대화의 빈칸에 들어갈 말로 적절한 것은?

> A : Let's go for a walk.
>
> B : I'd like to, but I feel a bit under the weather.
>
> A : _____

① That's great. Enjoy yourself.

② So would I

③ Too bad. Let's do it later.

④ How about taking the umbrella with you?

Advice

A : 산책하러 가자.

B : 그러고 싶지만, 몸이 약간 불편한 것 같아.

A : 안됐구나. 다음에 하자.

답 ③

⑷ 오래간만이야!

Long time no see.

It's been a long time.

I haven't seen you for a long time.

I haven't seen you for ages.

It's been so long since we met.

You're quite a stranger.

⑸ 행운을 빈다.

Good luck (to you).

I wish you good luck.

I wish you the best of luck.

I'll keep[have] my fingers crossed (for you).

Break a leg!

⑸ 당신이 참견할 일이 아니다.

This is none of your business.

This is no business[concern] of yours.

Mind your own business.

None of your funeral.

You have nothing to do with this.

You'd better keep your nose nice and clean.

Keep your nose out of this.

Stay out of this.

Butt out!

Stop butting in!

⑸ 인생이란 다 그런 거야.

That's life.

Such is life.

That's the way it goes.

That's the way it is.

That's the way the ball bounces.

That's the way the coo-kie crumbles.

That's the way the mop flops.

⑸ 참 싸게 샀군요.

That's a steal.

It's a bargain.

It's a good deal.

That's a real good buy.

That's very cheap.

기출유형문제

다음 대화의 빈칸에 들어갈 말로 가장 적절한 것은?

> A : How much did you pay for your computer?
>
> B : Only eight hundred dollars for this model.
>
> A : _____.
>
> B : I know. It's twenty percent more everywhere else.

① That's extremely expensive.

② That's totally unreasonable.

③ That's a real bargain.

④ That is a terrible price.

Advice

A : 네 컴퓨터는 얼마에 샀니?

B : 이 모델은 800달러밖에 안 들었어.

A : 진짜 싸구나.

B : 그래, 다른 곳에서는 20퍼센트 더 받지.

 답 ③

⑸ 너무 비싼데요.

That's much too expensive.

Too steep.

The price is out of line.

That's totally unreasonable.

That's exorbitant.

This is highway robbery.

(55) 에누리 좀 안됩니까?

Can you come down a little?

Can you lower your price?

Can you give me a discount?

(56) 돈으로 환불하여 주시기 바랍니다.

I would like to get a refund on this.

Can I get a refund on this?

I'd like a refund.

I'd like my money back.

Can I have my money back on this?

기출유형문제

다음 대화의 빈칸에 들어갈 말로 적절한 것은?

> A : Can I get a refund for this sweater, please?
> B : Why? What's wrong with it?
> A : Well, it's too small for me.
> B : We have a big one now. ______________
> A : Yes, I do. Here's my receipt.
> B : Ok, I'll take care of it.

① Here you are.

② Do you still want a refund?

③ Do you find anything interesting?

④ Could you visit us again later?

Advice

A : 이 스웨터를 환불받을 수 있을까요?
B : 왜 그러시죠? 혹시 무슨 문제가 있나요?
A : 음, 이건 저에게 너무 작아요.
B : 더 큰 사이즈가 있어요. 그래도 환불을 원하시나요?
A : 네, 그렇게 해주세요. 영수증 드릴게요.
B : 네, 처리해 드리겠습니다.

답 ②

⑸ 그게 별거냐! 그래서 어떻다는 말이냐?

Big deal! (= Don't make a big deal out of it.)

So what?

It's just one of those things.

기출유형문제

다음 대화의 빈칸에 들어갈 말로 적절한 것은?

> A : Chris, I got a good deal on this computer.
> B : Oh? It's a used one and so old!
> A : Normally it is one million one hundred thousand won, but I got it at only one million fifty thousand won.
> B : _____

① Big deal!

② Good buy!

③ Big bargain!

④ Business deal!

Advice

A : Chris, 나는 이 컴퓨터를 아주 좋은 값에 샀어.

B : 그래? 그거 중고품이나 구식 아냐!

A : 보통은 110만원인데, 나는 그것을 105만원에 샀어.

B : 참 대단하군!!

답 ①

⑻ 내가 오늘 제정신이 아니야.

I'm not myself today.

I must be out of my mind today.

I'm not in my right mind today.

* 정신 나갔어?

Are you out of your mind?

Are you crazy or something?

Are you nuts?

Are you off your rocker?

You have a screw loose or something?

You have a screw missing?

㉟ 그는 말썽꾸러기다. 골칫거리다.

He's a nuisance.

He's a pest.

He's a pain in the neck.

He's a thorn in my side.

㉖ 정말 잘 어울려요.

It's really you.

It suits you very well[perfectly].

You look nice in it.

It looks really good[great] on you.

It really becomes you.

㉑ 이 자리가 비어 있습니까?

Is this seat taken?

Is this seat occupied?

Is this seat being used?

Are you using this seat?

Is this seat vacant[empty]?

Has anybody taken this seat?

㉒ 마침 그 물건이 떨어졌군요.

They are all sold out.

We are temporarily out of that item.

We are temporarily out of stock on that item.

다음 빈칸에 들어갈 말로 가장 옳은 것은?

> A : Would you like to go window-shopping at the mall today?
> B : You know we never just window-shop. One of us always picks something up that's
> _____.
> A : I know. At least we always hunt for bargains.
> B : Like the time we bought up all those cheap woolen socks!

① for a full refund　　　　② on sale
③ in refund policy　　　　④ sold-out

Advice

A : 오늘 Mall에서 윈도우 쇼핑 할까?
B : 너도 알다시피 우리는 윈도우 쇼핑만 하지는 않지. 우리 중 누군가는 항상 <u>세일 중인</u> 물건을 집잖아.
A : 그래, 알아. 적어도 우리는 항상 세일 중인 물건들을 찾으니까.
B : 그래서 우리는 가격이 저렴한 양말들을 모두 샀어.

답 ②

다음 빈칸에 들어갈 대사로 가장 적절한 것은?

> A : Excuse me. I'm looking for a book titled Meditation.
> B : Okay. Do you know the name of the author?
> A : Yes, it's written by Sally Kempton.
> B : Let me check our list on the computer. Oh, (　　　　　　　　　　)
> A : Really? When do you expect it to be here then?

① We only have one left in stock.
② I placed an order the day before yesterday.
③ I'm afraid that our computer system isn't working.
④ You must be a big fan of her books.

Advice

A : 실례합니다. 저는 Meditation(명상)이란 제목의 책을 찾고 있는데요.
B : 그러시군요. 저자의 이름을 아세요?
A : 네, Sally Kempton이 쓴 책이에요.
B : 제가 컴퓨터로 도서목록을 확인해 볼게요. <u>오, 제가 그저께 주문했습니다.</u>
A : 정말이요? 그렇다면 언제쯤 그 책이 입고될까요?

답 ②

⑹ 당신 수표가 부도났다.

Your check returned.

Your check bounced.

You gave me a bad check.

⑹ 왜 이렇게 늦었어?

What took you so long?

What kept you so long?

What held you up so long?

What made you so late?

⑹ 성가시게 그러실 것까진 없다.

Don't bother.

Don't go to any trouble.

You don't have to go to any trouble.

기출유형문제

다음 빈칸에 들어갈 말로 가장 적절한 것은?

> A : Can I give you a hand with the dishes?
>
> B : Uh-uh, _____. I'll do them myself.

① don't bother

② that's nice of you

③ exactly

④ I couldn't agree more

Advice

A : 제가 설거지하는 것을 도와드릴까요?

B : 음, 수고하실 것 없어요. 혼자서 할게요.

답 ①

⑹ 건배!

Cheers!

Bottoms up!

(Here's) To our health!

Let's drink to that!

I'd like to make[have] a toast.

May I propose a toast?

Mud in your eye!

기출유형문제

다음 A와 B의 대화 중 가장 적절하지 않은 것은?

① A : Can I eat this pizza?

　　B : Yes, help yourself.

② A : Can I use your phone?

　　B : Mud in your eye!

③ A : Did you catch the train?

　　B : Yes, by the skin of my teeth.

④ A : How shall we decide?

　　B : Let's toss for it.

Advice

A : 내가 당신의 전화 좀 써도 될까요?

B : 건배!

답 ②

⑹ 다음 기회로 미룰 수 없을까요?

Can I take a rain check?

Can I have a rain check on that?

Can you give me a rain check on that?

Let's make it some other time.

I'll make it another time.

⑻ 여긴 웬일이세요?

What brings you here?

What brought you here?

What are you doing here?

What made you come here?

(69) 잔돈 좀 바꿔 줄 수 있느냐?

Can you change this?

Can you break this?

Can I have change for this?

(70) 더 드시겠습니까?

Would you like a refill?

Would you care for seconds?

Would you like some more?

Would you like another drink?

(71) 주머니 사정이 안 좋아.

I've been a little short lately.

I'm (dead) broke.

I've been in the red lately.

I've been in the hole lately.

I can hardly keep my head above water.

I can hardly make ends meet.

I can't make ends meet.

(72) 상관없어요.

It doesn't make any difference.

It makes no difference.

What difference does it make?

It doesn't matter.

It's all the same.

I have no preference.

It is not important.

I don't care.

⑺ 좋으실 대로 하세요.

Suit yourself.

It's up to you.

Whatever you say.

Do as you like.

cf. 네 맘대로 해라.

Have it your way.

So be it.

⑺ 그냥 구경하고 있어요.

I'm just looking (around).

I'm just browsing.

I'm just window-shopping.

기출유형문제

다음 대화 중 어울리지 않는 것은?

① A : Excuse me, but can you tell me the way to the city hall?

B : Sure. Turn to the right, and you will find it on your right.

② A : Can I help you?

B : I'm just looking around. Thank you anyway.

③ A : May I take your order now?

B : Yes, I'll take the today's special.

④ A : My name is Patricia Smith. but just call me Pat.

B : Yes, I'll call you at 5 o'clock.

Advice

A : 제 이름은 Patricia Smith인데, 그냥 Pat이라고 불러요.

B : 예, 제가 5시에 당신에게 전화할게요.

답 ④

회화 구문 익히기

다음의 구문들이 실제 대화문에서 어떻게 쓰이고 있는지를 익혀봄으로써 구문의 의미를 더 잘 이해하는 것이 중요하다.

1 You look only on one side of the shield. 당신은 하나만 알고 둘은 모르는군요.

A : I throw up everything I eat and I've been constipated.

B : Why don't you get a thorough medical check-up?

A : What's the use of seeing a doctor? I'll feel better in a couple of days.

B : Oh, you look only on one side of the shield. Health comes first.

A : I know. But I have no time to go to see a doctor.

해석 A : 먹는 것 마다 토합니다. 변비도 있고요.
B : 종합 진단을 한번 받아보지 그러세요?
A : 병원 가면 뭐합니까? 며칠 지나면 좋아질 텐데요.
B : 당신은 하나만 알고 둘은 모르는군요. 건강이 최고입니다.
A : 알아요. 그렇지만 병원 갈 시간이 없어요.

2 He is over the hill. 그는 한물간 사람이에요.

A : What sports do you play?

B : I like to play golf. When it comes to sports, golf is the best.

A : Oh I see. Who is your favorite player?

B : I was crazy about Jack Nicklaus a long time ago. His play was really fantastic.

A : But he is over the hill now, and Tiger Woods is better than him I think.

해석 A : 어떤 스포츠를 하십니까?
B : 저는 골프를 칩니다. 스포츠라면 역시 골프가 최고라고 할 수 있죠.
A : 그렇군요. 어떤 선수를 가장 좋아하십니까?
B : 저는 옛날부터 열렬한 잭 니클라우스 팬이었어요. 그의 플레이는 환상적이었었죠.
A : 그러나 지금은 그 사람 한물갔잖아요. 현재는 타이거 우즈가 그 사람보다는 낫다고 생각해요.

3 You're talking my language. 당신은 나하고 말이 통하는군요.

A : Do you watch TV often?
B : Yes, I watch TV every day after work.
A : Which program do you enjoy most?
B : I like soap operas. I'm a regular soap opera viewer.
A : Oh, you're talking my language. I'm a soap opera fan too.

> **해석** A : 텔레비전을 자주 보시나요?
> B : 네, 일 끝나고 매일 봅니다.
> A : 어떤 프로그램을 즐겨 보시나요?
> B : 저는 연속극을 좋아합니다. 연속극 고정 시청자죠.
> A : 당신은 저와 말이 통하는군요. 저도 연속극 팬입니다.

4 Let's meet half-way! 우리 반반씩 양보합시다!

A : Why don't we talk over coffee this evening?
B : That's a terrific idea. By the way, what time shall we make it?
A : How about 7 o'clock? I'll be back by 8:30 tonight.
B : 7 o'clock? Oh, No! That's too early for me. Because I have to work until 8 o'clock tonight.
A : Ok, Ok! Let's meet half-way then. How about 7:30?

> **해석** A : 오늘 저녁에 커피나 한 잔 하면서 이야기 할까요?
> B : 그것 참 기가 막힌 생각입니다. 그런데 몇 시에 만나시겠습니까?
> A : 오후 7시가 어떻습니까? 8시30분까지는 돌아가야 하거든요.
> B : 7시요? 안돼요. 그건 저에게 너무 이른 시간인데요. 오늘 저녁에는 8시까지 일을 해야 하거든요.
> A : 좋습니다. 그럼 반씩 양보합시다. 7시30분 어때요?

5 You are a man of many talents! 당신은 팔방미인이시군요!

A : I hear you play tennis very well. Is that true?
B : That's right! Because I have been playing for a long time.
A : Oh, I see.
B : But as a matter of fact, I play golf better than tennis. It's right up my alley.
A : Oh, really? You are a man of many talents!

> **해석** A : 제가 듣기로 테니스를 잘 치신다고 들었습니다만, 사실인가요?
> B : 그렇습니다. 테니스를 오랫동안 했기 때문입니다.
> A : 아 그렇군요.
> B : 그러나 실은 테니스보다 골프를 더 잘합니다. 그게 제 전공이죠.
> A : 그래요? 당신은 정말 다재다능하시군요.

6 A deal is a deal! 약속은 약속이다!

A : Let's have a little rest and start again.
B : No, I have a lot of work to catch up on.
A : But I'm under a lot of pressure at work these days. Please give me time to take another break.
B : Look! A deal is a deal. We must finish it by tomorrow morning.
A : Oh! You work like a horse everyday!

해석 A : 잠깐 쉬었다가 다시 하시죠.
B : 안돼요, 밀린 일거리가 엄청 많아요.
A : 그렇지만, 저는 요즘 많은 업무에 시달리고 있어요. 조금만 더 쉬었다가 하시죠.
B : 이것 봐요! 약속은 약속이에요. 우리는 내일 아침까지 일을 끝내야 한다고요.
A : 당신은 일에 미친 사람 같군요.

7 I'm losing money as it is! 이거 완전히 밑지는 장사예요!

A : Can you come down a little please?
B : No. I'm sorry, this is my final price.
A : But that's too expensive.
B : Look! I'm losing money as it is. This is a steal, you know?
A : Can you give any discount for cash then?

해석 A : 좀 더 깎아 주실 수는 없습니까?
B : 유감스럽게도 더 이상은 깎아 드릴 수가 없어요.
A : 그래도 제 생각에는 그건 너무 비싼데요.
B : 이것 보세요, 이거 완전히 밑지면서 파는 거예요. 거저나 마찬가지라고요.
A : 그럼 현금으로 사면 할인 좀 해 줍니까?

8 If I were in your shoes 내가 만약 당신 입장이라면

A : Which university are you going to enter?
B : Well, I'm not sure yet but as a matter of fact, I'd like to go to USA.
A : Why? As you know, it is not safe anywhere in the USA now.
B : There are a lot of prestigious universities in the USA.
A : Even so, if I were in your shoes, I'd like to go to CANADA instead of the USA.

해석 A : 어느 대학에 진학하실 예정인가요?
B : 글쎄요, 아직 확실하지는 않지만 실은 미국에 있는 대학에 가고 싶습니다.
A : 왜요? 당신도 알다시피 지금 미국은 전 지역이 안전하지가 않아요.
B : 하지만 미국에는 좋은 명문 대학이 많이 있으니까요!
A : 그렇다 하더라도, 내가 당신 입장이라면 차라리 캐나다로 가겠어요.

9 Let's call it a day! 오늘 이만 끝내시죠!

A : Oh, dear! What time is it now?
B : It's 9'o clock, why?
A : Why don't we call it a day? I'm expecting visitors today.
B : No way, the work is not yet finished.
A : How soon will it be finished then?

해석 A : 오 이런, 지금 몇 시나 됐죠?
B : 지금 9시인데 왜 그러시죠?
A : 오늘 그만 끝내시는 게 어때요? 오늘 찾아오실 손님들이 있어요.
B : 안돼요, 아직 일이 끝나지도 않았다구요.
A : 그럼 얼마나 있으면 그 일을 끝낼 수 있습니까?

10 Old habits die hard? 제 버릇 개 주냐?

A : I hear you stopped drinking, is that true?
B : That's true.
A : Wow! That will be the day! By the way, when did you stop drinking?
B : A few days ago, but I started again from last night because I couldn't help it.
A : What? You started again? Oh my God! Old habits die hard!

해석 A : 제가 듣기론 술을 끊었다는데 그게 사실인가요?
B : 네 사실입니다.
A : 오! 그것 참 해가 서쪽에서 뜰 일이구먼요. 그런데 술은 언제부터 끊었어요?
B : 며칠 됐습니다만, 어제 저녁부터 다시 시작했습니다. 어쩔 수가 없었어요!
A : 뭐라구요! 다시 시작했다고요? 나 원 참, 제 버릇 개(남) 못 준다더니!

11 It's a piece of cake! 그건 누워서 떡먹기죠.

(on the elevator)

A : Are you going up or going down?

B : We are going up. Which floor do you want?

A : Could you push 10 for me please?

B : Sure! It's a piece of cake!

A : Thank you!

해석 (엘리베이터에서)
A : 이 엘리베이터가 올라가는 건가요, 내려가는 건가요?
B : 올라갑니다. 몇 층을 가시나요?
A : 10층 좀 눌러주시겠습니까?
B : 그럼요, 그거야 어려운 일이 아니죠.
A : 고맙습니다.

12 Are you pulling my leg? 지금 농담하시는 겁니까?

A : We're behind schedule. Please hurry up!

B : Don't worry! Leave it to me and take it easy.

A : How close are you to finishing?

B : I've just scratched the surface because I still have a thousand things to do

A : What? Are you pulling my leg? How many times must I tell you, the due date is not far off.

해석 A : 일이 계획보다 많이 늦었어요. 서둘러 주세요.
B : 걱정 마세요. 모든 걸 제게 맡기시고 편히 쉬십시오.
A : 그 일이 끝나려면 얼마나 멀었죠?
B : 이제 막 시작했어요. 아직도 해야 할 일들이 산더미처럼 쌓여 있거든요.
A : 뭐라고요? 지금 농담하는 겁니까? 내가 마감일이 얼마 남지 않았다고 몇 번이나 말했어요?

13 That's a pain in the neck! 그것은 정말 지겨운 것이죠.

A : Oh my god! I can't find a place to park.

B : Yeah! There are no spaces in the parking lot.

A : Shall we park the car on the street? It'll just be a minute.

B : No way! It's illegal, and outside is a towaway zone.

A : Finding a parking place is a pain in the neck.

해석 A : 이런! 주차할 곳을 못 찾겠네요.
　　　B : 그러게요, 주차장에 공간이 없군요.
　　　A : 그냥 우리 길거리에 주차시킬까요? 금방이면 될 테니까요.
　　　B : 안돼요, 그건 불법이라고요. 그리고 여기는 견인지역이기도 하고요.
　　　A : 주차할 곳을 찾는다는 것은 정말 지겨운 일이에요.

14 I would give it a second thought. 나라면 다시 한 번 생각해 보겠습니다.

A : I will not go to Princeton.

B : Why not? I heard you got admitted.

A : That school is awfully expensive and I didn't get any financial aid.

B : I would give it a second thought.

해석 A : 프린스턴 대학에 안 갈래.
　　　B : 왜? 입학허가 받았다면서.
　　　A : 너무 비싸고, 재정적 원조를 전혀 못 받았거든.
　　　B : 나라면 다시 한 번 생각해 보겠다.

15 Put yourself together. 정신 차려.

A : Can I borrow another $ 20.00?

B : What happened to the $ 20.00 I gave you yesterday?

A : I lost it.

B : Put yourself together. Sooner or later gambling is going to ruin your life.

해석 A : 20달러만 더 꾸어줄래?
　　　B : 어제 준 20달러는 어떻게 됐는데?
　　　A : 잃었어.
　　　B : 정신 차려. 조만간 노름 때문에 인생 망친다.

16 He is a college drop-out. 그는 대학교를 중퇴했어.

A : Did you know that he was a college drop-out?

B : Who are you talking about?

A : Mr. Lee, one of the managers, here.

B : You must be kidding. He seems to know a lot more about management than Dr. Kim, our consultant.

A : That's what I am saying.

해석 ➤ A : 그 사람이 대학교 중퇴라는 소리 들었습니까?
B : 누구 얘기인데요?
A : 여기 관리자 중 한사람인 미스터 리 얘기예요.
B : 농담 마세요. 우리 컨설턴트인 김박사 보다 관리에 대해 더 많이 아는 것 같던데요.
A : 내 말이 그 말입니다.

17 Count me out. 난 빼줘.

A : I heard you were going fishing this Friday.

B : Yeah. Will you come? It would be great.

A : Well. I wish I could, but I have to hand in one of my Chemistry assignments by Friday.

B : Then you can come after handing that in.

A : Count me out. I will be so exhausted that I will need some rest.

해석 ➤ A : 이번 금요일에 낚시 간다면서.
B : 그래. 너도 갈래? 그러면 참 좋겠다.
A : 글쎄. 가고는 싶은데, 금요일까지 화학 숙제를 내야 되거든.
B : 그럼 내고 가면 되잖아.
A : 난 빼 줘. 너무 피곤해서 좀 쉬어야 할 거야.

18 I'll make a toast. 건배하자.

A : I'd like to make a toast to Jeffery and his team. May you prosper like no one has ever!

B : I'll drink a toast to that!

A : Maybe his team will be a toast of our town sooner or later.

B : You're telling me.

해석 ➤ A : 건배를 합시다, 제프리와 그의 팀을 위해서. 전에 없이 번창하기를!
B : 나도 기꺼이 그 말에 건배하겠어!
A : 아마도 그의 팀이 조만간 장안의 화제가 되겠구먼.
B : 그러게 말야!

19 I didn't sleep a wink last night. 어젯밤에 한 숨도 못 잤다.

A : I can't believe my neighbors. Those new neighbors are really weird.

B : Why? What did they do?

A : They had the nerve to tango till 2 in the morning!!

B : What a nuisance. I guess you didn't sleep a wink last night.

A : Tell me about it.

해석

A : 이웃집 사람 해도 해도 너무 하는군. 정말 이상한 인간들이야!

B : 왜? 그들이 어쨌는데?

A : 뻔뻔스럽게 새벽 2시까지 탱고를 춰대는 거야!!

B : 정말 짜증났겠다. 너 간밤에 한 숨도 못 잤겠구나.

A : 당연하지.

20 He is a cut above me. 그가 나보다 한 수 위야.

A : You know what?

B : What?

A : I beat Chris in a bowling match yesterday.

B : Really? The other day he bragged about his bowling skills.

A : He did? Anyway, I put him in his place.

B : You did a good job. You are a cut above him.

A : Well, he is no match to me.

해석

A : 내 말 좀 들어봐.

B : 뭔데?

A : 어제 볼링 시합에서 크리스를 이겼어.

B : 진짜? 저번에 크리스가 자기 볼링 실력 가지고 자랑하던데.

A : 그랬어? 어쨌든 그 녀석 콧대를 꺾어 놨지.

B : 정말 잘했어. 네가 그 친구보다 한 수 위군.

A : 사실, 걔는 나한테 상대가 안 돼.

21 It went over my head. 이해하지 못했어.

A : Joey is really funny. He always makes me laugh.
B : Yeah, he often cracks jokes, but a lot of his gags go right over my head. I just don't get them.
A : Well, you take everything too seriously. That's the problem, I guess.
B : You seem to be right. His jokes sometimes make everyone but me burst out laughing.

> **해석**　A : 조이는 정말 재미있어. 날 항상 웃긴단 말야.
> B : 그는 농담을 자주 하지만, 이해가 안 되는 게 많아. 못 알아듣겠다고.
> A : 넌 매사를 너무 진지하게 받아들여. 내 생각엔 그게 문제야.
> B : 하긴 그런가? 조이의 농담에 나만 빼고 모두 웃음을 터뜨릴 때가 가끔 있어.

22 She gave me the cold shoulder. 그녀는 나를 쌀쌀맞게 대했다.

A : Jeff, is Jenny still mad at you?
B : I suppose so. I saw her at the library yesterday, and she just gave me the cold shoulder. She's got my intentions all wrong.
A : Why don't we put our heads together and find out a way to talk your way out of that misunderstanding?
B : Thanks for your concern, but I'll let the matter take its own course this time. Somehow she and I just don't hit it off very well.

> **해석**　A : 제프리, 제니가 아직도 너한테 화나 있니?
> B : 그런가 봐. 어제 도서관에서 갤 봤는데, 날 쌀쌀 맞게 대하더라고. 내 의도를 완전히 잘못 받아들였어.
> A : 우리 머리를 맞대고 오해를 풀 수 있는 방법을 한 번 생각해 보자.
> B : 생각해 주는 건 고마운데, 이번엔 그냥 되는 대로 내버려 둘래. 하여간 우리 둘은 잘 맞지 않는 것 같아.

23 You took the words out of my mouth. 내가 바로 그 말 하려던 참이었어.

A : You know what? The science building caught on a fire last night.

B : Oh, really? That's so terrible!

A : Fortunately, though, the firefighters got there before too much damage happened.

B : Do they know what caused the fire?

A : They say it was one of the electrical outlets. You know how old the building is. Now is the time for them to tear it down and build a brand new one, if they're going to do anything at all.

B : You took the words right out of my mouth!

해석
A : 들었니? 어젯밤에 과학관에 불이 났어.
B : 정말? 그럴 수가!
A : 하지만, 다행히도 큰 피해가 생기기 전에 소방관들이 왔어.
B : 원인이 뭔지 안데?
A : 전기 소켓이었대. 건물이 얼마나 낡았니? 이참에 뭐든지 하려거든, 지금이 바로 건물을 허물고 새로 지어야 할 때야.
B : 바로 내가 그 말 하려던 참이었어!

24 I don't see eye to eye with him on the issue. 보는 눈이 다르다.

A : What do you make of the new project?

B : I don't think it would work out.

A : You sure don't see eye to eye with me on that. I think it's really practicable.

B : Yeah, good people could always take issue with one another.

해석
A : 새 프로젝트를 어떻게 생각하니?
B : 잘 되지 않을 것 같아.
A : 나랑 보는 눈이 완전히 다르구나. 나는 실행될 걸로 생각하는데.
B : 그래, 나쁜 사람들끼리만 의견이 다른 것은 아니니까.

25 He lost face. 그는 체면을 잃었다.

A : I've just read your review on the movie that's been the talk of the town lately. You are truly a man of guts to write that kind of thing in the University Newspaper.

B : If anyone took my writing at face value and saw the movie, he got his money's worth. I don't feel I lost face by publishing it.

A : A rumor has it that the movie is just another kind of something strange, so I turned a blind eye to it. And then, you just tempted me to see it.

B : Yeah, why not? The movie is really worth seeing once.

> **해석**　A : 요즘 항간에 화제가 되고 있는 영화에 대한 너의 평론을 읽었어. 대학 신문에 그런 걸 쓰다니 넌 정말 배짱이 두둑해.
> B : 누구든지 내 글을 액면 그대로 받아들여서 그 영화를 보면, 그만한 돈 가치를 할 거야. 나는 그걸 발표 했다고 체면이 깎였다고는 느끼지 않아.
> A : 그 영화가 뭔가 이상한 종류의 것이라는 소문이 있어서, 나는 무시하려고 했지. 그런데, 네가 나를 유혹하 는구나.
> B : 그래, 보라고! 그 영화는 정말 한 번 볼만해.

26 It's just the tip of the iceberg. 그건 단지 빙산의 일각일 뿐이야.

A : I just talked with my sociology professor. He said that if my grades don't improve soon, I'll have to retake the class next semester.

B : What did he mean was keeping your grades down? Are you getting low grades on the homework assignments?

A : It's just the tip of the iceberg.

B : Then, why don't you spit it out?

> **해석**　A : 방금 사회학 교수님하고 얘기했는데 빠른 시일 안에 성적이 오르지 않으면 다음 학기에 그 과목을 다시 들어야 한데.
> B : 교수님 말씀은 네 성적이 계속 떨어지고 있다는 거니? 너 과제물 평가에서 계속 낮은 점수를 받고 있는 거니?
> A : 그건 단지 빙산의 일각일 뿐이야.
> B : 그럼 도대체 뭔지 털어놔 봐.

27 I feel so blue these days. 난 요즘 너무 우울해.

A : Hey, Jeff. You got a minute? I'd like to have a word with you.

B : What do you have in mind?

A : I feel so blue these days because my girl friend left me.

B : Keep your chin up. It's not the end of the world.

해석

A : 제프, 시간 좀 있니? 얘기 좀 하자.

B : 뭔데?

A : 여자 친구가 날 버려서 요즘 정말 우울해.

B : 힘내. 그렇다고 해서 세상 끝나는 건 아니잖아.

28 Don't worry! Every dog has his day. 너무 걱정하지 마! 쥐구멍에도 볕들 날이 있다잖아.

A : Do you know if you got the job in the physics laboratory?

B : No, I haven't heard yet. I wish they would call me soon. It's really hard to stand this suspense.

A : Don't be so nervous. I'm sure you'll get the job.

B : Thanks, but they're supposed to call me this morning if I get the job. I guess I blew this chance again. You know, I've been rejected five times already.

A : Don't worry! Every dog has his day.

해석

A : 물리학 실험실에 취직하려는 거 어떻게 됐어?

B : 아직 몰라. 빨리 전화해 주면 좋겠는데. 초조하게 기다리는 게 너무 힘들어.

A : 너무 불안해하지 마. 꼭 잘 될거야.

B : 고마워. 그런데 만약 내가 취직이 됐으면 오늘 아침에 전화가 오기로 되어 있었거든.
　　내 생각엔 이번에도 실패인 것 같아. 너도 알다시피 이번이 벌써 다섯 번째 떨어지는 거야.

A : 너무 걱정하지 마! 쥐구멍에도 볕들 날 있다잖아.

29 He is cut out to be a doctor. 그는 의사에 딱 적격이야.

A : Did you hear that Paul got accepted to a medical school? He's getting a scholarship too.

B : Great! I knew he'd make it. He's been studying really hard. He deserves it.

A : Yeah. And don't you think he is cut out to be a doctor?

B : Sure, I do. I've never seen him lose his temper under any circumstance.

A : Right. He's very composed and hard-working. Anyway, how about throwing a party for him?

B : Good idea! Paul will like it.

> **해석** A : 폴이 의과 대학에 합격했다는 소식 들었어? 장학금도 받는데.
> B : 대단하다! 난 폴이 해낼 줄 알았어. 그 동안 정말 열심히 공부했잖아. 합격할 만 해.
> A : 맞아. 그리고 폴은 정말 의사에 딱 적격이지 않아?
> B : 그래. 난 아직 폴이 어떤 상황에서도 이성을 잃고 화내는 걸 보지 못했어.
> A : 동감이야. 폴은 정말 침착하고 게다가 노력파잖아. 그건 그렇고, 우리 폴을 위해 파티하는 게 어때?
> B : 좋지! 폴이 아주 좋아할 거야.

30 Please be my guest today. 오늘은 내가 살게.

A : It was such a nice dinner. Was it okay with you?

B : Definitely. It was wonderful. All these Mexican dishes are delicious.

A : So glad to hear that. Anyway, I'm buying today.

B : No way! It's my turn.

A : I'll get it. You gave me a hand with my presentation last week. Please be my guest today.

> **해석** A : 참 맛있게 먹었다. 맛이 괜찮았어?
> B : 그럼. 아주 맛있었어. 여기 멕시칸 음식은 다 맛있어.
> A : 잘 먹었다니 다행이다. 어쨌든 오늘은 내가 낼께.
> B : 안 돼! 이번엔 내가 낼 차례야.
> A : 이리 줘! 지난주에 내가 발표하는 걸 도와줬잖아. 오늘은 내가 살게.

31 Stay within your budget. 분수대로 해.

A : Honey, you are not going to believe it. I bought this bag at half price.

B : So how much was it?

A : It was only $200.

B : What? Are you out of your mind? We have bills to pay, and you spent $200 for a bag? We have to stay within our budget.

A : Okay. I'll return it.

해석 A : 자기야. 당신은 못 믿을 거야. 나 이 가방을 반 값에 샀어.
B : 그래서 얼만데?
A : 2백 달러 밖에 안 돼.
B : 뭐라고? 당신 제 정신이야? 지불해야 할 청구서가 많은데 당신은 백 하나를 2백 달러에 샀다고? 우리는 생활비를 아껴야 해(분수대로 살아야 해).
B : 알았어. 환불할게.

32 You're such a tightwad! 너는 진짜 구두쇠이다!

A : Did you hear that Jane won $500.00 in the lottery?

B : Yes, I went out to have a drink with her to celebrate.

A : I guess it was her treat since she came into some money.

B : No, she insisted on separate checks! What a tightwad!

해석 A : 제인이 5만 달러짜리 복권에 당첨되었다는 말 들었니?
B : 그래, 제인하고 축하하러 나가서 술 한 잔 했지.
A : 공돈이 좀 생겼으니 제인이 한 턱 냈겠네.
B : 아니. 각자 지불하자고 했어. 진짜 구두쇠야.

33 He is a jack-of-all-trades. 그는 만능 재주꾼이야.

A : Oh, no!

B : What's the matter, Silvia?

A : The toilet is clogged again. We should call a plumber.

B : Wait a minute. I heard that Tom who lives next door is a jack-of-all-trades. Let's ask for his help.

A : Do you think he is home? I think he is out at work.

B : Today is Saturday. He might be home.

> **해석** A : 어, 안 돼!
> B : 왜 그래, 실비아?
> A : 변기가 또 막혔어. 수리공을 불러야겠어.
> B : 잠깐만. 옆집에 사는 톰이 뭐든지 고치는 재주를 가졌다는 말을 들었는데, 한번 도움을 요청해 보자.
> A : 집에 있을까? 일하러 나간 것 같은데.
> B : 오늘은 토요일이야. 집에 있을지도 몰라.

34 I'm wiped out. 난 너무 지쳤어.

A : Hey there. I'm going out to play basketball. Wanna join me?

B : No, another time please.

A : What's the matter? Are you sick?

B : No, I just need to rest. I'm wiped out.

A : Oh, you look so. Take care.

> **해석** A : 안녕. 나 지금 농구하러 나가는 길인데 같이 할래?
> B : 아니, 다음에.
> A : 왜 그래? 어디 아파?
> B : 아니, 그냥 좀 쉬려고. 너무 지쳤거든.
> A : 피곤해 보인다. 그럼 잘 쉬어.

35 That's your call. 너 좋을 대로 해.

A : I'm starving. Aren't you?

B : I am hungry too. We've got to have something.

A : How does pizza sound?

B : Great.

A : With extra cheese and anchovies?

B : That's your call.

해석 A : 난 배고픈데. 넌?
 B : 나도 배고파. 뭐 좀 먹자.
 A : 피자 어때?
 B : 좋지.
 A : 치즈와 앤초비 더 넣은 걸로?
 B : 너 좋을 대로 해.

단원평가

1 다음 빈칸에 들어갈 문장으로 가장 적절한 것은?

> W : He was hit by a drunk driver.
> M : How old was the driver?
> W : He was seventeen. _____. He had been drinking at a local bar.

① He hit the jackpot
② He is with you on this one
③ He was under the influence
④ He took that with a grain of salt

2 다음 빈칸에 들어갈 말로 가장 적절한 것은?

> A : I'd like to reserve a table for dinner.
> B : Certainly, sir. How large is your _____?
> A : Five couples.

① size   ② room
③ drive   ④ party

---

answer 1.④ 2.④

1 A : 그가 술 취한 운전자에게 치였어.
　　B : 운전자가 몇 살이었어?
　　A : 그는 17살이었어. 그는 음주였어. 동네 술집에서 술을 마셨었대.

2 A : 저녁 식사 테이블을 예약하고 싶습니다.
　　B : 물론이죠, 선생님. 일행이 몇 분이나 되시나요?
　　A : 부부 5쌍입니다.

3 다음 대화의 빈칸에 들어갈 알맞은 말을 고르시오.

A : You look sick today.

B : This cold in killing me.

A : I'm sorry to hear that.

B : Atchoo!

A : Don't sneeze in my direction. I don't want to catch a cold.

B : Ok, Ok. I'll keep my distance.

A : Did you go to see a doctor?

B : Yes, but the medicine doesn't work well. Oh, I feel dizzy. I'm afraid I can't work anymore today.

A : _____.

---

① I'm sorry, I must be going now.

② You'd better stay home until you're better.

③ Please give my regards to your parents.

④ You'll have problem if you are late again.

answer 3.②

3 A : 너 오늘 아파 보인다.
B : 감기 때문에 죽겠어.
A : 그 이야기를 들으니 안됐다.
B : 에취!
A : 내 쪽으로 숨을 쉬지 마. 나는 감기에 걸리고 싶지 않단 말이야.
B : 알았어, 알았어. 거리를 유지할게.
A : 너는 의사에게 가 보았니?
B : 응, 하지만 약이 잘 듣지 않아. 오, 어지럽네. 나는 오늘 더 이상 일을 할 수 없을 것 같아.
A : 나을 때까지 너는 집에 가서 쉬는 게 좋겠다.

4 다음 빈칸에 들어갈 말로 가장 적절한 것은?

A : Hi, Susan. How are you this morning?
B : Very good, and you?
A : Not bad, Susan. what have you been up to lately?
B : I've been learning web design in an after-school class.
A : Web design? How interesting! How long have you been learning it?
B : For about three months.
A : How's it going?
B : _____.

① Yeah. You look really nice today.
② That's right. I need to go to the store.
③ Not bad. But I think I need more practice.
④ Me, too. It's been nice talking to you.

5 다음 빈칸에 들어갈 대사로 가장 옳은 것은?

A : Guess what! I just got invited to my teacher's house for dinner.
B : How nice!
A : Yes, but _____.
B : Well, it's the custom to bring a small gift.
A : Thanks for your tip.

answer 4.③

4 A : 안녕, 수잔. 오늘 아침 어때?
B : 아주 좋아, 너는?
A : 나쁘진 않아. 수잔, 요즘 뭐하고 지냈니?
B : 방과 후 수업에서 웹 디자인을 배우고 있어.
A : 웹 디자인이라고? 흥미로운데! 그걸 얼마나 오랫동안 배우고 있는 거야?
B : 약 세 달 정도.
A : 잘 되어가니?
B : 나쁘진 않아. 그런데 연습을 좀 더 해야 할 것 같아.

① I'm afraid that I don't have enough time to go there.

② is it all right to bring my friends along?

③ what do you do when you're invited to someone's house here?

④ I want to invite many people for my birthday party.

6 다음 빈칸에 들어갈 말로 가장 적절한 것은

A : Hello.

B : Hello. May I speak to Jennifer, please?

A : She isn't home. who's calling, please?

B : This is Tim. I m Jennifer's classmate.

A : Hi, Tim. This is Jennifer's mother.

B : How are you, Mrs. Lee?

A : I'm fine. Would you like to leave a message?

B : _____.

① Yes. Could you tell her to call me back?

② This is her dad speaking.

③ Yes. Can you tell me more about it?

④ Hold on. She's in her room

---

answer 5.③ 6.①

5 A : 저 말이야. 선생님 댁에 저녁식사 초대를 받았어.
　 B : 좋겠다!
　 A : 그래, 그런데 너는 다른 사람 집에 초대를 받으면 어떻게 하니?
　 B : 음, 작은 선물을 하는 게 관행이야.
　 A : 조언해줘서 고마워.

6 A : 여보세요.
　 B : 여보세요. Jennifer와 통화할 수 있나요?
　 A : 그녀는 집에 없는데요, 누구세요?
　 B : 저 Tim이에요. Jennifer의 같은 반 친구에요.
　 A : 안녕, Tim. 나는 Jennifer의 엄마란다.
　 B : 어떻게 지내세요, 아줌마?
　 A : 잘 지낸단다. 전할 말이 있니?
　 B : 네. 그녀에게 저에게 전화해 달라고 전해주시겠어요?

7 다음 빈칸에 들어갈 말로 가장 적절한 것은?

A : Good morning. May I help you?

B : Yes. I want this coat dry cleaned.

A : All right.

B : When can I pick it up? I have to wear it this Friday.

A : Don't worry about it. This will be ready on Thursday.

B : Okay. How much will it cost?

A : It's ten dollars.

B : Oh, that's not so expensive. Do I have to pay now?

A : _____.

---

① Yes. See you then.

③ No. you can pay later.

② That'll be ten dollars more.

④ Thank you. I'll be back on Thursday.

8 다음 A와 B의 대화 중 가장 적절하지 않은 것은?

① A : Can I eat this pizza?

   B : Yes, help yourself.

② A : Can I use your phone?

   B : Mud in your eye!

③ A : Did you catch the train?

   B : Yes, by the skin of my teeth.

④ A : How shall we decide?

   B : Let's toss for it.

answer 7.③ 8.②

7 A : 안녕하세요, 도와드릴까요?
   B : 예. 이 코트를 드라이 클리닝하고 싶은데요.
   A : 알겠어요.
   B : 그것을 언제 가져갈 수 있을까요? 이번 금요일에 그걸 입어야 해서요.
   A : 걱정 마세요. 목요일에는 준비해 놓을게요.
   B : 알겠어요. 얼마죠?
   A : 10달러에요.
   B : 아, 그렇게 비싸지는 않네요. 지금 돈을 내야 하나요?
   A : 아니오, 나중에 내세요.

8 A : 제가 전화를 써도 될까요?
   B : 건배!

9 다음 빈칸에 들어갈 말로 가장 적절한 것은?

A : Look at this!

B : What's the matter? Is anything wrong?

A : Yeah. My favorite pats don't fit me anymore.

B : You have nothing to worry about.

A : What do you mean?

B : Just go on diet, and you'll be able to fit into those pants again.

A : _____ .

---

① Cheer up!

② Stop kidding!

③ You should be on time.

④ I'll get you a new one.

9.②

---

9 A : 이것 좀 봐!

　 B : 무슨 문제인데? 뭐가 잘못됐니?

　 A : 응. 내가 좋아하는 바지가 더 이상 맞지 않아.

　 B : 너는 걱정할 것이 없어.

　 A : 무슨 말이니?

　 B : 그냥 다이어트를 해. 그러면 바지가 다시 몸에 맞을 거야.

　 A : 농담하지 마.

10 다음 빈칸에 들어갈 말로 가장 적절한 것은?

> A : Well, what do you think?
>
> B : The style is perfect on you.
>
> A : What about the color?
>
> B : It's very popular color.
>
> A : How does it look on me?
>
> B : It looks great on you.
>
> A : You don't think I look funny in it?
>
> B : _____.

① Sounds great.　　　　　　② Good for you.

③ I don't agree with you.　　④ Not at all.

11 다음 대화 중 가장 어색한 것을 고르시오.

① A : How late is it open?

　B : It is open until seven.

② A : The movie was fantastic.

　B : I bet it was.

③ A : I hung out with Chuck yesterday.

　B : You must have had a good time.

④ A : Don't forget to lock the door.

　B : Oh, I didn't forget locking the door.

answer 10.④ 11.④

10 A : 음, 어떻게 생각해요?
　　B : 스타일은 당신에게 완벽해요.
　　A : 색깔은 어때요?
　　B : 그거 아주 인기 있는 색이에요.
　　A : 저에게는 어떻게 보이나요?
　　B : 당신에게 잘 어울려요.
　　A : 제가 그것을 입으면 웃겨 보인다고 생각하지 않는 거죠?
　　B : 전혀요.

11 A : 문을 잠그는 것을 잊지 마세요.
　　B : 오, 저는 문을 잠갔다는 것을 잊은 적이 없어요.

12 다음 대화 중 가장 어색한 것을 고르시오.

① A : Can you lend me this book?

　 B : I'm afraid I have to refund it today.

② A : Would you like some more?

　 B : No, thank you. I've had enough.

③ A : My feet are killing me.

　 B : Why don't you go see a doctor?

④ A : Where are you going this weekend?

　 B : Sure, here you are. Anything else?

13 다음 대화 중 가장 어색한 것을 고르시오.

① A : Would you care for some dessert?

　 B : Yes, could you bring me some apple pie?

② A : Let me help you with the bag.

　 B : Thanks a lot. That's very kind of you.

③ A : I have studied hard for the test.

　 B : I think that's a good suggestion.

④ A : Why don't we go to the concert?

　 B : Sounds great! I'm very interested in the concert.

12 A : 너 이번 주말에 어딜 갈 예정이니?
　 B : 물론이죠. 여기 있습니다. 다른 것은요?

13 A : 나는 시험을 위해 열심히 공부했어.
　 B : 그거 좋은 제안이라고 생각해.

14 다음 대화 중 가장 어색한 것을 고르시오.

① A : Can I try these on?

　　B : Sure. How do you like them?

② A : I left my bag on the bus this morning.

　　B : Why don't you try to find it at the "Lost and Found Office"?

③ A : Have you tried the chicken in this restaurant before?

　　B : No, I haven't

④ A : I'm so excited about the trip.

　　B : So did I. I bought some books there.

15 두 사람이 대화하고 있는 장소로 가장 적절한 곳을 고르시오.

M : Are you taking any medicine?

W : No, I am not.

M : Then, do you take vitamins?

W : Oh, yes. I take multivitamins every morning.

M : Oh, I see. It will take thirty minutes to fill your prescription.

W : Okay. I'll go have a cup of coffee. Is there a coffee shop near here?

M : Yes, there's a nice coffee shop across from the bank.

W : Thank you. I'll be back in thirty minutes.

---

① restaurant　　　　　　　　② drugstore

③ airport　　　　　　　　　④ bank

---

answer　14.④　15.②

---

14 A : 나 이번 여행 너무 흥분된다.

　　B : 나도 그랬어. 나는 거기서 약간을 책을 샀거든.

15 M : 드시는 약 있으신가요?

　　W : 아니요.

　　M : 그러면, 비타민을 드시나요?

　　W : 네, 매일 아침 종합비타민을 복용합니다.

　　M : 알겠어요. 처방전대로 조제하는데 30분이 걸릴 거예요.

　　W : 알겠어요. 커피 한 잔 할게요. 여기 근처에 커피숍이 있나요?

　　M : 네, 은행 건너편에 괜찮은 커피숍이 있어요.

　　W : 감사합니다. 30분 후에 돌아올게요.

16 두 사람이 대화하고 있는 장소로 가장 적절한 곳을 고르시오.

> M : Hurry up! She's unconscious.
>
> W : Bring her over here to the bed. What happened?
>
> M : She was in a traffic accident twenty minutes ago. She got hit by a car while she was crossing the street.
>
> W : What kind of first aid have you given her on the way here?
>
> M : Well, I secured her neck and tried to stop the bleeding.
>
> W : All right. We'll take over from here.

① emergency room   ② post office

③ daycare center   ④ convenience store

17 다음 대화 중 가장 어색한 것을 고르시오.

① A : I'm afraid we can't make it earlier.

    B : No, thanks. That would be fine.

② A : Hi, Susan. How have you been?

    B : Pretty good.

③ A : Korea won the game against Portugal.

    B : That's unbelievable.

④ A : How long will it take to arrive?

    B : It will get there within 5 to 7 days.

---

answer   16.①   17.①

---

16 M : 서둘러. 그녀가 의식이 없어.

    W : 이쪽 침대로 데리고 오세요. 무슨 일이죠?

    M : 20분 전에 교통사고를 당했습니다. 도로를 건널 때 차에 치였습니다.

    W : 이곳으로 오는 동안에 무슨 응급처치를 했나요?

    M : 목을 보호하고, 지혈시켰습니다.

    W : 좋아요. 이제 우리가 담당하겠습니다.

17 A : 나는 시간을 더 빨리 잡을 수 없을 것 같아.

    B : 아니요, 됐어요. 괜찮습니다.

18 다음 대화와 가장 관련이 있는 속담을 고르시오.

> A : You look good. Do you work out every day?
>
> B : Not every day. Three or four times a week. I've lost about five pounds this month.
>
> A : Really? Did you lose that much weight? Are you finished exercising for today?
>
> B : No, I'll work out with the weights for a while.
>
> A : Don't do it too hard. A friend of mine had to go to the hospital after exercising too hard.
>
> B : Really?
>
> A : Yeah. It is important exercise properly.

① No news in good news.

② First come, first served.

③ Too much is as bad as too little.

④ Necessity is the mother of invention.

19 두 사람이 대화하고 있는 장소로 가장 적절한 곳을 고르시오

> A : Listen to that song! Do you know that song?
>
> B : Umm, it sounds familiar. Ah, it's "Memory".
>
> A : Right. It's really beautiful song. Someday I want to see the musical "Cats".
>
> B : Anyway, what are you having, Kevin?
>
> A : I can't decide yet. Why aren't they taking our orders?
>
> B : The waiters look very busy tonight.
>
> A : Yeah. It's very crowded here tonight.

answer 18.③

18 (지나침은 모자람만 못하다.)
  A : 좋아 보이는데. 매일 운동하니?
  B : 매일은 아니야. 일주일에 서너 번이야. 이번 달에 5파운드 정도 살을 뺐어.
  A : 정말? 그렇게 많은 체중을 뺐다고? 오늘 운동은 끝냈니?
  B : 아니, 잠시 동안 역기 운동을 할 거야.
  A : 너무 무리하게 하지 마. 내 친구들 중에 한 명은 너무 무리하게 운동을 하고서 병원에 가야 했어.
  B : 정말?
  A : 그래. 운동을 적당히 하는 게 중요해.

① Concert hall   ② Musical Theater

③ Conference hall   ④ Restaurant

20 다음 대화와 가장 관련이 있는 속담을 고르시오.

A : Why are you late for class today again, Ted?

B : I'm sorry, Mrs. Spencer. My bus came too late again, so I was late.

A : You've been late many times recently, and you told me the same reason every time. I can't believe it, Ted.

B : I'm sorry, Mrs. Spencer.

---

① Better late than never.

② Honesty is the best policy.

③ Do to others as you would be done by.

④ Don't judge a book by its cover.

---

answer   19.④   20.②

19 A : 저 음악 들어봐! 너 저 음악 아니?

B : 음, 귀에 익은데. 아, "Memory"구나.

A : 맞아. 그건 정말 아름다운 노래야. 언젠가 나는 뮤지컬 "Cats"를 보고 싶어.

B : 그런데, 너 무엇을 먹을 거니?

A : 아직 결정할 수가 없어. 그들이 왜 우리 주문을 안 받는 거지?

B : 종업원들이 오늘밤 매우 바빠 보여.

A : 그래. 여기 오늘밤 매우 붐비는구나.

20 (정직이 최선의 방책이다.)

A : 오늘 또 수업에 늦었구나, Ted?

B : 죄송합니다. Spencer 선생님. 버스가 또 늦게 와서 늦었어요.

A : 너 최근에 여러 번 지각을 했어. 그리고 너는 내게 매 번 똑같은 이유를 말하지. 그것을 믿을 수 없구나, Ted.

B : 정말 죄송합니다. Spencer 선생님.

21 다음 대화와 가장 관련이 있는 속담을 고르시오.

> A : Honey, look at this ad in the newspaper.
>
> B : Wow! They are having a big sale at TM Department store.
>
> A : Right. Let's go and look around. Maybe we can buy new furniture.
>
> B : Okay. Let's go after lunch.
>
> A : No, let's go now. I think we should hurry up.
>
> B : Why?
>
> A : There'll be no good furniture left at all in the afternoon. Many people will go there for the sale.
>
> B : Okay. You're right. Let's go.

① No pain, no gain.

② Easy come, easy go.

③ First come, first served.

④ Look before you leap.

---

answer 21.③

21 (먼저 온 사람이 먼저 대접 받는다, 선착순)
   A : 여보, 신문에 난 이 광고를 보세요.
   B : 와우! TM 백화점에서 대 할인 판매를 하고 있어요.
   A : 맞아요. 가서 둘러보아요. 아마도 새 가구를 살 수 있을 거예요.
   B : 좋아요. 점심 식사 후에 갑시다.
   A : 아니요. 지금 가요. 서둘러야 한다고 생각해요.
   B : 왜요?
   A : 오후에는 좋은 가구가 전혀 남아 있지 않을 거예요. 많은 사람들이 할인 판매 때문에 그 곳에 갈 거예요.
   B : 좋아요. 당신 말이 맞아요. 갑시다.

22 다음 대화 속 두 사람의 관계로 가장 적절한 것은?

A : Now, Miss Baker. Look at the shoes on the table.
B : Yes, they're the same shoes the man was wearing.
A : And the bag?
B : Yes, I saw him carrying it when he was coming out of then bank.
A : And do you remember anything else?
B : Hmm. Ah! He was wearing a white hat.
A : Thank you for your help.
B : I hope he will be arrested as soon as possible.

① clerk, customer
② police, witness
③ interviewer, interviewee
④ manager, athlete

answer 22.②

22 (경찰관, 목격자)
A : 자, Baker양. 테이블 위에 신발을 보세요.
B : 네, 그 남자가 신고 있었던 것과 같은 신발이에요.
A : 가방은요?
B : 네, 그가 은행에서 나올 때 그것을 가지고 가는 것을 보았어요.
A : 그리고 그 밖에 다른 것을 기억하세요?
B : 흠, 아! 그는 흰 색 모자를 썼어요.
A : 도와주셔서 감사합니다.
B : 그가 가능한 한 빨리 체포되길 바래요.

문법 단원은 품사의 이해, 주어와 동사의 이해, 동사와 문장의 형식, 조동사의 종류와 특성, 태, 부정사, 동명사, 분사, 형용사, 부사, 비교, 접속사와 전치사, 관계사, 가정법, 특수 구문으로 구성되었다. 합격을 좌우하는 한 문제를 놓치지 말자.

문법

품사의 이해

품사라 함은 특정 단어가 문장 내에서 가지게 되는 역할을 정의하는 것으로서 영어에서는 8가지의 품사가 있다.

① **명사** : '사람, 장소, 사물'의 이름을 가리키는 단어로써 문장 내에서 '주어, 목적어, 보어'로 쓰인다.
   – family, police, people, luggage, information, news, phone, Billy 등등

② **대명사** : 동일한 명사가 반복되는 것을 피하기 위해서 특정 명사를 대신 하는 명사를 대명사라 하며 '주어, 목적어, 보어'로 쓰인다.
   – I, you, he, she, it, they, them, him, her, which 등등

③ **동사** : 주어의 동작이나 상태를 표현하는 말로, 어떠한 문장이 되었든 간에 동사는 반드시 있어야 한다. 동사가 없는 문장은 없다.
   – love, like, hate, say, be, think, believe 등등

④ **형용사** : 사람 또는 사물의 성질, 상태, 수량 등을 나타내는 말로서 명사를 수식하는 '한정적 용법'과 주어 또는 목적어를 보충 설명하는 '서술적 용법'의 역할을 하게 된다.
   – beautiful, famous, ugly, kind, old, young, costly 등등

⑤ **부사** : 동사, 형용사 또는 문장 전체를 수식하는 말이다.
   – almost, mostly, now, here, never, there 등등

⑥ **전치사** : 명사, 대명사(또는 그에 준하는 말) 앞에 놓여 다른 명사, 대명사와의 관계를 나타내는 품사로써 전치사 뒤의 명사 또는 대명사를 목적어로 취하여 하나의 구를 형성한다.
   – at, for, in, on, about, of, into 등등

⑦ **접속사** : 단어와 단어, 구와 구, 절과 절을 앞뒤로 연결시키는 말로서 두 개 이상의 품사가 연결될 경우 접속사는 반드시 있어야 한다.
   – and, but, or, so, that, while, because, when 등등

⑧ **감탄사** : 기쁨, 놀라움, 슬픔 등과 같이 감정을 나타내는 말이다.
   – oh, oops, bravo 등등

CHAPTER 02 주어와 동사의 이해

 1 주어의 확인

(1) 주어가 될 수 있는 기본요소는 '명사'와 '대명사'

* Music is my greatest love, and it makes me easy. (명사 – 대명사)
* Robert is still sick, but he is getting better slowly. (명사 – 대명사)

(2) '부정사'와 '동명사'도 명사적 성격이 있어 주어로 사용

* To want to love is the basic emotion of man. (부정사)
* Helping others makes our mind relaxed and pleased. (동명사)

(3) 'That, Whether, 의문사(Who, How, Why, When, Where...) · 관계대명사 What'이 만드는 절은 '명사절'로 주어로 사용

* That she sings well makes her popular. (That절)
* How he won the game is still a mystery. (의문사절)
* What I hate most is talking too much. (What절)
* Whether she likes me or not is no concern of mine. (Whether절)

> **Tip** 접속사 That이 이끄는 절이 주어가 될 때는 'That + 주어 + 동사 + 목적어 / 보어'의 구조로 완전한 문장이 되어야 하며, 관계대명사 What이 이끄는 절이 주어가 될 때는 'What + 동사 + 목적어 / 보어' 혹은 'What + 주어 + 동사'의 구조로 '주어나 목적어가 빠져' What 속에 포함되어야 한다.
> * That she said nothing made me angry. (That절이 주어 – 완전한 문장)
> * What she said made me angry. (What절이 주어 – said의 목적어가 없음)

② 동사의 확인

(1) **주어에는 반드시 동사가 이어져 '주어 + 동사'의 구조를 취해야 하며, 때로는 주어에 수식어가 붙어 '수식어 + 주어 + 수식어 + 동사'의 구조로 주어와 동사가 분리**

* Computers can do a lot of things. (주어 + 동사)
* Students in our school love Ms. Reed. (주어 + 수식어 + 동사)
* The most important subject of all is English. (수식어 + 주어 + 수식어 + 동사)

(2) **동사는 주어의 수에 따라 'is / was / doesn't + 동사 / has / has + 과거분사 / 일반동사 + s, es(3인칭단수)'형의 단수동사와 'are / were / don't + 동사 / have / have + 과거분사 / 일반동사의 원형'형의 복수동사 사용**

* Oscar speaks English and Spanish. (단수주어 + 단수동사)
* Candles burn slowly. (복수주어 + 복수동사)

(3) **'부정사, 동명사, 절'이 주어일 때는 하나의 명사로 간주하며 언제나 단수동사를 사용**

* To have friendly neighbors is good luck. (부정사 – 단수동사 is)
* Having many friends does not always make you happy. (동명사 – 단수동사 does)
* That he passed the four exams was a surprise to everyone. (절 – 단수동사 was)

> **Tip** 주어에는 수식어가 붙어 '주어 + 수식어'의 구조를 취하는 경우가 많은데 이때에도 동사의 수는 언제나 주어의 수에 따라 결정된다.
> * People in the United States don't like Chinese food. (주어 + 수식어 + 동사)

기출유형문제

다음 빈칸에 들어갈 말로 가장 알맞은 것은?

> The use of cameras and video cameras _____ permitted in all permanent collection galleries except in special exhibition areas.

① is
② are
③ has
④ have

Advice

특별한 전시장을 제외하고 작품을 영구 보존하는 모든 미술관에서는 카메라와 비디오카메라의 사용이 허용된다.

답 ①

다음 빈칸에 들어갈 말로 가장 알맞은 것은?

> The time for heart analysis and the delivery of the first shock _____ 1.9 minutes.

① being   ② be
③ is   ④ are

Advice

심장 분석과 최초의 충격이 가해지는 데 드는 시간은 1.9분이다.

 ③

③ There is~(~가 있다), It is~

(1) 'There is / are / was / were + 주어...'구문은 새로운 대상의 존재를 알리는 문장이며, 동사의 수는 뒤에 이어지는 주어의 수에 따라 결정

* There is a good movie on TV tonight.
* There are eleven players on a soccer team.
* There were many phone messages for me yesterday.

Tip ① 'There is + 주어...'구문은 새로운 대상을 소개하는 문장이므로 주어 자리에는 언제나 '불특정 명사'가 와야 한다.
　　　* There is a book on the table. (not There is the book on the table.)
　　② 'There is + 주어...'구문에는 be동사 이외에도 존재를 알리거나 확인하는 자동사가 사용될 수 있다.
　　　* There ran out a man from the building.

(2) It은 '명사, 구, 절, 문장'을 가리키는 '대명사'뿐만 아니라 '비인칭(시간, 거리, 날씨, 명암 등), 가주어, 가목적어, 강조 구문' 등에 사용

* At last he found a house. − It was a very old one. (대명사)
* It was very windy yesterday. (비인칭−날씨)
* I was afraid because it was very dark. (비인칭−명암)
* It is impossible to understand her. (가주어)
* It was too bad that she couldn't come to the party. (가주어)
* We found it difficult to finish the homework in a day. (가목적어)
* It is you that are mistaken. (강조 구문=You are mistaken.)

단원평가

※ 다음 각 문장의 괄호 안에서 어법에 맞는 표현을 고르세요.

1 All the students in my class [like / likes] English.

2 Being with students all the time [tire / tires] you out.

3 Two-thirds of his speech [was / were] about the "impolite students."

4 Half of the members [don't / doesn't] agree to the new plan.

5 [That / What] all human beings want is to live long and safely.

---

answer 1.like 2.tires 3.was 4.don't 5.What

---

1 해설 : 교실에 있는 모든 학생들은 영어를 좋아한다.
주어가 All the students로 복수이다.

2 해설 : 항상 학생들과 함께 있는 것은 너를 지치게 한다.
주어가 Being으로 동명사는 단수 동사를 쓴다.

3 해설 : 연설의 3분의 2는 "무례한 학생들"에 관한 것이었다.
주어는 Two-thirds of his speech로 셀 수 없는 단수 명사이므로 단수 동사가 온다.

4 해설 : 구성원들의 반은 새로운 계획에 동의하지 않는다.
주어가 Half of the members로 복수 명사이므로 don't가 적절하다.

5 해설 : 모든 인간들이 원하는 것은 오래, 그리고 안전하게 사는 것이다.
주어의 절 all ~ want가 목적어가 없는 완전하지 않은 문장이므로 목적어 역할을 할 수 있는 관계대명사 what이 적절하다.

6 One of his brothers [live / lives] in America for studying.

7 "[Play / Playing] for Liverpool is great," agreed the players.

8 [It / There] was Peter that my aunt took to London yesterday, not Lucy.

9 [Find / To find] the faults of your own is quite hard.

10 [That / What] you throw away now may be needed in the future.

11 The reason why she likes books [is / are] in meeting new people.

12 Football, his favorite sport, [has brought / having brought] him a lot of friends.

---

answer 6.lives 7.Playing 8.It 9.To find 10.What 11.is 12.has brought

---

6 해설 : 그의 형제들 중 한 명은 공부하기 위해 미국에서 산다.
주어는 one이므로 단수이다.

7 해설 : "Liverpool에서 경기하는 것이 최고야." 선수들이 동의했다.
주어 부분이므로 명사의 역할을 하는 동명사의 형태가 와야 한다.

8 해설 : 나의 고모가 어제 런던으로 데려간 사람은 Lucy가 아니라 Peter였다.
It ~ that 강조구문이다.

9 해설 : 네 자신의 잘못을 찾는 것은 꽤 힘들다.
주어 자리이므로 명사의 역할을 하는 to부정사가 적절하다.

10 해설 : 네가 지금 던져 버리는 것은 미래에 필요 되어 질지 모른다.
주절 you ~ now까지 목적어가 없는 불완전한 문장이므로 목적어 역할을 할 수 있는 what이 적절하다.

11 해설 : 그녀가 책을 좋아하는 이유는 새로운 사람을 만나다는 것에 있다.
문장의 주어는 The reason으로 단수이다.

12 해설 : 그가 좋아하는 스포츠인 축구는 그에게 많은 친구들을 가져다주었다.
sport까지가 주어이므로 동사가 와야 한다.

13 That he won all the prizes [was / were] a surprise to all fans.

14 Some of her books [is / are] about women's rights.

15 To watch television every evening [is / are] a waste of time.

16 [Build / Building] good relationships with people is very important.

17 [That / What] she should know is that your mother is too busy.

13 해설 : 그가 모든 상을 탔다는 것은 모든 팬들에게 놀라움이었다.
주어는 that으로 이끌어진 절이므로 단수 취급해야 한다.

14 해설 : 그녀의 책들 몇 권은 여성의 권리에 관한 것이다.
주어는 Some of her book로 복수이다.

15 해설 : 매일 저녁 TV를 보는 것은 시간 낭비이다.
주어는 to watch로 to 부정사가 주어일 경우 단수 취급한다.

16 해설 : 사람들과 좋은 관계를 만드는 것은 매우 중요하다.
주어 부분이므로 명사 역할을 할 수 있는 동명사가 와야 한다.

17 해설 : 그녀가 알아야 하는 것은 너의 어머니가 너무 바쁘시다는 것이다.
주절 she ~ know까지 목적어가 빠진 불완전한 문장이므로 목적어 역할을 하는 관계대명사 what이 적절하다.

18 [That / What] he made such a suggestion surprised all the friends.

19 Having many books in your home [do / does] not always do you good.

20 A number of grammar books [is / are] too difficult for students.

18 해설 : 그가 그러한 제안을 했다는 것은 모든 친구들을 놀라게 했다.
주절 he ~ suggestion까지는 완전한 문장으로 접속사가 필요하다.

19 해설 : 너의 집에 많은 책을 가지고 있는 것은 너에게 항상 좋지만은 않다.
주어가 동명사 Having으로 단수 취급한다.

20 해설 : 많은 문법책들은 학생들에게 어렵다.
'a number of'는 '많은'의 뜻을 가지고 있으며 복수명사를 이끌기 때문에 복수 동사가 와야 한다.

동사와 문장의 형식

동사는 목적어와 보어의 유무에 따라서 자동사와 타동사, 그리고 완전동사와 불완전동사가 결합하여 다음과 같은 5가지의 기본 문장 형태를 만든다.

자동사	완전자동사	S + V	1형식
	불완전자동사	S + V + SC	2형식
타동사	완전타동사	S + V + O	3형식
	수여동사	S + V + IO + DO	4형식
	불완전타동사	S + V + O + OC	5형식

형식	예문	동사의 종류
1형식	The sun rises in the east. S　　V　　　부사구	완전자동사
2형식	The weather became warmer. S　　　V　　　SC	불완전자동사
3형식	The car of the future will use solar energy. S　　형용사구　　　V　　　　O	완전타동사
4형식	He bought me a camera. S　　V　　IO　　DO	수여동사
5형식	We chose Adam team captain. S　　V　　O　　　OC	불완전타동사

① 자동사

(1) '완전자동사'는 'S + V'만으로 완전한 문장을 만들 수 있으나, 실제 문장에서는 '언제, 어디서, 어떻게, 왜 등의 부사(구)를 수반하여 무한히 길어질 수 있으며, 'live, lie, stay, stand...'등과 같은 일부 완전자동사는 언제나 부사(구)를 필요

* The sun disappeared.

* Birds fly south in winter.

* My car can go 120 kilometers per hour.

* The castle stands on the hill.

* She lay on the grass with her dog.

(2) '불완전자동사'는 'S＋V＋C'의 구조로 주어를 보충 설명하는 보어를 필요로 하며, 보어로는 '명사, 형용사, 분사, 부정사'등이 사용

* She remained unmarried all her life. (＝She was unmarried.)

* She turned pale at the sight of him. (＝She was pale.)

* She appears a little old for her age. (＝She is a little old.)

* His opinion sounds a good idea. (＝His opinion is a good idea.)

Tip ① 불완전자동사의 분류 : 상태, 유지(be, lie, sit, stand, stay, keep, remain) / 상태의 변화(become, come, get, go, grow, fall, run, turn) / 인상, 감각(appear, look, seem, feel, smell, sound, taste)

② 불완전자동사의 보어는 부사적으로 옮겨지더라도 주어를 설명하는 말이므로 형용사를 써야 한다.

* You should keep quiet in the classroom. (not quietly)

③ 불완전자동사는 우리말로 수동처럼 옮겨지더라도 수동으로 사용되지 않는다.

* She looks happy with her doll. (not is looked)

기출유형문제

다음 빈칸에 들어갈 말로 가장 알맞은 것은?

> At his command, the British Navy destroyed or damaged the French fleets anchored in Oran and Dakar in order to prevent them from _____ into German hands.

① fall

② falling

③ being fallen

④ fallen

Advice

그의 명령에 따라, 영국 해군은 오랑과 다카르에 정박되어 있는 프랑스 선단이 독일군의 수중으로 넘어가는 것을 막기 위해 그것들을 파괴하거나 훼손하였다.

fall은 자동사이므로 수동이 불가능하며 전치사 from 다음 동명사 형태를 써야 한다.

답 ②

다음 빈칸에 들어갈 말로 가장 알맞은 것은?

> In Bootle, England, a city of 55,000, people were bombed nightly for a week during World War Ⅱ with only 10 percent of the houses escaping serious damage. Yet one—fourth of the population remained _____ in their homes during the raids.

① sleep   ② sleeping

③ asleep   ④ to sleep

Advice

제2차 세계대전 당시 영국의 인구 5만 5천의 도시 부틀에서, 주민들이 일주일 동안 야간 폭격을 당해 주택의 단 10 퍼센트만이 심각한 파손을 면했다. 하지만 주민의 4분의 1은 공습 기간 동안 집에서 잠든 채 남아 있었다.

remain이 '~인 상태로 남아 있다'의 의미로 쓰인 불완전 자동사이므로 형용사 asleep을 보어로 취해야 한다.

 ③

② 타동사

(1) '완전타동사'는 하나의 목적어를 취하여 'S + V + O + (수식어구)'의 구조

* Mary has three little dogs. (명사 – 목적어)
* I once hoped to be a good doctor. (부정사 – 목적어)
* They don't agree that she is pretty. (절 – 목적어)

🔆**Tip**   목적어가 될 수 있는 말에는 '명사, 대명사, 명사구(부정사, 동명사), 명사절' 등이 있다.

(2) '수여동사'는 'S + V + IO + DO'의 구조로 '~에게 ...를'의 의미를 나타내거나, 'S + V + DO + 전치사 + IO'의 구조로 완전타동사 구문으로 전환

* Father gave me a nice present. (= Father gave a nice present to me.)
* She made me a pretty Christmas card. (= She made a pretty Christmas card for me.)
* The lady asked me several questions. (The lady asked several questions of me.)

① 간접목적어 앞에 전치사 to를 쓰는 동사

  give, offer, show, lend, tell, teach, bring, send, pass, mail, sell, pay, write, allow

② 간접목적어 앞에 for를 쓰는 동사 (동사 자체에 전달의 의미가 없는 경우)

  make, buy, cook, get, find, choose, order(주문하다), build, sing, leave

③ 간접목적어 앞에 of를 쓰는 동사 : ask

(3) '불완전타동사'는 목적어와 함께 목적어를 보충 설명하는 목적보어를 수반하여 'S+V+O+OC'의 구조를 취하며 목적어와 목적보어는 'S+V'의 관계

* We named our son Ben. (= Our son is Ben.)

* His joke always made his friends merry. (= His friends were merry.)

* I like my students to be quiet. (= My students are quiet.)

Tip ① 목적보어로 사용되는 말은 비록 부사적으로 옮겨지더라도 목적어(명사)를 보충 설명하므로 형용사여야 한다.
② 목적보어가 될 수 있는 말에는 '명사, 형용사, 분사, 부정사, 원형부정사'등이 있다.

(4) 가목적어, 진목적어

make, find, consider, think 등의 동사는 5형식 문장의 목적어로 to부정사, 명사절(주로 that절)이 올 때는 가목적어 it을 쓴다.

* I found it difficult to do the work. 나는 그 일을 하는 게 어렵다는 것을 알았다.

* I think it natural that he should get angry. 나는 그가 화가 나는 것이 당연하다고 생각한다.

③ 자동사로 속기 쉬운 타동사

타동사 뒤에는 전치사를 쓰면 안 된다. 전치사를 쓰면 틀린다.

* We discussed the problem. 우리는 그 문제에 대해서 토론했다.

  →We discussed about the problem. (X)

* You must follow my command. 너는 내 명령을 따라야 한다.

  →You must follow after my command. (X)

자동사로 속기 쉬운 주요 타동사

mention 언급하다	comprise 구성되다 / 이루어지다
discuss 의논하다	await 기다리다
answer 대답하다	inhabit ~에 살다
consider 생각하다/ 고려하다	attend 참석하다 / 출석하다
approach 접근하다	enter 들어가다
address 연설하다	excel 능가하다
reach 도달하다	ridicule 비웃다
attack 공격하다	avoid 피하다
telephone 전화하다	escape 탈출하다
call 전화하다	survive 살아남다
greet 인사하다 / 환영하다	follow 뒤따르다
resemble 닮다	oppose 반대하다
accompany 동반하다	obey 복종하다 / 준수하다
marry 결혼하다	influence 영향을 끼치다

(4) 주의해야 할 동사의 형태

(1) explain과 같은 동사는 우리말의 '~에게'에 해당하는 부분을 'to + 목적격'으로 표현

: announce, describe, explain, introduce, suggest 등

* She explained her conduct to me. (not explained me her conduct)

* Let me introduce my mother to you. (not introduce you my mother)

(2) '제안, 주장, 명령, 요구'등을 나타내는 동사의 종속절에는 인칭이나 시제에 상관없이 'V + that + S + (should) + 동사원형'을 사용하여 '당위적 의무'를 표현

: 제안(propose, suggest) / 주장(insist) / 요구(ask, request, require, demand) / 명령(order, command) / 권고(recommend) 등

* I proposed that we (should) admit all applicants.

* He requested that the meeting (should) be canceled.

> **Tip** 'insist와 suggest'는 종속절이 '사실적 의미'를 나타낼 때는 인칭과 시제에 따라 동사의 형태가 달라진다.
> * He insisted that she didn't smoke.
> * His words suggest that he loves her.

다음 중 어법상 어색한 것을 고르시오.

① He insisted that he met her and handed the letter.

② The rules requires that all the students not color their hair.

③ The evidence suggested that he be there then.

④ The government ordered that the price of rice be raised.

Advice

그 증거는 그가 그 때, 거기에 있었다는 것을 암시했다.

suggest는 종속절이 '사실적 의미'를 나타낼 때는 인칭과 주절의 시제에 따라 동사의 형태가 달라져야 한다. 따라서 주절의 시제에 맞춰 had been이 적절하다.

답 ③

다음 빈칸에 들어갈 말로 가장 적절한 것은?

The teacher demands that everyone _____ in the classroom at nine.

① might be

② can be

③ be

④ will be

Advice

선생님은 모두가 9시에 교실에 있어야 한다고 요구하신다.

demand(요구하다)는 인칭이나 시제에 상관없이 'V + that + S + (should) + 동사원형'을 사용하여 '당위적 의무'를 표현을 나타낸다.

답 ③

⑤ 혼동하기 쉬운 동사

(1) 'rise(오르다)'는 자동사로 목적어와 수동이 없으며, 'rise-rose-risen'으로 활용. 반면 'raise(올리다)'는 타동사로 목적어를 취하거나 'be raised'의 형태로 수동으로 사용되며, 'raise-raised-raised'로 활용

* I rose quickly from my seat. (rise + 수식어)

* He raised the heavy loads easily. (raise + 목적어)

* An Income tax was raised by 30 percent. (raise의 수동)

(2) 'lie'는 '눕다, 놓여져 있다'는 의미로 사용되는 자동사로 목적어와 수동이 없으며, 'lie-lay-lain'으로 활용. 반면 'lay'는 '눕히다, ~을 놓다'라는 의미로 사용되는 타동사로 목적어를 취하거나 수동으로 사용되며, 'lay-laid-laid'로 활용

* Snow lay thick on the fields. (lie의 과거)

* Please lay these papers on my table. (lay + 목적어)

* Some toys were laid around the living room. (lay의 수동)

(3) 'sit(앉다)'는 자동사로 목적어와 수동이 없으며, 'sit-sat-sat'으로 활용. 반면 'seat'는 '~를 자리에 앉히다'라는 의미의 타동사로 목적어를 취하거나 수동으로 사용되며, 'seat-seated-seated'로 활용

* He sat on knees before me. (sit의 과거)

* Please seat yourself on this chair. (seat + 목적어)

* He was seated on his own books. (seat의 수동)

기출유형문제 ··

다음 빈칸에 들어갈 말로 가장 적절한 것은?

> Slightly better roads during this period were made with logs, which _____ on the ground next to each other.

① laid   ② lay
③ were lay   ④ were laid

Advice ————●

이 기간 동안 약간 더 나았던 도로는 통나무로 만들어졌는데, 그 통나무들은 나란히 붙여서 땅에 깔렸다.
선행사 logs와 타동사 lay(~을 놓다)가 수동관계를 이루고 있으므로 수동형인 were laid가 적절하다.

 ④

다음 빈칸에 들어갈 말로 가장 적절한 것은?

> Those with the medium−firm ones were twice as likely to report an improvement in
> pain when _____ down or getting up.

① laying   ② lying
③ laid   ④ lay

Advice

약간 푹신한 매트리스를 받은 사람들이 자리에 눕거나 일어날 때 통증이 개선되었다는 응답을 할 가능성이 두 배나
더 높았다.
'드러눕다'의 의미를 나타내려면 자동사 lie의 현재분사인 lying을 써야하며, laying은 타동사 lay의 현재분사로 목적
어가 반드시 필요하다.

 ②

⑥ 지각동사와 사역동사

(1) 지각동사는 목적어와 목적보어의 관계가 '능동'이면 'S+V+O+동사원형/현재분사'의 구조를, 목적어와 목적보어의 관계가 수동이면 'S+V+O+과거분사'의 구조를 취함

: see, watch, look at, observe, notice, hear, listen to, feel 등

* I saw Harry steal my book. (=Harry steals my book−능동)

* I heard her playing the violin. (=She was playing the violin−능동, 진행)

* I felt myself praised when I heard his remark. (=I was praised−수동)

Tip 지각동사의 목적보어로 현재분사를 사용할 때는 동사원형보다 진행의 의미가 강할 때이다.

(2) 사역동사는 'S+V+O+OC'의 구조를 취하며, 각 사역동사의 특성과 '목적어와 목적보어의 관계'에 따라 '동사원형, to부정사, 과거분사'를 목적보어로 취함

: let, make, have, get, help 등

* Don't let the fire go out. (=the fire goes out−능동)

* I will make her study harder. (=she studies harder−능동)

* I couldn't make myself heard because of the noise. (=my words were heard−수동)

* I must have my watch repaired. (=my watch is repaired−수동)

Tip ① help는 준사역동사로서 '동사원형 또는 to부정사' 둘 다 목적보어로 취할 수 있다.

　* Please help us (to) serve you better.

② get은 사역의 뜻을 가지고 있으나 목적보어로 to부정사와 과거분사를 취한다.

　* I couldn't get her to change her mind.

기출유형문제

다음 빈 칸에 순서대로 들어갈 말로 가장 옳은 것은?

> I will have my car _____.
>
> My father made me _____ my relatives.
>
> I heard the man _____ about me.

① repair – visit – talk　　　② repair – visiting – talked

③ repaired – visit – talk　　④ repaired – visited – talk

Advice

나는 내 차를 수리할 것이다. (사역동사 have의 목적보어로, 목적어인 my car와 수동의 관계이므로 과거분사를 쓴다.)

나의 아버지는 나에게 친척들을 방문하게 하셨다. (사역동사 make의 목적보어로, 목적어인 me와 능동의 관계이므로 동사원형을 쓴다.)

나는 그 남자가 나에 대해 말하는 것을 들었다. (지각동사 hear의 목적보어로, 목적어인 the man과 능동의 관계이므로 동사원형을 쓴다.)

답 ③

기출유형문제

다음 빈칸에 들어갈 말로 가장 알맞은 것은?

> Publishers also get other experts _____ a book before it is printed and further improvements to the book are made by editors and book designers.

① review　　　　　② reviewing

③ reviewed　　　　④ to review

Advice

출판사들은 또한 인쇄되기 전에 다른 전문가들로 하여금 그 책을 검토하도록 할 것이며, 그 책에 대한 더 많은 개선이 편집자들과 책 디자이너들에 의해 이루어질 것이다.

사역동사 get의 목적보어 자리로, 목적어 other experts와 능동의 관계에 있다. 따라서 to review를 써야 한다.

답 ④

단원평가

※ 다음 각 문장의 괄호 안에서 어법에 맞는 표현을 고르세요.

1 [Rise / Raise] your hand if you have a question.

2 She found the young man very [affectionate / affectionately].

3 I heard someone [knock / knocked] on our front door late last night.

4 I had him [carry / carried] the baggage to your office.

5 I am going to [lie / lay] the baby on the sofa.

---

answer 1.Raise 2.affectionate 3.knock 4.carry 5.lay

---

1 해설 : 만약 네가 질문이 있다면 너의 손을 들어라.
  your hand라는 목적어를 갖는 동사가 와야 하므로 raise(올리다)

2 해설 : 그녀는 그 젊은이가 매우 애정이 넘친다는 것을 알았다.
  5형식 문장으로 목적보어가 와야 하며, 목적보어는 형용사를 써야 하므로 affectionate

3 해설 : 나는 지난 밤 늦게 우리 집 정문에서 누군가가 노크하는 것을 들었다.
  지각동사 hear의 목적보어 자리이며, 목적어 someone과 능동의 관계이므로 동사원형

4 해설 : 나는 그에게 내 사무실로 그 짐을 옮겨달라고 부탁했다.
  사역동사 have의 목적보어 자리로 목적어 him과 능동관계이므로 동사원형

5 해설 : 나는 아기를 소파에 눕힐 것이다.
  목적어 the baby를 갖는 타동사가 와야 하므로 lay(눕히다)

6 Johnnie [explained / explained to] me why she was late.

7 After a long walk, Ruth [lay / laid] herself down on the grass.

8 To them, foreign cultures seemed somewhat [elegant / elegantly].

9 What beautiful flowers! They smell [nice / nicely], too.

10 I was shocked to see my friend [arrest / arrested] by the police.

11 My watch stopped working; I must have it [repaired / to repair] soon.

answer 6.explained to 7.laid 8.elegant 9.nice 10.arrested 11.repaired

6 해설 : Johnnie는 왜 그녀가 늦었는지 나에게 설명했다.
explain은 '~을 설명하다'의 의미이고 우리말의 '~에게'에 해당하는 부분을 'to+목적격'으로 표현

7 해설 : 오래 걸은 후에, Ruth는 풀 위에 자신을 눕혔다.
herself라는 목적어를 동반하는 타동사이므로 lay(눕히다)를 써야 하며, 과거형인 laid가 적절하다. 만약 현재형으로 쓰였다면 주어 Ruth가 3인칭 단수이므로 lays가 되어야 한다.

8 해설 : 그들에게, 외국 문화는 다소 우아한 것처럼 보였다.
seem(~처럼 보이다)은 뒤에 보어를 쓰는 2형식 동사로 보어는 형용사가 와야 한다.

9 해설 : 아름다운 꽃들이구나! 그것들은 냄새도 좋아.
smell(~한 냄새가 나다)은 뒤에 보어를 쓰는 2형식 동사로 보어는 형용사가 와야 한다.

10 해설 : 나는 내 친구가 경찰에 의해 체포되는 것을 보고 충격을 받았다.
지각 동사 see의 목적보어 자리로, 목적어 my friend가 '체포당하다'라는 수동의 의미이므로 과거분사가 와야 한다.

11 해설 : 내 시계가 작동을 멈췄다.; 나는 곧 그것을 수리하도록 해야 한다.
사역동사 have의 목적보어로 목적어 it(my watch)가 '수리당하다'의 수동의 의미이므로 과거분사를 써야 한다.

12 When I told the story, I noticed her [smelling / to smell].

13 That [sounds / is sounded] great! Let's go there now.

14 We are going to get someone [play / to play] the guitar.

15 She appears [happy / happily] to have seen her old friends.

16 They [suggested / suggested to] me that we go all together.

answer 12.smelling 13.sounds 14.to play 15.happy 16.suggested to

12 해설 : 내가 그 이야기를 말했을 때, 나는 그녀가 냄새를 맡고 있다는 것을 알아차렸다.
notice(알아차리다)는 지각동사로 볼 수 있으며 따라서 to부정사는 목적보어 자리에 올 수 없다.

13 해설 : 그거 괜찮은 것처럼 들린다. 지금 거기 가자.
sound(~처럼 들리다)는 자동사로 수동형이 불가능하다.

14 해설 : 우리는 누군가에게 기타를 연주하도록 시킬 예정이다.
get은 사역동사로 목적어 someone이 목적보어와 능동의 관계에 있으므로 to play를 쓴다.

15 해설 : 그녀는 그녀의 옛날 친구를 보게 되서 행복한 것처럼 보인다.
appear(~처럼 보이다)는 뒤에 보어를 쓰는 2형식 동사로 보어 자리에 형용사가 와야 한다.

16 해설 : 그들은 우리 모두 함께 갈 것을 나에게 제안했다.
suggest(제안하다)는 우리말의 '~에게'에 해당하는 부분을 'to+목적격'으로 표현해야 한다.

17 When I was crossing the street. I had my hat [blow / blown] away.

18 Please [seat / be seated] until the train stops completely.

19 When he [entered / entered into] the stadium, all the fans stood up.

20 I could hear a cat [scratching / to scratch] at the window.

answer 17.blown 18.be seated 19.entered 20.scratching

17 해설 : 내가 길을 건너고 있을 때, 내 모자가 바람에 날려졌다.
사역동사 have의 목적보어 자리로 목적어 my hat이 '날려지다'의 수동의 의미이므로 과거분사 blown이 와야 한다.

18 해설 : 기차가 완전히 멈출 때까지 제발 앉아주세요.
seat는 '앉히다'의 뜻을 가지고 목적어를 취하는 타동사이다. 그러나 문장의 의미상 '앉힘을 당하다' 즉 '앉다'의 의미가 되어야 하므로 수동형인 be seated가 적절하다.

19 해설 : 그가 경기장에 들어갔을 때, 모든 팬들이 일어섰다.
enter(~에 들어가다)는 전치사를 포함하고 있는 동사로, 전치사를 쓰면 안 된다.

20 해설 : 나는 창문에서 고양이 한 마리가 긁고 있는 것을 들었다.
hear는 지각동사로 목적어 a cat과 능동의 관계이므로 scratching을 쓴다. 또한 지각동사의 목적보어로는 to부정사를 쓸 수 없다.

CHAPTER
04

동사의 시제

동사의 시제는 다음과 같이 총 12가지로 나누어진다.

기본	현재(동사의 현재형)	* Scott plays soccer every day.
	과거(동사의 과거형)	* Scott played soccer yesterday.
	미래(will + 동사원형)	* Scott will play soccer tomorrow.
완료	현재완료(have, has + p.p)	* Scott has played soccer
	과거완료(had + p.p)	* Scott had played soccer.
	미래완료(will have + p.p)	* Scott will have played soccer.
진행	현재진행(am, are, is ~ing)	* Scott is playing soccer now.
	과거진행(was, were ~ing)	* Scott was playing soccer.
	미래진행(will be ~ing)	* Scott will be playing soccer.
완료진행	현재완료진행(have been ~ing)	* Scott has been playing soccer.
	과거완료진행(had been ~ing)	* Scott had been playing soccer.
	미래완료진행(will have been ~ing	* Scott will have been playing soccer.

① 기본시제와 진행형

(1) '현재시제'는 '현재사실, 지속적인 성질이나 상태, 반복적인 동작, 보편적 진리' 등을 나타낼 때 사용

* She has a good sense of humor. (지속적 성질)
* My father usually leaves for work at 8:00 a.m. (반복적 동작)
* The early bird catches the worm. (보편적 진리)

(2) '과거시제'는 '과거의 동작, 과거의 상태, 과거의 습관, 역사적 사실' 등을 나타냄

* Mozart wrote more than 600 pieces of music. (과거의 동작)
* My mother always took me to see the trains. (과거의 습관)
* The Second World War ended in 1945. (역사적 사실)

다음 밑줄 친 부분에 들어갈 문법적으로 가장 옳은 표현은?

> In the 1950s and 1960s, scientists _____ many new classes of antibiotics for use against a broad range of microorganisms.

① developed   ② have developed

③ had developed   ④ had been developed

Advice

1950년대와 1960년대에, 과학자들은 광범위한 범주의 미생물들을 퇴치하는 용도로 많은 새로운 부류의 항생제들을 개발하였다.

과거의 한 시점을 나타내는 부사구(In the 1950s and 1960s)가 쓰였으므로 과거형 동사를 써야 한다.

답 ①

다음 밑줄 친 부분에 들어갈 문법적으로 가장 옳은 표현은?

> In the late spring, frosts _____ the flowers buds of many species that are bears usual summer food source.

① were killed   ② killed

③ have killed   ④ had killed

Advice

지난 봄 늦게 서리가 내려 여름에 곰들의 주요 먹잇감이 되는 많은 종들의 꽃망울이 죽었다.

함께 쓰인 시간의 부사구 In the late spring이 명백한 과거 시점을 나타내므로 과거 동사를 써야 한다.

답 ②

(3) 'will + 동사원형'은 '단순미래'나 '말하는 순간에 결심한 알'을 나타내며, 'be going to'는 '앞으로 하려는 일에 대한 현재의 의도'나 '앞으로 일어나려는 일에 대한 현재의 원인이나 징후를 나타냄

  * The letter will arrive in a few days. (단순미래)

  * OK. I will follow your advice. (말하는 순간에 결심한 일)

  * I'm going to play tennis this afternoon. (현재의 의도)

  * I feel terrible. I think I am going to be sick. (현재의 원인)

  ★★★ '시간, 조건의 부사절'에서는 '현재가 미래'를 대신

  * I will leave when my mother comes back. (시간 부사절)

  * If you meet her, you will like her. (조건 부사절)

Tip when절이 '주어, 목적어, 보어'로 사용되거나 '명사를 수식하는 관계부사'로 사용될 때, 그리고 if절이 whether의 뜻으로 타동사의 목적어로 사용될 때는 미래시제를 그대로 사용한다.

* I don't know when he will come back. (when절이 목적어)

* I don't know if she will like my present. (if가 whether의 뜻으로 사용된 목적절)

(4) 미래 대용어구 (숙어로 간주하고 암기할 것!)

① be going to R : ~할 예정이다(예정, 계획) / ~할 것 같다(징후, 예측)

* It is going to rain tomorrow. 비가 올 예정이다.

* What are you going to do tonight? 너는 오늘 밤에 무엇을 할 거니?

② be about to R : 막 ~하려고 하다 (= be likely to R)

* The plane is about to leave. 그 비행기는 막 떠나려고 한다.

③ be due to R : ~할 예정이다

* The train is due to arrive in 5 minutes. 그 기차는 5분 안에 도착할 예정이다.

④ be to R : ~할 예정이다 (주로 예정된 일을 나타냄)

* He is to come here tonight. 그는 오늘 여기에 올 예정이다.

⑤ be supposed to R : ~하기로 되어 있다

* He is supposed to arrive at six. 그는 6시에 도착하기로 되어 있다.

(5) '진행형'은 'be + ~ing'의 형태로 '말하고 있는 순간에 진행 중인 일, 일시적 동작이나 상태의 계속'을 나타냄

* The water is boiling. Could you turn it off? (말하는 현재 진행 중인 동작)

* I'm working part time in my mother's restaurant this month. (일시적 동작)

* He was watching television when I entered. (과거의 어느 순간에 진행 중인 동작)

* I'll be living in Seoul this time next year. (당연히 되게 마련인 미래)

Tip ① '현재시제'는 '장기간 반복된 동작'을 나타내지만, '현재진행형'은 '일시적 동작'을 나타낸다.

② '진행형'은 '동작동사'에 주로 사용되며, 이미 계속의 의미를 나타내고 있는 '상태 동사'에는 사용되지 않는다.

→ know, think, believe, seem, remember, resemble, have, lack, see, hear, belong to, consist of 등(단, 상태 동사의 의미가 동작동사로 바뀌면 진행형이 가능)

* I belong to the tennis club. (상태 동사 – not am belonging to)

* He is having a good meal. (have가 '먹다'는 뜻임)

② 완료시제

(1) '현재완료'는 '과거에서 현재까지 계속되는 동작이나 상태', '과거에서 현재까지의 기간 중의 경험', '과거의 일이 지금에 끝나는 완료', '과거의 일이 현재에 가져오는 결과'를 나타낼 때 사용

* They have known each other for ten years. (계속)

* He has lived in several countries so far. (경험)

* I've just read the first page of that book. (완료)

* He has gone on a trip to Hawaii. (결과)

> **🖋 Tip** '현재완료'는 '과거와 현재를 이어주면서 현재에 대한 정보를 알려 준다'는 측면에서 '과거나 분명한 현재'를 나타내는 부사(구)와는 결합될 수 없다.
>
> * He lost his key yesterday. (과거사실)
>
> * He has lost his key. (현재완료 : 지금도 못 찾았음)
>
> * It snowed last night. (not has snowed)

(2) '과거완료'는 '과거 이전에서 과거까지 이어진 일'의 '계속, 경험, 완료, 결과'를 나타내거나 '과거보다 앞서 일어난 일을 과거와 시간적으로 구분하고자 할 때' 사용

* I went to see her. I had never met her before. (경험)

* When I got to the party, she had already gone home. (완료)

* I lost the ring that she had bought for me. (과거보다 앞서 일어난 일)

(3) '미래완료'는 '미래의 어느 시점에서 끝날 일'의 '계속, 경험, 완료, 결과'를 나타냄

* They will have finished dinner by 9 o'clock. (완료)

* I will have worked here for 10 years next month. (계속)

다음 밑줄 친 부분에 들어갈 문법적으로 가장 옳은 표현은?

One of my closest friends _____ of her backpack during her stay in Naples last year.

① had robbed   ② was robbed

③ had herself robbing   ④ had been robbing

Advice

내 가장 친한 친구들 중 하나는 지난 해 나폴리에서 머무르는 동안에 그녀의 배낭을 도둑맞았다.
본문에 last year(작년)이라는 특정 과거시간을 보여주는 부사구로 보아 단순 과거시제를 쓰는 것이 적절하다.

답 ②

다음 밑줄 친 부분에 들어갈 문법적으로 가장 옳은 표현은?

Then I saw the dateline and found that letter _____ almost ten years before.

① wrote   ② was written

③ had written   ④ had been written

Advice

그 때 나는 날짜 표시란을 보고 그 편지가 거의 10년 전에 쓰여 진 것임을 알았다.
the letter(편지)는 dateline(날짜 표시란)을 본 것보다 먼저 쓰여 진 것이므로 시간상 과거보다 더 이전의 과거인 과거완료(대과거)를 쓰는 것이 적절하며, 편지는 '쓰여 진 것'이므로 의미상 수동이 되어야 한다. 따라서 과거완료 수동 형태가 적절하다.

답 ④

단원평가

※ 다음 각 문장의 괄호 안에서 어법에 맞는 표현을 고르세요.

1 [Did you see / Have you seen] the news on television last night?

2 Water [boils / is boiling] at 100 degrees Celsius.

3 I want to see Margret before she [goes / will go] out.

4 This room [smells / is smelling]. Let's open the window.

5 I'd like to play tennis tomorrow if the weather [is / will be] nice.

---

answer 1.Did you see 2.boils 3.goes 4.smells 5.is

---

1 해설 : 너 지난밤에 TV에서 뉴스 봤니?
특정 과거를 나타내는 시간의 부사구 last night 때문에 완료시제는 쓸 수 없다.

2 해설 : 물은 섭씨 100도에서 끓는다.
보편적 진리를 말할 때는 언제나 현재시제를 쓴다.

3 해설 : 나는 Margret이 나가기 전에 그녀를 보기를 원한다.
시간의 접속사(before)가 들어있는 부사절은 현재시제가 미래를 대신한다.

4 해설 : 이 방은 냄새가 난다. 창문을 열자.
smell(냄새 나다)은 상태 동사이므로 진행형을 쓸 수 없다.

5 해설 : 만약 날씨가 좋다면 나는 내일 테니스를 치고 싶다.
조건의 부사절(if)은 현재시제가 미래시제를 대신한다.

6 She [will do / **will have done**] that job by the end of this year.

7 Everything is going well. We [didn't have / **haven't had**] any problem so far.

8 She told me her name but I [**don't remember** / am not remembering] it now.

9 If anyone [**calls** / will call], tell him I will be back in half an hour.

10 Since 1964, there [were / **have been**] no earthquakes here.

---

6 해설 : 그녀는 올해 말까지 그 일을 해낼 거야.
말하고 있는 시점부터 미래의 시점(the end of this year)까지를 의미하므로 미래완료를 쓰는 것이 옳다.

7 해설 : 모든 것이 잘 되고 있다. 우리는 지금까지 아무 문제가 없었다.
의미상 과거부터 현재까지를 의미하므로 현재완료 시제를 써야 한다.

8 해설 : 그녀는 나에게 그녀의 이름을 말했지만, 나는 지금 그것을 기억하지 못한다.
remember(기억하다)는 상태 동사로 진행형을 쓸 수 없다.

9 해설 : 만약 누군가도 전화를 한다면, 그에게 내가 30분 안에 돌아올 거라고 말해라.
조건의 부사절(if)은 현재시제가 미래 시제를 대신한다.

10 해설 : 1964년 이래로, 여기에는 지진이 없었다.
1964년부터 지금까지를 언급하므로 현재완료 시제를 쓰는 것이 옳다.

11 Jill [doesn't belong / isn't belonging] to any political party.

12 I wondered where they [have been / had been] till then.

13 Tomorrow is the day when my sister [marries / will marry].

14 "Where's your key?" "I don't know. I [lost / have lost] it."

11 해설 : Jill은 어떠한 정치적 정당에도 소속되어 있지 않다.
belong to(~에 속하다)는 상태 동사로 진행형을 쓸 수 없다.

12 해설 : 나는 그들이 그때까지 어디에 있었는지 궁금했다.
'궁금해 한' 시제는 과거(wondered)이고 그 전에 어디에 있었는지를 언급하므로 과거완료 시제를 써야 한다.

13 해설 : 내일은 우리 언니가 결혼하는 날이다.
when이 시간의 부사절을 나타내는 접속사(~할 때)일 경우에만 현재시제가 미래시제를 대신한다. 여기서는 the day를 받는 관계부사로 쓰였기 때문에 시제를 맞춰야 한다.

14 해설 : "너의 열쇠 어디에 있니?" "모르겠어. 그것을 잃어버렸어."
열쇠를 잃어버리고 현재 열쇠가 없다는 사실을 언급한 것이므로 과거의 사건이 현재에 영향을 미친다는 의미의 현재완료 시제를 쓰는 것이 적절하다.

15 As soon as the vacation [begins / will begin], this beach will be very crowded.

16 I will never give up until I [realize / will realize] my dream.

17 When [did you finish / have you finished] your work?

18 Next year they [will be / will have been] married for 25 years.

`answer` 15.begins 16.realize 17.did you finish 18.will have been

---

15 해설 : 방학이 시작되자마자, 이 해변은 매우 붐빌 거야.
as soon as(~하자마자)는 시간의 부사절을 이끄는 접속사로 현재시제가 미래시제를 대신한다.

16 해설 : 나는 내 꿈을 실현시킬 때까지 절대 포기하지 않을 거야.
until(~까지)은 시간의 부사절을 나타내는 접속사로 현재시제가 미래시제를 대신한다.

17 해설 : 너 언제 너의 일을 끝냈니?
특정 시간을 물어보는 when은 완료시제와 같이 쓸 수 없다.

18 해설 : 내년에 그들은 결혼한 지 25년이 될 것이다.
현재 시점을 기준으로 내년에 대한 언급을 하고 있으므로 미래완료 시제가 적절하다.

19 We [have known / have been knowing] each other since we were children.

20 Jack grew a beard but now he [shaved / has shaved] it off.

19 해설 : 우리는 어릴 때부터 서로를 알아왔다.
'어릴 때부터' 지금까지 알고 있었으므로 현재완료를 쓰지만, know(알다)는 상태 동사이므로 진행형을 쓸 수 없다.

20 해설 : Jack은 수염을 길렀으나 지금 그는 그것을 면도했다.
과거의 기른 수염을 지금 자른다고 하여 의미상 과거부터 현재까지이므로 현재완료가 적절하다.

조동사의 종류와 특성

① 조동사의 종류

조동사는 뒤에 '동사원형'이 오고, 인칭변화를 하지 않으며, 부정문은 바로 뒤에 not을 붙임

* She can speak English well. (not can speaks or cans)
* She cannot speak English well. (not can speak not)

(1) 'can'은 '능력 / 허락 / 가능성 / 의문 / 강한 부정 등을, 'could'는 'can의 과거형 / 정중함 / 추측 / 가정을 나타냄

* He can lift the heavy box with one hand. (능력 : ~ 할 수 있다)
* He cannot be a gentleman to say so. (강한 부정 : ~일 리가 없다)

(2) 'may'는 '허락 / 추측 / 가능성 / 기원 등을, 'might'는 'may의 과거형 / 완곡함 / 추측 / 가정을 나타냄

* May I put the TV on? – Yes, you may. (허락 : ~해도 좋다)
* Teachers may sometimes make mistakes. (가능성 : ~일 수도 있다)

(3) 'must'는 '당위적 의무/확실한 추측' 등을 나타내며, 'have to'로 대신할 수 있는데 시제를 나타낼 때는 'had to(과거)', 'will have to(미래)'를 사용

* You must come back here before 8 o'clock tomorrow. (당위적 의무 : ~해야 한다)
* You must be Anna's sister – you look just like her. (확실한 추측 : ~임에 틀림없다)
* Edna isn't in her office. She had to go home. (must의 과거)

> **Tip** 'must not'은 '금지'를 뜻하며, 'don't have to'는 'need not'을 뜻한다.
>
> * You must not tell George.
> * You don't have to tell George.

(4) 'should'는 'shall의 과거형 / 의무 / 당연 / 추측 / 주관적 판단' 등을 나타내며, 특히 의무나 당연을 나타낼 때는 'ought to'를 사용

* Everybody should wear car seat belts. (의무 : ~해야 한다)

* He should be at the library by now. (추측 : ~일 것이다)

* It's surprising that we should meet here. (주관적 판단)

(5) 'will(~일 것이다)'은 '단순미래 / 의지 / 추측 / 주어의 습성 / 현재의 습관적 동작' 등을 나타내며, 'would'는 'will의 과거형 / 추측 / 과거의 습관적 동작 / 소망 / 고집' 등을 나타냄

* I will have my own way. (의지)

* Oil will float on water. (주어의 습성)

* He would not tell us where he got the money. (고집)

* She would often sit for hours doing nothing. (과거의 습관적 동작)

(6) 'used to(~하곤 했다)'는 '과거의 지속적 동작이나 상태'를 나타내며, '지금은 그렇지 않다'는 의미를 포함

* I used to be afraid of dogs. (과거의 동작)

* He used to wear a moustache. (과거의 상태)

> **Tip** 'be used to ~ing'는 '~에 익숙하다'는 의미를, 'be used to do'는 '~하는데 이용되다'는 의미로 사용된다.
>
> * I am used to walking.
>
> * This machine is used to take a copy.

기출유형문제

다음 빈칸에 들어갈 말로 가장 적절한 것은?

> Living in the buildings on his construction site, over 1000 workers _____ in one basement.

① used to sleep   ② are used to sleep

③ to be sleeping   ④ sleeping

Advice

건설 현장 위의 건물들에 살면서 100명이 넘는 근로자들이 하나의 지하실에서 잠을 자곤 했다.
used to + 동사원형 : ~하곤 했다.

답 ①

다음 빈칸에 들어갈 말로 가장 적절한 것은?

He tried to get his dog to eat something, but it _____ not eat anything.

① might　　　　　　　② should
③ would　　　　　　　④ could

Advice ──────●

그는 그의 개에게 뭔가를 먹이려고 했으나, 그것은 어떤 것도 먹지 않으려고 했다.
would는 주어의 고집을 나타낸다.

답 ③

(7) It be + 이성적 판단의 형용사 + that + S + (should) + R

→이 경우는 거의 should를 생략하고 쓴다. 즉 확률 50%라는 불확실성이 강조된다.

: necessary, essential, imperative(필수적인), important(중요한), right(옳은), natural(당연한), proper (적절한, 타당한), good, wrong(그릇된), rational(이성적인, 합리적인), fair(올바른, 공정한), urgent (긴급한), advisable(타당한), desirable(바람직한), vital(극히 중대한), obligatory(의무적인, 필수의)

* It is essential that everybody (should) arrive on time.
  모든 이들이 제시간에 도착하는 것이 필수적이다.
* It is imperative that his father (should) know the truth.
  그의 아버지가 진실을 알 필요가 있다.

(8) need (~할 필요가 있다)/ dare(감히 ~하다)

① 긍정문에서는 need가 본동사이므로 당연히 주어의 인칭과 수에 영향을 받는다.
  * You need to water the garden once a day.
  * You need to call me.

② 본동사 need는 to R 뿐만 아니라 명사도 목적어로 가질 수 있다.
  * I will need a lot of money to buy it.

③ 본동사 dare의 경우 to R 목적어에서 to를 생략하는 경우도 있다. (하지만 써주는 것이 원칙이다.)
  * He dares (to) say what he thinks.
    그는 감히 자기가 생각하는 바를 말한다.
  * I wonder how he dared (to) say that.
    그가 어떻게 그런 말을 했을까 궁금하다. (어떻게 그런 말을 할 수 있었을까?)

④ **부정문** : 이들이 조동사로 쓰인다는 증거는 각각 need not, dare not의 형태가 된다는 것이다. 왜 냐하면 조동사를 부정할 때는 바로 뒤에 not을 붙이기 때문이다.

　* You need not write a letter to him. 너는 그에게 편지를 쓸 필요가 없다.

　* He dare not say that again. 그는 그런 말을 다시 할 용기가 없다.

　★★ 단, dare의 경우 과거형일 때는 dare not이 조동사임에도 불구하고 그 자체가 ~ed가 붙는다.

　* He dared not say that again. (O)

⑤ **의문문** : 이들이 조동사로 쓰인다는 증거는 need와 dare가 문두에 있다는 것이다. 왜냐하면 조동사 를 문장 앞으로 보내는 것이 의문문으로 만드는 방식이기 때문이다.

　* Need I stay here? 제가 여기에 머무를 필요가 있나요?

　　(= No, you needn't. / Yes, you must.)

　* Dare he jump from the top of that high wall?

　　그는 그렇게 높은 벽의 꼭대기에서 뛰어내릴 용기가 있나요?

> **Tip**　need와 dare는 부정문과 의문문에서는 조동사로 쓰이지만, 현대 영어에서는 본동사 취급하는 게 더 일반적이다.
>
> 　* You need not write a letter to him.
>
> 　= You don't need to write a letter to him.
>
> 　(본동사 취급해서 앞에 don't가 붙었다. 또한 본동사 need는 목적어 자리에 to R 이 올 수 있기 때문에 write앞에 to가 붙었다.)

(9) had better 와 would rather

① had better + R : ~하는 것이 좋겠다. (권유의 의미)

　* You had better see the doctor. 너는 의사를 만나는 것이 좋겠다.

　* You had better not do that again. 다시는 저렇게 하지 않기를 바란다.

② would rather + R : 차라리 ~하겠다. (선호의 의미)

　* I would rather go tomorrow. 나는 차라리 내일 가겠다.

　* He said that he would rather not go to school.

　　그는 가르침을 받지 않는 게 오히려 낫겠다고 말했다.

다음 빈칸에 들어갈 말로 가장 적절한 것은?

> Because Oriental ideas of woman's subordination to man prevailed in those days, she
> (   ) meet with men on an equal basis.

① did dare not   ② dared not

③ dared not to   ④ did dare not to

Advice

그 시절에는 여성이 남성에게 순종해야 한다는 동양의 사상이 팽배했기 때문에, 그녀는 감히 동등한 토대 위에서 남성들을 만날 수 없었다.

dare는 부정문과 의문문에서는 조동사와 일반 동사 둘 다로 쓰이지만 긍정문에서는 조동사로 쓰일 수 없다. 위의 문장은 부정문의 형태이므로 dared not 또는 didn't dare to가 가능하다.

답 ②

다음 빈칸에 들어갈 말로 가장 적절한 것은?

> They want family fare, and film makers _____ give viewers what they want. If
> they don't they take the chance of losing their audience.

① would   ② be used to

③ had better   ④ dared not

Advice

그들은 가족을 다룬 영화를 원하며, 따라서 영화 제작자들은 관람객들에게 그들이 원하는 것을 제공하는 것이 더 나을 것이다. 만일 그들이 그렇게 하지 않으면, 그들은 관객을 잃을 위험에 처하게 된다.

had better + 동사원형 : ~하는 것이 좋겠다.

답 ③

② 조동사 have pp

조동사 뒤에 그냥 원형이 아니라 have pp가 오면 '시제가 앞선다'라는 상징성을 띠는데, 주절, 종속절 상황이 아닌 단독 문장에서는 그냥 '과거'를 표현하게 되고, 주절이 과거인 문장의 종속절에 나오는 경우는 그 과거보다 더 앞서는 '대과거'를 표현하게 된다.

(1) cannot have pp : (예전에) ~이었을(했을) 리가 없다.

* He cannot have been rich then. 그는 그 때 부자였을 리가 없다.

(2) may have pp : (예전에) ~이었을(했을)지도 모른다.

(3) must have pp : (예전에) ~이었음(했음)에 틀림없다.

* He must have been rich then. 그는 그 때 부자였음에 틀림없다.

(4) should / ought have pp : ~했어야 했는데(못해서 후회, 유감스럽다)

* I should have seen her before she died. 그녀가 죽기 전에 그녀를 봤어야 했는데.

(5) should not / ought not have pp : ~하지 말았어야 했는데 (그렇게 해서 후회, 유감스럽다)

* You ought not to have laughed at his mistake. 너는 그의 실수를 비웃지 말았어야 했다.

(6) would rather have pp : (예전에) 오히려 ~하는 게 더 나았을 텐데

* I would rather have stayed at home. 나는 집에 있는 게 더 나았을 텐데.

(7) would rather not have pp : (예전에) 오히려 ~하지 않는 게 더 나았을 텐데

(8) need not have pp : ~할 필요가 없었는데 (괜히 했다)

* I need not have written to her. 나는 그녀에게 편지를 쓸 필요가 없었는데.

다음 빈칸에 들어갈 말로 가장 적절한 것은?

> We often hear stories of ordinary people who, if education had focused on creativity, could have become great artists or scientists. Those victims of education _____ training to develop creative talents while in school. It really is a pity that they did not.

① should receive   ② should have received

③ might receive   ④ might have received

Advice

우리는 종종 교육이 창의성에 초점을 맞추었더라면, 위대한 예술가나 과학자가 될 수 있었던 평범한 인물들에 관한 이야기를 듣는다. 그러한 교육의 희생자들은 학교에 다니는 동안 창의적 재능을 계발하는 훈련을 받았어야 했다. 그들이 그러지 못한 것은 정말 유감스러운 일이다.

뒤 문장을 미루어 보아, 문맥상 '훈련을 받았어야 했는데 그렇지 못했다.'라는 의미를 나타내므로 과거 사실에 대한 유감이나 후회를 나타내는 should have received가 적절하다.

 ②

다음 빈칸에 들어갈 말로 가장 적절한 것은?

> Initially confined to labor details, African–American soldiers were generally joyous at being allowed to fight alongside white soldiers. They _____, as did abolitionist Frederick Douglass, that fighting for the Union would finally earn them "the right of citizenship in the United States".

① may have believed

② should have believed

③ must have believed

④ need not have believed

Advice

처음부터 자질구레한 노동만 담당했던 아프리카계 미국인 병사들은 백인 병사들과 나란히 싸우는 것을 허락받은 것에 대체로 즐거워했다. 그들은 노예제 폐지론자인 Frederick Douglass가 믿었던 것처럼 연방군을 위해 싸움으로써 결국 "미국 시민권"을 얻게 될 것이라고 믿었음에 틀림없다.

과거의 일에 대한 단정적 추측을 나타내야 하므로, must have pp 형태가 적절하다.

 ③

③ 조동사를 포함한 관용표현

(1) **may well + R : ~하는 것도 당연하다. (= have good reason to R)**

    * He may well be proud of his son.
      그가 아들을 자랑스러워하는 것도 당연하다.

(2) **may / might as well + R : ~하는 게 좋겠다. (= do well to R / had better R / would rather R)**

    * We'll have to wait an hour for the next bus. We may as well walk.
      다음 버스가 올 때까지는 1시간을 기다려야 한다. 걸어가는 게 더 낫겠다.

(3) **cannot be too ~ : 아무리 ~해도 지나치지 않다.**

    * We cannot be too careful of our health.
      우리는 아무리 건강에 주의해도 지나치지 않다.

(4) **cannot but + R : ~하지 않을 수 없다. / ~할 수 밖에 없다. (= cannot help ~ing, have no choice but to R)**

    * I cannot but respect him in this point.
      나는 이런 점에서 그를 존경하지 않을 수 없다. (존경할 수밖에 없다.)

(5) **can afford to + R : ~할 여유가 있다.**

    * I can't afford to buy a car.   나는 차를 살 여유가 없다.

(6) **as + 형용사 + as can be : 더할 나위 없이 ~한**

    * He is as poor as can be. 그는 더할 나위 없이 가난하다. (매우 가난)
      → He is very poor.

(7) can hardly / scarcely : 거의 ~하는 게 불가능하다.

* He had changed so much that she could hardly recognize him.

그가 너무 많이 변해서 그녀는 그를 거의 알아볼 수 없었다.

(8) as ~ as + S + can + R : 가능한 한 ~하게 / 될 수 있는 한 ~하게 (= as ~ as possible)

* I ran as fast as I could. 나는 가능한 한 빠르게 달렸다.

기출유형문제

다음 빈칸에 들어갈 말로 가장 적절한 것은?

> Even for minor injuries, the athlete must undergo such treatments as ice baths, whirlpool baths, and bandaging, all of which require patience and often make the athlete feel annoyed with himself for not having avoiding the injury. He _____ sit on the sidelines and become a spectator in every game.

① cannot but   ② may as well

③ can afford to   ④ may well

Advice

작은 부상에 대해서도 운동선수는 얼음목욕, 기포목욕, 그리고 붕대감기와 같은 치료를 받아야 하는데, 이 모든 것은 인내심을 요하고 운동선수로 하여금 부상을 피하지 못한 자신에 대해 종종 짜증을 느끼게 한다. 그 선수는 매 경기마다 선수 대기석에 앉아 있어야 하고 관람객이 되어야 한다.

의미상 어쩔 수 없이 해야 한다는 표현이 들어가야 하므로 'cannot but + 동사원형 : ~하지 않을 수 없다.'

답 ①

단원평가

※ 다음 빈칸에 들어갈 말로 가장 적절한 것을 고르시오.

1 _____ it be true that he died in hospital?

① Can   ② Should

③ Would   ④ Need

2 He looks very young. He _____ be over forty.

① can   ② cannot

③ may   ④ need not

3 She _____ always dress up when she was expecting visitors.

① can   ② could

③ might   ④ would

4 It's a pity that Sora _____ be in such poor health.

① should   ② would

③ might   ④ could

answer   1.①   2.②   3.④   4.①

---

1 해설 : 그가 병원에서 죽었다는 것이 사실이니?
가능성, 의문을 나타내므로 can

2 해설 : 그는 매우 젊어 보여. 그가 40살이 넘었을 리가 없어.
강한 부정을 나타내므로 cannot(~일 리가 없다)

3 해설 : 그녀가 방문객을 기대하고 있었을 때, 그녀는 항상 옷을 차려입곤 했다.
과거의 불규칙한 습관적 동작을 나타내므로 would(~하곤 했다.)

4 해설 : 소라가 그렇게 건강이 안 좋았다니 유감이구나.
It be + 이성적 판단의 형용사 + that + S + (should) + R

5 He tried to get his dog to eat something, but it _____ not eat anything.

① will   ② would

③ should   ④ may

6 There _____ be a public library right here.

① need to   ② is used to

③ used to   ④ would

7 She _____ have done such a terrible thing. She's a good girl.

① need not   ② must

③ cannot   ④ may

8 He _____ have been sick in bed yesterday. He didn't answer he phone.

① cannot   ② need not

③ should   ④ must

9 Everything was very wet this morning. It _____ have rained last night.

① may   ② must

③ should   ④ need

answer   5.②   6.③   7.③   8.④   9.②

5 해설 : 그는 그의 개에게 뭔가 먹이려고 했으나, 그것은 어떠한 것도 먹으려고 하지 않았다.
주어의 의지, 고집을 나타내는 would

6 해설 : 바로 여기에 공공 도서관이 있었다.
과거의 규칙적인 상태를 나타내므로 used to(~이곤 했다.)

7 해설 : 그녀가 그런 끔찍한 일을 했었을 리가 없다. 그녀는 착한 소녀다.
뒤 문장을 보아 앞의 문장에 대한 강한 부정을 나타내므로 cannot

8 해설 : 그는 지난밤에 아팠었음에 틀림없다. 그는 전화를 받지 않았다.
뒤 문장을 보아 앞의 내용을 확신하므로 must

9 해설 : 오늘 아침 모든 것이 젖어 있었다. 지난밤에 비가 왔음에 틀림없다.
뒤 문장을 보아 앞의 내용을 확신하므로 must

10 He _____ have asked me before he took my bike. I'm annoyed.

① should   ② would

③ might   ④ need not

11 This soup is too salty. You _____ send it back.

① need not   ② cannot

③ may   ④ must

12 "I wonder why he's late." "Well, he _____ have missed the train."

① may   ② should

③ need   ④ would

※ 다음 빈칸에 들어갈 알맞은 말을 고르시오.

13 [Do I need / Need I] go at once?

14 When in college, I [would / should] often call my aunt and say hello.

answer   10.①   11.④   12.①   13.Need I   14.would

---

10 해설 : 그는 내 자전거를 가져가기 전에 나에게 물어봤어야 했다. 나는 화가 났다.
뒤 문장을 보아 지난 일에 대한 유감을 나타내므로 should

11 해설 : 이 스프는 너무 짜다. 너는 그것을 돌려보내야 한다.
당위적 의무를 나타내므로 must

12 해설 : "나는 그가 왜 늦었는지 궁금하다." "음, 그는 기차를 놓쳤을지도 모른다."
may have pp ; ~이었을지도 모른다.

13 해설 : 내가 바로 갈 필요가 있니?
뒤에 동사원형이 왔으므로 need가 조동사로 쓰였다고 볼 수 있다. 따라서 조동사의 의문문은 조동사를 앞으로 뺀
형태여야 하므로 Need I

14 해설 : 대학에 있을 때, 나는 나의 고모에게 자주 전화해 안부를 묻곤 했다.
과거의 불규칙적 습관적 동작을 나타낸다.

15 I [must / should] have met Mr. Johnson this afternoon, but I forgot.

16 Take an umbrella with you when you go out. It [may / can't] rain later.

17 I [used to / was used to] think he was clever. Now I'm not so sure.

18 It's strange that she [would / should] be late. She's usually on time.

19 Sora [should / used to] pass the exam. She's been studying very hard.

20 You [cannot / need not] have washed those tomatoes. They've been already washed.

---

answer   15.should   16.may   17.used to   18.should   19.should   20.need not

---

15 해설 : 나는 오늘 아침 Johnson씨를 만나야 했었는데, 잊었다.
should have pp ; ~했어야 했는데. 과거에 하지 못한 일에 대한 유감을 나타낸다.

16 해설 : 나갈 때 우산을 가져가라. 비가 올 지도 모른다.
추측을 나타내므로 may

17 해설 : 나는 그가 똑똑하다고 생각했는데, 지금은 확실하지 않다.
과거의 규칙적 상태를 나타내므로 used to(~하곤 했다). be user to 동사원형은 '~하기 위해 사용되다'의 의미로 문맥상 맞지 않는다.

18 해설 : 그녀가 늦었다니 이상하구나. 그녀는 보통 정시에 온다.
It be + 이성적 판단의 형용사 + that + S + (should) + R

19 해설 : 소라는 시험에 통과해야 한다. 그녀는 매우 열심히 공부해 왔다.
뒤 문장을 보아 시험에 통과하는 것이 당연하다는 의미이므로 should

20 해설 : 너는 그 토마토를 씻을 필요가 없었다. 그것들은 이미 씻겨 져 있었다.
need not have pp ~할 필요가 없었는데

CHAPTER
06 태

① 태의 의미

(1) 능동태 : 주어가 동작을 하는 형식 (행위자 강조)

(2) 수동태 : 주어가 동작을 받는 형식 (행위의 대상 강조)

(3) 능동태 ↔ 수동태

(4) 목적어가 있는 타동사만이 수동태가 될 수 있다. (1, 2형식은 수동태 불가!)

① 능동태의 목적어를 수동태의 주어로 전환한다.

② 동사를 [be + p.p]의 형태로 바꾼다.

③ 능동태의 주어를 수동태의 [by + 목적격]으로 바꾼다.

   * She cleans this room every day.

    →This room is cleaned every day (by her).

   * We found the keys in the parking lot.

    →The keys were found in the parking lot (by us).

다음 빈칸에 들어갈 말로 가장 적절한 것은?

> Smoking _____ an all Smithsonian facilities. Pets (except service animals) are not permitted in the museums or the National Zoo.

① prohibits

② is prohibiting

③ is prohibited

④ had been prohibited

Advice

흡연은 모든 스미스소니언 박물관 시설에서는 금지되고 있다. (봉사 기능을 하는 동물들을 제외하고는) 애완동물들은 박물관이나 국립동물원에 입장할 수 없다.

의미상 'Smoking'이 금지되는 수동의 의미이고 주어는 단수이며, 뒤 문장을 보아 시제는 현재형이다.

 ③

다음 빈칸에 들어갈 말로 가장 적절한 것은?

> I still remember the awesome feeling I had on that day in May when my little feet _____ me up the stairs into the grandstands at the car racing stadium.

① carried

② was carried

③ were carried

④ had been carried

Advice

나는 그 자동차 경주장에서 정면 관람석으로 작은 발을 옮겨 계단을 걸어 올라갔던 5월의 그 날에 내가 가졌던 그 근사한 느낌을 아직도 기억한다.

my little feet가 주어이고 me가 목적어에 해당하므로 수동태가 아닌 능동태로 써야 한다.

 ③

② 태의 종류

(1) 4형식의 수동태

목적어가 두 개인 4형식 문장은 이야기되는 화제에 따라 두 가지의 수동태가 가능하며, 직접목적어가 주어로 사용될 때는 '주어(직접목적어) + be + 과거분사 + 전치사 + 간접목적어'의 구조

* John gave Jessica some flowers.

→Jessica was given some flowers. (간접목적어가 주어)

→Some flowers were given to Jessica (by John). (직접목적어가 주어)

(2) 5형식의 수동태

'주어 + 동사 + 목적어 + 목적보어'로 이루어진 5형식 문장이 수동이 되면 '주어(목적어) + be + 과거분사 + 목적보어'의 구조

* They elected the girl their cheerleader.

　　　　　　　　(목적어)　　(목적보어)

→The girl was elected their cheerleader (by them). (목적보어는 변하지 않는다)

> **Tip** '주어 + 사역동사 / 지각동사 + 목적어 + 동사원형'으로 이루어진 능동은 수동이 되면 '주어 + be + 과거분사 + to부정사'의 구조가 된다.
>
> 　* She made me clean my room.
>
> 　　→I was made to clean my room (by her). (사역동사의 수동)

(3) 의문문의 수동태

'의문문'의 수동은 평서문이라 생각하고 수동으로 바꾼 다음 'be + 주어 + 과거분사?'의 구조로 바꿔 주고, 의문사가 있을 때는 의문사는 첫머리에 위치

* Did everybody enjoy the game? (Everybody enjoyed the game의 구조)

→Was the game enjoyed by everybody?

* Who wrote this novel? (Who가 주어)

→Who(행위자) was this novel written by? (또는 By whom was this novel written?)

* What did John see? (What이 목적어)

→What(주어) was seen by John?

(4) 명령문의 수동태

'명령문'의 수동태는 'Let + 목적어 + be + 과거분사'의 형식을 취하며, 부정명령문은 'Don't let + 목적어 + be + 과거분사' 또는 'Let + 목적어 + not be+과거분사'의 형식

* Keep the door open.

　→Let the door be opened.

* Don't touch this flower.

　→Don't let this flower be touched.

　→Let this flower not be touched.

(5) 두 개 이상의 단어가 모여 이루어진 '동사구'는 하나의 타동사로 간주

* Everybody <u>laughed at</u> his costume.

　→His costume <u>was laughed at</u> by everybody.

* The boys <u>looked up to</u> John as a leader.

　→John <u>was looked up to</u> as a leader by the boys.

* My sister <u>took care of</u> our dog during our vacation.

　→Our dog <u>was taken care of</u> during our vacation by my sister.

기출유형문제

다음 빈칸에 들어갈 말로 적절한 것을 가장 잘 나열한 것은?

> In 1848, more extensive experiments with tea production _____, and ten years later, plans were made to distribute tea seed throughout the South. These experiments, however, _____ the Civil War, and it was not until 1880 that the US Department of Agriculture resumed tea production.

① carried out – cut short by

② was carried out – was cut short by

③ carried out – were cut short by

④ were carried out – were cut short by

Advice

1848년에 차 생산과 관련된 좀 더 광범위한 실험들이 수행되었고, 10년 뒤에는 남부 전역에 차나무 씨앗을 보급하기 위한 계획이 세워졌다. 하지만 이러한 실험들은 남북전쟁에 의해 급작스럽게 중단되었고, 1880년이 되어서야 미국 농무부가 차 생산을 재개하였다.

주어 experiments(실험)가 '수행되었다'는 수동의 의미이고 복수 형태이며, 'cut short'는 '갑자기 끝내다'의 의미로 주어 These experiments와 역시 수동의 관계이다.

 답 ④

다음 빈칸에 들어갈 말로 가장 적절한 것은?

> However, despite the efforts of Shepard and others who came after him, tea _____ with coffee as America's favorite drink.

① never competes

② has never competed

③ has never been competed

④ is never competing

Advice

하지만 Shepard와 그의 뒤를 이은 다른 이들의 노력에도 불구하고 차는 결코 미국인들이 애호하는 음료로서 지금껏 커피의 상대가 되지 못하고 있다.

compete는 with를 수반하여 '~와 경합하다'의 뜻이다. 즉, 자동사이므로 수동태를 쓸 수 없다. 따라서 has never competed의 능동 형태가 옳다.

 답 ②

(6) 목적어가 that절인 경우의 수동태

'say, think, believe' 등과 같은 동사가 'They say that~'의 구조로 that절을 목적어로 취했을 때의 수동태는 'It is said / thought / believed that~' 또는 '절속의 주어 is said / thought / believed to부정사~'의 구조

* They say that John loves his teacher.

　　→That John loves his teacher is said (by them).

　　→It is said that John loves his teacher.

　　→John is said to love his teacher. (say와 love의 시제가 일치)

* They say that John loved his teacher.

　　→That John loved his teacher is said (by them).

　　→It is said that John loved his teacher.

　　→John is said to have loved his teacher. (say보다 loved의 시제가 앞섬)

(7) 부정주어의 수동태

부정주어[Nobody / Nothing / None / No one 등]가 주어인 문장을 수동태로 전환할 경우 by 뒤에 부정주어 또는 부정어를 위치시킬 수 없다. 즉 [by nobody / by nothing / by none / by no one]은 틀리며, [not~by anybody / anything / any one]형태가 맞다는 이야기이다.

* Nobody can settle the argument. 누구도 그 논쟁을 해결하지 못했다.

→The argument can not be settled by anybody.

→The argument can be settled by nobody. (X)

* No one could solve the problem. 아무도 그 문제를 풀지 못했다.

→The problem could not be solved by any one.

→The problem could be solved by no one. (X)

(8) 주요 수동 표현 (암기할 것!) ★★★

① at을 쓰는 경우

be surprised at be amazed at be astonished at, be startled at ~에 놀라다

be alarmed at, be shocked at ~에 충격 받을 정도로 놀라다

② with를 쓰는 경우

be satisfied(contented) with ~에 만족하다

be covered with ~로 덮여 있다

be crowded with ~로 붐비다 / 혼잡하다

be bored(fed up) with ~에 싫증나다 / 지루하다

be tired with(from) ~로 피곤하다

be possessed with (~생각 등에) 사로잡혀 있다

be concerned with ~에 관계가 있다 / 관심 있다

be associated with ~와 관련이 있다

be filled with ~로 가득 차다

be acquainted with ~을 잘 알고 있다 / 정통하다

be equipped with ~장비 등을 갖추고 있다

be pleased with(at) ~에 기뻐하다 / 만족하다

be delighted with(at) ~에 기뻐하다

be surrounded with(by) ~에 둘러싸이다

③ to를 쓰는 경우

be known to + 알려진 대상 ~에게 알려져 있다

be married to ~와 결혼하다

be exposed to ~에 노출되다

be expected to ~가 기대되다

be left to oneself 혼자 내버려지다 / 남게 되다

be addicted to ~에 중독되다

be attached to ~에 부착되다

be related to ~와 관련이 있다

be opposed to ~에 반대하다

be dedicated / devoted to ~에 전념하다 / 헌신하다

be ascribed / attributed to ~의 탓으로 돌려지다

④ in을 쓰는 경우

be involved in ~에 연루 되어 있다

be interested in ~에 흥미 있다

be absorbed in ~에 몰두하다 / 열중하다

be engaged in ~에 종사하다

be caught in ~을 우연히 만나다

be dressed in ~을 입다(주로 옷 / 의상)

be indulged in ~(쾌락 등)에 빠지다

⑤ 기타

be made up of, be made of ~로 구성되다 / 이루어지다 (be made of 다음에는 물리적 변화가 온다.)

be composed of, be based on ~에 기초를 두다 / 근거하다

be characterized by ~이 특징이 있다

be classified as ~로 분류되다

기출유형문제

다음 빈칸에 들어갈 말로 가장 적절한 것은?

> For a ling time it has been polite for men to open doors and pull out chairs for women. Perhaps this is because women have always _____ as the weaker sex.

① thought　　　　　　　　　② been thought

③ thought of　　　　　　　　④ been thought of

Advice

여성들을 위해 남성들이 문을 열어주고 의자를 끌어내어 주는 것은 오랫동안 예절바른 행위가 되어 왔다. 아마도, 이는 여성들이 항상 보다 약한 성으로 여겨져 왔기 때문일 것이다.

think of A as B(A를 B로 간주하다)를 수동태로 바꾸면 'A is thought of as B'가 되므로 been thought of가 들어가야 한다.

답 ④

단원평가

※ 다음 각 문장의 괄호 안에서 어법에 맞는 표현을 고르시오.

1 My new computer is [delivering / being delivered] this afternoon.

2 It's a big company. It [employs / is employed] two hundred people.

3 You [invited / were invited] to the wedding. Why didn't you go?

4 The winner's name [wrote / was written] in gold letters on the cup.

---

answer 1.being delivered 2.employs 3.were invited 4.was written

1 해설 : 내 새로운 컴퓨터가 오늘 오후 배달되어질 것이다.
현재진행형 수동의 형태이다.

2 해설 : 그것은 큰 회사이다. 그것은 200명의 사람들을 고용한다.
주어인 It은 a big company이고 의미상 회사가 고용을 한다고 해석되므로 능동태를 써야 한다.

3 해설 : 너 결혼식에 초대받았지. 왜 안 갔니?
뒤 문장 '왜 안 갔니?'라는 질문은 보아하니 초대를 받았다는 의미가 적절하다.

4 해설 : 승자의 이름은 컵 위에 금 글씨로 쓰여 졌다.
주어의 name은 쓰여 졌다고 해석되므로 수동형을 쓴다.

5 A tree was lying across the road. It had [blown / been blown] down in the storm.

6 This room looks different. Have you [cleaned / been cleaned] it?

7 The baseball games [called / was called] off because of the heavy rain.

8 My umbrella has disappeared. Somebody has [taken / been taken] it.

9 There's somebody behind us. I think we're [following / being followed].

---

answer 5.been blown 6.cleaned 7.was called 8.taken 9.being followed

5 해설 : 나무 하나가 도로를 가로질러 누워있었다. 그것은 폭풍에 날려졌다.
　　주어인 It은 A tree를 의미하므로 수동의 의미가 적절하다.

6 해설 : 이 방 달라 보이는구나. 네가 그것을 청소했니?
　　주어인 you가 청소를 했다는 의미이므로 능동형을 쓴다.

7 해설 : 야구경기가 폭우 때문에 취소되었다.
　　call off 취소하다. 야구경기가 취소되었다는 의미이므로 수동형을 쓴다.

8 해설 : 내 우산이 사라졌다. 누군가가 그것을 가져갔다.
　　take는 '가져가다'의 의미이고 주어인 someone이 '가져간'것이므로 능동의 의미이다.

9 해설 : 우리 뒤에 누군가가 있다. 우리는 쫓김을 당하고 있는 것 같아.
　　be being pp는 수동 진행형이다.

10 This house is quite old. It was [building / built] in 1930.

11 Look! The submit of Mt. Halla is [covering / covered] with snow.

12 There's no need to leave a tip. Service is [including / included] in the bill.

13 She was [disappointing / disappointed] at not being invited to the party.

14 A bunch of flowers [brought / were brought] to her this morning.

---

answer   10.built   11.covered   12.included   13.disappointed   14.were brought

10 해설 : 이 집은 꽤 오래되었다. 그것은 1930년에 지어졌다.
의미상 '지어진 것'이므로 수동형이 옳다.

11 해설 : 봐! 한라산 정상이 눈으로 덮여있다.
be covered with ~로 덮여 있다.

12 해설 : 팁을 남길 필요가 없다. 서비스는 청구서 안에 포함되어 있다.

13 해설 : 그녀는 파티에 초대받지 않은 것에 실망했다.
의미상 '실망을 받았다'라고 해석하므로 수동형이 옳다.

14 해설 : 오늘 아침 그녀에게로 꽃 한 다발이 가져와졌다.
주어인 A bunch of flowers는 '가져와진'의미이므로 수동형

15 Cathy [says / is said] to work 16 hours a day.

16 No one [allows / is allowed] to enter the restaurant without a tie.

17 English is [speaking / spoken] in this country, not French.

18 Many priceless works of art [destroyed / were destroyed] in the earthquake.

---

answer 15.is said   16.is allowed   17.spoken   18.were destroyed

---

15 해설 : Cathy는 하루에 16시간 일하도록 듣는다.
　　'They say that Cathy works 16 hours a day.'의 능동태에서 that절의 주어인 Cathy를 주어로 뺀 수동태이다.

16 해설 : 어느 누구도 넥타이 없이 그 식당에 들어가는 것이 허락되지 않는다.
　　의미상 '허락을 받는다'이므로 수동형이 옳다.

17 해설 : 불어가 아니라 영어가 이 나라에서 말 되어진다.
　　영어는 '말을 하는 것'이 아니라 '말로 되어지는 것'이므로 수동형이 옳다.

18 해설 : 많은 소중한 미술 작품들이 지진으로 파괴되었다.

19 Only one of the passengers [injured / was injured] in the accident.

20 Children have to be made [bathe / to bathe] regularly.

19.was injured 20.to bathe

19 해설 : 승객들 중 한 명만이 그 사고에서 부상을 당했다.

20 해설 : 아이들은 규칙적으로 목욕하도록 강요되어야 한다.
원래 'They have to make children bathe regularly.'의 5형식 능동태 문장으로 사역동사 make의 목적보어인 bathe는 수동태로 전환 시 to bathe로 바뀐다.

CHAPTER 07 부정사

① 부정사의 기능

(1) 명사적 용법

부정사는 '명사적 기능'으로 '~것, ~하기'로 해석되며, '주어, 목적, 보어'로 사용

* To know oneself is difficult. (주어)

* She wanted to have a vegetable garden. (목적어)

* My secret ambition is to be a pop singer. (보어)

Tip to부정사가 주어인 경우는 대체로 가주어 It을 사용하는 것이 일반적이다.

* To master English is not so easy. (To부정사 주어)
→It is not so easy to master English. (가주어-to부정사)

to 부정사를 목적어로 갖는 동사

want 원하다, ~하고 싶다	refuse 거절하다
would like ~하고 싶다	pretend ~인 체하다
hope 바라다, 기대하다	affect 가장하다, 꾸미다
wish 소망하다, 빌다	afford ~할 여유가 있다
desire 바라다	manage 처리하다
expect 기대하다	need ~을 필요로 하다
decide 결심하다, 결정하다	seek 시도하다
determine 결심하다, 결정하다	endeavor 노력하다, 애쓰다
resolve 결의하다, 결심하다	learn 배우다, 익히다
choose 결심하다	fail 실패하다
plan 계획하다, 궁리하다	long 열망하다
promise 약속하다	care 걱정하다
agree 동의하다	strive 노력하다
consent 동의하다	bother 걱정하다, 근심하다
offer말하다, 시도하다	hesitate주저하다, 망설이다

다음 빈 칸에 들어갈 말로 가장 옳은 것은?

> As Sir Robert Peel, the founder of the British system of policing, explained in 1822, the basic mission for which the police exist is _____ crime and disorder.

① to reduce

② reduction

③ that reduces

④ have reduced

Advice

영국의 경찰 시스템 창시자인 Sir Robert Peel이 1822년에 설명한 것처럼 경찰의 기본적인 임무는 범죄와 무질서를 줄이는 것이다.

관계사 절이 for which the police exist까지이고 선행사는 the basic mission이다. 그러므로 is 뒤에 보어로 사용되는 부정사 to reduce가 필요하다.

답 ①

다음 빈칸에 들어갈 알맞은 말로 가장 적절한 것은?

> It then takes an average of 4.2 minutes for the paramedics _____ at the scene.

① arrives   ② arriving

③ for arriving   ④ to arrive

Advice

그런 다음 구급대원들이 현장에 도착하는 데 평균 4.2분이 걸린다.

It takes + 시간 + for 목적격 + to 부정사 ~가 ~하는 데 ~시간이 걸리다.

답 ④

(2) 형용사적 용법

부정사는 형용사와 같이 '명사+to부정사'의 구조로 명사를 수식하여 '~할, ~하는'의 뜻으로 쓰이며, 'be+to부정사'의 구조로 보어로 사용되어 '예정, 의무, 가능, 소원(의도), 운명' 등을 표현

* I have no one to love me. (= no one who loves me)

  나는 나를 사랑할 사람이 아무도 없다.

① 예정 (~할 예정이다) (= will)

* The meeting is to be held tomorrow morning.
미팅은 내일 아침에 개최될 예정이다.

② 의무 (~해야 한다) (= must, should)

* You are not to watch TV while I am studying.
너는 내가 공부하는 동안에는 TV를 보면 안 된다.

③ 가능 (~할 수 있다) (= can)

* Nobody was to be seen in the park.
어느 누구도 보여지는 게 불가능했다. (공원에는 아무도 없었다.)

④ 소원, 의도 (~하고자 한다) (= intend to, wish to, would)

* If you are to find pearls, you must dive deep.
진주를 찾고자 한다면 깊이 잠수해 들어가야 한다.

⑤ 운명 (~할 운명이다) (= 주로 never동반)

* He was never to return his homeland again.
그는 다시는 조국으로 돌아오지 못할 운명이었다.

> **Tip** 자동사에서 나온 부정사가 명사를 수식할 때는 '명사 + to부정사 + 전치사'의 구조를 취하며, 이 때 뒤의 전치사를 빠뜨리지 않도록 유의하자.
> * I want a chair to sit <u>on</u>.
>   →I sit on a chair.

(3) 부사적 용법

부정사는 '동사나 형용사를 수식하는 부사와 같이 쓰여 '목적, 감정의 원인, 이유나 판단의 근거, 조건, 결과' 등을 표현

① I took the subway to avoid the traffic jam. (목적)
나는 교통체증을 피하기 위해 지하철을 탔다.

② I am glad to have you back. (원인)
나는 네가 돌아와서 기쁘다.

③ She must be crazy to believe such nonsense. (판단의 근거)
그녀는 그런 말도 안 되는 것을 믿다니 미쳤음에 틀림없다.

④ The boy grew up to be a fine gentleman. (결과)
소년은 자라서 훌륭한 신사가 되었다.

⑤ To hear him talk, you would take him for an American. (조건)

그가 말하는 것을 듣는다면, 너는 그를 미국인이라고 오해할 것이다.

(= If you heard him talk, you would take him for an American.)

(4) 특수용법★★★

① so + 형용사 / 부사 + as to R ~ (너무 ~해서 ~하다)

→ so + 형용사 / 부사 + that + S + V ~

→ S + V + ~, so that S + V ~

* He worked so hard as to pass the exam. 그는 열심히 해서 시험에 합격했다.

= He worked so hard that he passed the exam.

= He worked, so that he passed the exam.

② so + 형용사 / 부사 + that + S + can't + R = too + 형 / 부 + to R ~ (너무 ~해서 ~할 수 없다.)

* He was too lazy to do the work. 그는 너무 게을러서 그 일을 할 수 없었다.

= He was so lazy that he couldn't do the work.

③ so + 형용사 / 부사 + that + S + can + R = 형 / 부 + enough + to R ~ (~할 정도로 충분히 [형용사 / 부사]하다.)

* I am strong enough to lift that box.

나는 그 박스를 들 수 있을 정도로 충분히 힘이 세다.

= I am so strong that I can lift that box.

④ only to R ~ : ~했으나 ~하기만 하다 = but

* He hurried to the house only to find that it was empty.

그는 서둘러 그 집으로 갔으나 그 집이 비어 있다는 것만을 알게 되었다.

⑤ never to R ~ : ~했으나 ~하지 못했다.

* Helen went to America never to return. Helen은 미국으로 갔으나 돌아오지 못했다.

(5) 부정사의 관용표현

To be frank (with you) 솔직히 말하면

To be honest (with you) 정직하게 하자면

so to speak 소위, 말하자면

To tell the truth 사실대로 말하면, 사실은

To begin with 우선, 첫째로, 무엇보다도

To be sure 확실히

Sad to say 슬픈 얘기지만

Strict to say 엄격히 말하면

strange to say 이상한 얘기지만

lucky to say 다행스럽게도

To make matters worse 설상가상으로

Needless to say 말할 필요도 없이

To sum up 요약하면

not to say ~할 정도는 아닐지라도, ~라고 말할 수는 없지만

To do 사람 justice 사람을 공정히 평가하자면

to be exact 정확히 말하면

to be brief(short) = to make (cut, bring) a long story short 간단히 말하면

not to speak of = to say nothing of = not to mention ~는 말할 것도 없이

기출유형문제

다음 빈칸에 들어갈 말로 옳은 것은?

> During the Civil War, the North fought to abolish the institution of slavery. Yet, the northern army refused _____ black and white soldiers equally.

① to treat

② treating

③ for treating

④ to have treated

Advice

남북전쟁 기간 동안에 북부는 노예 제도를 폐지하기 위해 싸웠다. 하지만 북군은 흑인과 백인 병사들을 동등하게 대우하는 것을 거부했다.

refuse는 목적어로 to 부정사를 쓰는 동사이다. 주절의 시제와 to부정사의 시제가 같으므로 to 동사원형을 쓴다.

답 ①

기출유형문제

다음 빈칸에 들어갈 말로 가장 적절한 것은?

> When the train came to his station, he got up and stood patiently in front of the door, waiting for it _____. It never opened.

① opened

② opening

③ to open

④ to have opened

Advice

전동차가 그가 내릴 역으로 들어왔을 때 그는 자리에서 일어나 문이 열리기를 기다리며 문 앞에서 인내심을 갖고 서 있었다. 그것은 열리지 않았다.

wait for 목적어 to 부정사 ~가 ~하기를 기다리다.

답 ③

② 부정사의 형태

(1) 부정사의 의미상의 주어

부정사는 동사적 성격이 있어 '의미상의 주어'가 필요한데, 보통은 부정사 앞에 'for + 목적격'을 붙여 나타내지만, 사람의 특성을 나타내는 형용사 뒤에는 'of + 목적격'을 붙여 나타냄

* It's impossible <u>for you</u> to finish the work in time.
* The rule was <u>for men and women</u> to sit apart.
* It was kind <u>of you</u> to help the old woman.

✦Tip ① 'It was kind of you to help the old woman.'은 'You were kind to help the old woman.'의 의미이며, to help는 'You were kind'라는 판단을 내리게 하는 근거로 '~하다니'로 옮긴다.
② 부정사의 의미상의 주어가 문장 주어나 목적어와 같거나, 일반인일 때는 밝히지 않는다.

(2) 부정사의 시제

부정사는 동사의 성격이 있어 '시제'가 필요한데, '본동사와 동일한 때나 미래'를 나타낼 때는 'to + 동사원형(단순 부정사)'으로, '본동사보다 이전의 때'를 나타낼 때는 'to have + 과거분사(완료 부정사)'로 표현

* She seems to be happy now.
  = It seems that she is happy. – 본동사와 동일한 때
* We all hope to pass the entrance exam.
  = We all hope that we will pass. – 본동사보다 미래의 일
* I'm happy to have had this talk with you.
  = I'm happy that I had this talk. – 본동사보다 이전의 때

(3) 부정사의 태

부정사는 동사의 성격이 있어 '능동과 수동'이 필요한데, '능동'은 'to do 또는 to have done'의 형식으로, '수동'은 'to be + 과거분사 또는 to have been + 과거분사'의 형식으로 표현

* I need some more books to read. (능동 – I read some more books.)
* Women like to be admired. (수동 – Women are admired.)

(4) 원형 부정사

부정사 중 to없이 동사원형만 사용되는 것을 '원형부정사'라 하며 조동사 뒤, 지각동사와 사역동사의 목적보어로 사용

* You cannot buy happiness with money. (조동사 뒤)
* She lets her children stay up very late. (사역동사의 목적보어)
* Did you feel the earth move? (지각동사의 목적보어)

Tip 'had better(~하는 게 낫다), would rather(차라리 ~하겠다), cannot but(~하지 않을 수 없다)' 뒤에는 관용적으로 원형부정사가 사용된다.

* She cannot but accept his proposal.

기출유형문제

다음 글에서 밑줄 친 부분 중, 어법상 틀린 것은?

We may be able to decide for ① <u>ourselves</u> what the problem is. We might look up symptoms on the Internet and order a testing kit ② <u>to check</u> our blood for diseases we have. We may not even ③ <u>have to</u> do this. We may a actually have microchips in our bodies ④ <u>to examine</u> our blood pressure, temperature, and heartbeat on a daily basis.

Advice

우리들은 무엇이 문제인지 스스로 결정할 수 있을 것이다. 우리들은 인터넷에서 병의 증상들을 찾아낸 후 우리가 가진 병에 대해 혈액을 점검해 주는 검사 도구를 주문할 것이다. 우리는 이렇게 할 필요도 없을지도 모른다. 우리는 실제로 몸 속에 들어있는 마이크로 칩으로 우리의 혈압, 체온, 심장 박동을 매일 점검하게 할 수도 있을 것이다. 동사 have는 사역동사로 목적어는 microchips in our bodies이고 목적보어로 동사원형(원형부정사)이 와야 한다. 따라서 examine이 적절하다.

 ④

---

(5) 대부정사
대부정사란 부정사가 반복될 때 반복되는 부정사를 생략하여 'to'만 남기는 경우
* Don't go unless you want to (go).
* She opened the window, though I told her not to (open the window).
* I'd like to come, but I don't have time to (come).

(6) 부정사의 부정
부정사를 부정할 때는 'not to부정사'의 구조로 부정사 앞에 부정어를 붙여 표현
* Try not to be late.
* Be careful not to wake the children.
* You were lucky not to be killed.
* You were silly not to have locked your car.

단원평가

※ 다음 각 문장의 골호 안에서 어법에 맞는 표현을 고르시오.

1 It is natural [of / for] babies to cry when they are hungry.

2 He is said to [be / have been] a very popular actor when he was young.

3 He was taken to the hospital to [treat / be treated] for his illness.

4 I think you'd better [take / to take] a rest; you look ill.

5 This pills are to [take / be taken] three times a day after meals.

---

answer 1.for 2.have been 3.be treated 4.take 5.be taken

1 해설 : 아기가 배고플 때 우는 것은 당연하다.
to 부정사의 의미상의 주어로 앞에 온 형용사가 사람의 특성을 나타내는 형용사가 올 때만 of를 쓰고 나머지는 for를 쓴다.

2 해설 : 그가 젊었을 때 매우 인기 있는 배우였다고 전해진다.
to 부정사가 일어난 시제는 과거이고 주절의 시제는 is로 현재이므로 완료부정사를 쓴다.

3 해설 : 그는 그의 병을 치료받기 위해 병원으로 데려와 졌다.
to 부정사의 수동

4 해설 : 나는 네가 쉬는 게 좋을 거라고 생각해.; 너 아파 보여.
had better는 조동사의 의미이므로 동사원형(원형부정사)을 취해야 한다.

5 해설 : 이 알약은 식사 후 하루에 세 번 섭취될 것이다.
to 부정사의 수동

6 He could not but [admit / to admit] to his teacher that he was wrong.

7 She is said to [study / have studied] in America for a long time.

8 It was very thoughtful [of / for] her to invite the local children.

9 I have no money to [buy a new car / buy a new car with].

10 I asked for the children to [have / be had] extra milk.

---

answer 6.admit 7.have studied 8.of 9.buy a new car with 10.have

6 해설 : 그는 그가 잘못했다는 그의 선생님의 말을 인정하지 않을 수 없었다.
cannot but 동사원형(원형부정사) ~하지 않을 수 없다.

7 해설 : 그녀는 오랫동안 미국에서 공부했다고 말해진다.
to 부정사의 시제가 본동사보다 과거이므로 완료 부정사를 쓴다.

8 해설 : 동네 아이들을 초대하다니 그녀는 매우 사려 깊었다.
부정사의 의미상의 주어로 형용사 thoughtful(사려 깊은)은 사람의 특성을 나타내는 형용사이다. 따라서 of를 써야
한다.

9 해설 : 나는 새 차를 살 돈이 없다.
부정사의 형용사적 용법으로 money를 가지고 buy한다는 의미로 전치사 with가 들어가야 한다.

10 해설 : 나는 아이들에게 나머지 우유를 마시라고 요청했다.
목적어 children이 우유를 마시는 능동의 의미이므로 to 동사원형 형태를 쓴다.

11 My mother made me [take / to take] care of my younger brother.

12 I asked for the parcel to [send / be sent] to my home address.

13 The victim is thought to [take / have taken] a lot of poison by mistake.

14 It is heartless [of / for] him to say such a thing to the sick man.

15 He is said to [lose / have lost] a lot of money last year.

---

answer　11.take　12.be sent　13.have taken　14.of　15.have lost

---

11 해설 : 나의 어머니는 내가 남동생을 돌보도록 시키셨다.
사역동사 make의 목적보어로는 동사원형(원형부정사)이 와야 한다.

12 해설 : 나는 우리 집 주소로 소포가 보내지도록 부탁했다.
목적어 parcel(소포)이 보내진다는 수동의 의미이므로 be sent

13 해설 : 그 희생자는 실수로 많은 독을 먹었다고 생각되어진다.
주절의 동사 is보다 독을 섭취한 시점이 과거이므로 완료부정사를 쓴다.

14 해설 : 아픈 사람에게 그런 말을 하다니 그는 무정하다.
부정사의 의미상의 주어로 형용사 heartless(무정한, 비정한)는 사람의 특성을 나타내는 형용사이다.

15 해설 : 그는 작년에 많은 돈을 잃었다고 말하여진다.
주절의 시제보다 돈을 잃은 시제가 더 과거이므로 완료부정사를 쓴다.

16 Everybody spoke very quietly [to not / not to] wake the baby.

17 The guide is using a microphone [of / for] us to hear her better.

18 I think we should let Sylvia [go / to go] camping with her boyfriend.

19 The boy opened the window, though his mother told [not / not to].

20 I am sorry to [keep / have kept] you waiting for my reply so long.

---

answer　16.not to　17.for　18.go　19.not to　20.have kept

---

16 해설 : 모든 사람들은 아기를 깨우지 않기 위해 매우 조용히 이야기했다.
부정사의 부정은 to앞에 not을 붙인다.

17 해설 : 그 안내원은 우리가 그녀의 말을 더 잘 듣도록 마이크를 사용하고 있다.
일반적인 부정사의 의미상의 주어는 for 목적격

18 해설 : 나는 실비아가 그녀의 남자친구와 함께 캠핑 가는 것을 허락해야 한다고 생각해
사역동사 let의 목적보어로 동사원형이 와야 한다.

19 해설 : 그 소년은 그의 어머니가 그러지 말라고 얘기했음에도 불구하고 창문을 열었다.
앞의 동사 open이 반복되어 뒤에는 생략하는 대부정사 형태이다.

20 해설 : 너무 오랫동안 나의 응답을 기다리게 해서 너에게 너무 미안하다.
주절의 시제보다 to부정사의 시제가 더 과거이므로 완료부정사를 쓴다.

동명사

CHAPTER 08

① 동명사의 기능

⑴ **동명사는 동사적 성격이 있어 동사와 마찬가지로 '목적어 · 보어 · 수식어구'를 취할 수 있으며, '시제와 태'가 적용**

* I enjoy watching baseball on television. (목적어를 취함)

* She is proud of being beautiful. (보어를 취함)

* She began reading her book in a clear voice. (수식어를 취함)

⑵ **동명사는 명사와 마찬가지로 '주어 · 목적어 · 보어'가 될 수 있음**

* Lying is disgraceful vice. (주어)

* I like reading in bed. (목적어)

* She is afraid of speaking in public. (전치사의 목적어)

* Mary's job is selling flowers. (보어)

動명사를 목적어로 갖는 동사

abandon 그만두다, 포기하다	dislike 싫어하다
give up 포기하다	detest 혐오하다
quit 그치다, 그만두다	admit 승인하다, 자백하다
finish 끝내다	permit 허락하다, 허가하다
avoid 피하다	acknowledge 인정하다, 승인하다
evade 피하다, 비키다	deny 부인하다
mind 싫어하다	resist 저항하다, 방해하다
miss 까딱 ~할 뻔하다	allow 허락하다
postpone 연기하다, 미루다	resent 분개하다, 원망하다
delay 미루다, 늦추다	forgive 용서하다
defer 연기하다	consider 고려하다
put off 연기하다, 미루다	imagine 상상하다
enjoy 즐기다	recall 상기하다
favor 편애하다	appreciate 감사하다
anticipate 예상하다, 예감하다	risk 감행하다
stand 견디다, 경험하다	Involve 수반하다, 포함하다
suggest 제안하다	keep (on) 계속~하다
fancy 좋아하다	practice 연습하다

기출유형문제

다음 빈칸에 들어갈 말로 가장 적절한 것은?

> Would you mind _____ the paper there?

① to hand to me　　　　② hand me

③ handing me　　　　④ to hand me

Advice

저기 있는 서류를 저에게 건네주시겠습니까?

mind는 목적어로 동명사를 취하는 동사이다.

답 ③

다음 빈 칸에 들어갈 말로 가장 적절한 것은?

> A : Who suggested ___ⓐ___ on a camping holiday in October?
>
> B : I did. But I didn't know it was going to rain. I don't enjoy ___ⓑ___ up a tent in the rain.

　　　　ⓐ　　　　ⓑ
① to go　　　to put
② to go　　　putting
③ going　　　to put
④ going　　　putting

━Advice━━━━━━●

A : 누가 10월에 캠핑을 가자고 제안했니?

B : 내가 했어. 그러나 나는 비가 올 줄은 몰랐어. 나는 비속에서 텐트를 세우는 것을 즐기고 싶지 않아.
　　suggest와 enjoy는 목적어로 동명사를 쓰는 동사이다.

 ④

(3) 전치사 to와 함께 쓰이는 동명사의 관용표현

① be used to ~ing : ~에 익숙하다. (= be accustomed to ~ing)

　* I am not used to being treated like this.
　　나는 이런 식으로 대접 받는 것에 익숙하지 않다.

② look forward to ~ing : ~하기를 학수고대하다.

　* I'm looking forward to hearing from you.
　　당신에게서 소식이 오기를 학수고대하겠습니다.

③ with a view to ~ing : ~을 하기 위해

　(= for the purpose of ~ing, in order to R, with the intention of ~ing, with a view of ~ing)

　* He opened a charity hospital with a view to saving the poor.
　　그는 가난한 사람들을 돕기 위하여 자선 병원을 세웠다.

④ What do you say to ~ing ~ ? : ~하는 게 어때요?

　(= Let's ~, shall we?, How(What) about ~ing?, Why don't you + R~?, What do you think about(of) ~ing?)

　* What do you say to going to the movies?　영화 보러 가는 게 어때요?

⑤ object to ~ing : ~에 반대하다.

  (= oppose ~ing, be opposed to ~ing, have an objection to ~ing)

  * I object to waiting another year. 나는 1년을 더 기다리는 것에 반대한다.

⑥ contribute to ~ing : ~에 공헌하다, 이바지하다.

  * President Kim contributed to achieving our aim.

    김 대통령은 우리가 목표를 성취하는 데 공헌했다.

⑦ When it comes to ~ing : ~에 대해서 말하자면, ~하는 거라면

  * You can't be too careful when it comes to driving a car.

    네가 차를 운전하는 거라면 아무리 조심해도 지나치지 않다.

⑧ be addicted to ~ing : ~에 빠져들다. (= take to ~ing)

  * Her son was addicted to smoking and drinking.

    그녀의 아들은 담배와 술에 빠져 있었다.

(4) 동명사의 주요 표현

① go ~ing : ~하러 가다.

② feel like ~ing : ~하고 싶다. (= feel inclined to R, have a mind to R)

③ be busy (in) ~ing : ~하느라 바쁘다. (= be busy with + 명사)

④ have difficulty / trouble / a hard time / a struggle (in) ~ing : ~하느라 어려움을 겪다.

⑤ spend + 시간 + (in) ~ing : ~하는 데 시간을 보내다.

⑥ cannot help ~ing : ~하지 않을 수 없다. (= have no choice but to R, cannot but R)

⑦ There is no ~ing : ~할 수 없다, ~하는 것은 불가능하다.

  (= It is impossible to R, We can't R)

⑧ It is no use ~ing : ~해도 소용없다.

  (= It is of no use to R, It is useless to R, There is no use (in) ~ing)

⑨ make a point of ~ing : ~을 원칙으로 삼다, ~을 꼭 하다, 반드시 ~하다.

  (= be in the habit of ~ing, make a rule to R)

⑩ It goes without saying that : ~은 말할 필요도 없다.

  (= It is needless to say that S + V ~)

⑪ be worth ~ing : ~할 가치가 있다.

  (= be worthy of ~ing, be worthwhile to R, be worthy to be p.p)

⑫ be far from ∼ing : 결코 ∼하지 않은, ∼하기는커녕. (= be never ∼)

⑬ by ∼ing : ∼함으로써.

⑭ in ∼ing : ∼할 때, ∼하는 데 있어서. (= When S + V∼)

⑮ on(upon) ∼ing : ∼하자마자 (= As soon as S + V∼)

⑯ be above ∼ing : ∼하기를 꺼려하다. (= be unwilling to R)

⑰ never / not A without B(∼ing) : A하면 반드시 B하다. (= never A but S + V∼)

⑱ keep (on) ∼ing : 계속해서 ∼하다.

⑲ of one's own ∼ing : 자신이 직접 ∼한. (= p.p by oneself)

⑳ go(come) near ∼ing : 하마터면 ∼할 뻔하다, 거의 ∼할 뻔하다.

기출유형문제 ....

다음 빈칸에 들어갈 말로 가장 적절한 것은?

> Someone shouts at you, "Look out!" You jump just in time and avoid _____ hit by
> an automobile.

① to be   ② being

③ for being   ④ having been

Advice ──────●

누군가가 당신에게 "조심해요!"라고 소리친다. 당신은 제 때에 훌쩍 뛰어 자동차에게 치이는 것을 피한다.
avoid는 동명사를 목적어로 취하는 동사이며 시제상 현재를 나타내므로 being이 적절하다.

답 ②

다음 빈칸에 들어갈 말로 가장 적절한 것은?

> We are pleased to announce our elementary summer reading list : Read Everything and Learn. It is available online at : http"//www. newton. mec/edu/library/. _____ the list available to you electronically, we are able to offer a wider range of titles for reading enjoyment.

① To make　　　　　　② Making
③ By making　　　　　④ For making

Advice

여름방학 필독서 목록 'Read Everything and Learn'을 발표하게 되어 기쁩니다. http"//www. newton. mec/edu/library/에 접속하여 이용하실 수 있습니다. 그 목록을 인터넷으로 이용할 수 있도록 함으로써 우리는 독서의 즐거움을 위한 좀 더 폭넓은 범위의 제목들을 제공할 수 있습니다.

by ~ing ~함으로써. 주절의 내용상 수단을 나타내는 부사구가 적절하다.

 ③

② 동명사의 형태

(1) 동명사의 의미상의 주어

동명사의 의미상의 주어는 동명사 앞에 '소유격'을 붙여 나타내며, 소유격을 만들지 못하는 무생물 명사는 그대로 사용

* I don't like <u>her</u> going to such a place.
* What's the use of <u>my</u> going there?
* I have no doubt of <u>this news</u> being true.

(2) 동명사의 시제

'본동사와 같은 때나 미래의 일'을 나타낼 때는 '동사원형 + ing'의 형식, '본동사보다 이전의 일'을 나타낼 때는 'having + p.p.'의 형식

* I am not ashamed of <u>being</u> poor.
  = I am not ashamed that I am. (본동사와 일치)
* I'm thinking of <u>visiting</u> her tomorrow.
  = I'm thinking that I will visit. (본동사보다 미래)

* I'm sorry for not <u>having written</u> to you sooner.
  = I'm sorry that I did not write. (본동사보다 이전의 일)

(3) 동명사의 태

능동은 '동사원형 + ing 혹은 having + p.p.'로, 수동은 'being + p.p. 혹은 having been + p.p.'로 나타냄

* I like taking a shower before going to bed. (= I take a shower : 능동)
* I don't like being treated like a child. (= I am treated like a child : 수동)
* The boy admitted having been built. (= The boy had been hit : 완료형 수동)

(4) 동명사의 부정

부정사와 마찬가지로 동명사 앞에 부정어를 위치시킨다.

* He regrets not having bought the computer last night.
  그는 지난 밤 컴퓨터를 구입하지 않은 것을 후회한다.

③ to부정사와 동명사

(1) 'forget(잊다), remember(기억하다), regret(후회하다) + to부정사'는 '앞으로 할 일을 나타내며, 'forget, remember, regret + 동명사'는 '이미 한 일을 나타냄

* I forgot to invite her. 나는 그녀를 초대하는 것을 잊었다.
* I remember seeing her. 나는 그녀를 보았던 것을 기억한다.
* I regret to tell this sad news. 이런 슬픈 소식을 말하게 되어 유감이다.
* I regret being idle. 나는 게을렀던 것에 후회한다.

(2) 'stop + 동명사'는 '~하는 것을 멈추다'는 의미이며, 'stop + to부정사'는 '~하기 위해 멈추다'는 의미이다.

* He stopped talking with me. 그는 나와 이야기하는 것을 멈췄다.
* He stopped to talk with me. 그는 나와 이야기하기 위해 (다른 일을)멈췄다.

(3) 'try + to부정사'는 '~하려고 노력하다'는 의미이며, 'try + 동명사'는 '시험 삼아 한 번 ~을 해보다'는 의미

* I tried to talk to her, but I couldn't.
  나는 그녀와 대화하려고 노력했으나, 할 수 없었다.
* I tried talking to her, but she pretended not to hear me.
  나는 그녀와 한 번 이야기해보려고 했으나, 그녀는 내 말을 듣지 않는 체 했다.

⑷ 'need, want, deserve+to부정사'는 '능동'의 의미이며, 'need, want, deserve+동명사'는 '수동'의 의미

* You need to study harder. (능동)
* My computer needs repairing. (수동)
* The car wants washing. (수동)

기출유형문제

다음 빈칸에 들어갈 말로 가장 적절한 것은?

> The Annual General Meeting takes place on Friday, May 20th at 7:30 p.m. at Greenleas Lower School, Derwent Road, Linslade. The Agenda is set out on page three of the newsletter. Please remember _____ it with you to the meeting.

① to bring   ② to be brought
③ bringing   ④ being brought

Advice

5월 20일 금요일 오후 7시 30분에 Linslade의 Derwent Road에 위치한 Greenleas Lower School에서 연례 총회가 개최됩니다. 안건은 소식지 3쪽에 수록되어 있습니다. 회의에 오실 때 그것을 지참해야 한다는 것을 명심해 주시기 바랍니다.
remember to 동사원형 ~할 것을 기억하다

답 ①

기출유형문제

다음 빈칸에 들어갈 말로 가장 적절한 것은?

> I regret _____ you that Mr. Bond and Ms. Anderson won't be able to attend the meeting because both of them will be abroad until May 29.

① to tell   ② to be told
③ telling   ④ being told

Advice

유감스럽게도 Bond씨와 Anderson씨는 5월 29일까지 해외에 계시기 때문에 회의에 참석할 수 없다는 것을 알려드립니다.
regret to 동사원형 ~할 것을 유감으로 여기다

답 ③

다음 빈칸에 들어갈 말로 가장 적절한 것은?

> In fact, I completely forgot _____ my numbers until a friend of mine reminded for me to do it.

① checking   ② having check

③ to check   ④ to be checked

Advice

사실, 나는 친구가 확인해보라고 상기시켜 줄때까지 숫자를 맞추어 보아야 한다는 것을 완전히 잊고 있었다.

forget to 동사원형 ~할 것을 잊다.

🅐 ③

단원평가

※ 다음 각 문장의 괄호 안에서 어법에 맞는 표현을 고르세요.

1 We will avoid [to visit / visiting] the patient after 8 p.m..

2 He narrowly escaped [running / being run] over by car.

3 All of us objected to John [marry / marrying] her.

4 I look forward to [see / seeing] you at Christmas.

5 I remember [to play / playing] in that garden when we were young.

---

answer 1.visiting 2.being run 3.marrying 4.seeing 5.playing

---

1 해설 : 우리는 오후 8시 이후에 환자를 방문하는 것을 피할 것이다.
avoid는 동명사를 목적어로 쓰는 동사이다.

2 해설 : 그는 간신히 차에 치이는 것을 피했다.
escape는 동명사를 목적어로 쓰는 동사이며, 차에 의해 치임 당한다는 수동의 의미이므로 동명사의 수동 형태인
being run이 적절하다.

3 해설 : 우리 모두는 John이 그녀와 결혼하는 것을 반대했다.
object to ~(~을 반대하다)뒤에는 동명사를 써야 하며 이 때 to는 전치사의 의미이다.

4 해설 : 나는 크리스마스에 너를 볼 것을 기대한다.
look forward to ~ing ~을 학수고대하다

5 해설 : 우리가 어렸을 때 그 정원에서 놀았던 것을 기억한다.
remember ~ing (과거에) ~했던 것을 기억하다

6 The fishing net they were using needed [to mend / mending].

7 [Work / Working] 12 hours a day is too much for anybody.

8 I am ashamed of [she / her] having done such a thing.

9 I don't approve of a young girl like her [joins / joining] our club.

10 [Writing / Writing of] letters is a good exercise in composition.

11 When you see him next, don't forget [to give / giving] him my message.

6.mending 7.Working 8.her 9.joining 10.Writing 11.to give

---

6 해설 : 그들이 사용하고 있었던 고기잡이 그물은 수리 되어질 필요가 있다.
need 뒤에 동명사를 쓸 경우 수동의 의미로 해석한다.

7 해설 : 하루에 12시간 일하는 것은 누구에게라도 너무하다.
주어부이므로 명사의 형태가 와야 한다.

8 해설 : 나는 그녀가 그런 일을 했다는 것이 너무 부끄럽다.
동명사 having의 의미상의 주어로 소유격을 쓴다.

9 해설 : 나는 그녀와 같은 어린 소녀가 우리 클럽에 참여하는 것을 승인할 수 없다.
전치사 of에 대한 동명사가 와야 하며 이때, a young girl like her는 동명사의 의미상의 주어로 본다.

10 해설 : 편지를 쓰는 것은 작문에 있어서 좋은 연습이다.
목적어 letters가 뒤에 있기 때문에 전치사를 굳이 쓸 필요가 없다.

11 해설 : 네가 다음에 그를 만날 때, 그에게 내 메시지를 전할 것을 잊지 마라.
forget to 동사원형 (미래에) ~할 것을 잊다

12 I am not ashamed of [loving / having loved] her in my youth.

13 Have you already forgotten [to email / emailing] her a couple of days ago?

14 The boy is a bit unwell and needs [to look / looking] after.

15 His behavior at his office resulted in his [dismissing / being dismissed].

---

answer   12.having loved   13.emailing   14.looking   15.being dismissed

12 해설 : 나는 젊었을 때 그녀를 사랑했던 것을 부끄러워하지 않는다.
주절의 시제가 현재인데 반해 그녀를 사랑했던 시제는 과거이므로 완료동명사를 써야 한다.

13 해설 : 너 몇 일 전에 그녀에게 이메일 보냈던 것을 벌써 잊었니?
forget ~ing (과거에) ~했던 것을 잊다

14 해설 : 그 소년은 꽤 몸이 좋지 않고 돌봄을 받을 필요가 있다.
의미상 돌봄을 당한다는 수동이 와야 하며 need 뒤에 동명사를 쓸 경우 수동의 의미가 도니다.

15 해설 : 사무실에서의 그의 행동은 그가 해고당하는 결과를 낳았다.
dismiss는 해고하다의 의미로 의미상 해고당한다는 표현이 맞으므로 전치사 in에 대한 수동의 동명사를 쓴다.

16 The thing you have to get used to here is [staring / being stared] at.

17 He was sorry for not [being / having been] diligent when in college.

18 Some people are not used to [live / living] in a foreign country.

19 He stopped [to smoke / smoking] for the improvement of his health.

20 The driver tried [to stop / stopping] in time, but he couldn't avoid hitting the man.

answer   16.being stared   17.having been   18.living   19.smoking   20.to stop

16 해설 : 네가 여기서 익숙해져야 할 것은 시선을 받는 것이다.
stare at은 '~를 응시하다'로 의미상 시선을 받는다는 뜻의 수동형이 와야 한다.

17 해설 : 그는 대학교 때 부지런하지 않았던 것에 유감이었다.
주절의 시제보다 동명사의 시제가 더 과거이므로 완료 동명사를 쓴다.

18 해설 : 몇몇 사람들은 외국에서 사는 것에 익숙하지 않다.
be used to ~ing ~에 익숙하다

19 해설 : 그는 그의 건강의 향상을 위해 흡연을 멈췄다.
stop ~ing ~하는 것을 멈추다

20 해설 : 그 운전자는 제때에 멈추려고 노력했지만 그 남자를 치는 것을 피할 수 없었다.
try to 동사원형 ~하려고 노력하다

CHAPTER
09 분사

① 분사의 용법

(1) 분사의 종류

분사는 '동사원형 + ing'로 만들어진 현재분사와 '동사원형 + ed'로 만들어진 과거분사가 있으며, 현재분사는 '진행과 능동'의 의미를, 과거분사는 '완료와 수동'의 의미를 나타냄

* I love the noise of <u>falling</u> rain.

  나는 떨어지는 빗소리를 좋아한다.

* A <u>burnt</u> child dreads the fire.

  불에 덴 아이는 불을 두려워한다.

* There were many <u>fallen</u> leaves in the yard.

  마당에는 많은 낙엽(떨어진 잎)들이 있다.

(2) 분사의 기능

분사는 '명사수식 · 주격보어 · 목적격보어'로 사용

* A <u>rolling</u> stone gathers no moss. (명사수식)

* Who's the man <u>talking</u> to Elizabeth? (명사수식)

* Chopin was a <u>born</u> pianist. (명사수식)

* I got the only ticket <u>left</u>. (명사수식)

* His idea seems <u>exciting</u>. (주격보어)

* She sat <u>surrounded</u> by several small children. (주격보어)

* We found her <u>lying</u> on the grass. (목적보어)

* His speech made us <u>bored</u>. (목적보어)

(3) 주의해야 할 분사

감정분사 : [감정]을 나타내는 동사들이 각각 현재분사와 과거분사로 변화하는 경우이다.
일반적으로 분사의 기본 원리와 비슷하다.

① (사물이) 감정을 유발할 때 : 현재분사(~ing)

② (사람이) 감정을 느낄 때 : 과거분사(p.p)

(4) 주요 감정 표현 동사들

① 놀라게 하다 surprise, amaze, astonish, astound, frighten, alarm

② 기쁘게 하다, 만족시키다 amuse, delight, please, satisfy

③ 당황하게 하다 embarrass, bewilder, confuse, puzzle, perplex, baffle

④ 실망시키다 disappoint, discourage, frustrate

⑤ bore(지루하게 하다), excite(흥분하게 하다), interest(흥미를 유발하다), depress(우울하게 하다), tire / exhaust(지치게 하다)

* I was excited. 나는 흥분했다.
* The game was exciting. 그 경기는 흥미진진했다.
* The book is very boring. 그 책은 지루하다.
* I am bored with that book. 나는 그 책에 지루함을 느낀다.

기출유형문제

다음 빈 칸에 순서대로 들어갈 말로 가장 옳은 것은?

> It was a really _____ experience. Afterwards everybody was extremely _____.

① terrifying, shocked
② terrifying, shocking
③ terrified, shocked
④ terrified, shocking

Advice

그것은 정말 무서운 경험이었다. 그 이후에 모든 사람이 심한 충격을 받았다.
사물주어 It은 감정을 주는 의미이므로 현재분사이고, 사람주어 everybody는 감정을 받는 의미이므로 과거분사를 쓴다.

답 ①

다음 빈칸에 들어갈 말로 가장 적절한 것은?

> For 34 years I've had a wonderful career _____ as an employment officer at a government agency.

① worked ② working

③ to work ④ work

Advice

34년 동안 나는 정부 관청의 고용 공무원으로서 일하면서 성공적인 경력을 쌓았다.

'~로 일하면서'의 의미로 능동의 의미이므로 현재분사를 써야 한다.

 ②

② 분사구문

(1) 분사구문의 형태

분사구문은 '접속사 + 주어 + 동사'로 이루어진 부사절을 분사를 이용해 간결하게 나타낸 부사구를 의미함

① 접속사를 생략한다.

② [종속절의 주어 = 주절 주어]일 경우 종속절 주어 생략 (단, 양쪽 주어가 다르면 종속절의 주어는 그대로 둔다.)

③ [종속절 동사의 시제 = 주절 동사의 시제]일 경우 종속절의 동사를 ~ing 형태로 바꾼다. (단, 양쪽 동사의 시제가 다르면 종속절의 동사는 완료 분사구문인 having p.p로 바꾼다.)

　* Seeing me, he ran away. (= When he saw → Seeing)

　* Feeling ill, she declined the invitation. (= As she felt → Feeling)

　* Turning to the right, you will find the park. (= If you turn → Turning)

(2) 분사구문의 종류

분사구문은 '때, 이유, 조건, 양보, 동시동작, 연속동작' 의 의미를 나타냄

　* Arriving at the station, I saw the train leave. (때)

　　= When I arrived at the station

　* Not knowing what to do, she asked me for some advice. (이유)

　　= As she did not know

* Getting this medicine, you will get well soon. (조건)

  = If you get this medicine

* Admitting it is right, I can't put it into practice. (양보)

  = Though I admit

* Smiling brightly, she extended her hand. (동시동작)

  = As she smiled

* A man came up to her, <u>asking her to dance</u>. (연속동작)

  = and he asked

기출유형문제

다음 빈칸에 들어갈 말로 가장 적절한 것은?

> The names for September through December were all taken from the words for
> numbers ; September, for example, was at one time the seventh month in the calendar,
> and its name came from the word "septem", _____ "seven"

① meant   ② meaning

③ being meant   ④ has meant

Advice

9월에서 12월에 대한 이름들은 모두 숫자의 이름에 쓰이는 단어들로부터 가져왔는데, 예를 들면 9월은 한 때 그 달
력에서 7번째 달이었고, 그 이름은 7을 의미하는 단어 septem에서 생겨났다.
and the word "septem" means "seven"의 문장에서 만들어진 분사구문의 형태이다.

 ②

(3) 독립분사구문

종속절의 주어가 주절의 주어와 다를 경우, 분사구문 앞에 종속절의 주어를 형태 변화 없이 그대로 씀

* As <u>the sea</u> was calm, <u>we</u> decided to swim to the island.

  = <u>The sea being</u> calm, we decided to swim to the island.

    바다가 잔잔했기 때문에 우리는 그 섬까지 헤엄쳐 갈 결심을 했다.

* As <u>it</u> was fine, <u>we</u> went on a picnic.

  = <u>It being</u> fine, we went on a picnic.

    날씨가 좋았기 때문에 우리는 소풍을 갔다.

(4) 비인칭(무인칭)독립분사구문

종속절의 주어와 주절의 주어가 다르다 해도 종속절의 주어가 일반사람을 뜻하는 일반주어인 경우에는 그냥 생략하는데 이를 무인칭 독립 분사구문이라고 한다. 이 구문은 관용 표현으로 굳어져 있으므로 만들어지는 과정에는 크게 신경 쓰지 않아도 된다.

비인칭 독립분사구문의 관용 표현

Generally speaking 일반적으로 말하면

Frankly speaking 솔직히 말하면

Strictly speaking 엄격히 말하면

Objectively(Subjectively) speaking 객관적으로(주관적으로) 말하면

Broadly speaking 대체적으로 말하면

Taking all things into consideration (account) 만사를 고려해보면

Judging from ~로부터 판단해 보건대

Talking of (about) + 명사 [명사]에 대해 이야기하자면, [명사]에 대한 이야기라면

Granting that S + V ~ 비록 ~인 것을 인정한다 할지라도

Seeing that S + V ~ ~이므로, ~인 것을 보아

Roughly speaking 대강 말하면

compared with / to ~와 비교해서

other things being equal 다른 조건이 같다면

supposing that S + V ~ ~이라고 가정하면

(5) 완료 분사구문

분사구문이 '주절의 동사와 같은 때'를 나타내면 '동사원형 + ing'로, '주절의 동사보다 이전의 일'을 나타내면 'having + p.p.'

* As he <u>had had</u> nothing particular to do after school, he went home early.

　= <u>Having had</u> nothing particular to do after school, he went home early.

　　방과 후에 특별히 할 일이 없었기 때문에 그는 일찍 집으로 갔다.

* After he <u>had finished</u> the homework, he took a walk.

　= <u>Having finished</u> the homework, he took a walk.

　　숙제를 마친 후 그는 산책을 했다.

(6) 수동 분사구문

분사구문은 동사의 성격이 있어 '능동과 수동'이 필요한데, 능동이면 '동사원형 + ing 혹은 having + p.p.'로, 수동이면 'Being + p.p. 혹은 Having been + p.p.'로 나타내는데, 수동인 경우는 'Being과 Having been'은 생략하고 과거분사만 사용

* As she <u>was surprised</u> to see him, she screamed sharply.

  = (Being) surprised to see him, she screamed sharply.

    그를 보고 놀랐기 때문에 그녀는 날카롭게 비명을 질렀다.

* As they <u>had been defeated</u> many times, they ran away.

  = (Having been) defeated many times, they ran away.

    여러 차례 패했기 때문에 그들은 도망갔다.

기출유형문제

다음 빈칸에 들어갈 말로 가장 적절한 것은?

_____ that male players received more prize money than female, King was the guiding force in making the women's Virginia Slims Tour a reality in 1970.

① Anger   ② Angering

③ Angered   ④ To anger

Advice

남자 선수들이 여자 선수들보다 더 많은 상금을 받는다는 것에 화가 난 킹은 1970년에 여자 선수들의 버지니아 슬림스 순회 경기를 현실로 성사시키는데 주도적인 역할을 했다.

anger는 '화나게 하다'라는 동사로 주어인 King이 화가 나게 된 상황이므로 수동형의 분사구문이 와야 한다.

답 ③

기출유형문제

다음 빈칸에 들어갈 가장 적절한 것은?

_____ to their own devices, they are more likely to make a mistake, one that will harm themselves or others.

① Leaving   ② Left

③ Having left   ④ Having been left

Advice

아무런 도움 없이 자신의 판단에만 의존하게 될 때, 그들은 실수를 할 가능성이 더욱 높아지는데, 그 실수는 결국 자기 자신과 다른 사람들에게 해를 입힐 것이다.

When they are left to their own devices의 부사절에서 분사구문으로 바꾼 형태로, Being left에서 Being은 생략하고 Left만 쓴 것이다. 의미상 '자신의 판단에 의존한 상태로 남겨 진다'라고 해석한다.

답 ②

(7) 주의해야 할 분사구문

① 분사구문을 부정할 때는 부정어를 분사 앞에 둔다.

* As she was not able to control herself, she burst into tears.

= <u>Not being</u> able to control herself, she burst into tears. (O)

= Being not able to control herself, she burst into tears. (X)

그녀는 스스로를 제어할 수 없기 때문에 갑자기 울음을 터뜨렸다.

② [with + 명사 + 현재분사 / 과거분사]로 이루어진 부대상황의 분사구문

일종의 관용 구문으로 어떤 상황이 벌어지는데 뭔가 부가적인 상황이 같이 벌어짐을 의미한다. 이 때 현재분사냐 과거분사냐의 결정은 앞의 명사와의 의미를 따져보면 된다.

* She was praying alone, <u>with tears streaming</u> down her face.

그녀는 혼자 기도하고 있었고 눈물이 흘러내리고 있었다. (부가적인 상황)

기출유형문제

다음 빈칸에 들어갈 말로 옳은 것을 순서대로 가장 잘 나열한 것은?

> Mostly _____ in the forests of Africa and Asia, leopards, which hunt in trees and on the ground, blend in with the dappled sunlight _____ through leafy tree branches and other plant life.

① finding — shines

② finding — shining

③ found — shines

④ found — shining

Advice

표범은 대부분 아프리카와 아시아의 숲에서 발견되는데, 나무 사이에서 또는 땅 위에서 사냥을 하며, 잎이 무성한 나뭇가지들과 다른 식물들 사이로 비치는 얼룩얼룩한 햇빛과 조화를 이룬다.

주어 leopard(표범)은 '발견되어지다'라고 해석하여 수동의 의미이므로 과거분사로 시작하는 분사구문 형태이고, the dappled sunlight가 전치사 with의 목적어이므로 이를 수식하는 분사구가 이루어져야 한다. 따라서 shining이 적절하다.

 ④

단원평가

※ 다음 각 문장의 괄호 안에서 어법에 맞는 표현을 고르세요.

1 I was surprised at the amount of money [collecting / collected].

2 He looked so [pleased / pleasing] when he got his birthday present.

3 John did well on the exam. He came home quite [satisfying / satisfied].

4 He writes well but he doesn't know much about the [speaking / spoken] language.

5 The film was so [boring / bored] that most audience fell asleep.

---

answer 1.collected 2.pleased 3.satisfied 4.spoken 5.boring

---

1 해설 : 나는 모아진 돈의 양에 놀랐다.
money를 수식하는데 '모아진'의 수동의 의미이므로 과거분사

2 해설 : 그는 생일 선물을 받았을 때 매우 기뻐 보였다.
사람 주어인 경우 감정의 분사는 과거분사를 쓴다.

3 해설 : John은 시험을 잘 봤다. 그는 꽤 만족스러워하며 집에 왔다.
사람 주어인 경우 감정의 분사는 과거분사를 쓴다.

4 해설 : 그는 잘 썼지만, 구어에 대해서는 많이 모른다.
'말하여지는 언어'라는 의미로 language를 수동의 의미로 수식하므로 과거분사

5 해설 : 그 영화는 너무 지루하여 대부분의 관객들이 잠에 들었다.
사물주어인 경우 감정을 주는 의미이므로 현재분사

6 A child is afraid of a dog [barking / barked] violently.

7 The bad news made all the people [disappointing / disappointed].

8 I hope you will always remain so [charming / charmed].

9 A bag [containing / contained] some papers was left on the table.

10 I find what you've just said is very [encouraging / encouraged].

6 해설 : 아이는 사납게 짖는 개를 두려워한다.
dog을 수식하는 형태로 능동의 의미이므로 현재분사

7 해설 : 그 나쁜 소식은 모든 사람들을 실망스럽게 만들었다.
목적어인 all the people에 대한 목적보어로 과거분사를 써야 한다.

8 해설 : 나는 네가 항상 아주 매력적으로 남아있길 희망한다.
주어인 you가 '매력적인'이라는 의미이므로 현재분사를 쓴다. charmed는 '매료된'의 의미이다.

9 해설 : 많은 종이를 담고 있는 가방은 테이블 위에 남겨졌다.
a bag을 수식하는 현재분사

10 해설 : 나는 네가 방금 말했던 것이 매우 용기를 준다는 것을 알았다.
주어인 what you've just said는 '용기를 준다'의 의미이므로 능동의 현재분사를 써야 한다.

11 No one wants to get on a crowded train after a very long and [tired / tiring] day.

12 He is a famous pianist [knowing / known] all over the world.

13 His father [was / being] dead, he had to give up school.

14 [Addressing / Addressed] to the wrong house, the letter never reached him.

15 It was a large house, [situating / situated] near the river.

---

answer   11.tiring   12.known   13.being   14.Addressed   15.situated

11 해설 : 어느 누구도 긴 피곤한 하루 후에 붐비는 기차를 타고 싶어 않아한다.
'피곤함을 준 날'의 의미이므로 현재분사를 쓴다.

12 해설 : 그는 전 세계적으로 알려진 유명한 피아니스트이다.
pianist를 꾸미며 '알려진'의 의미이므로 수동의 과거분사를 쓴다.Z

13 해설 : 그의 아버지가 돌아가셔서, 그는 학업을 포기해야만 했다.
주어 His father가 독립적으로 들어있는 독립분사구문의 형태로, 분사구문은 두 문장을 연결하는 접속사의 의미를 갖고 있기 때문에 적절하다. 만약 was를 쓴다면 문장의 의미는 맞지만 두 문장을 연결하는 접속사가 들어있지 않아 적절하지 못하다.

14 해설 : 잘못된 집으로 보내져서, 그 편지는 그에게 도착하지 못했다.
address는 동사로 '우편을 보내다, 주소를 쓰다'의 의미로, 주어인 the letter가 '보내진 것'이므로 수동의 형태의 분사구문이 와야 한다.

15 해설 : 그것은 강 근처에 위치된 큰 집이었다.
주어인 It과 동사 situate(위치하다)는 수동의 관계이므로 과거분사 형태의 분사구문이 온다.

16 All things [considering / considered], what he did was not all bad.

17 Properly [using / used], this medicine does you good.

18 [Hearing / Having heard] it twice, she didn't show much interest in his story.

19 [Shocking / Shocked] to young people, the news spread right away.

20 [Exhausted / Exhausting] from a day's work, he went to bed much earlier.

---

answer　16.considered　17.used　18.Having heard　19.Shocking　20.Exhausted

---

16 해설 : 모든 것이 고려 될 때. 그가 했던 것이 전부 나쁜 것은 아니었다.
　　　주어 All things가 독립적으로 들어있는 독립분사구문의 형태로 동사 consider(고려하다)와 수동의 관계에 있다.

17 해설 : 적절하게 사용되면, 이 약은 너에게 좋다.
　　　주어는 this medicine으로 동사 use와 수동 관계에 있다.

18 해설 : 그것을 두 번 들었기 때문에, 그녀는 그의 이야기에 별로 관심을 보이지 않았다.
　　　주절의 시제가 과거(didn't)이며 종속절에서 이야기를 들은 것은 그 전에 일어난 것이므로 과거완료 형태로 보아야
　　　하고 이때, As she had heard it twice의 절 형태였다는 것을 암시할 수 있다. 완료분사구문의 형태이다.

19 해설 : 젊은이들에게 충격을 주어 그 소식은 곧장 퍼져나갔다.
　　　주어는 the news로 충격을 준다는 능동의 의미이다.

20 해설 : 하루의 일로 지쳐서, 그는 훨씬 일찍 잠자리에 들었다.
　　　주어는 he로 동사 exhausted(지치게 하다)와 수동의 관계에 있다.

형용사, 부사, 비교

CHAPTER 10

① 형용사

(1) 기본 용법

형용사는 명사 앞에서 명사를 수식. 그러나 '형용사가 수식어를 동반할 때'나 '-thing, -body, -one' 등으로 끝나는 명사를 수식할 때는 뒤에서 수식

* Thank you for your <u>helpful</u> advice.
* He lost his bag full of <u>important</u> papers.
* There is something <u>strange</u> about the man.

(2) 한정적 용법

단독일 때는 명사 앞, 수식어구와 동반되면 명사 뒤에서 수식.

 한정적 용법으로만 쓰이는 형용사

강조, 한정, 지정	sole(유일한), mere(전적인), sheer(순전한, 완전한), total(총~), utter(완전한, 전적인), main, chief, principal(주요한), the only, the very, the entire, the same, the whole 등
절대 비교급	inner(안의), outer(외부의), lower(낮은, 하등의), elder(나이가 위인), major, minor, former(전자의), latter(후자의), utmost(최대한의)
명사에서 파생	criminal(범죄의), medical(의료의), maiden(처녀의), metallic(금속의), polar(극의)
재료(-en)형태	wooden(나무로 만든), golden(귀중한), earthen(흙으로 만든), woolen(모직의), drunken(술 취한)
기타 등등	live(살아 있는), leading(뛰어난), lone(외로운), spare(여분의), extreme(극단적인)

* Drunken driving is very dangerous. 음주운전은 매우 위험하다.
* It consists of woolen good. 그것은 모직물로 구성되어 있다.
* I refer the former picture to the latter. 나는 후자의 그림보다 전자의 그림이 더 낫다.

(3) 서술적 용법

'주격보어'나 '목적격보어'로 사용되어 주어나 목적어를 보충 설명

* The fish is still alive. (주격 보어)

* Your friend seems very nice. (주격 보어)

* He polished my car clean and bright. (목적격 보어)

✎ 서술적 용법으로만 쓰이는 형용사

[a]로 시작되는 형용사	alive(살아 있는), alone(혼자인), asleep(잠든), awake(잠이 깬), afraid(두려운), alike(같은), aware(만족하는), ashamed(부끄러운)
감정 형용사	content(만족하는), pleased(기쁜 : glad), fond(좋아하는), sorry(미안한), upset(당황한)
[be + 형용사] 형태의 형용사	be worth ~ing (가치가 있는), be content with(만족한), be drunk(취한), be fond of(좋아하는), be glad of(기쁜), be unable to R(할 수 없는)
기타 형용사	drunk(취한), ignorant(무식한), liable(책임이 있는), similar(유사한), conscious(알고 있는), subject(~에 취약한), worth(~의 가치가 있는), unable(~할 수 없는)
	* worthy, worthwhile은 worth와 달리 명사를 앞에서 수식할 수 있다.
	* unable은 사람과 사물 모두주어로 취하여 서술 용법으로만 쓰이지만, able은 사람만을 주어로 취하여 서술과 한정 용법에 모두 쓰인다.

* I think his father is still alive.   나는 그의 부친이 아직 살아 있다고 생각한다.

* This picture is worth.   이 그림은 가치가 있다. = This is worthy picture.

* I am afraid of death.   나는 죽음이 두렵다.

기출유형문제

다음 빈칸에 들어갈 말로 가장 적절한 것은?

> Editors frequently make suggestions to make the book loner or shorter and to improve the author's use of language to make the writing _____ and as a result, more easily comprehensible to readers.

① clear   ② clearly
③ being clear   ④ clean

Advice

편집자들은 종종 책을 더 길게 또는 짧게 만들라거나 글을 명확하게 해서, 결과적으로 독자들이 좀 더 쉽게 이해할 수 있도록 저자의 언어 사용을 개선하도록 하는 제안을 한다.

'make + 목적어(the writing) + 목적보어(clear)'의 형태로 목적보어 자리에는 형용사를 써야 한다.

 답 ①

(4) 한정적 용법과 서술적 용법으로 쓰일 때 뜻이 달라지는 형용사

certain	한) 어떤	* I felt a certain anxiety. 나는 어떤 불안을 느꼈다.
	서) 확실한	* I am certain of his honesty. 나는 그의 정직함을 확신한다.
present	한) 현재의	* The present situation is gloomy. 현재의 상황은 암울하다.
	서) 참석한	* I was present at the meeting. 나는 그 집회에 참석했다.
late	한) 전의, 작고한	* The late Mr. Jones was a professor. 고 Jones씨는 교수였다.
	서) 늦은	* It's getting late. 시간이 늦어졌다.
ill	한) 나쁜	* He was known for ill deeds. 그는 악행 때문에 유명하다.
	서) 아픈	* He was ill in bed. 그는 아파서 누워 있었다.
sorry	한) 한심한	* He is a sorry fellow. 그는 한심한 친구이다.
	서) 미안한	* I'm sorry for that remark. 내가 그런 말을 해서 미안하다.
apt	한) 알맞은	* I have an apt instance. 나는 적절한 예를 갖고 있다.
	서) ~하기 쉬운	* Such things are apt to happen. 이런 일이 종종 있다.

(5) the + 형용사

복수 취급만 하는 경우	the disabled(빈곤자들), the living(생존자들), the dying(죽어가는 사람들), the dead(죽은 자들), the wounded(부상자들), the injured(다친 자들), the blind(맹인들), the rich(부자들), the poor(빈곤자들)
단수 취급만 하는 경우	the beautiful(미), the true(진실, 진), the unknown(미지), the unexpected (예기치 못한 일)
복수 / 단수 둘 다 취급하는 경우	the accused(피고인(들)), the deceased(고인(들))

(6) 수량 형용사

① 부정 수 형용사 : 막연한 범위를 가리키며 복수 가산명사를 수식한다.

(a great / a good) many, a few(다소 있는), few(거의 없는), not a few(많은 = quite a few), several(몇몇의), a (good) number of(많은), a couple of(두 개의), various (다양한)	+ 복수명사
many a + 단수명사 : 단수 취급 the number of + 복수명사 : 단수 취급 a number of + 복수명사 : 복수 취급	

② 부정 양 형용사 : 막연한 범위를 가리키며 불가산 명사를 수식한다.

much(많은), a little(다소 있는), little(거의 없는), not a little(많은 = quite a little), a great deal of(많은 = a good deal of), a great amount of(많은 = a large amount of), a great quantity of	+ 불가산명사

③ 부정수량 공통 형용사 : 가산명사와 불가산 명사 모두를 수식한다.

some, any, no	+ 복수명사 / 불가산명사 / 단수가산명사
all, most(대부분의), plenty of(충분한), a lot of (많은), lots of(많은)	+ 복수명사 / 불가산명사

기출유형문제

다음 빈칸에 들어갈 말로 가장 적절한 것은?

> When people had a favor to ask, they knocked on a tree to let the resident god know they were there and then made their request. It the request was granted, they returned to the tree and knocked _____ times to say "thank you."

① few　　　　　　　　　② a few
③ little　　　　　　　　 ④ a little

Advice

사람들이 부탁할 청이 있을 때는 나무를 두드려 안에 거주하는 신으로 하여금 그들이 거기에 있음을 알도록 한 다음 간청을 했다. 만일 그 간청이 이루어지면, 그들은 그 나무가 있는 곳으로 다시 와서 몇 번 두드리고 "감사하다"는 말을 했다.

횟수의 times는 수를 나타내는 명사로 few와 a few를 쓸 수 있는데 내용상 '여러 번, 몇 번'의 의미가 되어야 하므로 a few가 적절하다.

답 ②

② 부사

(1) 기본 용법

부사는 '동사, 형용사, 부사, 문장전체'를 수식하는 역할

* My mother speaks English <u>fluently</u>. (동사 수식)
* Los Angeles is a <u>very</u> big city. (형용사 수식)

* Why did you come to school <u>so</u> early? (부사 수식)

* <u>Fortunately</u> nobody was injured in the accident. (문장 전체 수식)

(2) 일반적인 형태

① 형용사+ ~ly

    * slow (느린) → slowly (느리게)

② [자음+y]로 끝나는 경우 : y를 i로 고친 후 ly를 붙인다.

    * easy (쉬운) → easily(쉽게)

    * happy (행복한) → happily (행복하게)

③ le 또는 ue로 끝나는 경우 : e를 없애고 ly를 붙인다.

    * whole (전부의) → wholly (전혀)

    * true(진실의) → truly (참으로, 진실로)

④ ic로 끝나는 경우 : ally를 붙인다.

    * dramatic (극적인) → dramatically (극적으로)

> **Tip** 〈명사+ly = 형용사〉
>
> lively 쾌활한 / lonely 고독한 / likely 있음직한 / cowardly 겁 많은 / costly 값비싼 / friendly 우호적인

기출유형문제

다음 빈칸에 들어갈 말로 적절한 것을 가장 잘 나열한 것은?

> World War Ⅱ proved to be terribly _____ . American forces suffered some 1 million casualties, about one-third of which were deaths. Compared with other wars, the proportion killed by wounds and disease was _____ reduced, owing to the use of "miracle drugs," notably penicillin.

① cost, sharp   ② cost, sharply

③ costly, sharp   ④ costly, sharply

Advice

제2차 세계대전은 엄청나게 많은 희생이 있었던 것으로 드러났다. 미국 군대는 약 백만 명의 사상자를 냈는데, 그들 중 약 3분의 1은 사망자였다. 다른 전쟁과 비교했을 때, 부상과 질병으로 사망한 비율은 급격하게 감소했는데, "기적의 약들'을 사용한 덕택이었으며, 페니실린이 특히 두드러졌다.

be동사의 보어로 형용사 costly(값비싼)가 오며 terribly는 costly를 꾸며주는 부사이다.

reduced(감소된)를 꾸며주므로, 부사 sharply(급격하게)가 와야 한다.

답 ④

(3) 형용사와 같은 형태의 부사

early 이른, 일찍 / half 반의, 반쯤 / long 긴, 오래 / well 건강한, 잘 / far 먼, 멀리 / ill 나쁜, 나쁘게 / low 낮은, 낮게 / wrong 잘못된, 틀리게 / fast 빠른, 빨리 / very 바로 그, 매우 / straight 곧은, 똑바로 / much 많은, 많이 / enough 충분한, 충분히

(4) 같은 부사라도 ly가 붙어서 의미가 달라지는 부사

late(늦게) lately(최근에) / hard(열심히) hardly(거의 ~않는) / high(높게) highly(대단히) / most(가장) mostly(주로) / deep(깊게) deeply(매우) / short(짧게) shortly(즉시) / near(가까운, 가까이) nearly(거의) / close(가까운, 가깝게) closely(밀접히, 면밀히) / fair(공정한, 공정히) fairly(상당히) / most(대부분의, 가장) mostly(주로)

기출유형문제

다음 빈칸에 들어갈 말로 가장 적절한 것은?

> The number of employees who come _____ has _____ increased.

① late, lately
② latter, late
③ lately, latter
④ late, latter

Advice

늦게 오는 직원들의 수가 최근 증가하고 있다.
late 늦은, 늦게 / lately 최근에 / latter 후자

답 ①

기출유형문제

다음 빈 칸에 순서대로 들어갈 말로 가장 옳은 것은?

> Her test scores were _____ because she did _____ on her tests.

① good - good
② good - well
③ well - well
④ well - good

Advice

그녀가 시험을 잘 치렀기 때문에 그녀의 시험 점수는 좋았다.
be동사(were)의 보어로 형용사가 와야 하며, 동사 did를 수식하는 부사가 순서대로 와야 한다. good 좋은, well 잘

답 ②

다음 빈 칸에 들어갈 말로 가장 옳은 것은?

His résumé must be impressive _____ to compel the reviewer to call him.

① fully   ② very

③ quite   ④ enough

Advice

그의 이력서는 면접관들이 그에게 전화하게 만들 만큼 충분히 인상적임에 틀림없다.
형용사 impressive(인상적인)을 꾸며주며, enough to는 '~할 만큼 충분히'라는 뜻이다.

 ④

(5) 주의해야 할 부사의 위치

① 빈도부사 : 일반동사 앞, be동사 · 조동사 뒤에 위치

* He usually goes to school on foot.

② 시간과 장소의 부사 : 작은 단위가 큰 단위 앞

* He was born at five on the morning of May 24 in 2002.

③ 시간, 장소, 양태의 부사가 나열될 때 : '장소 + 양태 + 시간'의 순서

* He came home safely yesterday.

④ '동사 + 부사'로 이루어진 동사구가 목적어를 취할 때 : 명사는 부사 앞이나 뒤, 대명사는 반드시 부사 앞

* Please turn on the television. (or turn the television on).

* Please turn it on.

③ 비교

(1) 원급 비교는 'as + 형용사 / 부사 + as'의 형식으로 두 개의 정도가 같음을 나타내며, 부정형은 'not as(so) + 형용사 / 부사 + as'의 형식

* His hands were as cold as ice.

* She speaks English as fluently as her sister.

* He does not study as hard as his younger brother.

원급 비교의 관용표현

① as ~ as + S + can = as ~ as possible : 가능한 한 ~하게

  * He ran as fast as possible. = He ran as fast as he could.

   그는 가능한 한 빨리 달렸다.

② as ~ as can be : 더할 나위 없이 ~한

  * He is as kind as can be. = He is very kind. 그는 더할 나위 없이 친절하다.

③ as good as = no (little) better than = all but : ~와 다를 바 없는

  * He is as good as a beggar. = He is no better than a beggar.

   그는 거지와 다를 바가 없다.

④ not so much A as B = not A so much as B = B rather than A

  = A less than B = more B than A : A라기 보다는 오히려 B

  * The boss is not so much a pessimist as a realist.

   그 사장은 비관론자라기보다는 오히려 현실주의자이다.

  →The boss is not a pessimist so much as a realist.

  →The boss is a realist rather than a pessimist.

  →The boss is rather a realist than a pessimist.

  →The boss is a pessimist less than a realist.

⑤ as many as + 복수 가산명사 / as much as + 양 : ~만큼, 자그마치

  * Take apples as many as you want. 네가 원하는 만큼 사과를 가져가라.

⑥ without so much as : ~조차 하지 않고

  * He went out without so much as saying good-bye.

   그는 안녕이란 말조차 하지 않고 떠났다.

⑦ not so much as = not even : ~조차 하지 않다

  * He can not so much as write his own name. 그는 자신의 이름조차 쓸 줄 모른다.

다음 빈칸에 공통으로 들어갈 말로 가장 적절한 것은?

> No other story that I have ever heard is so shocking _____ this.
>
> Nothing is as refreshing _____ taking a shower after working out.

① as ② so

③ than ④ to

Advice

내가 이제껏 들었었던 어떠한 이야기도 이것만큼 아주 충격적이지는 않다.

어떠한 것도 일하고 난 후 샤워를 하는 것만큼 신선하지 않다.

동등비교의 부정형으로 'not as(so) + 형용사 / 부사 + as'의 형식

 ①

(2) **비교급 비교는 'A is 비교급 than B'의 형식으로 'A가 B보다 정도가 더 높음'을 나타내며, 'A is less + 원급 + than B'는 'A가 B보다 정도가 더 낮음'을 나타냄**

* John is a better player than Harry.

* Health is more important than money.

* This novel is less interesting than that one.

than 대신 to를 쓰는 비교급 형태

* superior(우등한) – inferior (열등한)

* senior(손위의, 연상의) – junior(손아래의, 연하의)

* exterior(외부의) – interior(내부의)

* major(큰) – minor(작은)

* anterior(더 앞의, 더 전의) – posterior(더 뒤의)

* prior(앞의) – subsequent(뒤의)

Tip ① 배수를 나타낼 때는 'A is 배수사 + as + 원급 + as B' 또는 'A is 배수사 + 비교급 + than B'의 형식을 취한다.

　* This plane flies three times as fast as that one. (= three times faster than that one)

　② 비교급 강조 : much / even / still / by far / yet / a lot + 비교급 : 훨씬 더

　* I like tea much better than coffee. 나는 커피보다 훨씬 더 차를 좋아한다.

(3) the + 비교급

① the + 비교급 + of the two / of A and B / of the twins

→ 둘을 대상으로 하는 [집단 한정 비교]어구일 때 쓴다.

* He is the taller of the two. 그는 둘 중에서 더 크다.

② (all) the + 비교급 + 이유를 나타내는 부사구나 부사절

→ 이유의 어구인 [for, because of, because, owing to, due to 등]이 결합할 때 쓴다.

* I like her (all) the better for her faults.

그녀에게 결점이 있으므로 나는 그녀를 더욱 더 좋아한다.

③ not / none the + 비교급 + 이유를 나타내는 부사구나 부사절 : ~이기 때문에 결코 덜 ~한 것은 아니다.

* She is none the happier because she is pretty.

그녀가 예쁘다고 해서 결코 더 행복한 것은 아니다.

④ The + 비교급 ~, the + 비교급 : ~하면 할수록 점점 더 ~하다.

* The harder they worked, the hungrier they became.

열심히 일하면 할수록, 더욱 더 배가 고파진다.

기출유형문제

다음 빈칸에 들어갈 말로 가장 적절한 것은?

> Melanin is the organic chemical responsible for the pigmentation or color of animal skin; the more pigmentation, _____ the color.

① darker   ② the darker

③ being dark   ④ the darkest

Advice

멜라닌은 색소 형성, 즉 동물의 피부색을 만들어내는 유기 화학물질이다. 색소 형성이 많을수록, 색이 더 짙어진다. 'the + 비교급, the + 비교급 더 ~하면 할수록, 더 ~하다'

답 ②

다음 빈칸에 들어갈 수 없는 것은?

> When they reach shallow water, they slow down, but they can grow _____ bigger before they smash into the coast.

① far
② much
③ very
④ a lot

Advice

그것들은 얕은 물에 닿으면 속도가 느려지지만, 해안을 강타하기 직전에는 훨씬 더 거대해질 수 있다.
비교급 bigger를 강조하는 부사로 very는 쓸 수 없다.

 ③

⑷ **최상급 구문은 'A is the + 최상급 + of(in)~'의 형식으로 '셋 이상 중에서 A가 가장 ~한'의 의미를 나타냄**

* She is the best dancer of all the girls in her class.
* This is the most beautiful place I've ever visited.
* He drives (the) most carefully of us all.

단원평가

※ 다음 각 문장의 괄호 안에서 어법에 맞는 표현을 고르세요.

1 Rose is [terrible / terribly] upset about losing her bag.

2 Do you usually feel [nervous / nervously] before examinations?

3 Everybody at the party was [colorful / colorfully] dressed.

4 Don't go up that ladder. It doesn't look [safe / safely].

5 The [sleeping / asleep] children lay peacefully in their beds.

answer 1.terribly 2.nervous 3.colorfully 4.safe 5.sleeping

1 해설 : Rose는 그녀의 개를 잃어버려서 매우 화가 났다.
형용사 upset을 수식하므로 부사가 와야 한다.

2 해설 : 너 보통 시험 전에 긴장을 느끼니?
feel은 2형식 동사로 보어를 쓰며, 보어로는 형용사가 와야 한다.

3 해설 : 파티에 있는 모든 사람들이 화려하게 차려 입었다.
dressed(차려 입은)를 수식하므로 부사가 와야 한다.

4 해설 : 그 사다리에 올라가지 마. 그것은 안전해 보이지 않아.
look은 2형식 동사로 보어를 쓰며, 보어로는 형용사가 와야 한다.

5 해설 : 잠자고 있는 아이들이 그들의 침대에 편안하게 누워 있다.
형용사의 한정적 용법으로 명사 children을 수식하므로 sleeping을 쓴다. asleep은 명사를 수식할 수 없는 형용사이다.

6 The people in that shop always talk [polite / politely] to customers.

7 The only green thing there was [a lone / an alone] pine tree.

8 Have you read [anything interesting / interesting anything] lately?

9 I wonder what the world will be [like / alike] in the 22nd century.

10 I can not give you a decision yet. I need [little / a little] time to think.

answer 6.politely 7.a lone 8.anything interesting 9.like 10.a little

6 해설 : 그 가게에 있는 사람들은 항상 고객들에게 정중하게 말한다.
동사 talk를 수식하므로 부사가 와야 한다.

7 해설 : 거기에 유일한 녹색은 홀로 있는 소나무이다.
형용사의 한정적 용법으로 명사 pine tree를 수식하므로 a lone이 와야 한다.

8 해설 : 너 최근에 재미있는 뭔가를 읽었니?
thing이 붙는 명사를 수식할 경우 형용사가 명사 뒤에 온다.

9 해설 : 나는 22세기의 세상이 어떨지 궁금하다.
what like = how

10 해설 : 나는 아직 너에게 결정을 내려줄 수가 없다. 나는 생각할 시간이 조금 필요하다.
'약간의'뜻을 가진 a little이 적절하다.

11 The weather has been very dry recently. We've had [little / a little] rain.

12 So [few / a few] people came that we couldn't hold the meeting.

13 It's my mistake to put on my coat. I have to take [it off / off it].

14 The number of students who come late has [late / lately] been increasing.

15 We'll never catch [them up / up them] if you walk as slow as that.

16 We had oysters for dinner. [Short / Shortly] after, I began to feel ill.

---

answer 11.little 12.few 13.it off 14.lately 15.them up 16.Shortly

11 해설 : 날씨가 최근 매우 건조해졌다. 비가 거의 없었다.
'거의 없는'의 의미로 little이 적절하다.

12 해설 : 사람들이 거의 안와서 우리는 회의를 열 수 없었다.
뒤 내용으로 보아 '거의 없는'의 의미가 적절하다.

13 해설 : 코트를 입고 온 것은 나의 실수다. 나는 그것을 벗어야만 한다.
동사와 부사(전치사)로 이루어진 이어동사가 올 경우 대명사는 사이에 넣어야 한다.

14 해설 : 늦게 오는 학생들의 수가 최근 증가하고 있다.
late는 '늦은, 늦게'라는 뜻으로 의미상 lately(최근)가 적절하다.

15 해설 : 네가 그렇게 느리게 걸으면 우리는 그들을 절대로 따라 잡을 수 없을 것이다.
이어동사에 대명사가 올 경우 동사와 부사 사이에 넣어야 한다.

16 해설 : 우리는 저녁으로 굴을 먹었다. 얼마 후 곧, 나는 아픔을 느끼기 시작했다.
short 짧은, 짧게 / shortly 곧

17 She speaks French as [well / better] as the rest of us.

18 She is [prettier / more pretty] than any other girl in the group.

19 Who is [better / the better] in writing a report of the two?

20 He is [more / the most] intelligent scholar than I have ever known.

---

answer   17.well   18.prettier   19.the better   20.more

---

17 해설 : 그녀는 나머지 우리들만큼이나 불어를 잘한다.
동등비교 as~ as는 형용사나 부사의 원급을 쓴다.

18 해설 : 그녀는 그룹의 어떤 다른 소녀보다 더 예쁘다.
형용사 pretty는 2음절 단어로 비교급을 만들기 위해서는 er을 뒤에 붙인다.

19 해설 : 둘 중 누가 보고서 쓰는 것을 더 잘하니?
둘을 비교하는 한정 비교일 때는 비교급 앞에 the를 붙인다.

20 해설 : 그는 내가 아는 누구보다 더 지적인 학자이다.
뒤에 than을 쓴 것을 보아 비교급을 쓰는 것이 적절하다.

접속사와 전치사

① 접속사의 종류

(1) **등위접속사 'and, but, or'는 '단어, 구, 절'을 대등하게 연결시키며, 'and'는 '첨가, 결과, 단일물'을, 'but'는 '대조'를, 'or'는 '선택, 부연, 설명'을 나타냄**

* I bought a pencil and an eraser.
* I'd like to travel, but I don't have time.
* The rat is in the closet or behind the table.

(2) **'명령문＋and'는 '~해라, 그러면(＝if)'의 의미를, '명령문＋or'는 '~해라, 그렇지 않으면(＝Unless, If~not …)'의 의미를 나타냄**

* Believe in yourself, and you'll pass the exam.
  ＝If you believe in yourself, you'll pass the exam.
* Get up early, or you'll be late for school.
  ＝If you don't get up (＝Unless you get up) early, you'll be late for school.

Tip 등위접속사 'and, but, or'는 다른 말과 결합되어 상관접속사를 만들기도 한다.
→both A and B (A와 B 둘 다) / either A and B (A 혹은 B) / not A but B (A가 아니라 B) / neither A nor B (A와 B 둘 다 아닌) / not only A but also B (A뿐만 아니라 B도)

(3) **접속사 'that'과 'if(whether)'는 종속절로서 문장 내에서 '주어, 목적어, 보어'로 사용. 단, If와 결합된 절은 '타동사의 목적어'로서만 사용.**

* That he will succeed is certain. (주어)
* I hope that you will have a wonderful. (목적어)
* I'm not sure if(whether) I'll have time. (목적어)

Tip 의문사가 있는 의문문이 종속절처럼 다른 문장의 일부가 될 때는 '의문사＋주어＋동사'의 어순이 되며 이를 '간접의문문'이라 한다. 단, 주절이 'do you think(believe, suppose, guess)'일 경우에는 '의문사＋do you think＋주어＋동사'의 어순이 된다.
* I don't know what her job is. (I don't know＋What is her job?)
* What do you think her job is? (Do you think＋What is her job?)

(4) 시간을 나타내는 종속접속사에는 'when(~할 때), while(~하는 동안에), as(~할 때, ~하면서), since(~한 이후로, until(~할 때까지), after(~한 후), before(~전에)' 등

* When she goes out, she takes her dog with her.
* Strike while the iron is hot.
* My mother sings as she works.
* I have been unhappy since you went away.

> **Tip** '~하자마자'는 의미를 나타낼 때는 'as soon as~, no sooner A than B, hardly(scarcely) A when(before) B' 등을 사용한다.

(5) 이유를 나타내는 종속접속사에는 'as, because(~때문에), since(now that)(~이므로, ~한 이상 이제)' 등이 있으며, 'for'는 '말하는 사람의 판단 근거'를 나타냄.

* I didn't marry her because she was rich.
* Since you are wise, you can solve this problem.
* It's morning, for the birds are singing. (말하는 사람의 판단 근거)

(6) 조건을 나타내는 종속접속사에는 'if, providing, provided (that)(만약~하면), unless(만약~하지 않으면), once(일단~하면), as(so) long as(~하는 한), in case(~할 경우에)' 등

* If you ask him, he will be glad to help you.
* Come tomorrow unless I phone. (= if I don't phone)
* Once you begin, you must not give up.
* Take these pills in case you feel sick on the boat.

(7) 양보를 나타내는 종속접속사에는 'though, although, even if, even though, as(비록 ~이지만)' 등

* Though he was angry, he listened to me patiently.
* Even if you don't like him, you can still be polite.
* Short as it is, the book is useful and interesting.

> **Tip** as가 양보를 나타낼 때는 '명사 / 형용사 / 부사 + as+주어 + 동사'의 형식을 취한다.

(8) 목적을 나타내는 종속접속사에는 'that, so that, in order that(~하기 위하여)'등이 있으며, 부정 목적을 나타낼 때는 'lest ~should…(…하지 않기 위해서)'를 사용

* Speak slowly (so / in order) that the foreigners will understand you.
* Please turn out the light so (that) I can sleep. (구어체에서는 that을 생략하기도 함)
* Take care lest you should catch cold.

(9) 결과를 나타내는 종속접속사에는 'so + 형용사 / 부사 + that, such + 명사 + that(대단히 ~해서 …한), such that, so that(그래서)' 등

* It was so dark that we could not see anything.
* She got such a nice present that she could hardly sleep.
* His talent was such that he deserved to be famous. (= so great that)
* He ran slowly, so (that) he was easily caught.

✎**Tip** 'too + 형용사 / 부사 + to~'는 'so + 형용사 / 부사 + that~cannot…'의 의미로 결과를 나타낸다.

  * We arrived too late to have dinner. (= so late that we couldn't have dinner)

기출유형문제

다음 빈칸에 들어갈 말로 가장 적절한 것을 고르시오.

> A : Do you think I could do well on the quiz tomorrow?
> B : Definitely, _____ you read chapter one.

① despite   ② provided
③ although   ④ unless

Advice

A : 너는 내가 내일 쪽지 시험을 잘 볼 수 있을 거라 생각하니?
B : 분명히, 만약 네가 1과를 읽는다면.
　 의미상 조건의 부사절의 접속사가 와야 하며, provided는 if와 같은 뜻으로 '만약 ~라면'의 의미이다.

답 ②

기출유형문제

다음 빈칸에 들어갈 말로 가장 적절한 것을 고르시오.

> Staff members are being asked to postpone any vacations _____ the entire project has been completed.

① during   ② until
③ because   ④ since

Advice

직원들은 전체 프로젝트가 완성될 때까지 어떠한 휴가도 미루도록 요구 받는다.
의미상 '~까지'의 뜻이 되어야 하므로 until이 적절하다.

답 ②

다음 빈칸에 들어갈 말로 가장 적절한 표현은?

> One basic question scientists have tried to answer is _____.

① people learn

② how do people learn

③ people learn how

④ how people learn

Advice

과학자들이 대답하려고 시도해 온 하나의 기본적인 질문은 사람들이 어떻게 배우는 지이다.

is 뒤에 절이 보어로 온 것이며 접속사의 역할을 하는 how가 있어야 한다. 또한 '의문사 + 주어 + 동사'의 어순으로 와야 한다.

 답 ④

---

② 접속사와 전치사

(1) [접속사 + S + V ~]이고 [전치사 + 명사(구)]이다.

	접속사	전치사
~에도 불구하고	although, though, even though, even if	despite, in spite of
~때문에	because, as, since	because of, owing to, thanks to, due to
~동안에	while	during
~에 따라서, ~에 의하여	according as	according to
~처럼	as if(as though)	like

(2) 〈접속사와 전치사의 비교〉

* While he spent his vacation, John went skiing three times.

* During his vacation, John went skiing three times.

　John은 휴가를 보내는 동안에 세 번 스키를 타러 갔다.

* Because he was ill, he didn't come to the party.

* Because of his illness, he didn't come to the party.

　그는 아팠기 때문에, 파티에 오지 못했다.

* Although / Though he was ill, he came to the party.

* Despite / In spite of his illness, he came to the party.

  그가 아팠음에도 불구하고, 그는 파티에 왔다.

* She behaves as if she were a princess.

* She behaves like a princess.

  그는 마치 공주처럼 행동한다.

기출유형문제

다음 빈 칸에 들어갈 말로 가장 적절한 것은?

> A preliminary investigation indicates that the accident occurred _____ the pilot's fatigue.

① because　　　　　　　② when

③ since　　　　　　　　④ because of

Advice

초기 조사는 조종사의 피로 때문에 그 사고가 발생했다는 것을 보여준다.
뒤에 the pilot's fatigue는 구 형태로 전치사가 와야 한다.

답 ④

기출유형문제

다음 빈칸에 들어갈 말로 가장 적절한 것은?

> Because our company receives a high volumes of customer inquires, it may be two or three days _____ we can respond to yours.

① if　　　　　　　　　② before

③ while　　　　　　　④ but

Advice

우리의 회사가 많은 고객들의 질문을 받았기 때문에 우리가 당신의 질문에 응답할 때까지는 2일이나 3일이 걸릴 것이다.

답 ②

다음 빈칸에 들어갈 말로 가장 적절한 것은?

_____ the remarks received from our international salespeople, the next annual sales convention will be held at a hotel near an international airport.

---

① Because   ② While

③ As   ④ Due to

Advice

우리의 해외 판매자로부터 받은 평가 때문에, 다음 연례판매 컨벤션이 국제공항 근처의 호텔에서 열릴 것이다.
received from our international salespeople는 the remarks를 꾸며주는 분사구이므로 명사구를 받는 전치사가
와야 한다.

답 ④

단원평가

※ 다음 각 문장의 괄호 안에서 어법에 맞는 표현을 고르시오.

1 I wonder [if / that] it will snow in our town this winter.

2 [Since / Though] I don't agree with him, I think he is honest.

3 I decided to stop and have lunch, [for / so that] I was feeling hungry.

4 You will miss the bus [unless / so that] you walk more quickly.

5 I hid behind the curtain [if / so that] he could not see me.

---

answer 1.if 2.Though 3.for 4.unless 5.so that

---

1 해설 : 올 겨울에 우리 마을에 눈이 올지 안 올지가 궁금하다.
명사절을 이끄는 if는 '~인지 아닌지'의 뜻으로 쓰인다.

2 해설 : 비록 나는 그의 말에 동의하지는 않지만, 그가 정직하다고 생각한다.
뒤 문장으로 미루어 '비록 ~일지라도'의 의미가 적절하다.

3 해설 : 나는 멈춰서 점심을 먹기로 결심했다, 왜냐하면 나는 배고픔을 느꼈기 때문이다.
for는 절을 이끌어 because와 같은 의미로 쓰일 수 있다.

4 해설 : 네가 더 빨리 걷지 않는다면 버스를 놓칠 것이다.
unless '만약 ~하지 않는다면'

5 해설 : 나는 그가 나를 볼 수 없게 하기 위해 커튼 뒤로 숨었다.
so that '~하기 위해서'

6 The rich are not always happy, [or / nor] are the poor always unhappy.

7 [Since / Unless] he had not paid his bill, his electricity was cut off.

8 [Despite / Although] he is very young, he can solve the problem.

9 It does not matter [that / whether] he will approve of this plan or not.

10 [In spite of / Though] the fact that you are pretty, I don't marry you.

11 Matching up the information about diet an movement, the researchers found that [during / while] the dry season some elephants ventured out of Samburu to eat tasty crops at a farm.

---

answer 6.nor 7.Since 8.Although 9.whether 10.In spite of 11.during

6 해설 : 부유한 사람들이 항상 행복한 것은 아니다. 또한 가난한 사람들이 항상 불행한 것도 아니다.
앞 문장이 부정형으로 뒤 문장도 부정형 형태를 받으려면 nor(not + or)를 쓰는 것이 옳다.

7 해설 : 그가 그의 청구서를 지불하지 않았기 때문에, 그의 전기가 끊겼다.
since가 절을 이끌 때에는 because와 같은 의미의 접속사로 사용된다.

8 해설 : 비록 그는 어리지만, 그 문제를 풀 수 있다.
'주어 + 동사'형태의 절을 이끌기 때문에 접속사가 와야 한다.

9 해설 : 그가 이 계획을 승인할지 안 할지는 중요하지 않다.
whether A or not ~인지 아닌지

10 해설 : 네가 예쁘다는 사실에도 불구하고, 나는 너와 결혼하지 않는다.
that you are pretty는 앞의 the fact의 수식절이므로 명사구를 받는 전치사가 와야 한다.

11 해설 : 식단에 대한 정보를 움직임에 맞추면서, 연구자들은 건기 동안 몇몇 코끼리들이 농장에 맛있는 곡식을 먹기 위해 Samburu 밖을 모험한다는 것을 발견했다.
명사구 'the dry season'을 받으므로 전치사가 와야 한다.

12 She neither said thank-you [or / nor] looked at me.

13 You can take my car [as soon as / as long as] you drive carefully.

14 Much [as / if] I respect your point of view, I can't agree.

15 The effects of pollution became more noticeable as cities grew [for / during] the Middle Ages.

16 The fact is [that / whether] people are tired of those politicians.

17 I had no sooner sat down [than / when] the telephone rang.

answer   12.nor   13.as long as   14.as   15.during   16.that   17.than

12 해설 : 그녀는 고맙다고 말하지도 않았고 나를 보지도 않았다.
neither A nor B A도 B도 아닌

13 해설 : 네가 조심스럽게 운전하는 한 내 차를 가져가도 된다.
as soon as ~하자마자, as long as ~하는 한

14 해설 : 비록 내가 너의 견해를 존중하지만, 동의할 수는 없다.
as가 양보를 나타낼 때는 '명사/형용사/부사+as+주어+동사'의 형식을 취한다.

15 해설 : 오염의 영향은 중세 시대 동안 도시가 성장하면서 더 눈에 띄게 되었다.
특정 시기의 기간을 받을 때는 during을 쓴다.

16 해설 : 사실은 사람들이 그러한 정치인들에게 싫증나 있다는 것이다.
is의 보어로써 명사절이 와야 하며 의미상 whether는 적절하지 못하다.

17 해설 : 내가 앉자마자, 전화가 울렸다.
'~하자마자'는 의미를 나타낼 때는 'as soon as~, no sooner A than B, hardly(scarcely) A when(before) B' 등을 사용한다.

18 People do not know the value of health [when / until] they lose it.

19 You may well be praised, [now that / even if] you work so hard.

20 Take a map with you [lest / so that] you should get lost.

18 해설 : 사람들은 건강을 잃고 나서야 비로소 건강의 가치를 안다.
   not A until B B하고 나서야 비로소 A하다.

19 해설 : 너는 열심히 일하니까, 칭찬받아 마땅하다.
   now that ~이니까, ~이므로

20 해설 : 길을 잃지 않기 위해 지도를 가져가라.
   lest ~하지 않기 위해

관계사

① 관계대명사

선행사	주격	소유격	목적격
사람	who	whose	whom
사물	which	whose(of which)	which
사람 / 사물 / 동물	that	–	that
선행사 자체 포함	what	–	what

(1) 관계대명사의 기능

① 관계대명사는 앞에 나온 명사를 대신하는 '대명사'의 역할과 함께 절과 절을 이어주는 '접속사'의 역할
* I have a friend. + He likes computer games very much.
→I have a friend <u>who</u> likes computer games very much.

② 관계대명사는 뒤 문장에서 '주어, 목적어, 소유격'을 대신해서 사용
* John is a student <u>who</u> always studies hard. (주어 역할)
= John is a student. He always studies hard.
* This is the book <u>which</u> you want to read. (목적어 역할)
= This is the book. You want to read it.
* I met a girl <u>whose</u> hair came down to her waist. (소유격 역할)
= I met a girl. Her hair came down to her waist.

③ 관계대명사는 '명사 + 관계대명사'의 구조로 명사의 범위를 제한하는 '제한적 용법'과 '명사(구, 절) + 콤마(,) + 관계대명사'의 구조로 이미 정해진 명사(구, 절)에 대한 부연설명을 나타내는 '계속적 용법'으로 사용
* She married a man whom she met in a party. (제한적 용법)
* She married John, whom she met in a party. (계속적 용법 : and she met him...)

다음 빈칸에 들어갈 말로 가장 적절한 것은?

> What is the name of the building _____ roof has red color?

① which   ② who

③ that   ④ whose

Advice

지붕이 빨간 색인 건물의 이름이 뭐니?
선행사는 the building이고 뒤의 roof를 꾸며줘야 하므로 소유격 관계대명사가 와야 한다. that은 소유격을 쓸 수 없다.

답 ④

다음 빈칸에 들어갈 말로 가장 적절한 것은?

> In October the doctor saw more patients than usual, most of _____ had symptoms of the flu.

① them   ② who

③ whom   ④ whose

Advice

10월에 의사는 평소보다 더 많은 환자를 보았고, 그들 대부분은 감기 증상을 가지고 있었다.
선행사 patients를 받아야 하고 전치사 of의 목적격이 와야 하므로 관계대명사 whom이 적절하다.

답 ③

(2) 관계대명사를 이용한 문장 연결

I respect a man. + He never tells a lie.

→I respect a man <u>who</u> tells a lie.   나는 거짓말하지 않는 사람을 존경한다.

① 주어진 두 개의 문장이 공통으로 지칭하는 것을 찾는다. →공통단어 : a man = He

② 앞 문장에 주어진 것을 선행사라 하는데 사람인 것과 사람이 아닌 것(사물, 동물)으로 구분한다.

③ 뒤 문장에 주어진 것은 그 [격]이 무엇인지를 판단한다. [격]의 종류는 주격, 소유격, 목적격 3가지가 있다.

④ 알맞은 관계대명사를 선택한다. (위의 표 참고)

⑤ 뒤 문장에 나오는 것을 없애고 (이 때 관계대명사가 그 자리를 대신할 수 있는 대명사가 된다.) 두 개의 절을 연결할 수 있는 위치에 관계대명사를 쓴다. (접속사 역할)

(3) 관계대명사의 종류

① 관계대명사 'who'는 선행사가 사람이며, 주어 역할을 할 때 사용하며, 관계대명사 'whom'은 선행사가 사람이며 목적어 역할을 할 때 사용. 관계대명사 'whose'는 선행사가 사람이나 사물이며 소유격을 대신할 때 사용

* I like a man who has a good sense of humor. (사람 – 주어 역할)

* John is a man whom everyone respects. (사람 – 목적어 역할)

* He has a girl-friend whose name is Ann. (사람 – 소유격 역할)

> **Tip** 선행사가 사물인 경우의 소유격 관계대명사는 'of which'를 사용할 수 있다.
>
>   * He has a car of which the color(= whose color) is red.

② 관계대명사 'which와 that'은 선행사가 사물이며 주어나 목적어 역할을 할 때 사용되며, 특히 'that'은 선행사가 사람일 때 'who와 whom'을 대신해 사용

* Did you read the letter which / that came today? (사물 – 주어 역할)

* This is a play which / that my sister stars in. (사물 – 전치사의 목적어 역할)

= This is the play in which (not in that) my sister stars.

> **Tip** * 관계대명사 that은 which와 달리 '전치사 + that'의 구조로 사용될 수 없다.
>
>   * 관계대명사 that은 'who, whom, whose, which'와 달리 계속적 용법으로 사용될 수 없다.

기출유형문제

다음 빈칸에 들어갈 말로 가장 적절한 것은?

> Look at the girl and her dog _____ coming this way.

① which   ② who

③ that   ④ whose

Advice

이쪽으로 오고 있는 소녀와 그녀의 개를 보아라.

선행사가 the girl과 her dog으로 관계대명사는 that을 써야 한다.

 ③

다음 빈칸에 들어갈 말로 가장 적절한 것은?

> Men are different from animals in _____ men can think logically.

① that   ② which
③ who   ④ whom

Advice

사람은 논리적으로 생각할 수 있다는 점에서 동물과 다르다.
관계대명사 that은 전치사와 함께 쓰일 수 없으나, 여기서 'in that'은 '~라는 점에서'라는 의미로 접속사의 역할을
한다. 또한 빈칸 뒤의 문장이 완전하므로 관계대명사를 쓸 수 없다.

답 ①

③ 관계대명사 'what'은 선행사와 관계대명사가 결합되어 '~하는 것' 또는 '~하는 모든 것'의 의미를
   나타내며, 문장 내에서 '주어, 목적어, 보어'로 사용

* What she said made me angry.

   = The thing that she said – 주어 역할

* I don't believe what you've told me.

   = the thing that you've told me – 목적어 역할

(4) 주의해야 할 관계대명사의 용법

① 관계대명사 that만 쓰는 경우

   ⓐ 선행사가 [사람 + 사람이 아닌 것]일 때

   * Look at the boy and his dog that are coming this way.
     이쪽으로 오고 있는 저 소년과 개를 봐라.

   ⓑ 주격 관계대명사의 선행자 자체가 의문사 who일 때 또 who를 쓰면 이상하다.

   * Who that has common sense can do such a thing?
     상식을 가진 누가 그런 짓을 하겠는가?

   ⓒ 최상급 또는 서수가 선행사를 수식하고 있을 때

   * He is the most handsome man that I have ever seen.
     그는 내가 이제껏 본 사람 중에 가장 잘 생겼다.

ⓓ the only(유일한), the very(바로 그), the same(동일한) 등이 선행사를 수식하고 있을 때

* He is the only friend that I have. 그는 나의 유일한 친구이다.

* That's the very thing that I was looking for. 그것이 내가 찾고 있던 바로 그것이다.

* This is the same watch that I gave her.

    이것은 내가 그녀에게 준 것과 똑같은 시계이다. (바로 그 시계다.)

ⓔ all, every, no, any, some 따위가 선행사의 일부일 때

* This is everything that I have. 이것이 내가 가진 전부다.

* All that glitters not gold. 반짝이는 모든 것이 금은 아니다.

② 관계대명사의 생략

  ⓐ 주격, 소유격, 목적격 중에서 단독으로 생략할 수 있는 것은 목적격뿐이다.

* This is the boy (whom) we saw yesterday. 이 소년은 우리가 어제 봤던 소년이다.

  ⓑ 목적격이라도 전치사가 붙으면 생략할 수 없다.

* This is the house which he lives in. →생략 가능

* This is the house in which he lives. →생략 불가

  ⓒ 주격 관계대명사+be동사의 생략

* The boy (who is) writing a letter is my friend.

    편지를 쓰고 있는 그 소년은 내 친구이다.

* I received a letter (which was) written in English.

    나는 영어로 쓰여 진 편지를 받았다.

기출유형문제

다음 빈칸에 들어갈 말로 가장 적절한 것은?

> In 1863 American President Abraham Lincoln made Thanksgiving an official annual
> holiday, _____ is now celebrated on the 4th Thursday of November each year.

① that

② what

③ when

④ which

Advice

1863년 미국의 대통령 아브라함 링컨은 추수감사절을 매년 기념하는 휴일로 만들었다. 그리고 그것은 이제 매년 11월 네 번째 목요일에 기려지고 있다.

앞에 Thanksgiving을 선행사로 받고 뒤 문장의 주어 역할을 하는 관계대명사 which

답 ④

다음 빈칸에 순서대로 들어갈 말로 가장 적절한 것은?

> This is the boy _____ I believe deceived me.
>
> There is no rule _____ has exceptions.
>
> He was the only man _____ I knew in my neighborhood.

① who – but – that

② whom – that – whom

③ who – that – whom

④ whom – but – that

Advice

이 소년은 나를 속였던 아이이다.

→ 선행사 the boy에 대한 목적격 관계대명사 who(m)

어떠한 규칙도 예외를 갖지 않는 것은 없다.

→ There is no A but B : B하지 않는 A는 없다. 이 때 but은 유사관계대명사의 역할을 한다.

그는 내가 나의 이웃에서 알았던 유일한 사람이었다.

→ 선행사는 the only man으로 선행사에 the only가 있기 때문에 관계대명사는 that만 가능하다.

답 ①

다음 중 어법상 옳지 않은 것을 고르시오.

① Please explain to me how to join a tennis club.

② She never listens to the advice which I give it to her.

③ The bank violated its policy by giving loans to the unemployed.

④ The fact that he is a foreigner makes it difficult for him to get a job.

Advice

그녀는 내가 그녀에게 준 충고를 절대 듣지 않는다.

the advice가 선행사로 뒤 문장에서 관계대명사 which가 그 역할을 했기 때문에 the advice를 가리키는 it을 중복해서는 안 된다.

답 ②

(5) 복합관계대명사

복합 관계대명사 = 관계대명사 + ever = 선행사 + 관계대명사 + 불완전(완전)한 절

whoever	anyone who + V	V하는 사람은 누구든지 (no matter who)
whomever	anyone whom + S + V	S가 V하는 게 누구든지 (no matter whom)
whatever	anything that + V	V하는 것이 무엇이든지 (no matter what)
	anything that + S + V	S가 V하는 것이 무엇이든지 (no matter what)
whichever	anything that + V	V하는 것이 어떤, 어느 것이든지 (no matter which)
	anything that +S + V	S가 V하는 것이 어떤, 어느 것이든지 (no matter which)

② 관계부사

관계부사는 '관계대명사 + 부사(전치사)'의 관계로 관계대명사와는 달리 완전한 절을 이끄는 특징이 있다.

(1) 관계부사의 종류와 특징

선행사	관계부사	전치사 + 관계대명사
시간(the time)	when	at / in / on + which
장소(the place)	where	at / in / on + which
이유(the reason)	why	for which
방법(the way)	how	in which

* I'll never forget the day when I first met you. (시간 – when)
* This is the shop where I bought my sandals. (장소 – where)
* Do you know the reason why she doesn't like me? (이유 – why)

Tip ① 방법을 나타내는 how는 the way와 결합되지 않고 둘 중 하나만 사용하거나, 'in which'나 'that'을 사용한다.
   * I was surprised at the way / how / in which / that she solved the problem.
   ② 관계대명사는 주어나 목적을 대신하므로 이하의 절에서 주어나 목적어의 공백이 있어야 하지만, 관계부사는 부사(구)를 대신하므로 주어나 목적어는 존재하며 부사(구)의 공백만 있다.
   * This is the place which I like most. (목적어의 공백)
   * This is the place where we met first. (부사의 공백)

다음 빈칸에 들어갈 말로 가장 적절한 것은?

> We went to a restaurant _____ Jane had recommended to us.

① which　　　　　　　　② who
③ where　　　　　　　　④ when

Advice ●

우리는 Jane이 우리에게 추천한 식당에 갔다.
관계대명사는 불완전한 문장을 이끌고 관계부사는 완전한 문장을 이끈다. 뒤 절에는 목적어가 빠져 있으므로 선행사
a restaurant에 대한 관계대명사를 써야 한다.

답 ①

다음 빈칸에 들어갈 말로 가장 적절한 것은?

> Everything depends on the way _____ you look at it.

① which　　　　　　　　② who
③ how　　　　　　　　　④ that

Advice ●

모든 것은 네가 그것을 보는 방식에 달려 있다.
선행사 the way에 대한 관계부사를 써야 하는데 the way는 관계부사 how와 함께 쓸 수 없기 때문에 생략하거나
that을 대신 쓴다.

답 ④

(2) 관계부사의 계속적 용법

when과 where만 가능하다. when과 where 앞에는 콤마가 붙어 있고, 이때 'where = and there',
'when = and then'이다.

* I went to London, where I stayed for two weeks.
　= I went to London, and there I stayed for two weeks.
　　나는 런던으로 갔고, 거기에서 2주 동안 머물렀다.

* I was about to reply, when he cut in.
　= I was about to reply, and then he cut in.
　　나는 막 대답을 하려고 했고, 바로 그 때 그가 끼어들었다.

(3) 복합관계부사

복합 관계부사 = 관계부사 + ever = 선행사 + 관계부사 + 완전한 절
→ 양보의 부사절을 이끈다.

whenever	wherever	however + 형용사/부사 + 주어 + 동사
no matter when	no matter where	no matter how
언제든지	어디든지	어떻게든지 얼마나 ~이든지 (however + 형용사)

기출유형문제

다음 빈칸에 들어갈 말로 가장 적절한 것은?

> Life will present you with innumerable lessons, none of _____ will be useful to you unless you recognize them and are open to their inherent value.

① them   ② what
③ that   ④ which

Advice

인생은 너에게 무수한 교훈들을 제시해 주겠지만, 만약 그것들을 인지하지 못하고 그것들의 고유한 가치에 열려 있지 않으면 그것들 중 어느 것도 유용하지 않을 것이다.
선행사는 앞 문장의 innumerable lessons이며, 뒤 문장에서 of의 목적어 역할을 한다. 따라서 관계대명사 which가 적절하다.

답 ④

기출유형문제

다음 빈칸에 들어갈 말로 가장 적절한 것은?

> When you accept the lessons that life brings you, _____ unpleasant or challenging they may be, you take the crucial step toward finding your true self and your purpose.

① whatever   ② however
③ whoever   ④ wherever

Advice

그것들이 아무리 불쾌하거나 힘들지라도, 인생이 너에게 가져다주는 교훈들을 받아들일 때, 너는 진정한 자아와 목적을 찾아가는 중대한 발걸음을 내딛게 된다.
의미상 '그것들이 아무리 불쾌하거나 힘들지라도'라는 의미가 되어야 하며, '아무리 ~해도'라는 뜻의 양보 부사절을 이끄는 복합관계부사 however가 적절하다. 복합관계부사도 관계부사의 일종이므로 뒤에 이끄는 절은 완전한 문장의 형태이다.

답 ②

단원평가

※ 다음 각 문장의 빈칸에 알맞은 관계사를 쓰세요.

1 The couple _____ live next to us have sixteen grandchildren.

2 You have only to do _____ you think is right.

3 That is the place _____ she has long wanted to visit.

4 Underline the words _____ meanings you don't know.

5 Do you know the date _____ we have to submit the first essay?

---

answer 1.who 2.what 3.which 4.whose 5.when

1 해설 : 우리 옆집에 사는 그 부부는 16명의 손자들이 있다.
선행사가 the couple이고 뒤 문장의 주어 역할을 하는 주격 관계대명사

2 해설 : 네가 옳다고 생각하는 것만 해야 한다.
앞 문장에 선행사가 없고 뒤 문장의 주어 역할을 하는 관계대명사

3 해설 : 그 곳은 그녀가 오랫동안 방문하기를 원했던 장소이다.
선행사는 the place, 뒤 문장의 목적어 역할을 하는 관계대명사
선행사에 the place가 나와서 관계부사 where과 혼동하지 말아야 한다.

4 해설 : 네가 알지 못하는 의미의 단어에 밑줄을 그어라.
선행사는 the words, 뒤 문장에서 meaning을 수식하는 소유격 관계대명사가 와야 한다.

5 해설 : 너는 우리가 첫 에세이를 제출해야 하는 날짜를 아니?
선행사는 the date, 뒤 문장이 완전하며 on the date라는 전치사구가 필요하므로 관계부사 when

6 Buy vanilla ice cream. It's the only flavor _____ she likes.

7 The beach is the place _____ I most like to be in the summer.

8 He has been unwell, _____ may be why he lost the match.

9 The forms in _____ I had to fill were very complicated.

10 _____ rich a man may be, he will not always be happy.

※ 다음 각 문장의 괄호 안에서 어법에 맞는 표현을 고르세요.

11 This is the castle [which / where] we often refer to as a symbol of our city.

---

answer 6.that 7.where 8.which 9.which 10.However 11.which

6 해설 : 바닐라 아이스크림을 사라. 그것이 그녀가 좋아하는 유일한 맛이다.
선행사는 the only flavor이고 선행사에 the only가 있기 때문에 관계대명사는 that만 사용 가능

7 해설 : 그 해변은 내가 여름에 가장 있고 싶은 장소이다.
선행사는 the place, 뒤에는 in the peach라는 의미가 들어가야 하므로 관계부사 where

8 해설 : 그는 상태가 좋지 않다. 그것은 그가 경기에서 졌기 때문일지도 모른다.
앞 문장 전체를 선행사로 받는 관계대명사

9 해설 : 내가 기입해야 할 양식은 매우 복잡했다.
선행사는 the forms이고, 전치사 in이 있기 때문에 관계대명사만 오면 된다.

10 해설 : 사람이 아무리 부자일지라도, 항상 행복한 것은 아닐 것이다.
빈칸 뒤에 주어진 문장이 a man may be rich의 형태로 완전하며 의미상 '아무리 ~일지라도'가 들어가야 하므로 복합관계부사 however

11 해설 : 이것은 우리가 종종 우리 도시의 상징으로써 언급하는 성이다.
선행사는 the castle이고 뒤 문장에는 refer to 뒤에 목적어가 빠져 있으므로 관계대명사

12 I wished to study abroad, [that / which] proved to be impossible.

13 She is probably the hardest student [that / what] I've ever taught.

14 The dragonfly is an insect of [that / which] we know very little.

15 Sunday is the day [when / which] people go to church.

16 A man should not be judged by [that / what] he has.

17 I tried to solve the problem, [what / which] I found a waste of time.

---

answer 12.which 13.that 14.which 15.when 16.what 17.which

12 해설 : 나는 유학을 가고 싶었지만, 그것이 불가능하다고 판명되었다.
앞 문장 전체가 선행사이고 뒤 문장의 주어 역할을 하는 관계대명사

13 해설 : 그녀는 아마 내가 이제껏 가르쳤던 학생들 중 가장 힘든 학생일 것이다.
선행사는 the hardest student이고 뒤 문장의 목적어 역할을 하지만, 선행사에 최상급의 표현이 들어있기 때문에 that만 가능하다.

14 해설 : 잠자리는 우리가 거의 잘 모르는 곤충이다.
선행사는 an insect이고, 전치사 of의 목적어의 역할을 하는 관계대명사가 와야 하는데 that은 전치사와 함께 쓸 수 없다.

15 해설 : 일요일은 사람들이 교회에 가는 날이다.
선행사는 the day이고 뒤 문장에서 on the day의 의미를 받으므로 관계부사 when을 쓴다.

16 해설 : 사람은 그가 가진 것으로 판단되어서는 안 된다.
선행사가 없으며 뒤 문장에서 전치사 by의 목적어 역할을 하는 관계대명사를 쓴다.

17 해설 : 나는 그 문제를 풀려고 노력했고, 그것이 시간 낭비라는 것을 알았다.
선행사는 앞 문장 전체가 되며 뒤 문장의 목적어 역할을 하는 관계대명사의 계속적 용법이다.

18 The dictionary is for students [which / whose] mother tongue is not English.

19 The reason [which / why] he quit the company was that his salary was too small.

20 We were impressed with the zeal [which / with which] she spoke of the plan.

answer　18.whose　19.why　20.with which

18 해설 : 그 사전은 모국어가 영어가 아닌 학생들을 위한 것이다.
　　　선행사는 students이고 뒤 문장에서 mother language를 수식하는 소유격이 필요하다.

19 해설 : 그가 회사를 그만 둔 이유는 그의 월급이 너무 작았기 때문이다.
　　　선행사는 the reason이고 뒤 문장에서 for the reason이 생략되어 있기 때문에 관계부사 why를 쓴다.

20 해설 : 우리는 그녀가 그 계획에 대해 말한 열정에 감동을 받았다.
　　　선행사는 the zeal이고 뒤 문장에는 with the zeal이 빠져있다.

가정법

① 가정법의 시제

가정법이란 말하는 사람의 심적 태도를 나타내는 동사의 형태적 변화로서 한마디로 동사의 형태를 정해 놓은 법칙이다.

- 사실이 아닌 것을 사실처럼 얘기 한다. : 사실의 반대를 가정
 (가정법 과거 / 가정법 과거 완료)
- 결과를 알 수 없는 불확실한 일을 '만약 그렇다면'이라고 얘기한다.
 (가정법 현재 / 가정법 미래)

(1) 가정법 과거

'If + 주어 + 동사의 과거형~, 주어 + 조동사의 과거형 + 동사원형...'의 형식을 이용하여 '사실이 아니거나 실현 불가능한 현재'를 표현

* If I were you, I would change my mind. (I am not you : 현재사실과 반대)

* If I became President, I would make my country more richer. (실현 불가능한 현재)

Tip ① If절의 동사가 be동사일 때는 인칭과 수에 상관없이 were를 사용한다.

   * If he were here now, he would help us.

   ② '앞으로 일어날 가능성이 희박한 일'을 나타낼 때는 'If + 주어 + should / were to + 동사원형~, 주어 + 조동사의 과 거형 + 동사원형...'의 형식을 취한다.

   * If it should rain, I wouldn't go. (비가 올 가능성이 희박함)

   * If I were to be young again, I would be a musician. (불가능한 일)

다음 밑줄 친 대목에 들어갈 가장 적절한 표현은?

> Margaret wouldn't believe Fred again if the sun _____ to rise in the west, because he told her too many lies.

① is

② were

③ had been

④ has been

Advice

그는 그녀에게 너무 많은 거짓말을 했기 때문에 만약 해가 서쪽에서 뜬다 해도, 마가렛은 다시 프레드를 믿지 않을 것이다.

'앞으로 일어날 가능성이 희박한 일'을 나타낼 때는 'If + 주어 + should / were to + 동사원형~, 주어 + 조동사의 과거형 + 동사원형…'의 형식을 취한다. 또한 가정법 과거에서는 be동사를 쓸 때, 주어의 인칭이나 수와는 상관없이 무조건 were를 쓴다.

달 ②

다음 빈칸에 들어갈 말로 가장 적절한 것은?

> If the amount of CO_2 in the air _____, the Earth's temperature would go up by 2C.

① is doubled

② was doubled

③ were doubled

④ had been doubled

Advice

만약 공기 중에 이산화탄소의 양이 두 배가 된다면, 지구의 온도는 2도까지 오를 것이다.

가정법 과거의 문장으로 '현재'의 사실에 대한 가정을 나타낸다. 'If + 주어 + 동사의 과거형~, 주어 + 조동사의 과거형 + 동사원형…'의 형식을 이용

달 ③

(2) 가정법 과거완료

'If + 주어 + had + 과거분사 ~, 주어 + 조동사의 과거형 + have + 과거분사...'의 형식을 이용하여 '과거사실과 반대되는 가정이나 과거에 실현하지 못한 일'을 표현

* If I had known the news, I would have helped you. (과거사실과 반대)
* If I had come earlier, I could have seen her. (과거에 이루지 못한 일)
* If he had not rescued me, I might have been drowned. (과거사실과 반대)

(3) 혼합 가정법

때로는 '가정법 과거'와 '가정법 과거완료'가 결합되어 'If + 주어 + had + 과거분사~, 주어 + 조동사의 과거형 + 동사원형...'의 형식으로 '과거에 실현되지 못한 일이 현재까지 영향을 미침'을 나타내는 '혼합가정법'이 사용되기도 한다.

* If I had married her then, I would be happy now. (과거사실과 현재사실의 결합)

기출유형문제

다음 빈칸에 순서대로 들어갈 말로 가장 옳은 것은?

내가 학교 다닐 때 중국어를 배웠더라면, 이 문장이 무슨 뜻인지 이해할 수 있을 텐데.
→If I _____ chinese when I _____ at school, I _____ what this sentence means now.

① had studied, had been, could have understood
② studied, was, could have understood
③ had studied, was, could understand
④ studied, had been, could understand

Advice

과거에 중국어를 배우지 않은 것을 후회하기 때문에 가정법 과거완료(had studied)를 써야 하며, when절은 단순히 과거 형태를 나타내므로 과거동사(was)를 쓴다. 그러나 주절을 보면 현재 문장의 뜻을 모른 것에 대한 언급이 나오므로 주절은 가정법 과거(could understand)를 타나낸다. 혼합 가정법의 형태이다.

 ③

② 가정법의 종류

(1) I wish 가정법 (만약 ~라면 좋을 텐데)

① 'I wish + 가정법 과거(과거동사)'는 '현재 이룰 수 없는 소망에 대한 유감'을 표현

    * I wish I were better looking. = I'm sorry that I'm not better looking.

    * I wish the snow could stay forever. = I'm sorry that the snow can't stay forever.

② 'I wish + 가정법 과거완료(had+과거분사)'는 '과거 일에 대한 유감'을 표현

    * I wish you had told me beforehand.

      = I'm sorry that you didn't tell me beforehand.

    * I wish I had written down her cellphone number.

      = I'm sorry that I didn't write down her cellphone number.

(2) as if 가정법

① 'as if(though) + 가정법 과거(과거동사)'는 '주절의 시제와 일치할 때' 사용하며, '(실제로 그렇지 않지만) 마치 ~인 것처럼'의 의미

    * You talk as if you knew a lot about her.

    * She talked as if she were my mother.

② 'as if(though) + 가정법 과거완료(had + 과거분사)'는 '주절보다 이전의 일을 가정할 때' 사용하며, '(실제로 그렇지 않지만) 마치 ~였던 것처럼'의 의미

    * She looks as if she had been ill.

    * She talked as if she had visited New York before.

기출유형문제

다음 빈칸에 들어갈 말로 가장 적절한 것은?

> I wish the trains _____ cleaner these days.

① are   ② were

③ had been   ④ would be

Advice

그 기차가 요즘 더 깨끗해지면 좋을 텐데.
I wish 가정법 과거로 '현재 이룰 수 없는 소망'을 표현

답 ②

다음 빈칸에 들어갈 말로 가장 적절한 것은?

> He talks as if he _____ the accident then.

① sees   ② saw

③ had seen   ④ would see

Advice

그는 마치 그가 그때 그 사고를 보았던 것처럼 말한다.
as if 가정법으로 주절보다 이전의 일을 가정하고 있는 가정법 과거완료를 써야 한다.

 답 ③

(3) 특수 가정법

① 'It is (high, about) time + 주어 + 동사의 과거형(should + 동사원형)'은 '마땅히 해야 할 일을 현재 하고 있지 않음'을 나타내며 '~해야 할 때이다'로 해석

    * It is time I had some fun. I've worked hard today.

       = It is time I should have some fun.

② 'If it were not for~ '는 가정법 과거로 '~이 없다면'으로, 'If it had not been for~ '는 가정법 과거완료로 '~이 없었더라면'으로 해석하며 'Without 또는 But for'로 대체 가능

    * If it were not for computers, modern life would be impossible.

       = Without computers~, But for computers~

    * If it had not been for sports, my school days would have been very dull.

       = Without sports~, But for sports~

③ If는 명사적으로 제시될 수도 있지만, '부사(구), 부정사, 분사구문, 명사'로 표현 가능

    * With your help, I would succeed. (= If I had your help, I would succeed.)

    * I should be happy to go with you. (= I should be happy if I could go with you.)

    * Seeing her at a distance, you could mistake her for teen-ager. (분사구문)

       = If you saw her at a distance, you could mistake her for teen-ager.

④ If절의 동사가 'were / should /had'인 경우에 If를 생략하면 'Were / Should / Had + 주어 + (동사)' 의 구조로 도치***

    * Should I fail this time, I would try again. (= If I should fail~)

    * Had I met her, I could have given her this present. (= If I had met~)

다음 빈칸에 들어갈 알맞은 문장을 고르시오.

> Had I known her name, _____.

① I will invite her to lunch

② she will come here

③ she would come here

④ I would have invited her to lunch

Advice ────●

내가 그녀의 이름을 알았더라면, 나는 그녀를 점심에 초대할 수 있었는데.
If I had known her name의 문장에서 If를 생략하고 주어와 동사를 도치시킨 문장이다. 앞 문장으로 보아 가정법 과거완료임을 알 수 있다.

답 ④

다음 빈칸에 들어갈 문장으로 알맞은 것을 고르시오.

> _____, we should be glad.

① Were they to arrive tomorrow

② They were to arrive tomorrow

③ They would arrive tomorrow

④ They arrive tomorrow

Advice ────●

그들이 내일 도착하면, 우리는 기쁠 거야.
If they were to arrive tomorrow의 문장에서 if를 생략하고 주어와 동사를 도치시킨 문장이다.

답 ①

단원평가

※ 다음 각 문장의 괄호 안에서 어법에 맞는 표현을 고르세요.

1 It's late. It's time we [go / went] home.

2 [Were we to / We were to] go to the moon, what would we do?

3 [Were it not / Had it not been] for water, no one could live on earth.

4 It's time something [is / were] done about the problem.

5 [Did I know / Had I known] you were in hospital, I would have visited you.

---

answer 1.went 2.Were we to 3.Were it not 4.were 5.Had I known

---

1 해설 : 늦었어. 우리는 집에 갈 시간이다.
'It is (high, about) time+주어+동사의 과거형(should+동사원형)'은 '마땅히 해야 할 일을 현재 하고 있지 않음'을 나타내며 '~해야 할 때이다'로 해석

2 해설 : 우리가 만약 달에 간다면, 무엇을 할까?
If를 생략하고 도치시킨 가정법 과거 형태

3 해설 : 만약 물이 없다면, 어느 누구도 지구에서 살 수 없다.
If생략의 도치 문장인데, 뒤 문장 could live를 보아 가정법 과거 형태이다.

4 해설 : 그 문제에 대해 뭔가가 되어질 때다.
'It is (high, about) time+주어+동사의 과거형(should+동사원형)'은 '마땅히 해야 할 일을 현재 하고 있지 않음'을 나타내며 '~해야 할 때이다'로 해석

5 해설 : 네가 병원에 있었다는 것을 알았더라면, 너를 방문했었을 텐데.
뒤 문장의 동사가 would have visited인 것으로 보아 가정법 과거완료이다.

6 Our team would [win / have won] the game if he had been our coach.

7 If he [got / had got] earlier, he would not have missed the train.

8 If I [were not / had not been] busy, I would go with you.

9 I would [be / have been] richer now if I had worked harder when young.

10 I could [finish / have finished] the work in time if you helped me.

11 We could have been in time for the game if we [took / had taken] a taxi.

---

answer 6.have won 7.had got 8.were not 9.be 10.finish 11.had taken

---

6 해설 : 만약 그가 우리 코치였다면, 우리 팀은 그 경기를 이겼을 텐데.
뒤 문장 if절의 동사가 had been인 것으로 보아 가정법 과거완료 형태이다.

7 해설 : 만약 그가 더 일찍 도착했더라면, 그는 기차를 놓치지 않았을 것이다.
뒤 문장의 동사가 would not have missed인 것으로 보아 가정법 과거완료 형태이다.

8 해설 : 만약 내가 바쁘지 않다면, 너와 함께 갈 텐데.
뒤 문장의 동사 would go를 보아 가정법 과거 형태이다.

9 해설 : 만약 내가 어렸을 때, 더 열심히 일했더라면, 나는 지금 더 부자일 텐데.
if절은 과거에 대한 가정이므로 가정법 과거완료 형태를 쓰고, 주절인 앞 문장은 now를 보아 현재에 대한 후회를 하므로 가정법 과거 형태를 쓰는 혼합가정법이다.

10 해설 : 만약 네가 나를 돕는다면, 나는 그 일을 제때에 끝낼 수 있을 텐데.
if절의 동사가 과거형이므로 가정법 과거 형태이다.

11 해설 : 만약 우리가 택시를 탔더라면, 우리는 그 경기에 제때에 올 수 있었을 것이다.
주절의 동사 could have been을 보아 가정법 과거 완료이다.

12 What would you [say / have said] if you had been at the meeting?

13 I don't know many people. I wish I [knew / had known] more people.

14 He talks about America as if he [were / had been] there many times.

15 It's too cloudy. It looks as if it [is / were] going to rain.

16 She looked haggard as if she [ate / had eaten] nothing for days.

---

answer   12.have said   13.knew   14.had been   15.is   16.had eaten

12 해설 : 만약 네가 그 회의에 있었더라면, 뭐라고 말했을까?
if절의 동사가 had been인 것으로 보아 가정법 과거완료이다.

13 해설 : 나는 많은 사람들은 모른다. 내가 더 많은 사람을 알면 좋을 텐데.
현재 사실에 대한 유감을 나타내므로 가정법 과거 형태이다.

14 해설 : 그는 마치 그가 여러 번 거기에 다녀와 보았던 것처럼 미국에 대해 말한다.
'주절보다 이전의 일을 가정할 때' 사용하며, '(실제로 그렇지 않지만) 마치 ~였던 것처럼'의 의미

15 해설 : 구름이 많다. 마치 비가 올 것처럼 보여.
미래에 대한 가정이므로 가정법 현재 형태를 쓴다.

16 해설 : 그녀는 마치 몇 일 동안 아무것도 먹지 못했던 것처럼 초췌해 보였다.
'주절보다 이전의 일을 가정할 때' 사용하며, '(실제로 그렇지 않지만) 마치 ~였던 것처럼'의 의미

17 I feel sick. I wish I [did not eat / hadn't eaten] so much cake.

18 I felt familiar with the place as if I [were / had been] there before.

19 How I wished you [told / had told] me the truth much earlier!

20 She looked pale as if she [looked / had looked] at a ghost on her way home.

answer　17.hadn't eaten　18.had been　19.had told　20.had looked

17 해설 : 나는 아프다. 내가 그렇게 많은 케이크를 먹지 말았어야 했는데.
과거의 일에 대한 유감을 표시하므로 가정법 과거완료를 쓴다.

18 해설 : 나는 마치 내가 전에 거기에 가 보았던 것처럼 그 장소에 익숙함을 느꼈다.
'주절보다 이전의 일을 가정할 때' 사용하며, '(실제로 그렇지 않지만) 마치 ~였던 것처럼'의 의미

19 해설 : 네가 나에게 진실을 더 일찍 말했었더라면 얼마나 좋았을까!
'주절보다 이전의 일을 가정할 때' 사용하며, '(실제로 그렇지 않지만) 마치 ~였던 것처럼'의 의미

20 해설 : 그녀는 마치 그녀가 집으로 가는 길에 유령을 보았던 것처럼 창백해 보였다.

특수 구문

① 수의 일치

(1) 3인칭 단수주어일 경우 → 일반 동사에 -s, -es를 붙인다.

(2) one / The only one of + 복수명사 + 단수동사

(3) There / Here + 단수동사 + 단수주어 / There / Here + 복수동사 + 복수주어

(4) Many + 복수명사 = 복수취급 / Many a + 단수명사 = 단수취급
   * Many a good man has been destroyed by drink.
     = Many good men have been destroyed by drink.
       많은 유능한 사람들이 술 때문에 망가져왔다.

(5) A number of + 복수명사 = 복수취급 / The number of + 복수명사 = 단수취급
   * A number of problems have arisen.
     많은 문제점들이 나타났었다.
   * The number of cars on our roads has dramatically risen.
     도로에 있는 자동차의 수가 급격히 증가해왔다.

(6) a series of / a group of / a total of / a team of / a box of / a bunch of / a body of + 복수명사가 주어이면 동사는 단수 취급한다.

(7) 상관 접속사와 수의 일치

① both A and B : 항상 복수 취급

② either A or B / neither A nor B / not only A but also B / not A but B : B에 동사 일치
   * Either you or he is wrong. 너와 그 둘 중 하나가 틀렸다.
   * Both you and he are wrong. 나와 그 둘 다 틀렸다.

(8) every / each / either / neither 등이 주어가 되거나 주어를 수식하면 단수 취급.

(9) **도치구문의 일치 : 도치된 주어와 동사의 수를 맞추어 주어야 한다.**

* Beyond the lake and the woods <u>are</u> <u>the house</u> where my father lives. (X)

→Beyond the lake and the woods <u>is</u> <u>the house</u> where my father lives. (O)

나의 아버지께서 사시는 집은 호수와 나무를 지나서 있다.

기출유형문제

다음 빈칸에 들어갈 말로 가장 적절한 것을 순서대로 나열한 것은?

> Simon as well as his parents _____ supposed to go there tomorrow.
>
> Either he or you in his group _____ to go right now to save her life.

① is, is   ② is, are

③ are, is   ④ are, are

Advice

그의 부모님뿐만 아니라 Simon도 내일 거기에 가기로 되어있다.

그의 그룹에서 그 또는 네가 그녀의 목숨을 구하기 위해 바로 지금 갈 예정이다.

B as well as, Either A or B는 B 주어에 일치시킨다.

답 ②

기출유형문제

다음 빈칸에 들어갈 말로 가장 적절한 것은?

> Some of the people in the group attending the meeting _____ in life after death.

① believe   ② believes

③ are believing   ④ has believed

Advice

동사 believe에 대한 주어는 Some of the people이다. 또한 believe는 상태 동사로 진행형을 쓸 수 없기 때문에 ③번은 적절하지 않다.

답 ①

② 병렬(병치)

(1) 등위접속사

'and, but, or'로 연결되는 '단어, 구, 절'은 '공통분모 + A and / but / or B'의 구조로 A와 B는 동일한 요소여야 하는데 이를 '병렬구조'라 함

* His eyes were large and sharp. (단어-단어)
* People avoided visiting the city or passing through it. (구-구)
* Water turns into ice at 0℃ and into steam at 100℃. (구-구)
* Do you like me, or do you like him? (절-절)

(2) 상관접속사

'both A and B, not only A but also B, either A or B, neither A nor B, not A but B'로 연결된 A와 B 역시 동일한 문법 요소로 병렬구조를 이루어야 함

* She is not only beautiful but also humorous. (단어-단어)
* He married her not for love but for money. (구-구)
* All you have to do is either you study hard or you leave the school. (절-절)

(3) 비교 구문

'A is different from B, A is like(= similar to) B, A is as + 형용사 / 부사 + as B, A is 비교급 + than B' 와 같은 비교구문에서도 A와 B는 동일한 형태로 병렬구조를 이루어야 함

* His opinion is different from <u>mine</u>. (= my opinion).
* My dream is similar to <u>hers</u>. (= her dream).
* The fog of Seoul is not so thick as <u>that</u>. (= the fog) of London.
* Going by subway is much faster than going by bus.

다음 빈칸에 들어갈 말로 가장 적절한 것은?

> In the 21st century the way to win a war will be by interfering with or (   ) the enemy's communication systems.

① disabling   ② disable

③ to disable   ④ disabled

Advice

21세기에 전쟁에서 승리하는 방법은 적의 통신 시스템을 방해하거나 무력하게 만드는 것이다.
등위 접속사 or를 중심으로 interfering과 병렬 관계를 이룬다.

 ①

다음 빈칸에 들어갈 말로 가장 적절한 것은?

> After feeding my brother and me breakfast, she would scrub, mop, and _____ everything.

① dusted   ② dust

③ to dust   ④ dusting

Advice

형과 나에게 아침 식사를 먹게 한 후, 그녀는 모든 것을 문지르고, 닦아내고, 털어내곤 하셨다.
조동사 would 뒤에 동사원형으로 scrub, mop과 병렬을 이룬다.

답 ②

③ 도치

(1) 도치의 일반적인 모양

① S + 일반동사 = do / does / did + S + 동사원형

② S + be동사 = be동사 + S

③ S + 조동사 + 동사원형 = 조동사 + S + 동사원형

④ S + have / has / had + p.p = have / has / had + S + p.p

(2) 부정어 + 조동사 + S + 동사원형, 일반동사인 경우는 '부정어 + do / does / did + S + 동사원형'으로 도치가 일어남

→ no, little, hardly, scarcely, seldom, rarely, barely, no sooner, not only, not until, nowhere, nor, never 등

* <u>Little did he realize</u> the danger he faced. (부정 부사의 강조)
* <u>No sooner had she seen</u> me than she ran away. (부정 부사구의 강조)
* <u>No money did I have</u> at that time. (부정목적어의 강조)

(3) 부사(구) + V + S

주로 뒤쪽에 있는 부사나 부사구가 문장 앞으로 나갈 경우 주어와 동사는 도치된다.

① Only + 부사(구, 절) + V + S (주어가 대명사라도 무조건 도치!)

* Only on one occasion did he speak to me of his mother.

  그는 자기 어머니에 대해 나에게 단 한 번 밖에는 이야기하지 않았다.

  → 원래문장 : He spoke to me of his mother only on one occasion.

② down, in, on, up 등의 방향을 뜻하는 부사나 장소를 뜻하는 부사(구) 등이 문장 앞으로 나갈 경우는 다음의 규칙을 따른다. (동사가 직접 나감)

★ 주어가 일반명사일 경우 : [부사(구) + V + S] ☞ 도치 발생

★ 주어가 대명사일 경우 : [부사(구) + S + V] ☞ 도치시키지 않는다.

* Here comes the bus. 버스가 온다.
* Here he comes. 그가 온다.
* Down came the rain in torrents. 비가 억수같이 내렸다.

  → 원래문장 : The rain came down in torrents.

(4) 주격보어의 도치 : 보어가 문장 앞으로 나갈 경우 다음의 규칙이 있다.

★ 주어가 일반명사 : [보어 + V + S]

★ 주어가 대명사 : [보어 + S + V]

* Happy is the man who is contented with his lot.

  자기 운명에 만족하는 사람은 행복하다.

  → 원래문장 : The man who is contented with his lot is happy.)

(5) 관용적 도치

① So + V + S : ~도 또한 그렇다.

A : I am happy. 나 배고파. / B : so am I. 나도 그래.

A : I can ski. 나 스키 탈 수 있어. / B : so can I. 나도 그래.

A : I have seen that. 나 그거 봤어. / B : so have I. 나도 그래.

A : I like movies. 나는 영화를 좋아해. / B : so do I. 나도 그래.

② Neither / Nor + V + S : ~도 또한 그렇지 않다.

A : I am not happy. 나는 행복하지 않아.

B : Neither / Nor am I. 나도 그래.

A : I don't like movies. 나는 영화를 좋아하지 않아.

B : Neither / Nor do I. 나도 그래.

A : I haven't seen that. 나는 그것을 보지 못했어.

B : Neither / Nor have I. 나도 그래.

A : I can't ski. 나는 스키를 탈 줄 몰라.

B : Neither / Nor can I. 나도 그래.

기출유형문제

다음 빈칸에 들어갈 말로 가장 옳은 것은?

Jane went to the movies, _____.

① and did her sister so

② and so did her sister

③ but her sister went there so

④ such went also her sister

Advice

Jane은 영화를 보러 갔고, 그녀의 여동생 또한 그랬다.

답 ②

다음 빈칸에 들어갈 말로 가장 옳은 것은?

Only when you realize the importance of foreign languages _____ them well.

① you can learn

② can you learn

③ that you can learn

④ and you can learn

Advice

네가 외국어의 중요성을 깨달을 때만 그것들을 잘 배울 수 있다.
부사 Only를 강조하기 위해 문두에 썼기 때문에 주어(you)와 동사(can)가 도치를 이룬다.

답 ②

다음 빈칸에 들어갈 말로 가장 옳은 것은?

Not only _____ to stay at home, but also he was forbidden to see his friends.

① that he was forced

② he was forced

③ had he been forced

④ was he forced

Advice

그는 강제로 집에 있게 되었을 뿐만 아니라, 그의 친구들 보는 것도 금지되었다.
부정어 Not only를 강조하기 위해 문장 앞으로 나오면서 주어(he)와 동사(forced)가 도치되었다.

답 ④

④ 강조

(1) 문장의 뜻을 강조할 때는 조동사 do(does / did)를 동사 앞에 붙임

* I love her. →I do love her.

* She loves me. →She does love me.

* I broke the window yesterday. →I did break the window yesterday.

(2) 'It is ⋯that~을 이용하여 문장의 '주어, 목적어, 부사(구,절)'을 강조

* I broke window yesterday. 내가 어제 창문을 깨뜨렸다.

→It was I that(= who) broke the window yesterday.

어제 창문을 깬 사람은 바로 나였다.

→It was the window that(= which) I broke yesterday.

내가 어제 깬 것은 바로 창문이었다.

→It was yesterday that(= when) I broke the window.

내가 창문을 깬 것은 바로 어제였다.

> **Tip** 단, 시간이나 장소의 부사가 강조될 때는 that대신에 when이나 where 같은 관계부사를 써도 되지만 주로 that을 쓰는 경향이 있다.

(3) 의문사를 강조할 때는 의문사 뒤에 '도대체'라는 의미의 'ever, on earth, in the world' 등을 붙임

* What on earth are you doing here?

* Where in the world have you been?

(4) 그 밖의 강조

① 비교급의 강조 : much, still, even, a lot, far + 비교급→훨씬 더, 더욱 더

* This is much better than that. 이것은 저것보다 훨씬 더 낫다.

② 최상급의 강조 : by far, much + 최상급→단연코

* Skating and skiing are by far the most popular winter sports.

스케이트와 스키는 단연 인기 있는 겨울 스포츠이다.

③ the very + 명사 : 바로 그 명사

* The very man you are taking of is my father.

당신이 말하고 있는 바로 그 분이 나의 부친입니다.

다음 빈칸에 들어갈 말을 순서대로 나열한 것은?

> It _____ Mike and Lily _____ helped the old woman yesterday.

① were, who   ② were, whom

③ was, who   ④ was, whose

Advice

어제 노부인을 도운 것은 바로 다름 아닌 Mike와 Lily였다.

It ~ that 강조 구문 용법으로 주어인 Mike와 Lily를 강조하므로 동사는 were, 사람 주어를 강조할 경우 that 대신 who를 쓴다.

답 ①

다음 빈칸에 들어갈 말로 가장 적절한 것은?

> It was in the street _____ I saw Smith yesterday.

① that   ② who

③ when   ④ sine

Advice

내가 어제 스미스를 보았던 곳은 바로 거리에서였다.

It ~ that 강조 구문 용법으로 강조하고자 하는 것이 장소의 전치사구일 경우 that 대신 where를 써도 된다.

답 ①

단원평가

※ 다음 각 문장의 괄호 안에서 어법에 맞는 표현을 고르세요.

1 [How / What] a beautiful hair she has!

2 Little [I expected / did I expect] to see him at that party.

3 My brother passed all the exams. [So / Neither] did my sister.

4 Not a star [we could see / could we see] in the sky that night.

5 [How / What] lucky we were to get tickets!

---

answer 1.What 2.did I expect 3.So 4.could we see 5.How

---

1 해설 : 그녀는 아름다운 머릿결을 가졌구나!
감탄문의 어순으로 What + a(n) 형용사 + 명사 + 주어 + 동사

2 해설 : 나는 그 파티에서 그를 보기를 거의 기대하지 않았다.
부정어구 Little이 문두에 나와 주어(I)와 동사 (expected)가 도치되는데 이때, 동사가 일반동사이고 과거형이므로
did가 대신 앞으로 나가게 되고 일반동사는 동사원형의 형태를 갖는다.

3 해설 : 내 남동생은 모든 시험에 통과했다. 내 여동생도 그랬다.
긍정문의 도치 형태 So + V + S : ~도 또한 그렇다.

4 해설 : 그날 밤 하늘에서 우리가 볼 수 있었던 것은 별이 아니었다.
부정어 Not이 문두에 와서 주어(we)와 동사(could)가 도치되었다.

5 해설 : 우리가 표를 얻다니 행운이구나!
감탄문의 어순 How + 형용사, 부사 + 주어 + 동사

6 Hardly [I had gone / had I gone] to bed when I heard the telephone ring.

7 Smile please. Oh, [how / what] a perfect teeth you have!

8 Only recently [he has learned / has he learned] to use a computer.

9 So curious [my brother is / is my brother] that he wants to know everything.

6 해설 : 내가 잠자리에 들자마자, 전화가 울리는 것을 들었다.
부정어구 Hardly가 문두에 와서 도치가 이루어짐.

7 해설 : 웃으세요! 오, 당신은 완벽한 치아를 가졌군요!
감탄문의 어순 What + a(n) 형용사 + 명사 + 주어 + 동사

8 해설 : 오직 최근이 돼서야 그는 컴퓨터 사용하는 것을 배웠다.
부사 Only가 문두에 와서 도치가 이루어짐.

9 해설 : 내 남동생은 너무 호기심이 많아서 모든 것을 알고 싶어 한다.
보어 So curious가 문장 앞으로 나가 도치가 이루어짐.

10 Not until I got to the station [I realized / did I realize] that it was Sunday.

※ 다음 빈칸에 들어갈 말로 가장 적절한 것은?

11 There _____ a lot of important news in today's newspapers.

① are

② is

③ were

④ is going to have

12 Neither she nor I _____ going to travel by air. We think travelling by train is safer.

① is

② am

③ are

④ were

answer 10. did I realize　11. ②　12. ②

10 해설 : 내가 역에 도착하고 나서야 비로소 일요일이었다는 것을 깨달았다.
　　　부정어구 Not이 문장 앞으로 나가 도치가 이루어짐.

11 해설 : 오늘 신문에 많은 중요한 소식이 있다.
　　　뒤에 명사 news는 단수 취급하므로 is

12 해설 : 그녀도 나도 비행기로 여행가지 않을 것이다. 우리는 기차로 여행하는 것이 더 안전하다고 생각한다.
　　　Neither A nor B에서 동사는 B에 맞춘다.

13 A : Are the twins on the football team?

     B : No, neither of them _____ on the team.

    ① is   ② are

    ③ were   ④ be

14 The number of students of this school _____ large.

    ① are   ② are not

    ③ isn't   ④ aren't

15 A : How many students are there in your school?

     B : _____ the students in our school _____ over two thousand.

    ① The number of, is

    ② The number of, are

    ③ A number of, is

    ④ A number of, are

---

answer   **13.**①   **14.**③   **15.**①

13 해설 : A : 그 둘은 축구팀에 있니?
        B : 아니, 그들 둘 다 팀에 있지 않아.
    부정어의 주어는 단수 취급한다.

14 해설 : 이 학교의 학생들의 수는 많다.
    the number of는 '~의 수'라는 뜻으로 단수동사를 쓴다.

15 해설 : A : 너희 학교에는 얼마나 많은 학생들이 있니?
        B : 우리 학교의 학생 수는 2천 명이 넘어.
    학생들의 수를 물어보았으므로 the number of이고 단수 취급한다.

※ 다음 각 문장에서 밑줄 친 부분을 어법에 맞게 고치시오.

16 She wants not only to be a doctor but also <u>wants to be a famous actress</u>.

17 Either you begin to study now or <u>risk failing</u> in the exam.

18 It is not that he made a mistake but that <u>concealing</u> it that I regret.

16 해설 : 그녀는 의사가 되는 것뿐만 아니라 유명한 여배우가 되는 것도 원한다.
not only A but also B구문으로 이 때 A(to be a doctor)와 B는 병렬을 이루어야 한다.

17 해설 : 너는 지금 공부를 시작하거나, 시험에 떨어질 위험에 처한다.
Either A or B 구문으로 A(you begin to study)와 B는 병렬을 이룬다.

18 해설 : 내가 유감스러워하는 것은 그가 실수를 했다는 것이 아니라 그가 그것을 숨겼다는 것이다.
not A but B 구문으로 A가 that he made a mistake로 that절이 왔기 때문에 B도 that절로 병렬 구조를 이루어야 한다.

19 I suggested taking the plane now or <u>that we go</u> by train tomorrow.

20 You must always need a quick but <u>thoroughly</u> response.

19 해설 : 나는 지금 비행기를 타거나 내일 기차로 갈 것을 제안했다.
　　　등위 접속사 or를 사이에 두고 A(taking the plane now)와 병렬 형태를 이루어야 한다.

20 해설 : 너는 항상 빠르지만 철저한 대답을 필요로 해야 한다.
　　　등위 접속사 but을 사이에 두고 형용사 quick과 병렬을 이루어야 하므로 역시 형용사 형태 thorough를 써야 한다.

유형별 독해문제를 푸는 핵심 전략과 함께 기출유형문제를 다수 수록하였다.
기출유형문제와 연습문제를 통해 독해감각을 키워보자.

독해

주제, 제목 찾기

기존의 시험 경향을 보면 독해에서 꼭 빠지지 않고 출제 되는 가장 많은 문제 유형이 바로 주제와 제목 찾기 문제이다. 이전에 비해 주제 문제는 조금 줄어든 반면, 제목 찾기 문제 유형이 조금 더 늘어난 것 같다. 그러나 두 유형은 결국 주제 문장을 찾아야 한다는 점에서 같은 유형이라고 볼 수 있다.
주제는 글쓴이가 글을 통해 나타내려는 중심 생각을 간결한 어구로 나타낸 것이며, 제목은 글의 주제와 요지를 압축적, 상징적으로 표현한 것이다.

① 주제 찾기

(1) 영문의 구조는 주제가 전반부에 제시되고 이 주제를 뒷받침하는 문장들이 이어지는 것이 대부분이며 또한 후반부에 필자의 생각을 밝히면서 글을 마무리하는 경우도 있으므로, 글의 전반부와 후반부에 특히 유의하면서 글을 읽어야 한다.

(2) 결론을 유도하거나 역접을 나타내는 어구 뒤에 주제문이 오는 경우도 있다. 한편, 주제문이 명시적으로 나타나지 않는 경우 반복적으로 나오는 단서를 종합하여 주제를 추론해야 한다.

(3) 지엽적이거나 지나치게 광범위한 주제를 고르지 않고, 주어진 글의 내용을 포괄할 수 있는 것을 주제로 선택하는 것이 중요하다.

다음 글의 주제로 가장 적절한 것은?

Some individuals decide to become police officers when they are very young, while others come to the realization later. Either way, there are numbers of steps to be taken if someone wants to become a police officer, and the earlier you get started, the better. A career in public service can be diverse, challenging, and fulfilling for those who are able to make it through the highly competitive process. Opportunities in law enforcement are incredibly varied, from urban police to rural sheriffs. If someone wants to become a police officer, he or she should start with education. Police departments require a basic high school education, and additional training such as an Associates or Bachelors degree is recommended. A number of colleges offer criminal justice programs for individuals interested in becoming a police officer. Most of these programs involve education in human behavior, legal issues, computer systems, and a variety of other subjects which assist law enforcement officers. The more advanced your training, the more successful your application as a police officer will be. This training will also serve you well in the field.

① 경찰이 되는 방법　　　　② 경찰과 사회생활
③ 경찰의 현실과 이상　　　④ 성공적인 경찰관의 마음자세

Advice

일부 개인들은 그들이 매우 젊을 때 경찰관들이 되기를 결정한다. 반면에 다른 사람들은 나중에 깨닫게 된다. 어느 쪽이든, 취해질 수 있는 많은 조취들이 있다. 만약 누군가가 경찰관이 되기를 원한다면, 그리고 더 빨리 당신이 시작할수록, 더 낫다. 공공 서비스의 매우 높은 경쟁적인 과정을 통과할 수 있는 사람들에게 직업은 다양하고, 도전적이고, 그리고 성취감을 줄 수 있다. 도시 경찰에서 시골 순경에 이르기까지 법 집행에서의 기회들은 믿을 수 없게 다양하다. 만약 누군가 경찰이 되고 싶다면, 그 혹은 그녀는 교육으로 시작해야 한다. 경찰서들은 기본적으로 높은 학교 교육, 그리고 준학사나 학사, 학위와 같은 추가적 훈련을 요구한다. 수많은 대학들이 경찰관이 되는 것에 관심이 있는 개인들을 위해서 응용 범죄학 프로그램들을 제공한다. 대다수의 이들 프로그램들은 인간 행동, 법적 쟁점들, 컴퓨터 시스템들, 그리고 다양한 법 집행관들을 돕는 다른 주제들에 있어서 교육을 포함한다. 당신의 훈련이 더 많이 진보될수록, 경찰관으로서 당신의 지원은 더 성공적으로 될 것이다. 이 훈련은 또한 그 분야에서 당신을 잘 도울 것이다.

답 ④

위 글의 주제로 가장 적절한 것은?

Cancer is a physical, mental, and emotional stress on the body. Meditation for cancer can benefit the cancer patient by somewhat reducing all of these stresses. Physically, meditation can help alleviate some of the discomforts of cancer and the side effects of treatment. Mentally and emotionally, meditation for cancer helps to build or maintain a positive attitude and reduce stress. Many forms of meditation have been found to benefit cancer patients. One of the physical benefits of meditation for cancer is to boost the immune system, which is often damaged by anti-cancer drugs and the stress of having cancer. Many cancer patients report issues with insomnia, caused either by the drugs they are taking or the stress of being sick. Meditation has been shown to be an effective tool in combating insomnia by calming and relaxing the patient. The pain associated with having cancer and the cancer treatments themselves are somewhat mitigated by meditation. Lower doses of pain killers, delaying the use of pain killers until treatment is further along, or a reduced need for medications to relieve the side effects of treatment is often possible when cancer patients practice meditation.

① How to Boost Immune System of a Cancer Patient

② Common Symptoms Associated with Cancer

③ Side Effects of the Traditional Treatment of Cancer

④ Benefits of Meditation for Cancer

Advice

암은 몸에 대한 신체적이고, 정신적이고, 정서적인 스트레스이다. <u>암을 위한 명상은 모든 이 스트레스들을 다소간 줄여줌에 의해서 암 환자를 이롭게 할 수 있다.</u> 신체적으로, 명상은 암의 일부 통증들과 치료의 부작용들을 도와서 완화시킬 수 있다. 정신적으로 그리고 정서적으로, 암을 위한 명상은 긍정적인 자세를 만들거나 유지하고, 스트레스를 줄여준다. 많은 형태의 명상이 암 환자들에게 이로운 것으로 발견되었다. 항암 약물들과 암을 갖고 있다는 스트레스에 의해서 면역체계는 종종 손상된다. 암을 위한 명상의 신체적 이점들 중 하나는 면역체계를 증진시키는 것이다. 많은 암 환자들이 그들이 먹고 있는 약들에 의해서나 그들이 아프다는 스트레스에 의해서 야기된 불면증으로 인한 문제들을 알린다. 명상은 환자를 차분하게 하고 이완시켜줌에 의해서 불면증과 전투하는 데에서 효과적인 도구임을 보여준다. 암과 암 치료들을 갖고 있다는 것과 연관된 그 고통 자체는 명상에 의해서 다소간 완화된다. 암 환자들이 명상을 실천할 때 더 낮은 투여량의 진통제들, 치료가 따라서 더 나가갈 때까지 진통제들의 사용을 미루는 것, 또는 치료 부작용을 덜기 위한 약물들의 축소 요구들은 종종 가능하다.

답 ④ (암에 대한 명상의 이점)

다음 글을 읽고, 주제문을 찾아 밑줄을 그은 후 주제를 찾아보자.

The most important lessons can't be taught. No one can teach us how to get along with others or how to have self-respect. As we grow from children into teenagers, no one can teach us how to deal with peer pressure. As we enter adult life, no one can teach us how to fall in love and get married. As we enter into new stages in our lives, the advice of adults can be very helpful because they have already had similar experiences. But experiencing our own triumphs and disasters is really the only way to learn how to deal with life.

① 인생에서 경험의 중요성
② 어른이 된다는 것의 의미
③ 가치관 정립의 필요성
④ 학교 교육이 필요한 이유

Advice

가장 중요한 교훈들은 가르쳐질 수 없다. 사람들과 어울리는 법이나 자긍심을 갖는 법은 누구도 가르쳐 줄 수 없다. 어린이에서 십대로 커나갈 때, 아무도 우리에게 또래들의 압력을 해결하는 법을 가르쳐줄 수 없다. 어른이 되었을 때도, 사랑에 빠지고 결혼하는 방법을 누구도 가르쳐 줄 수 없다. 인생에서 새로운 단계로 들어설 때마다, 어른들의 충고는 큰 도움이 될 수 있다. 왜냐하면 그들은 이미 비슷한 경험을 해봤기 때문이다. <u>하지만 자신만의 희로애락을 직접 경험하는 것만이 삶을 살아가는 법을 배우는 실로 유일한 방법이다.</u>
peer 친구, 동료, 또래 triumph 의기양양함, 승리

답 ①

다음 글을 읽고, 주제문을 찾아 밑줄을 그은 후 주제를 찾아보자.

Several factors can interfere with having a good memory. One such factor is a lack of motivation. Without a real desire to learn or remember something, you probably won't. Another cause is a lack of practice. To stay sharp, memory skills, like any other skill, must be used on a regular basis. A third factor that can hurt memory is self-doubt. If you're convinced you won't remember something, you probably won't. A person with a positive attitude will do much better on a test than someone who is sure he or she won't remember the material. Lastly, distraction can interfere with memory. If you are being distracted by the sound of a television or a conversation nearby, try to find a quiet environment before you attempt to commit something to memory.

① the necessity of memorization

② the importance of positive thinking

③ a strong desire to learn something

④ the factors that disturb a good memory

Advice

기억력을 저해하는 여러 가지 요인이 있다. 그 중의 하나가 동기 결여이다. 어떤 것을 배우거나 기억하고자 하는 진정한 욕망이 없으면, 당신은 아마도 배우거나 기억할 수가 없을 것이다. 또 다른 원인은 연습의 부족이다. 예리한 기억력을 유지하기 위해서는, 다른 기술처럼 기억술도 규칙적으로 사용되어야 한다. 기억력을 해칠 수 있는 세 번째 요인은 자기의심이다. 만일 당신이 무언가를 기억하지 못할 것이라고 믿으면, 당신은 아마도 기억하지 못할 것이다. 적극적인 태도를 가진 사람은 시험에서 그 내용을 잘 기억하지 못할 것이라고 굳게 믿는 사람보다 훨씬 더 잘할 것이다. 마지막으로, 주의산만이 기억을 방해할 수 있다. 만일 당신이 TV소리나 근처의 대화로 주의가 산만해 진다면, 당신이 무엇을 기억하려고 하기 전에 조용한 환경을 찾으려고 노력하라.

interfere with 방해하다 (= hinder, prevent) distraction 주의산만 commit something to memory ~을 기억하다.

답 ④ (좋은 기억력을 방해하는 요소들)

다음 글을 읽고, 주제문을 찾아 밑줄을 그은 후 주제를 찾아보자.

A gentleman came to a doctor's office and complained about a variety of symptoms. He told the doctor that he had problems digesting and terrible headaches, and couldn't sleep at all. No physical cause could be found. Finally the doctor said to the man, "Unless you tell me what's on your conscience, I can't help you." After painful hesitation, the man confessed that, as executor of his father's estate, he had been deceiving his brother. Then the wise doctor made him write to his brother, asking forgiveness, enclosing a check. After sending the letter, the man burst into tears. "Thank you," he said. "I think I'm cured." And he was.

---

① the power of an apology

② the importance of health

③ benefits of exchanging letters

④ cultural differences in writing

Advice

한 신사가 병원에 와서는 여러 가지 증세에 대해 호소했다. 그는 의사에게 소화가 잘 되지 않고, 끔찍한 두통이 있으며 전혀 잠을 이룰 수가 없다고 말했다. 어떤 신체적인 원인도 발견되지 않았다. 마침내 의사가 말했다. "만일 당신이 양심에 꺼리는 것을 말해주지 않는다면 난 당신을 도울 수가 없소." 고통스러운 망설임 끝에 그 남자는 아버지 부동산에 대한 유언 집행자로서 자기의 동생을 속여 왔다고 고백했다. 그러자 그 현명한 의사는 동생에게 용서를 구하는 편지를 쓰고 수표를 동봉하라고 했다. <u>그 편지를 부친 후, 그 남자는 눈물을 터트리며 "고맙습니다.", "제가 다 나은 것 같아요"라고 말했다. 그리고 그 남자는 다 나았다.</u>

executor 유언 집행자 estate 부동산, 재산 enclose 동봉하다

답 ① (사과의 힘)

---

② 제목 찾기

글의 제목을 찾는 문제는 글의 주제나 요지를 압축하여 표현할 수 있는지 알아보기 위한 문제이다. 제목은 글 전체의 내용을 아우를 수 있는 것이 되어야 한다. 글에서 반복되는 어구에 초점을 맞추어 적절한 제목을 찾아본다.

(1) 글의 주제나 요지가 될 수 있는 문장을 찾아본다.

(2) 반복되는 어구 혹은 핵심이 되는 말에 유의하면서 가장 적절한 제목을 선택한다.

(3) 엉뚱한 내용이거나 너무 광범위하거나 너무 직업적인 내용을 다루는 제목은 배제한다.

기출유형문제

위 글의 제목으로 가장 적절한 것은?

> One involves understanding the police personality and its effect on performance. Another involves police officers' use of discretion and how it can be controlled. Women and minority officers probably will become more prevalent in police departments, and their worth must be more fully appreciated by rank-and-file patrol officers. Police violence has received much attention. There is some debate over whether police officers kill members of minority groups more frequently than white citizens ; recent evidence indicates that this may be the case in some cities. Technology is being embraced by police departments and holds the promise of improving police productivity.

① Affirmative Action in Police Departments
② Crucial Issues Faced by Police Departments
③ Police Violence and the Solution
④ Various Ways to Improve Police

Advice

경찰 당국이 처한 중대한 이슈 중 하나는 경찰의 성격과 업무 수행에 미치는 그것의 영향과 관련이 있다. 또 한 가지는 경찰의 재량권 사용과 그것의 통제 방식과 관련이 있다. 여성 경찰들과 소수민족출신 경찰들은 필시 경찰에 더욱 널리 퍼지게 될 것인데, 일반 경찰들은 그들의 가치를 충분히 인정해야 할 것이다. 경찰 폭력은 많은 주목을 받아왔다. 백인 시민들보다 경찰관들이 더 빈번하게 소수민족 구성원을 죽이고 있지는 않은가에 대한 일부 논쟁이 있는데, 최근의 증거는 일부 도시에서 그것이 사실일 수도 있음을 보여준다. 과학기술이 경찰당국에 의해 채택되어지고 있는바 이는 경찰의 생산성을 높일 강한 가능성을 보여준다.

답 ② (경찰당국이 처한 중대한 문제들)

다음 글의 제목으로 가장 적절한 것은?

In movies and on TV shows, cowboys of the Old West worked hard and lived lives of excitement and adventure. Today, real-life cowhands still herd cattle. They may have less excitement and adventure, but they work just as hard.

Today's cowhands must often work twenty-four hours a day, seven days a week, for six-month periods. Although their salary includes room and meals, the room is a sheep wagon or a blanket on the ground. The meals are whatever food will fit in the wagon. Often the cowhand has no one to talk to except a horse. As in the Old West, the job of a cowhand is still only for the rugged.

① Today's Real-life Cowhands
② Cowboys in the Movies
③ Adventure in the Old West
④ Heroes of the Old West

Advice

영화와 TV소에서 옛 서부의 카우보이들은 열심히 일했고 흥분과 모험의 삶을 살았다. 오늘날 카우보이들의 실제의 삶은 여전히 소떼를 모는 것이다. 그들은 (전에 비해)덜 흥미롭고 덜 모험적일 수는 있으나, 여전히 열심히 일하고 있다. 오늘날 카우보이들은 종종 6개월 동나 하루 24시간 일을 해야 하기도 한다. 비록 그들의 봉급에는 숙식이 포함되어 있기는 하지만, 방은 양떼 감시용 포장마차이거나 바닥에 담요를 까는 정도이다. 식사라고 해봤자 마차에서 먹기에 어울리는 (그저 그런)음식들이다. 종종 카우보이들은 말을 제외하고는 말할 상대가 없다. 옛 서부에서처럼 카우보이라는 직업은 여전히 가칠기만 하다.

🖪 ① (오늘날의 실제 삶의 카우보이들)

다음 글의 제목으로 가장 적절한 것은?

In the age of a new generation of digital natives, what are the older generations doing to learn about the online world? The oldest of the American baby boomers (the generation born between 1946 and 1964) learned how to use new media at work. But for the generation born before 1946, getting used to computers and the internet has been a bigger challenge. Several cities across the country have started to offer new programs for senior citizens to teach them web skills. "At first, I wasn't sure if I would like it. But now I understand my grandchildren when they talk about what they do every day," says Agnes Stein, 78-year-old student at the Wayne Senior Center. The number of seniors online is definitely increasing. In 2005, only five percent of senior citizens had internet access, but as of 2009, the number had gone up to 30 percent. In fact, some seniors have become famous around the world for their use of the internet. The world's oldest person on Facebook, Ivy Bean, joined the site in 2008 when she was 102 years old.

① Seniors are going digital
② New generation, new technology
③ Who is the oldest internet user?
④ Baby boomers connecting to social network services

Advice

디지털 원주민들의 새로운 세대의 시대에, 더 나이든 세대들은 온라인 세상을 배우기 위해서 무엇을 하고 있는가? 미국 베이비붐 세대들 중 가장 오래된 세대들(1946년과 1964년 사이에 태어난 세대)은 새로운 미디어를 어떻게 사용하는지를 직장에서 배웠다. 하지만, 1946년 이전에 태어난 세대들에게는, 컴퓨터와 인터넷에 익숙해지는 것이 더 큰 도전이었다. 전국에 걸쳐 몇몇 도시들은 그들에게 웹 기술을 가르치기 위해서 노인들을 위한 새로운 프로그램들을 제공하기 시작했다. <u>웨인 시니어 센터의 78세 학생인 아네스 스타인은 "처음에 나는 내가 좋아하리라고는 확신하지 못했지요. 하지만 지금 전 손자들을 그들이 매일 무엇을 했는지에 대해 말할 때 이해합니다."라고 말한다. 온라인상에 있는 노인들의 수는 확실히 증가하고 있는 중이다.</u> 2005년에, 노인들 중 오직 5퍼센트만이 인터넷 접근을 했다. 하지만 2009년에는, 그 숫자가 30퍼센트까지 올랐다. 사실상, 일부 노인들은 그들의 인터넷 사용 때문에 전세계적으로 유명해졌다. 페이스북에서 세계 최고령의 사람인 아이비 빈은 그녀가 102세였을 때에 2008년에 그 사이트에 가입했다.

답 ① (노인들이 디지털 시대를 가고 있다.)

다음 글의 제목으로 가장 적절한 것은?

> The Paralympic Games are an international athletic competition for people who have physical disabilities. Originally a combination of the words "paraplegic" and "Olympic", the word "Paralympic" now is a combination of "parallel" and "Olympic" and refers to the fact that the games are held in the same years and at the same locations as the Olympic Games. Paralympic athletes are classified according to their physical disabilities, and they compete in against athletes with similar disabilities. As of 2012, the Paralympic Games included events in more than 20 different sports, some of which allowed athletes to use wheelchairs during competition.

① What are the Paralympic Games?
② 2012 Paralympic Games
③ Qualifications of Paralympic Athletes
④ Events in Paralympic Games

Advice

장애인 올림픽 게임은 신체적인 장애를 가진 사람들은 위한 국제적인 운동경기이다. 원래 "하반신 마비환자"와 "올림픽"이라는 단어들의 조합인 "장애인 올림픽"은 이제 "병행하는"과 "올림픽"의 조합이고 그 게임들이 올림픽 게임과 같은 해와 같은 장소에서 개최된다는 사실을 가리킨다. 장애인 선수들은 그들의 신체장애들에 따라서 분류된다. 그리고 그들은 유사한 장애들을 가진 선수들과 경쟁한다. 2012년 현재로, 장애인 올림픽은 20가지 다른 스포츠들 이상의 경기들을 포함했다. 그 스포츠들 중 일부는 선수들이 경기 동안 휠체어를 사용할 수 있게 허용했다.

답 ① (장애인 올림픽이란 무엇인가?)

다음 글의 주제문에 밑줄 치고 제목을 고르시오.

Smallpox was the first widespread disease to be eliminated by human intervention. In May, 1966, the World Health Organization (WHO), an agency of the United Nations, was authorized to initiate a global campaign to eradicate smallpox. The goal was to eliminate the disease in one decade. At the time, the disease posed a serious threat to people in more than thirty nations. Because similar projects for malaria and yellow fever had failed, few believed that smallpox could actually be eradicated, but eleven years after the initial organization of the campaign, no cases were reported in the field. The strategy was not only to provide mass vaccinations but also to isolate patients with active smallpox in order to break the chain of human transmission. Rewards for reporting smallpox assisted in motivating the public to aid health workers. One by one, each smallpox victim was sought out, removed from contact with others, and treated. At the same time, the entire village where the victim had lived was vaccinated.

① The World Health Organization

② The Eradication of Smallpox

③ Symptoms of Smallpox

④ Infectious Diseases

Advice

천연두는 인간 개입에 의해 제거된 최초로 널리 퍼진 질병이었다. 1966년 5월, 연합국의 기관인 세계보건기구는 천연두를 뿌리 뽑기 위해 세계적 운동을 착수하도록 권한을 부여 받았다. 목표는 10년 안에 그 질병을 제거하는 것이었다. 그 당시, 그 질병은 30개국 이상의 사람들에게 심각한 위협을 보여주었다. 말라리아와 황열병에 관한 비슷한 프로젝트가 실패했었기 때문에 천연두가 실제로 제거될 수 있다고 믿은 사람은 거의 없었다. 그러나 최초의 조직 운동이 있은 지 11년 후에 천연두에 관해 어떠한 사례도 보고되지 않았다. 그 전략은 대량 예방접종을 제공하는 것뿐만 아니라 인간 전염의 고리를 부수기 위해 천연두에 걸린 환자들을 고립시키는 것이었다. 천연두를 보고하는 것에 대한 보상은 대중이 건강한 노동자들을 동기화시키는 것에 도움을 주었다. 하나씩, 하나씩, 각각의 천연두 희생자는 찾아내졌고, 다른 사람들과의 접촉을 피하게 했고, 치료 받았다. 동시에, 희생자가 살았던 전체 마을은 예방 주사를 맞게 되었다.

eliminate 제거하다 intervention 개입 authorize 권한을 부여하다 initiate 착수시키다
eradicate 근절하다, 뿌리 뽑다 transmission 전염

답 ② (천연두의 제거)

다음 글의 주제문에 밑줄 치고 제목을 고르시오.

People can now watch a great variety of video tapes at home on the VCR. Materials available include everything stocked at the local video store and movies or any other programs from the 24-hour selections on television, as well as tapes made at home or borrowed from friends. Such entertainment in the home is also more affordable than it is in public places. The greater convenience of watching tapes at any hour and pausing a tape or finishing it at a later time makes entertainment possible for people who have very limited opportunities to go to the movies or watch television. The VCR also enables family and friends to be together in a relaxed atmosphere, enjoying one another's company and also communicating in a way that is not possible in a movie theater.

① VCR to Prevent Family's Unity
② Where to Borrow Video Tapes
③ VCR as a Home Entertainment
④ Etiquette to Be Kept in a Theater

Advice

사람들은 지금 가정에서 VCR로 다양한 비디오 테이프를 본다. 이용할 수 있는 자료에는 집에서 만들거나 친구에게 빌려온 테이프뿐만 아니라 동네 비디오 가게에 쌓여 있는 모든 것들, 영화, 혹은 24시간 방영되는 텔레비전에서 선택된 다른 프로그램들이 포함된다. 또한 그런 오락물은 공개된 장소보다는 가정에서 더 이용하기 쉽다. 언제든지 테이프를 볼 수 있고, 일시로 중지하거나 나중에 다 볼 수 있다는 편리함이, 영화관에 가거나 텔레비전을 볼 시간이 제약된 사람들에게 즐길 수 있도록 해준다. VCR은 또한 가족과 친구들이 서로의 모임을 즐기며, 영화관에서는 불가능한 대화를 나누며, 편안한 분위기에서 함께 모일 수 있게 한다.

affordable 이용 가능한

답 ③ (가정의 오락으로서의 VCR)

다음 글의 주제문에 밑줄 치고 제목을 고르시오.

Earthquakes themselves are unpredictable. Although any powerful submarine earthquake can bring a dangerous tsunami, not all such earthquakes actually result in a big wave. Even though you have an effective detection system, it is useless if you cannot evacuate a threatened area. Here, speed is of the essence. Computer modeling can help show which areas are likely to be safest, but common sense is often the best guide-run like the wind, away from the sea. Evacuation warnings, too, should be easy to give as long as people are awake. Radios are very effective to tell people to run.

① How to Prevent a Tsunami

② How Big is a Tsunami Wave?

③ How to Escape from a Tsunami

④ What Makes a Tsunami Generate?

Advice

지진은 그 자체만으로는 예측할 수 없다. 비록 강력한 해저 지진이 위험한 해일을 가져오지만 그런 지진 모두가 실제 큰 해일을 초래하지는 않는다. 효율적인 탐지 시스템을 갖고 있다 치더라도 위험지역을 벗어날 수 없다면 소용없는 일이다. 이 시점에서는 속도가 제일 중요하다. 물론 어느 지역이 가장 안전한지 컴퓨터 모형이 보여줄 수 있지만, 상식이 때로는 가장 중요한 지침-바람처럼 (빨리) 달리는 것-이 된다. 사람들이 깨어 있다면 철수경고 역시 쉽게 위험을 전달해 줄 수 있다. 라디오 또한 사람들에게 도망치라고 알려주는데 매우 효과적이다.

unpredictable 예측할 수 없는 detection 탐지, 발견 evacuate 철수하다

답 ③ (지진해일로부터 탈출하는 방법)

연습문제

다음 글의 주제문에 밑줄 치고 제목을 고르시오.

In a study in the United States, overweight patients who lost a mere seven percent of their total body weight reduced their risk for diabetes by fifty-eight percent. Similar improvements have been reported for high blood pressure, heart disease, and even some kinds of cancer. Excess belly fat puts stress on the body's internal organs and sets in motion the mechanics of some diseases. But this belly fat goes first when you start to lose weight. So your health will improve remarkably by just a little weight loss, even though your thighs don't get thinner.

① You Are What You Eat
② Lose a Little, Gain a Lot
③ Nutrition: the Key to Health
④ Danger of Extreme Weight Loss

Advice

미국의 어떤 연구에 따르면, 과체중 환자들이 단지 자기 체중의 7%를 줄임으로써 당뇨의 위험을 58%까지 줄였다. 고혈압, 심장병 및 심지어는 몇 종류의 암에 있어서까지도 그와 비슷한 위험의 감소가 보고되어 왔다. 과도한 복부 지방은 내장 기관에 스트레스를 주어 몇몇 질병을 일으키는 과정을 활성화한다. 하지만 체중이 빠지기 시작하면 복부 지방이 가장 먼저 감소한다. 그래서 체중이 약간만 감소하면, 다리가 더 날씬해질 수는 없겠지만, 건강은 놀랍게 개선될 것이다.

diabetes 당뇨병 belly 배, 복부 set in motion 움직이다, 활성화하다 mechanics 역학, 기계학 thigh 허벅지

달 ② (조금만 잃고, 많이 얻어라)

요지, 주장

주제, 제목 유형과 함께 역시 독해의 다수를 차지하는 문제 유형이다. 글의 요지와 주장은 필자가 결국 하고 싶은 말이 무엇인지 파악하는 것이다. 상황이 제시되고 그 상황을 바라보는 필자의 주장이 드러나 거나, 다른 사람의 주장을 비판하면서 자기의 주장을 내세우기도 하고, 주장을 하고 사례를 제시하기도 한다. 사례나 다른 사람의 주장 등에 자기 생각을 이입하지 말고, 필자의 주장을 먼저 파악해야 한다.

(1) 글을 읽으면서 글의 주제문을 찾는다. 글의 주제문이 어디서 나올 것인가를 염두에 두고, 글을 읽는다. 글 중간에 But이나 However로 내용이 전환되는 경우에는 그 문장이 주제문이 되는 경우가 많고, must, should, need와 같은 조동사가 포함된 문장도 주제문이 되는 경우가 많다.

(2) 방심하지 말고 글을 끝까지 읽는다. 대개 한 단락의 글에서 필자가 말하고자 하는 것은 첫 문장에 있는 것이 보통이다. 하지만, 첫 문장만 읽고 답을 내도록 하지 않게 하려고 의도적으로 요지를 숨기기도 한다. 그러므로 무턱대고 첫 문장을 보고 답을 하지 않도록 유의해야 한다.

기출유형문제

다음 글의 요지로 가장 적절한 것은?

> Tests were carried out to study the effects of laughter on the body. People watched funny films, while doctors checked their heart rate, blood pressure, breathing and muscles. It was found that laughter has similar effects to physical exercise. It increases blood pressure, the heart rate and the rate of breathing; it also works several groups of muscles in the face, the stomach, and even the feet.

① 웃음은 혈압을 낮춘다.　　　　② 웃음은 면역성을 기른다.
③ 웃음은 고통을 감소시킨다.　　④ 웃음은 운동의 효과가 있다.

Advice

신체에 웃음의 효과가 있는지를 연구하는 실험이 진행되었다. 사람들은 재미있는 영화를 보았고 의사들은 그들의 심장 박동 수, 혈압, 호흡과 근육을 검사했다. 그 결과 웃음은 운동과 비슷한 효과가 있음이 밝혀졌다. 웃음은 혈압, 심장 박동 수와 호흡을 증가시킨다. 또한 웃음은 얼굴, 복부와 심지어 다리의 근육에 효과를 발휘한다.

답 ④

다음 글의 요지로 가장 적절한 것은?

Most of us need to feel that we matter in some way. Perhaps this explains the high value placed on titles and celebrity. It causes us to feel excessively pleased when someone important recognizes us, and to feel hurt when our doctor or pastor passes us on the street without saying hello, or when a neighbor calls us by our sister's or brother's name. The need to know that we are making a difference motivates doctors and medical researchers to spend hours looking through microscopes in the hope of finding cures for diseases. Ordinary people are willing to buy six copies of the local paper because it has their name or picture in it.

① 직업에 따라 성취동기가 다양하다.
② 누구나 타인으로부터 인정받고자 하는 욕구가 있다.
③ 자존감이 높은 사람은 자신에게 엄격하다.
④ 다른 사람의 직업을 존중할 필요가 있다.

Advice

대다수의 우리들은 우리가 어떤 점에서는 중요하다는 것을 느낄 필요가 있다. 어쩌면 이것은 직함들과 명성에 놓인 높은 가치를 설명한다. 유명한 어떤 사람이 우리를 알아볼 때, 우리는 필요 이상으로 즐거워하고, 우리를 아는 의사 또는 목사가 거리에서 인사도 하지 않고 지나칠 때, 또는 이웃이 우리를 우리 누나나 형의 이름으로 부를 때 상처를 받는다. 우리가 차이를 만들고 있다는 것을 알 필요는 의사들과 의료 연구자들이 많은 시간을 현미경을 들여다보면서 질병에 대한 치료책을 발견하기를 희망하면서 보내게끔 동기부여 한다. 보통 많은 사람들은 지역 신문에 그들의 이름이나 사진을 갖고 있기 때문에 지역 신문 6부를 기꺼이 사고자 한다.

 ②

다음 글의 주제문에 밑줄을 치고, 요지를 찾아라.

Suddenly compact discs with titles such as "The Mozart Effect" and "Baroque for Baby" began appearing in stores. Many parents seemed to believe that if their babies heard Mozart's music, their IQs might increase. It was called "The Mozart Effect." But there is no evidence that playing Mozart to babies will raise their IQs. The original study in 1993 showed only that spatial-temporal abilities of college students who participated in the experiment temporarily increased. And no one else has been able to show the same result. Even the researchers who performed the study never claimed it would increase a baby's IQ. If you want to buy "The Mozart Effect" CDs, just go ahead. But it is foolish to expect "The Mozart Effect" to be real.

① 모차르트 음악은 지능 계발에 효과가 있다.
② 태교 음악은 일시적인 효과만 있다.
③ 모차르트 효과는 과학적인 근거가 없다.
④ 고전 음악은 아이들의 정서 함양에 유익하다.

Advice

갑자기 "The Mozart Effect"나 "Baroque for Baby" 라는 이름의 음반들이 상점에 등장하고 있다. 많은 부모들은 자신의 아기가 모차르트 음악을 들으면 IQ가 좋아질 거라 믿는 듯하다. 이를 "모차르트 효과"라 부른다. 하지만 아기에게 모차르트 음악을 들려주는 것이 IQ를 높여준다는 증거는 전혀 없다. 1993년에 있었던 최초의 연구는, 실험에 참가한 대학생들의 사·공간적 능력만이 일시적으로 높아졌음을 보여준다. 하지만 다른 어떤 누구도 같은 결과를 한 번도 보여주지 못했다. 심지어는 그 실험을 수행했던 연구원조차도 그것이 아기의 IQ를 올려 준다고는 결코 주장하지 않았다. <u>만약 당신이 "The Mozart Effect"음반을 사고 싶다면 가서 사도록 해라. 하지만 "모차르트 효과"가 실제라고 기대하는 것은 어리석은 일이다.</u>

spatial-temporal ability 일시적인 공간 능력

 ③

다음 글의 주제문에 밑줄을 치고, 필자가 주장하는 소비자의 할 일로 가장 적절한 것을 고르시오.

The word "natural" appears in large letters across many cans and boxes of food. But this word, and others like it, sometimes give shoppers false ideas about the food inside. Even though laws require that all food labels give truthful information, this does not always happen. The word "natural" has not been defined by the FDA, the agency in charge of food labels. So any food maker can use the word on a package. Even the worst junk food is certain to have something natural in it. So the makers of these foods can use "natural" on their packages. Consumers should read labels carefully and write letters of complaint to the FDA whenever they come across products that are not truly natural. Everyone in the marketplace can help to make truth in labeling work effectively.

---

① FDA와 기업을 신뢰해야 한다.
② 우리 농산물을 애용해야 한다.
③ 건강을 위해 자연산을 먹어야 한다.
④ 제품에 진실한 정보가 담기도록 적극 나서야한다.

Advice

모든 식품의 캔과 상자에 "natural"이라는 말이 큰 글씨로 쓰여 있다. 하지만 이 말은 다른 말처럼 종종 내용물에 대한 잘못된 생각을 구매자에게 전달한다. 모든 식품의 내용표시가 진실한 정보를 제공하도록 법으로 규정되어있지만 꼭 그렇게 되지는 않고 있다. "natural"이라는 말이 음식 내용표시의 책임 기관인 FDA에 의해 정의되어 있지 않다. 그래서 어떤 식품제조업자든지 포장지에 그 말을 사용할 수 있다. 심지어 가장 질 낮은 식품조차 그 안에 자연산을 함유하고 있다는 것은 틀림없다. 그래서 이런 음식물 제조자도 포장에 "natural"을 사용할 수 있다. 소비자는 내용물 표시를 꼼꼼히 읽고 진정한 자연산이 아닌 상품을 볼 때마다 FDA에 민원 편지를 보내야 한다. 내용물 표시 작업이 진실하도록, 경제활동을 하는 모든 사람이 도와야 효율적으로 이루어질 수 있다.
junk 쓰레기, 잡동사니 complaint 불평, 민원 come across 우연히 만나다, 발견하다

 답 ④

다음 글의 주제문에 밑줄을 치고, 요지를 찾아라.

It is difficult to say just how urbanized the world has become. With urban growth taking place rapidly, it is impossible even for experts to do more than provide estimates. According to the UN data, almost half of the world's population is now urban. These data make the very different definitions of urban used by different countries. Some countries count any settlement of 1,000 people or more as urban, while others use 10,000 as the minimum for an urban settlement; and Japan uses 50,000 as the cut-off. This, by the way, tells us that urbanization is a relative phenomenon. In countries like Peru, a settlement of 2,000 represents a significant center. However, a much larger concentration of people is required to count as "urban."

① 도시화라는 개념은 상대적이다.
② 농촌지역에 대한 배려가 필요하다.
③ 농촌의 도시화가 빠르게 진행되고 있다.
④ 도시정책 전문가를 양성하는 것이 필요하다.

Advice

세계가 얼마만큼 도시화되었는지 말하기는 어렵다. 도시화가 급격하게 진행됨에 따라, 전문가들조차 기껏해야 예상만 할 뿐이다. UN의 자료에 의하면, 세계 인구의 거의 절반이 현재 도시에 살고 있다. 이들 자료에 의하면 도시의 정의가 각 나라마다 다르다. 일부 국가에서는 상주인구가 1,000명 혹은 그 이상이면 도시로 간주한다. 반면에 다른 국가들은 상주인구를 최소 10,000명으로 정하고 있다. 일본은 50,000명을 최소기준으로 삼는다. <u>이것은 도시화라는 개념이 상대적인 것임을 말해준다.</u> 페루 같은 국가들에서는 상주인구가 2,000명이면 중요한 중심지이다. 그러나 도시로 간주되기 위해선 훨씬 더 많은 인구의 집중이 요구된다.

estimate 어림치, 예상치 urbanize 도시화하다

 답 ①

CHAPTER
03

빈칸 유형

전체 유형 중 가장 많은 비중으로 출제되고 있으며 대다수의 수험생들이 상당히 어려워하는 유형이기도 하다. 그러나 빈칸 유형은 결국 주제문이나 주제어를 찾는 유형이기 때문에 앞에서 연습한 주제 유형과 크게 다르지 않다고 생각해야 한다. 반드시 글의 전체 내용이 무엇에 관한 것인지 파악을 한 후, 빈칸이 들어있는 앞, 뒤 문장을 꼼꼼히 살피어 핵심 단어나 문장을 찾아 낼 수 있어야 한다.

기출유형문제

다음 빈칸에 들어갈 말로 가장 적절한 것은?

You probably have seen the "wet spot" mirage on a road on a hot day. You travel toward the "wet spot" but never reach it. This is so because of refraction in the hot air near the road surface, and the "wet spot" is really a view of the sky via refracted skylight. The variation in the density of the rising hot air causes refractive variations that allows us to "see" hot air rising from the road surface. (You can't see air)
Have you ever tried to catch a fish under water and missed? We tend to think of our line of sight as a straight line, but light (   ) due to refraction at the air-water surface. The fish is not where you think, <u>unless you take refraction into consideration.</u>

① bends
② scatters
③ reflexes
④ intensifies

Advice

당신은 아마도 뜨거운 낮에 길 위에 나타난 "wet spot(오아시스의 일종)" 신기루를 본 적이 있을 것이다. 당신이 "wet spot"을 향해 나아가더라도 결코 그곳에 도착할 수 없다. 왜냐하면 그것은 길 표면 가까이에 있는 뜨거운 공기의 굴절 현상 때문에 생겨난 것으로, "wet spot"은 실제로는 굴절된 하늘의 산광에 의한 하늘의 경치인 것이다. 상승하는 뜨거운 공기의 밀도 변화가 굴절된 변화의 모습들을 일으키며 그 모습들을 통해 우리는 길 표면으로부터 상승하는 뜨거운 공기를 볼 수 있는 것이다. (당신은 공기를 볼 수는 없다.)
당신은 혹시 물 아래에 있는 물고기를 잡으려다가 놓친 적이 있는가? 우리는 우리의 시선을 직선이라고 생각하는 경향이 있으나, 빛은 공기와 물의 계면에서의 굴절로 인해 <u>휘어진다.</u> 빛의 굴절을 염두에 두지 않는다면, 물고기는 당신이 생각하는 곳에 있지 않다.

답 ① (구부러지다)

다음 빈 칸에 들어갈 말로 가장 옳은 것은?

During colonial days, Peter Zenger printed newspaper stories that criticized the British governor of New York. For this act, Zenger was jailed and brought to trial in 1735. Zenger's lawyer successfully argued that printing the truth could not be called a crime. Zenger's innocence promoted the freedom of _____ in North America.

① association   ② the press
③ business   ④ religion

Advice

식민 시기동안 Peter Zenger는 뉴욕의 영국 지배자를 비난하는 신문 기사를 썼다. 이런 행위로 말미암아 Zenger는 1735년에 투옥되었고 고소를 당했다. Zenger의 변호사는 진실을 기사화하는 것은 범죄로 볼 수 없다는 것을 주장하여 승리를 거두었다. Zenger의 무죄판결은 북미에서 언론(출판)의 자유를 촉진시켰다.

답 ②

다음 보기 중 빈 칸에 들어갈 말로 가장 옳은 것은?

Anthropologists don't know exactly when our ancestors lived, and there are different theories, or ideas that have no clear conclusion, about our ancestors. Anthropology is the study of _____. Anthropologists think that Earth formed five billion years ago and that life started about three billion years ago. Anthropologists say that the first animals with a spine lived 500 million years ago. We know that apes lived 33 million years ago. Apes are gorillas, chimpanzees, and other large monkeys. These apes lived in trees in Africa, had thirty-two teeth, and walked on four legs. Our ancestors also lived in Africa and had thirty-two teeth, but they were different : they walked on two legs. One theory is that our first ancestors lived three to four million years ago in Africa.

① early life in Africa   ② the origin of Earth in ancient times
③ the history of architecture   ④ human origin

인류학자들은 우리 조상들이 살았던 때를 정확하게 알지 못하고 있다. 그래서 우리 조상들에 대해서 결론이 명확하지 못한 수많은 이론들과 생각들이 존재하고 있다. 인류학은 <u>인류의 기원</u>을 연구하는 학문이다. 인류학자들은 지구가 50억 년 전에 생겨났고 생명은 30억 년 전에 시작되었다고 생각했다. 인류학자들은 척추를 가진 최초의 동물들은 5억 년 전에 살았다고 말한다. 우리는 유인원들이 3천 3백만 년 전에 살았다고 알고 있다. 유인원들은 고릴라, 침팬지, 그리고 커다란 원숭이들이다. 이런 유인원들은 아프리카 나무 위에서 살았고 32개의 이빨을 가졌고 네 발로 걸어 다녔다. 우리 조상들도 아프리카에서 살았고 32개의 이빨들을 가졌지만 그들은 달랐다. 그들은 두 발로 걸어 다녔다. 우리의 조상들이 아프리카에서 3백에서 4백만 년 전에 살았었다는 한 이론도 있다.

답 ④ (인류의 기원)

기출유형문제

다음 빈칸에 들어갈 말로 가장 적절한 것은?

> Checks and balances are an important concept in the formation of the U.S. system of government as presented in the Constitution of the United States. Under the conception of government, <u>each branch of government has built-in checks and limitations</u> placed on it by one or more different branches of government in order to ensure that any branch is not able to _____. Under the Constitution, the United States has a tripartite government, with power divided equally among the branches.

① provide services to its citizens
② exert total dominance over the government
③ prevent other people from harming an individual
④ enable the people of a nation to live in safety and happiness

Advice

견제와 균형은 미국의 헌법에 나타나있는 것처럼 미국의 정부시스템의 형성에 있어서 중요한 개념이다. 그 개념 아래에서 정부 각각의 부서는 일체화된 견제와 제한들을 가지고 있다. 어떠한 부서라도 정부에 대한 전면적인 지배를 행사할 수 없다는 것을 확실히 하기 위해 정부의 하나 또는 그 이상의 서로 다른 부서들에 의해서 견제를 받도록 되어있다. 헌법에서, 미국은 부서들 간 균등하게 나누어진 권력과 함께 삼부로 나누어진 정부조직을 가지고 있다.

답 ②

다음 밑줄 친 부분에 가장 적절한 것은?

Some experts think bullying _____. For our ancestors, they argue, being able to control others was a useful strategy for survival. By acting tough, some people would earn a higher rank than others. These leaders would take responsibility for the group. Everyone else would respect the leaders and do as they were told. When each member of the group knew where he or she belonged, society would run smoothly. Monkeys and apes, humans' closest relatives, still organize their societies this way. But for modern people, the behavior can backfire. Teenage bullies don't take care of their classmates, like top-ranked apes do. Instead, their meanness simply causes trouble.

① is a problem at school
② makes people hurt inside
③ comes naturally to humans
④ happens more now than before

Advice

몇몇 전문가들은 약자를 괴롭히기는 인간들에게 자연스럽게 다가온다고 생각한다. 그들이 주장하기로는 우리의 선조들에게 다른 이들을 통제할 수 있다는 것은 생존을 위한 유용한 전략이었다. 거칠게 행동함으로써, 몇몇 사람들은 다른 이들보다 더 높은 지위를 얻을 수 있곤 했다. 이 지도자들은 그 무리를 위한 책임을 지곤 했다. 다른 모든 이들은 그 지도자를 존경했고 그들이 들은 대로 행동하곤 했다. 그 무리의 그 또는 그녀가 속한 곳을 각각의 구성원들이 알았을 때, 사회는 원활하게 나아가곤 했다. 인간의 가장 가까운 친척들인 원숭이들과 유인원들은 여전히 그들의 사회를 이런 방식으로 조직한다. 그러나 현대인들에게, 그 행동은 역효과를 낼 수 있다. 십대가 최상위 유인원들이 약자를 괴롭히는 것처럼 그들의 학우들을 신경 쓰지 않는다. 대신, 그들의 비열함은 그저 말썽을 일으킬 뿐이다.

답 ③

다음 빈 칸에 들어갈 말로 가장 적절한 것은?

The Second Amendment to the U.S. Constitution, which includes the words "the right to … bear arms," is viewed as the foundation for right of Americans to own guns. Today the meaning of those words is widely _____. Some believe they were written to make sure that the young U.S. could defend itself from outside threats to its independence. Others feel that it was meant to apply to individual Americans so that they could protect themselves and their property.

① sponsored
② enacted
③ debated
④ rejected

연습문제

다음 빈 칸에 들어갈 말로 가장 적절한 것은?

> Scientists believe that elephants become alcoholics for the same reason some people do. They want to forget their everyday lives and problems, and getting drunk allows them to do that, at least for a short time. The scientists have found that if elephants are put in stressful situations, they will consume a lot more alcohol than usual. Sadly, these stressful situations are becoming more and more common in the wild. As elephants face overcrowding, caused by the destruction of their habitat, increasing numbers of them are _____.

① speaking it loudly

② turning to alcohol as the answer

③ making juice from fruits

④ living in a family group

Advice

과학자들은 사람들과 똑같은 이유로 코끼리도 알콜 중독자가 된다고 믿고 있다. 코끼리들은 일상생활과 여러 문제들을 잊기를 원한다. 술에 취하게 되면 적어도 얼마 동안만이라도 그러한 것들을 잊을 수 있다. 과학자들은 코끼리들이 스트레스를 받는 상황에 처하면 평상시보다 술을 더 많이 마신다는 사실을 알아냈다. 슬프게도, 이러한 스트레스를 받는 상황이 야생 세계에서도 점점 흔해지고 있다. 서식지 파괴로 인한 과밀현상에 직면하면서, 더 많은 코끼리들이 <u>해결책으로 알코올에 의존하고 있다.</u>
habitat 서식지

 ②

다음 빈 칸에 들어갈 말로 가장 적절한 것은?

"Let me help," my father said when I told him about the situation. Dad is a retired electrician and lives on Social Security and a small pension. He doesn't have much for extras. How could he help? "Cans" was his answer. Recycled cans. He started gathering cans in the neighborhood. The money would go toward immunizations for the children. Soon word got out and people brought him their own cans to add to those he'd already collected. So far, Dad's efforts have paid for nearly 1,000 shots, and now he's raising money for the children's dental and eye care as well. My father has certainly proved there is truth behind the old saying, "_____."

① Every cloud has a silver lining

② One man's trash is another man's treasure

③ Don't put all your eggs in one basket

④ You can't have your cake and eat it, too

Advice

내가 아버지께 그 상황에 대해서 말했을 때, 아버지는 "도와줄게"라고 말했다. 아버지는 전기 기사로 일하다 은퇴하고는 사회 복지 수당과 적은 연금으로 생활한다. 여유 자금이 많지 않은데 어떻게 도와줄 수 있겠는가? '깡통'이 답이었다. 재활용 깡통이었다. 아버지는 도로 가에서부터 가능한 한 깡통을 주울 수 있는 곳까지 모두 다니며, 주변에서 깡통을 모으기 시작했다. 그렇게 모은 돈은 어린이들 예방 접종비로 쓰일 것이었다. 곧 소문이 퍼져 나갔고 사람들이 깡통을 가져와서 아버지가 모아 놓은 깡통에 보탰다. 지금까지 아버지의 노력으로 거의 천 번의 접종비가 지불되었고, 지금은 어린이들의 치아와 안과 진료를 위해서도 돈을 모으고 있다. 아버지는 "<u>한 사람의 쓰레기가 다른 사람에게는 보물이 된다.</u>"는 속담 속에 진실이 담겨있다는 것을 확실히 증명했다.

retire 은퇴하다 immunizations 예방 접종

 ②

다음 빈 칸에 들어갈 말로 가장 적절한 것은?

As a beginning lawyer, I was assigned to assist an older man, a business attorney. He hated _____. When I would bring him what I thought was a finished piece of work, he would read it quietly and take out his pen. As I watched over his shoulder, he would cross out whole lines, turn clauses into phrases, and turn phrases into single words. One day at lunch, I asked him how he did it. He shrugged and said, "It's not hard—just omit the surplus words."

① shyness
② prejudice
③ selfishness
④ lengthiness

Advice

초보 변호사 시절에 나는 나이 많은 사업체 변호사를 돕는 일을 맡게 되었다. 그는 <u>장황한 것</u>을 싫어했다. 내가 완성되었다고 생각한 일을 그에게 가지고 갈 때면 그는 그것을 조용히 읽어 보고 자신의 펜을 꺼내곤 했다. 내가 그의 어깨 너머로 보고 있을 때, 그는 줄 전체를 지워버리고, 절을 구로 바꾸고, 구는 한 단어로 바꾸곤 했다. 어느 날 점심때, 나는 그에게 그것을 어떻게 하는지 물었다. 그는 어깨를 으쓱 하고 말했다. "어렵지 않아요. 그냥 여분의 말을 생략하세요."

assign 배정하다 attorney 변호사 clause 절 phrase 구 shrug 어깨를 으쓱대다 omit 생략하다

답 ④

CHAPTER
04

접속사 삽입

빈칸 유형의 일종으로 글의 흐름을 파악하여 연결어를 집어넣는 문제 유형이다. 따라서 많은 접속사를 먼저 숙지하는 것이 중요하고, 글을 읽으면서 흐름이 어떻게 가고 있는지를 찾는 것이 중요하다.

① 주요 접속사

(1) 요지문을 이끄는 연결사 : 글쓴이의 주장을 강조하거나, 미괄식에서 마지막문장 앞에 오는 연결사, 수업 중 강조된 부분이니 꼭 암기!

〈결론, 요약〉	〈재진술〉	〈강조〉
in conclusion	namely, in other words	above all
in short, in brief	so to speak	first of all
in sum	to put it this way	in the first place
in a word	that is, that is to say	to begin with
in effect	as it were	primarily
to sum up, to summarize	〈인과〉	in particular
to conclude	therefore, hence	surely
to be brief	as a result, consequently	
in the end	in consequence	
in the long run	accordingly	
	thus, so	

(2) **역접관계를 이끄는 연결사**: 흐름잡기에서 앞, 뒤 내용이 반대됨을 알려주거나, 글 앞부분에서 두 주장이 역접연결사에 의해 연결된 경우, 역접연결사 뒤에 나오는 주장이 글의 요지!

〈그러나〉	〈반대로〉	〈그럼에도 불구하고〉
but	on the other hand	nevertheless
however	on the opposite	nonetheless
yet	on the reverse	notwithstanding
still	on the contrary	despite, in spite of
	in contrast	with all
	conversely	for all
	contrastingly	though
	contrary to	although
	while	even though
	whereas	even if

(3) **예시문을 이끄는 연결사**: 예시문이 등장함을 알리는 연결사들! 예시문 바로 앞에는 요지문이 위치한다!

〈예시〉

for example, for instance, as an illustration, to illustrate

(4) **첨가의 의미를 이끄는 연결사**: 첨가 관계이므로 연결사 앞뒤의 내용이 같다. 전후 문장 추론, 순서 잡기 등에서 유용한 연결사!

〈게다가, 또한〉	〈비슷하게, 유사하게〉
in addition, additionally	similarly
moreover, furthermore	likewise
what is more, all the more, still more	in the same way
besides, also, as well	in like manner

다음 빈칸에 순서대로 들어갈 말로 가장 적절한 것은?

> The Internet has encouraged the freedoms of speech and expression. The Internet is a very large common public area that is shared by people all around the world. Due to the diversity of the Net's users, no one standard can be applied to govern speech on the Net. _____, the Internet's technology itself prevents anyone from blocking the free flow of information.
>
> In the late 1990s, many countries became alarmed at the freedom of speech accessible on the Internet and tried to restrict it. Singapore insisted that political and religious sites must register with the government. China ordered that all Internet users had to register with the police. And Saudi Arabia restricted Internet use to only universities and hospitals. _____, due to the nature of the Internet, none of these efforts has had much lasting effect.

① Furthermore – However

② However – For instance

③ For example – Furthermore

④ Otherwise – However

Advice

인터넷은 언론과 표현의 자유를 장려해왔다. 인터넷은 전 세계 사람들에 의해서 공유되는 매우 큰 공통의 공공 구역이다. 인터넷 사용자의 다양성 때문에, 어떠한 기준도 인터넷에서의 발언을 통제하도록 적용될 수 없다. <u>게다가</u>, 인터넷의 기술 그 자체는 누구라도 정보의 자유로운 흐름을 막지 못한다.

199년대 후반에, 많은 나라들은 인터넷에서 접근할 수 있는 언론의 자유를 두려워하게 되었고 그것을 제한하려고 노력했다. 싱가폴은 정치적이고 종교적인 사이트는 정부에 등록해야 한다고 주장했다. 중국은 모든 인터넷 사용자는 경찰에 등록해야 한다고 명령했다. 그리고 사우디아라비아는 인터넷 사용을 오직 대학과 병원으로 제한했다. <u>그러나</u> 인터넷의 본성 때문에 이러한 노력 중 어떠한 것도 많은 지속적인 효과를 가지지는 못했다.

답 ①

다음 빈 칸에 들어갈 말로 가장 옳은 것은?

> When someone you know becomes ill, try to avoid physical contact with that person. If you get sick yourself, keep your towels and dishes separate from everyone else's. Try not to touch things that belong to others. Don't touch other people, and don't shake hands.
>
> Explain why, _____ ; you don't want people to think you are impolite.

① therefore　　　　　　　　② however

③ thus　　　　　　　　　　④ furthermore

Advice ———————●

당신이 아는 누군가가 아플 때, 그 사람과 신체적 접촉을 피하도록 해라. 만약 당신이 아프다면, 당신의 수건과 접시들을 다른 사람들의 것과 분리하여라. 다른 사람들에게 속한 물건들을 만지지 않도록 해라. 다른 사람들을 만지지 말고, 악수를 하지마라. <u>그러나</u> 이유를 설명하라. ; 당신은 사람들이 당신을 무례하다고 생각하기를 원하지 않는다.

답 ②

다음 빈칸에 들어갈 말로 가장 적절한 것은?

The brain is not the machine we once thought it to be. Though different regions are associated with different mental functions, the cellular components do not form permanent structures or play rigid roles. They're flexible. They change with experience, circumstance, and need. Some of the most extensive and remarkable changes take place in response to damage to the nervous system. Experiments show, (   ), that if a person is struck blind, the part of the brain that had been dedicated to processing visual stimuli doesn't just go dark.

① however   ② by contrast

③ for instance   ④ by comparison

Advice

뇌는 우리가 과거 한 때 그럴 것이라고 생각했던 기계가 아니다. 제각기 다른 (뇌의)영역들이 다양한 정신 활동과 관련되어 있지만, 세포의 구성 요소들은 영구적인 구조를 형성하거나 융통성 없는 기능을 하지 않는다. 그것들은 유연하다. 그것들은 경험, 환경, 그리고 필요에 따라 변화한다. 가장 광범위하고 주목할 만한 변화의 몇몇은 신경계의 손상에 반응하여 나타난다. 예를 들어, 만일 어떤 사람이 시력을 잃게 되더라도, 시각적인 자극을 처리하는 임무를 맡은 뇌 부분은 쉽게 어둠 속으로 사라지지 않는다(쉽게 그 기능이 상실되는 것은 아니다)는 것을 실험을 통해 알 수 있다.

답 ③

다음 빈 칸에 들어갈 말로 가장 옳은 것은?

Stories from around the world are showing the dangers of video games. One report tells of a 22-year-old man killing his mother because she yelled at him for playing his video games too long. Another describes how a 32-year-old man from Seoul died after playing video games for five days and nights non-stop. These stories might seem shocking, but they are not new or uncommon in our modern society. The Korean government has proposed laws to limit playing times and treatment options for those addicted to video games. _____, none of these laws have passed yet into law.

① Therefore   ② For example

③ Certainly   ④ Unfortunately

Advice

전 세계 여러 보고서들이 비디오 게임의 위험성을 보여주고 있다. 한 보고서는 어머니가 너무 오랫동안 비디오 게임을 한다고 소리를 쳤다고 해서 어머니를 살해한 22살의 남성에 관한 이야기를 다루었다. 또 다른 보고서는 5일 동안 밤낮없이 비디오 게임을 하고서 서울 출신의 32세의 남성이 어떻게 사망하게 되었는지를 기술해 주고 있다. 이런 이야기들이 충격적인 것처럼 보이지만, 오늘날 현대사회에서는 지금은 새로운 이야기도 아니고 특별한 이야기도 아니다. 한국 정부는 게임 시간을 제한하는 법률들과 비디오 게임에 중독된 사람들의 치료 선택권을 제안했다. <u>불행하게도</u>, 이런 법률들 중 어느 것도 아직 법으로 통과되지 못하고 있다.

describe 묘사하다 yell at ~에게 소리치다 propose 제안하다

 ④

다음 빈칸에 들어갈 말로 가장 적절한 것은?

There is no foolproof way of telling when someone is lying, but there are various signs to look for. For example, liars often touch their faces. A liar may stroke his chin or touch his nose. In fact, the fairy-tale Pinocchio is closer to reality than one might think. According to the Chicago Smell and Taste Treatment and Research Foundation, people's noses get bigger when they lie because more blood goes to the nose. This extra blood causes nasal tissue to itch. _____, people often scratch their noses when they are lying. The researchers discovered this when they watched a type of a person who was lying. When the person was telling the truth, he didn't touch his nose. When he was lying, he touched it once every four minutes.

---

① As a result
② First of all
③ On the other hand
④ However

Advice ━━━━━●

누군가가 거짓말을 하고 있을 때 그것을 구별해낼 수 있는 간단한 방법은 없다. 그러나 찾을 수 있는 다양한 표시들은 있다. 예를 들어, 거짓말 하는 사람은 자주 그들의 얼굴을 만진다. 거짓말하는 사람은 그의 턱을 어루만지거나 그의 코를 만질 수도 있다. 실제로 동화 피노키오는 우리가 생각하는 것보다 현실에 더 가깝다. 시카고 후각, 미각 치료 재단에 따르면, 사람들의 코는 그들이 거짓말을 할 때 더 커진다고 한다. 왜냐하면 더 많은 혈액이 코로 가기 때문이다. 이런 과도한 혈액은 코의 조직들이 가렵게 한다. <u>그 결과</u>, 사람들은 종종 거짓말을 할 때 그들의 코를 긁는다. 연구자들은 거짓말을 하고 있었던 사람을 관찰했을 때 이것을 발견했다. 그 사람이 진실을 말하고 있었을 때, 그는 그의 코를 만지지 않았다. 그러나 그가 거짓말을 하고 있었을 때, 그는 4분에 한 번씩 코를 만졌다.

foolproof 간단한, 누구나 이용할 수 있는 nasal tissue 코의 조직

답 ①

다음 빈칸에 들어갈 말로 가장 적절한 것은?

> Scientists are discovering that humans are not the only animals that can use language or tools, or have feelings. _____, crows are good at using tools. In an experiment, crows proved adept at bending wire to create a hook. Monkeys will share food with monkeys who are familiar to them rather than keeping all the food for themselves. Elephants mourn their dead. If they find elephant bones, they gently examine them with what looks like sadness.

① In detail
② By contrast
③ As a result
④ For example

Advice

과학자들은 인간들이 언어나 도구를 사용하거나, 또는 감정을 가질 수 있는 유일한 동물들이 아님을 발견하고 있다. 예를 들어, 까마귀들은 도구 사용에 능숙하다. 한 실험에서, 까마귀들은 갈고리를 만들기 위해 철사를 구부리는 것에 능숙하다는 것을 증명했다. 원숭이들은 모든 음식을 그들 자신을 위해 가지고 있기 보다는 그들에게 친숙한 원숭이들과 음식을 나누려고 한다. 코끼리들은 만약 그들이 코끼리뼈를 발견하면, 그들은 조용히 그것들을 조사하고 슬퍼하는 것 같은 모습으로 그들의 죽은 이들을 애도한다.

adept at ~에 능숙한

 ④

CHAPTER 05 글의 순서

순서 유형은 제시된 지문의 내용이 일관성 있게 연결되고 있는지를 파악하는 유형으로, 글의 전체적인 통일성과 논리성을 파악할 수 있는 능력이 필요하다.

(1) 제시문에서 최대한 단서를 찾는다. 글이 어떻게 이어질지를 결정하는 단서를 담고 있는 것은 제시문이다. 글이 어떠한 전개 방식을 취하고 있는지 살펴본다.

(2) 대명사, 지시어, 연결 어구를 파악한다. 글의 문장과 문단을 이어주는 고리 역할을 하는 연결사 (for example, however 등), 지시어, 대명사를 적극적으로 찾고 연결 순서를 가늠하도록 한다.

(3) 배열한 순서대로 글을 다시 읽어본다. 마지막으로 예상되는 순서대로 글을 읽으면서 글이 논리적으로 어색함이 없이 자연스럽게 이어지는지를 확인한다.

기출유형문제

다음 글의 흐름으로 보아 뒤에 이어질 문장의 순서로 가장 적절한 것은?

> A policeman was sent to investigate the disappearance of some property from a hotel. When he arrived, he found that the hotel staff had caught a boy in one of the rooms with a camera and some cash.
> ⓐ At the police station the boy could not give a satisfactory explanation for his actions and the police decided to charge him with the theft of the camera and cash.
> ⓑ The next morning he appeared in court before the magistrate.
> ⓒ When the policeman tried to arrest the boy, he became violent and the policeman had to handcuff him.

① ⓐ - ⓑ - ⓒ   ② ⓑ - ⓐ - ⓒ
③ ⓒ - ⓑ - ⓐ   ④ ⓒ - ⓐ - ⓑ

한 경찰이 한 호텔에서 물건이 사라진 것에 대해 조사하기 위해 보내졌다. 그가 도착했을 때, 그는 호텔 직원이 카메라와 약간의 현금을 가지고 있는 한 남자를 방 중 하나에서 잡았다는 것을 알았다.

ⓒ 경찰관이 그를 체포하려고 했을 때, 그는 난폭해졌고 경찰관은 그에게 수갑을 채워야만 했다.

ⓐ 경찰서에서 그 남자는 그의 행동에 대해 만족스러운 설명을 하지 못했고 경찰은 카메라와 현금 절도에 대해 그를 소환하기로 결심했다.

ⓑ 다음 날 아침, 그는 법정에서 치안 판사 앞에 나타났다.

 ④

주어진 글 다음에 이어질 글의 순서로 가장 옳은 것은?

Variations in population size require some explanation. Generally speaking, the balance of four processes determines whether a population size increases, decreases or remains constant. These processes are: birth, death, immigration into the population and emigration from the population.

ⓐ Usually, the rise and fall of population is not predictable because of the varied interactions among death, emigration, birth, and immigration.

ⓑ Death and emigration reduce population size, whereas birth and immigration increase population size.

ⓒ Therefore, populations are difficult to measure at any point in time and their change over time even more difficult to forecast.

① ⓐ – ⓑ – ⓒ
② ⓐ – ⓒ – ⓑ
③ ⓑ – ⓐ – ⓒ
④ ⓑ – ⓒ – ⓐ

인구 크기의 변화는 약간의 설명을 필요로 한다. 일반적으로 말하자면, 네 과정의 균형이 인구의 크기가 증가하는지, 감소하는지, 지속적으로 유지되는지를 결정한다. 이 과정들은 : 출생, 죽음, 다른 곳으로의 이주, 다른 곳에서의 이민 등이다.

ⓑ 죽음과 다른 곳으로의 이민은 인구 크기를 감소시킨다. 반면에 출생과 다른 지역에서의 이민은 인구 크기를 증가시킨다.

ⓐ 보통, 인구의 증가와 감소는 죽음, 이민, 출생, 이주 사이에 다양한 상호작용 때문에 예측할 수가 없다.

ⓒ 그러므로, 인구는 어느 시점에서 측정하기가 어렵고 시간이 지나면서 그것들의 변화는 예측하기 더 어렵다.

 ③

주어진 글 다음에 이어질 글의 순서로 가장 적절한 것은?

A century of volcanic inactivity of the mountain had made the village people think it nothing to worry about. Unfortunately it exploded with the force of 10 million tons of TNT one morning.

ⓐ Most people believed that decades, even centuries, would pass before the land would recover. However, nature proved to be far more resilient than expected. The return of life was remarkable.

ⓑ The top of the mountain was blown away completely and a thick carpet of ash covered the landscape. Trees were scattered about like toothpicks. There was no sign of life.

ⓒ Today the bush carpets the ground and wildlife is abundant. A forest of young trees graces the slopes and valleys below the volcano, and a delicate beauty has returned once more to this vast wilderness area.

① ⓐ - ⓑ - ⓒ
② ⓐ - ⓒ - ⓑ
③ ⓑ - ⓐ - ⓒ
④ ⓑ - ⓒ - ⓐ

Advice

그 산은 한 세기 동안 화산활동을 전혀 하지 않아서 마을사람들은 걱정을 하지 않았다. 불행히도 그 화산은 어느 날 아침 TNT 1,000만 톤의 강력한 위력으로 폭발했다. ⓑ 산의 정상 부분은 완전히 날아가고 두터운 화산재가 그 지역을 뒤덮었다. 나무들은 거의 이쑤시개처럼 앙상해지고, 생명체의 흔적은 어느 곳에서도 찾아볼 수 없었다. ⓐ 대부분의 사람들은 자연이 회복되기까지 수십 년, 심지어 수백 년이 지나야 할 것으로 믿었다. 하지만 자연은 기대 이상으로 훨씬 회복이 바르게 진행되었다. 생명체는 빠른 속도로 본래의 모습을 되찾았다. ⓒ 요즘은 어린 나무가 대지를 뒤덮고 야생동물도 많아졌다. 어린 나무숲은 화산 아래 경사면과 계곡을 수놓고 황량했던 이 지역에 다시금 근사한 아름다움을 가져다주었다.

inactivity 비활동 resilient 회복력 있는 scatter 뿌리다, 흩어지다 abundant 풍부한 delicate 여린, 연약한

답 ③

주어진 글 다음에 이어질 글의 순서로 가장 적절한 것은?

> When Alexandre-Gustave Eiffel designed his famous free-standing 986-foot iron tower in Paris in the late 19th century, he did so without modern science or engineering. Mathematicians, though, have long suspected that an elegant logic lies behind the monument's graceful shape.
>
> ⓐ Initially frustrated, Weidman's eureka moment came when he found a long-overlooked memo written by Eiffel in 1885.
>
> ⓑ The document gave Weidman the insights he needed to work out the mathematical formula that describes the tower.
>
> ⓒ That conviction led engineer Patrick Weidman to search for the mathematical formula behind the tower's curve.

① ⓐ - ⓑ - ⓒ

② ⓑ - ⓐ - ⓒ

③ ⓑ - ⓒ - ⓐ

④ ⓒ-ⓐ-ⓑ

Advice

Alexandre-Gustave Eiffel이 19세기 말 파리에 그의 유명한 986피트 높이의 홀로 우뚝 선 철탑을 설계했을 때, 그는 현대의 과학이나 공학이 없는 상태에서 그러한 일을 해낸 것이었다. 하지만 수학자들은 그 기념물의 우아한 형태 배후에 명쾌한 이치가 있음을 오랫동안 의심해 왔다. ⓒ 그러한 확신은 공학자인 Patrick Weidman으로 하여금 그 탑의 곡선 배후에 존재하는 수학 공식을 찾게 했다. ⓐ 처음에 실패를 맛본 Weidman이 그 진실을 알아낸 순간은 그가 오랫동안 빠뜨리고 못 보았던 1885년에 Eiffel이 작성한 메모를 찾아냈을 때였다. ⓑ 그 문서는 Weidman에게 그가 그 탑을 설명하는 수학 공식을 알아내는 데 필요했던 통찰력을 제시해 주었다.

suspect 의심하다 formula 공식

 ④

주어진 글 다음에 이어질 글의 순서로 가장 적절한 것은?

> I heard a young boy on television say, "If I were President, I'd give everybody enough money to buy whatever they want."
>
> ⓐ In other words, a life of value is possible only when you are willing to put forth an effort. Just remember that you will never get something for nothing.
>
> ⓑ No one would work to produce goods and services. Then, money would be meaningless. Life itself is that way, too. It's only worth what you put into it.
>
> ⓒ Wonderful as this might sound, such a policy would be a complete disaster. If everyone could receive all the money they needed, what would happen?

① ⓐ-ⓑ-ⓒ   ② ⓐ-ⓒ-ⓑ
③ ⓑ-ⓐ-ⓒ   ④ ⓒ-ⓑ-ⓐ

Advice

나는 어떤 어린 소년이 텔레비전에서 "만일 내가 대통령이라면 모든 사람들에게 그들이 원하는 것은 무엇이나 살 수 있는 충분한 돈을 줄 텐데."라고 말하는 것을 들었다. ⓒ 이 말이 멋지게 들리기는 하지만, 그런 정책은 완전한 파멸에 이를 것이다. 모든 사람들이 그들이 필요로 하는 모든 돈을 받을 수 있다면, 무슨 일이 일어날까? ⓑ 어느 누구도 상품이나 서비스를 생산하려고 일을 하지는 않을 것이다. 그러면, 돈은 무의미하게 될 것이다. 삶 그자체도 역시 그런 식이다. 당신이 그 속에 쏟아 넣는 것만큼의 가치가 있다. ⓐ 다시 말하자면, 가치 있는 삶은 당신이 자발적으로 노력을 쏟을 때만 가능하다. 아무 것도 없는데서 무언가를 얻는 일은 결코 없을 것이라는 사실을 기억하라.

put forth an effort 노력을 쏟아 붓다

답 ④

CHAPTER 06 문장의 흐름 파악(삽입과 제거)

흐름 파악 유형은 주어진 문장을 알맞은 곳에 넣거나 글 속에 있는 무관한 문장을 제거하는 유형이다. 이 유형 역시 앞의 순서 유형과 마찬가지로 글 전체의 통일성과 논리성을 잘 파악하여야 한다.

(1) 먼저 글의 주제나 요지를 파악하고 글이 전개되는 흐름을 이해해야 한다.

(2) 본문 전체의 흐름과 관계없는 것을 고르라는 유형은 본문의 주제와 관계없는 것을 고르라는 문제라고 볼 수 있다.

(3) 주어진 문장이나 본문 속에 나오는 연결어, 지시어, 대명사 등은 주어진 문장이 들어갈 위치를 찾는 데 결정적인 역할을 하므로 주의해서 그 관계를 살펴야 한다.

(4) 마지막으로, 글의 흐름상 끊어지거나 논리적 비약이 있는 부분을 찾아 주어진 문장을 넣고 자연스럽게 글이 전개되는가를 살펴야 한다.

기출유형문제

다음 글의 흐름으로 보아 주어진 문장이 들어가기에 가장 적절한 곳은?

> It can be either coarse or fine.
>
> Coffee plants produce a bright red fruit. Inside each fruit is a single coffee bean. Workers pick the fruit and dry the beans in the sun. (①) Then the beans are roasted at 550°F to bring out the true coffee flavor. (②) Next the coffee is ground. (③) Many people brew coffee by putting it in a filter and pouring boiling water over it. (④) Some people add cream or sugar, while others add nothing.

Advice

커피 식물은 밝은 빨간색의 열매를 생산한다. 각각의 열매 안에는 하나의 커피콩이 들어있다. 노동자들이 그 열매를 따고 햇빛 속에서 그 콩을 말린다. 그리고 나서 그 콩들은 진정한 커피의 향을 내기 위해 화씨 550도에서 구워진다. 그 다음 커피는 갈아진다. <u>그것은 굵을 수도 있고 미세할 수도 있다.</u> 많은 사람들은 그것을 여과기에 넣고 그 위에 끓인 물을 부음으로써 커피를 차로 마신다. 몇몇 사람들은 크림이나 설탕을 넣는 반면, 다른 사람들은 아무것도 넣지 않는다.

 답 ③

다음 글의 흐름상 가장 어색한 문장은?

Many urban police agencies are involved in community policing—a practice in which an officer builds relationships with the citizens of local neighborhoods and mobilizes the public to help fight crime. ① Police agencies are usually organized into geographic districts, with uniformed officers assigned to patrol a specific area. Officers in large agencies often patrol with a partner. ② They attempt to become familiar with their patrol area and remain alert for anything unusual. Suspicious circumstances and hazards to public safety are investigated or noted, and officers are dispatched to individual calls for assistance within their district. ③ Most police and detectives learn much of what they need to know on the job, often in their agency's training academy. ④ During their shift, they may identify, pursue, and arrest suspected criminals ; resolve problems within the community ; and enforce traffic laws.

Advice

많은 도시 경찰서들이 지역 경비에 관여한다. —한 사람의 경찰관이 인근의 시민들과 관계를 맺고, 대중들이 범죄와 싸우는 것을 돕도록 동원된다. ① 경찰서들은 보통 제복을 입은 경찰관들은 특정 지역을 순찰하도록 배치 받으면서, 지리적 구역들로 편성된다. ② 그들은 그들의 순찰 지역에 익숙해지려고 시도하고 비통상적인 어떤 것에도 경계하려고 의심한다. 의심스러운 상황들과 공공 안전에 대한 위험들은 조사되거나 기록된다. 그리고 경찰관들은 그들 지역 안에 있는 도움을 청하는 개인적인 여청들에 대해 파견된다. ③ 대다수의 경찰들과 형사들은 그들이 근무 중에 알 필요가 있는 것들 중 많은 것들을 그들 기관의 훈련 학교에서 배운다. ④ 그들의 교대 근무 동안, 그들은 범죄 용의자를 탐지하고, 추격하고, 체포한다. ; 그들의 지역 내에서 발생하는 문제들을 해결하고 ; 그리고 교통 법규들을 집행한다.

답 ③

논지의 흐름상 가장 어색한 문장은?

In human-computer activities, graphical signs and symbols, nonverbal sounds, or animation sequences may be used in the place of words as the means for explicit communication between computers and people. ① Such nonverbal signs may be said to function as language when they are the principal medium for the expression of thought. ② Accordingly, the selection and arrangement of those signs may be evaluated in terms of the same criteria as Aristotle specified for effective word choice and suitable style. ③ Hence the use of spoken language as a system of signs is distinguished from other nonverbal signs. ④ For example, the criteria will be how well nonverbal signs contribute to the effective expression of thought and appropriateness to character.

Advice

인간의 컴퓨터 활동들에서, 그래픽의 기호들과 상징들, 비언어적인 소리들, 또는 만화 영화 연속장면들은 컴퓨터와 사람들 사이의 분명한 의사소통을 위한 수단으로써 말들을 대신해서 사용될 수 있다. ① 그러한 비언어적인 기호들은 생각의 표현을 위한 주요한 매체일 때 언어로써 기능한다고 말해질 수 있다. ② 그래서 그 기호들의 선택과 배열은 효과적인 단어 선택과 적당한 스타일을 위해 아리스토텔레스가 명시한 것과 똑같은 기준들에 의해서 평가될 수 있다. ③ 그러므로, 기호의 상징으로써의 구어의 사용은 다른 비언어적인 기호들과 구별된다. ④ 예를 들어, 그 기준은 비언어적인 기호들이 얼마나 잘 효과적인 생각의 표현과 성격의 적절함에 기여 하는가 일 것이다.

 ③

글의 흐름으로 보아, 주어진 문장이 들어가기에 가장 적절한 곳은?

> Yet scientists tell us they are very valuable.
>
> I had always thought of hurricanes as something mankind could do without. (①) But recently I learned that they are necessary to maintain a balance in nature. (②) These tropical storms, with winds up to 150 miles an hour, accompanied by heavy rains, glaring lightning, and roaring thunder, can be devastating. (③) They scatter a large percentage of the oppressive heat which builds up at the equator, and they bring enough rainfall in North and South America. (④) Therefore, scientists no longer try to prevent them from being formed. They are convinced that hurricanes do more good than harm.

Advice

나는 항상 허리케인을 인류에게 없어도 될 존재로 여겨왔다. 그러나 최근에 나는 허리케인이 자연의 균형을 유지하는데 필요하다는 것을 알았다. 폭우와 번쩍거리는 번개, 그리고 으르렁거리는 천둥을 동반하는 시속 150마일의 바람을 지닌 이 열대성 폭풍은 참화를 가져올 수 있다. 그러나 과학자들은 그것들이 대단히 가치가 있다고 말한다. 허리케인은 적도에서 형성된 숨 막힐 듯한 열기의 대부분을 흩어지게 하고, 남북 아메리카에 충분한 비를 내려준다. 따라서 과학자들은 더 이상 그것이 형성되는 것을 막으려 하지 않는다. 그들은 허리케인이 해로움보다 이로움을 더 많이 준다는 것을 확신하고 있다.

accompany 동반하다, 수반하다 glaring 눈부신, 반짝이는 devastating 대단히 파괴적인
oppressive 숨이 막힐 듯한, 억압적인

답 ③

글의 흐름으로 보아, 주어진 문장이 들어가기에 가장 적절한 곳은?

> Fortunately, preventing falls is a matter of common sense.
>
> Falls are a serious public health problem among older adults. (①) More than a third of adults aged 65 years and older fall each year. (②) For seniors, the risk of falling may be heightened by medications that cause dizziness or that can impair balance. (③) Falls can also result from diminished vision, hearing, and muscle strength. (④) You can start by targeting the bathroom. Securely attach non-slip grab bars and rubber mats in tubs and showers. Install a raised toilet seat if needed.

넘어지는 것(낙상)은 노인들에게 흔히 있는 심각한 건강문제이다. 65세 이상의 노인들 중 1/3이상이 매년 넘어진다. 노인들의 경우, 어지럼증을 일으키거나 균형 감각을 손상시킬 수 있는 약물 때문에 넘어질 위험성이 높아질 수 있다. 또, 시력부진, 청력과 근육의 힘이 약화되어 넘어질 수도 있다. <u>다행히도, 넘어지는 것을 예방하는 것은 상식으로 해결할 수 있는 문제이다.</u> 당신은 화장실부터 목표로 삼아 시작해 볼 수 있다. 욕조와 샤워실에 미끄럼 방지 손잡이와 고무 깔판을 단단히 부착시켜라. 필요하다면 높은 변기를 설치하라.

diminish 감소시키다

답 ④

다음 글에서 전체 흐름과 관계없는 문장은?

While shopping malls have changed our lives, not all of their effects have been positive. Most of the shops and services found in malls are parts of large corporations. ① These businesses have taken away customers from smaller shops in the area and forced them to close. ② That has meant fewer individually-owned businesses and less local control over jobs. ③ In addition, malls are not harmful to the environment. Malls have sometimes been built on land that is important for the survival of birds and wild animals. ④ Wherever they are built, they cover large areas with buildings and parking lots, instead of trees or grass. Thus, they contribute to the general loss of nature.

쇼핑몰이 우리의 삶을 변화시켰지만 그 모든 영향이 긍정적이었던 것만은 아니다. 쇼핑몰에 있는 대부분의 상점과 용역회사들은 대기업에 속해있다. ① 이러한 업체들은 지역 내에 있는 소규모 상점들의 고객을 빼앗아갔으며 그들이 어쩔 수 없이 상점의 문을 닫게 하였다. ② 그것은 개인 소유의 사업체가 더욱 적어지고 일자리에 대한 지역의 통제가 적어짐을 뜻했다. ③ <u>게다가 쇼핑몰은 환경에 해롭지가 않다.</u> 쇼핑몰은 때때로 조류나 야생동물들의 생존에 중요한 지역에 세워졌다. ④ 그것이 세워지는 곳마다, 넓은 지역을 나무나 풀 대신에 건물이나 주차장이 되었다. 그래서 쇼핑몰이 광범위하게 자연훼손을 하게 된다.

corporate 기업

 ③

다음 글에서 전체 흐름과 관계없는 문장은?

Scientists believe that 4.5 billion years ago, Mars and Earth began their existence under similar conditions. During the first billion years, liquid water was abundant on the surface of Mars. ① This is an indication that Mars was much warmer at that time. ② Mars also had a thicker atmosphere of carbon dioxide. ③ Many scientists think it is possible that life began under these favorable conditions. ④ There are lots of fossils, the ancient remains of life in Mars. After all, Earth had the same conditions during its first billion years, when life arose.

Advice

과학자들은 45억 년 전에 화성과 지구가 비슷한 조건 하에서 탄생했다고 믿는다. 처음 10억년 동안은 물이 화성의 표면에 풍부하게 존재했다. ① 이것은 그 당시에는 화성이 훨씬 따뜻했다는 것을 암시한다. ② 화성은 또한 훨씬 더 두터운 이산화탄소의 대기층이 있었다. ③ 많은 과학자들은 이렇게 알맞은 조건하에서 생명이 시작되었을 가능성이 있다고 생각한다. ④ 화성에는 고대 생명체의 잔존물인 화석이 많이 있다. 결국, 지구는 처음 10억년 동안 화성과 같은 조건이 같았고, 그때에 생명체가 생겨났다.

indication 표시 atmosphere 대기

 ④

CHAPTER 07 어법성 판단

어법성 판단 유형은 기본 문법적 내용이 기초가 되어야 하기 때문에 많은 수험생들이 꽤 어려워하는 유형 중 하나이다. 출제 유형을 살펴보면, 주어진 두 가지 어법 중 맞는 것을 고르는 유형과, 빈칸에 어법상 옳은 것을 넣는 문제의 유형들이 출제되어왔다. 이 유형은 문법 이론만 가지고는 풀 수 없는 문제이므로 평소에 지문 속에서 문법성 판단을 하는 연습이 필요할 것이다.

기출유형문제

다음 중 어법에 맞는 표현을 골라 가장 바르게 연결한 것은?

> The first grapefruit trees in Florida, around Tampa Bay, ㉠ was / were planted by Frenchman Count Odette Phillipe in 1823. Today, Florida produces more grapefruit than the rest of the world ㉡ to combine / combined. The first skyscraper, the ㉢ 10-story / 10-stories Wainwright Building in St. Louis, was designed by Louis Henry Sullivan in 1891.

	㉠	㉡	㉢
①	was	combined	10-stories
②	was	to combine	10-stories
③	were	to combine	10-story
④	were	combined	10-story

Advice

㉠ 주어가 trees로 복수 형태이므로 were
㉡ the rest of the world와 combine은 해석상 수동의 관계이므로 combined
㉢ 하이픈(−)으로 연결된 '수, 단위 명사'는 항상 단수 형태가 온다.
Tampa만 근방, Florida에 있는 최초의 자몽나무들은 1823년에 프랑스 백작 Odette Phillipe에 의해 심어졌다. 오늘날, Florida는 세계의 다른 나머지 (자몽 생산)지역들을 합친 것보다 더 많은 자몽을 생산한다. 최초의 고층 건물인 세인트루이스의 10층짜리 Wainwright 건물은 1891년 Louis Henry Sullivan에 의해 지어졌다.

답 ④

다음의 빈칸에 들어갈 말의 순서로 가장 적절한 것은?

> She watched stories (㉠) characters would shed light on her experiences, (㉡) searched for love and meaning amidst the everyday clutter, and (㉢) fates might, if at all possible, turn out to be moderately happy ones.

　　　　　㉠　　　㉡　　　㉢

① whose – who – whom

② so – who – who

③ whose – who – whose

④ of which – who – whom

Advice

㉠ 빈칸 다음의 절이 완전하고 빈칸 다음의 characters가 무관사임에 주목한다. 즉 선행사 stories를 수식하면서 접속사와 소유격의 기능을 하는 소유관계대명사 whose가 빈칸에 적절하다.

㉡ 선행사 characters를 받으면서 searched의 주어 역할을 하는 주격관계대명사 who가 적절하다.

㉢ 빈칸 다음의 절이 완전하고 빈칸 다음의 fates가 무관사이므로 ㉠과 마찬가지로 소유관계대명사 whose가 적절하다. 그녀는 등장인물이 자신의 경험에 해결의 빛을 던져줄 이야기들을 보았는데, 그들은 매일의 어수선함 속에서 사랑과 의미를 찾아다녔고, 그들의 운명을 가능하다면 적당하게 행복한 것으로 드러날 수 있는 것들이었다.

 ③

다음 중 어법에 맞는 표현을 골라 가장 적절하게 나열한 것은?

> Jane Lee, owner of the Coffee L at 98 Hwarang-ro, Sungbuk-gu called police headquarters at 6:30 am, Friday, September 11, to report that her coffee shop ⓐ had broken / had been broken into during the night. Officers Kyudong Hong and Sami Kim ⓑ had arrived / arrived at the store at 6:40 am to investigate the incident. Ms. Lee was able to report immediately that an espresso machine and 850,000 won from the cash register ⓒ were missing / were missed.

① had broken – had arrived – were missed

② had broken – arrived – were missed

③ had been broken – had arrived – were missing

④ had been broken – arrived – were missing

ⓐ 커피숍이 침입 당했다라고 의미상 해석하므로 과거완료 수동형인 had been broken이 적절하다.

ⓑ 특정 과거 시제에 대한 묘사이므로 단순과거시제인 arrived를 쓰는 것이 적절하다.

ⓒ missing은 '사라진'의 의미이므로 수동형을 쓰지 않고 missing을 쓰는 것이 적절하다.

성북구 화랑로 98번지에 있는 the Coffee Lee의 주인인 Jane Lee는 밤사이에 그녀의 커피숍이 침입 당했다고 보고하기 위해 9월 11일 금요일, 아침 6시 30분에 경찰서로 전화를 했다. 경찰관 홍규동씨와 김사미씨는 그 사건을 조사하기 위해 아침 6시 40분에 그 가게에 도착했다. Lee씨는 에스프레소 기계와 금전 등록기에서 85만원이 사라졌다고 즉시 보고할 수 있었다.

답 ④

연습문제 ┄┄┄┄┄┄┄┄┄┄┄

다음 빈칸에 들어갈 말로 가장 적절한 것은?

In 1863 American President Abraham Lincoln made Thanksgiving an official annual holiday, _____ is now celebrated on the 4th Thursday of November each year.

① that　　　　　　　　　② what

③ when　　　　　　　　　④ which

앞에서 언급한 Thanksgiving을 받는 관계대명사로 which가 적절하다.

1863년 미국의 대통령인 아브라함 링컨은 추수감사절을 매년 기념하는 휴일로 만들었다. 그리고 그것은 이제 매년 11월 네 번째 목요일에 기려지고 있다.

답 ④

다음 중 어법에 맞는 표현을 골라 가장 바르게 연결한 것은?

Smoking is ⓐ prohibited / prohibiting in all Smithsonian facilities. Pets are not permitted in the museums of the National Zoo. The use of cameras and video cameras ⓑ is / are permitted in all permanent collection galleries except in special exhibition areas. However, flash photography is not permitted inside museums ⓒ unless / if permission is granted by the Public Affairs Office.

| | ⓐ | ⓑ | ⓒ |

① prohibited – is – unless

② prohibited – are – unless

③ prohibiting – are – if

④ prohibiting – is – if

Advice

ⓐ Smoking이 허가되지 않는다는 수동의 의미이므로 prohibited가 적절하다.

ⓑ The use의 동사이므로 단수 동사 is가 적절하다.

ⓒ 'permission(허가)'이 주어지지 않으면'의 의미이므로 '만약 ~하지 않는다면'의 의미를 가진 unless가 적절하다.

흡연은 모든 Smithsonian 시설에서는 금지된다. 애완동물은 국립동물원의 박물관에서는 허가되지 않는다. 특별한 전시장을 제외하고 작품을 영구 보존하는 모든 미술관에서는 카메라와 비디오카메라의 사용이 허용된다. 그러나 플래쉬 사진은 만약 허가가 관리사무소에서 주어지지 않는다면 박물관 안에서 허가되지 않는다.

답 ①

CHAPTER 08

글의 내용 파악

글의 내용 파악 유형은 여러 가지 유형으로 출제되고 있는 경향이다. 지문을 읽고 내용과 일치하는 것, 일치하지 않는 것을 고르는 문제와, 글의 세부적인 내용을 물어보는 문제 등이 출제되고 있다.

(1) 선택지를 먼저 읽고, 선택지의 key word를 표시해 둔다. 선택지의 고유명사나 숫자와 같은 분명한 정보를 표시해 두고 이를 염두에 두고 본문을 읽으면서 선택지에서 표시해 둔 내용이 나오면 체크하면서 대조한다.

(2) 선택지에서 확인된 key word와 관련된 대상이나 주체가 바뀌어서 혼동을 주므로 주의를 요한다. 본문의 내용 일부를 이용하여 선택지를 만든 것이어서 꼼꼼히 비교하여 읽지 않으면 함정에 빠질 수 있다.

(3) 지문에서 언급되지 않는 내용에 대해 주관적인 유추를 하지 않도록 유의한다.

(4) 구체적인 문장을 이해하는지를 묻기 위해 출제한 유형으로, 본문에 주어진 사실에만 근거하여 필요한 정보에 밑줄을 그어가며 선택지와 대조하여 문제를 해결한다.

다음 글을 읽고, 본문의 내용과 가장 일치하지 않은 것은?

Today's offices contain new hazards brought on by the increased use of technology and different methods of building design. In addition to the more common hazards such as a slippery floor or a dirty rug, these other concerns include poor lighting, noise, poorly designed furniture, and equipment and machines emitting gases when properly maintained. Indoor air quality is a hot topic among safety engineers, as people become more sensitive to odd odors. According to the Office of Health and Safety, odors might come from chemicals inside or outside an office space, or even from the construction of a building. Some likely suspects include building renovation, new carpet, paints, office furniture, or vinyl wall coverings.

① 현대사회의 업무 환경은 다양하고 새로운 위험이 존재한다.
② 부적절한 조명이나 가구 등도 위험 요소가 될 수 있다.
③ 실내 업무 환경에 대해 안전 전문가들은 비교적 무신경하다.
④ 새 페인트칠이나 비닐 벽 때문에도 냄새가 발생한다.

Advice

오늘날의 사무실은 기계(장비)의 사용이 늘어나고, 각양각색의 건축 디자인들이 도입되면서 새로운 위험요소들을 안고 있다. 미끄러운 바닥이나 더러운 양탄자와 같은 한층 평범한 위험거리뿐만 아니라, 형편없는 조명, 소음, 조악하게 디자인된 가구, 그리고 부적절하게 관리되어질 때 가스들을 방출하는 기계와 장비들은 또 다른 걱정거리들이다. 사람들이 이상한 악취에 더욱 민감해짐에 따라, 실내공기의 질은 안전 전문가들 사이에서 뜨거운 이야깃거리이다. 보건 안전국에 따르면, 악취는 사무실 공간 안팎에 있는 화학물질이나, 심지어 건물 구조물에서도 나올 수 있다. 건물 개보수, 새 카펫, 페인트, 사무실 가구 혹은 비닐 벽지 역시 의심이 갈 만한 것들이다.

 ③

다음 글의 밑줄 친 Suspicion에 대한 설명으로 가장 적절한 것은?

Suspicion is the art of "exceptionality" – the capacity to recognize unexpected variation in otherwise routine activities. Officers first learn to recognize the normal in things. The "normal" is a silhouette, a backdrop against which officers can identify that which is out of place. When officers learn the daily routines of their beat, they slowly become adept at recognizing the presence of normality, what should face into the background. Only with a fully etched silhouette of the ordinary can officers recognize when something out of place, when something should attract their attention.

① 혐의는 평범한 생활에서도 언제나 존재하는 특이한 것에 대한 의문이다.
② 혐의는 경찰관이 그 장소에서 특이한 사항을 찾아내야 하는 예외적 기술이다.
③ 경찰관은 사물의 실루엣에서 평범한 것이 무엇인지 알아야 혐의를 찾을 수 있다.
④ 혐의는 기대치 않은 특이사항을 찾아내는 능력 즉, 예외성을 찾아내는 기술이다.

Advice

혐의(의심)는 "예외성"의 기술이다. 즉 일상적인 것일 수도 있는 활동에서 기대하지 않았던 변화를 인지해내는 능력인 것이다. 경찰관은 처음에 의례적인 상황을 알아보는 법을 배운다. 그 "의례성"은 실루엣인데, 그것은 경찰이 부적절하게 위치한 것을 대비해 판별해 낼 수 있게 해 주는 일종의 배경막인 것이다. 경찰관이 자신의 순찰 구역에 있는 일상적인 평범함을 학습할 때, 그들은 그 배경으로 당연히 사라져 버리는 평범함의 존재를 인식하는데 서서히 숙련되어 간다. 오로지 그 평범함으로부터 역력하게 드러난 실루엣을 통해 경찰관은 언제 어떤 것이 자리에서 벗어나 있는지, 언제 어떤 것이 자신의 주의를 끄는지를 알아 낼 수 있는 것이다.

 ④

다음 글을 읽고, 내용상 빈칸에 가장 어울리는 문장은?

A : It seems like you're always busy lately. If it's not work, it's studies or something else. You don't have time for your friends anymore. When you took that full-time job I warned you : (　　　　　　　)

B : I think you were right. Now I see that it was a mistake to take on too much responsibility all at once. My grades in school are already starting to go down.

A : There you are! Why don't you cut down on your hours at work and maybe drop a course or two, at least for this semester?

B : Maybe I'll do that. At this rate my health is liable to suffer, too.

---

① Don't put the cart before the horse.

② Don't bite off more than you can chew.

③ Don't count your chickens before they're hatched.

④ Don't put off for tomorrow what you can do today.

Advice

A : 너는 최근 항상 바쁜 것 같아. 만약 그것이 업무가 아니라면 공부이거나 다른 무엇이겠지. 너는 친구들을 위해서 더 이상 시간을 내지 못하는 것 같아. 네가 종일 근무 일자리를 가졌을 때, 난 네게 주의를 줬어. <u>네가 씹을 수 있는 것보다 더 많이 베어 물지 말라고.</u>

B : 내 생각에도 네가 옳아. 이제 나는 동시에 너무 많은 책임들을 지는 것은 실수였다는 것을 알았어. 학교에서 나의 성적은 이미 내려가기 시작하고 있어.

A : 그것 봐! 너의 직장에서 시간을 줄이고 최소한 이번 학기에는 한 과목이나 두 과목은 수강 신청을 취소하는 것이 어때?

B : 그렇게 해야 할 것 같아. 이런 식으로 하면 내 건강도 역시 안 좋아질 것 같아.

 ②

다음 글의 내용으로 볼 때, 문맥상 새(Bird)를 생태학적으로 분류하기 위한 기준으로 가장 적절한 것은?

Each species of bird, in addition to having its characteristic coloring and song, has its favorite resorts for feeding and nesting. On their migrations birds sometimes frequent very different environments from those in which they nest, and a study of the migratory birds alone might be very misleading to one endeavoring to classify birds ecologically. In general, however, the field birds will be found in the fields, the shore birds on the shore, the woodland birds in the woods, and so on. The discovery of an ovenbird in a marsh, a bobolink in the woods, or a cerulean warbler on the shore would be quite exceptional. The majority of birds build their nests where they spend most of their time searching for food; the woodpeckers in dead or hollow trees, the vireos at the tips of branches, the native sparrows on or near the ground—though there are exceptions, such as the great blue heron that nests in the treetops, the black and white warbler that nests on the ground, and the wood duck that builds its nest in a hollow tree. Making allowances for these exceptions, it is possible to arrange the summer birds of any region into major environmental associations.

① coloring and song
② migration habits
③ feeding and nesting habits
④ methods of building nests

Advice

새의 각각의 종들은 특징적인 색깔과 울음소리뿐 아니라, 먹이를 먹고 둥지를 트는 데 있어 가장 좋아하는 장소를 가지고 있다. 이동을 하면서 새들은 때때로 자신들이 둥지를 튼 장소와는 매우 다른 환경에 자주 가기에, 철새에 관한 연구 하나만으로는 새들을 생태학적으로 분류하고자 시도하는 사람이 자칫 크게 낭패를 볼 수 있다. 그러나 일반적으로 들새들은 들에서, 바닷가에서 사는 새들은 바닷가에서, 숲에 사는 새들은 숲에서 발견될 것이다. 습지에서 휘파람새를, 숲에서 쌀먹이새를 혹은 해안가에서 아메리카 솔새를 발견한다는 것은 상당히 이례적인 경우일 것이다. 다수의 새들은 먹이를 구하는데 있어 대부분의 시간을 보내는 장소에 둥지를 트는 바, 딱따구리는 죽거나 속이 빈 나무에, 비레오는 나뭇가지 끝에, 토종 참새는 땅 위나 그 근처에 둥지를 튼다. 그러나 나무 꼭대기에 둥지를 트는 왜가리, 땅 위에 둥지를 트는 흑백 아메리카 솔새, 그리고 속이 빈 나무에 둥지를 트는 미국원앙새들처럼 예외적인 경우도 있다. 이런 예외적인 사항을 고려해보면, 어느 지역의 여름새들이라도 주요한 환경적 연관지역과 연계해서 배열하는 것이 가능하다 할 것이다.

misleading 오해의 소지가 있는 endeavor ~하려고 노력하다 make allowances for ~을 감안하다

답 ③ (먹이 먹기와 둥지를 트는 습관)

다음 글을 읽고, 본문의 내용과 가장 일치하지 않는 것은?

The members of the US police force who have most contact with the public are uniformed officers, who patrol in cars and are the first to arrive when a crime is reported. More serious crimes are investigated by detectives, who usually wear plain clothes instead of a uniform. In spite of the fact that police officers in the US wear guns, they are seen by many Americans as being honest, helpful people who work hard at a dangerous job. This is the image that has been shown in popular television programmes such as Columbo and Hill Street Blues. But in recent years it has become clear that many police officers are prejudiced against African Americans and Hispanics and that in some police forces, such as that in Los Angeles, prejudice and even violence by the police have been common.

① '콜롬보'라는 프로그램은 미국 경찰의 위선을 잘 보여주었다.
② 보통 미국에서 시민들이 접하는 경찰들은 제복을 입고 있다.
③ 미국 경찰 중에서 인종차별적 성향을 지닌 경찰들이 있다.
④ 가벼운 범죄보다 더 심각한 문제를 다루는 수사관은 보통 사복을 입는다.

Advice

일반 대중들과 자주 접촉하는 미국 경찰 대원들은 자동차로 순찰을 하고 범죄보고가 들어오면 가장 먼저 달려오는 제복을 입은 경관들이다. 보다 심각한 범죄들은 제복 대신 보통 사복을 입은 수사관들에 의해서 조사되어진다. 미국 경찰들이 총기들을 휴대한다는 사실에도 불구하고. 그들은 위험스러운 직업을 가지고 열심히 근무하는 정직하고 도움을 주는 사람들로 많은 미국인들에 의해서 인정받고 있다. 이것은 콜롬보와 Hill Street Blues와 같은 인기 있는 텔레비전에 나오는 모습이다. 그러나 최근에 많은 미국 경찰관들이 아프리카계 미국인들과 라틴 아메리카 미국인들에 대해 편견을 가지고 있고 Los Angeles에 있는 경찰대와 같은 몇몇 경찰대에서 경찰에 의한 편견과 폭력이 흔해졌다는 것이 분명해 졌다.

patrol 순찰하다 detective 형사, 탐정 prejudice 편견을 갖게 하다

답 ①

Tornadoes에 관한 다음 글의 내용과 일치하지 않는 것은?

> Tornadoes are storms with very strong turning winds and dark clouds. They reach speeds of 300 miles per hour. The dark clouds are shaped like a funnel—wide at the top and narrow at the bottom. The winds are strongest in the center of the funnel. A hot afternoon in the spring is the most likely time for a tornado. A cloud forms a funnel and begins to twist. The funnel moves faster and faster. The faster the winds, the louder the noise. Tornadoes always move in a northeastern direction. They never last longer than eight hours.

① 시간당 속도가 300마일에 이른다.
② 깔때기 바닥 부분의 바람이 가장 강하다.
③ 꼭대기가 넓고 바닥이 좁은 깔때기 모양을 하고 있다.
④ 속도가 빠를수록 소음이 더욱 크다.

Advice

토네이도는 매우 강한 회전바람과 먹구름을 동반한 폭풍우이다. 그들은 시간당 300마일의 속도로 다다른다. 먹구름은 깔때기와 같은 모양을 이룬다. – 지붕은 넓고 바닥은 좁은 그 깔때기의 가운데에서의 바람은 가장 강하다. 봄날의 뜨거운 오후가 토네이도를 위한 가장 알맞은 시간이다. 구름이 깔때기 모양을 형성하고 뒤틀리기 시작한다. 그 깔때기는 점점 더 빨리 움직인다. 바람이 빠를수록, 소음은 더 크다. 토네이도는 언제나 북동쪽으로 움직인다. 그것들은 결코 8시간 이상 지속되지 않는다.

funnel 굴뚝, 깔때기

 답 ②

다음 글에서 밑줄 친 the idea의 의미로 가장 적절한 것은?

Most writers and poets suffer under the genius syndrome. It is assumed that writing is a divine gift and that if you have that gift, you should lock yourself away for three years and then come out with a masterpiece. If you have to study writing, then you're not a genius and you shouldn't be a writer. In fact, the intellectual privately agree with it. However, Nicholas Delbanco doesn't believe <u>the idea</u>. He says that if you want to improve your tennis skills, tennis lessons are a good idea. He doesn't emphasize work that's entirely subjective and urges his students to imitate rather than create.

---

① 글쓰기는 타고난 천재의 영역이다.
② 고독은 창작을 위한 필수 조건이다.
③ 천재의 능력은 모방에서 시작된다.
④ 작가는 각고의 노력으로 성장한다.

Advice

대부분의 작가들과 시인들이 천재 신드롬에 시달린다. 글을 쓰는 것은 천부적인 재능이며, 만일 그러한 재능이 있으면 삼년 동안 틀어박혀 있다가 걸작 하나는 가지고 나와야 한다고 여긴다. 만일 당신이 글쓰기를 배워야 한다면 당신은 천재가 아니며 작가가 되어서도 안 된다. 사실, 지식인들은 은근히 그것에 동의한다. 하지만, Nicholas Delbanco는 그 생각을 믿지 않는다. 만일 사람들이 테니스 솜씨를 향상시키고 싶다면, 테니스 레슨을 받는 것이 좋다고 그는 말한다. 그는 전적으로 주관적인 글을 강조하지 않으며 학생들에게 새로운 것을 창작하기보다는 모방을 하라고 독려한다.

divine 신성한 privately 남몰래, 은밀히 subjective 주관적인 urge 촉구하다, 독려하다

 ①

CHAPTER
09

종합 독해

비교적 긴 지문을 읽고 2~3개의 문제를 풀어야 하는 유형으로, 앞에서 다루었던 모든 독해 유형들이 섞여 있는 문제이다. 따라서 지문이 긴 만큼 먼저 문제를 읽고 제시된 사항들을 읽은 후 지문을 꼼꼼히 읽으면서 답을 찾아가는 것이 유리할 것이다.

기출유형문제

다음 글을 읽고, 물음에 답하시오.

The discovery of gold in California in 1848 marked the beginning of an economic boom known as the California Gold Rush. The miners, many of whom were originally journalists, lawyers, and businessmen, preserved their experiences in writing. Much of this was peppered with colorful phrases related to their new work. Interestingly, many of these phrases are still in use today in the English language.

The popular phrase "pan out," meaning "to be successful," can be traced back to the gold rush. Miners would separate gold from worthless minerals using a pan ; gold would settle to the bottom of the pan, and other sediments would be removed. The likely origin of "pan out," then, is from the process of gathering all the gold in one's pan.

1. 첫 단락의 내용과 가장 일치하는 것은?
   ① Introducing new phrases into English was the goal of the writers.
   ② Not all of the Gold Rush miners could read or write.
   ③ The miners wrote about their gold-mining experiences.
   ④ Miners preferred their lives as journalists, lawyers, and businessmen.

2. "pan out"이란 표현의 유래를 가장 적절하게 설명한 것은?
   ① Miners called their findings "pans."
   ② Miners used pans to separate gold from worthless minerals.
   ③ Gold was found in places called pans.
   ④ Miners called selling gold "panning."

Advice

1848년 캘리포니아에서의 금의 발견은 캘리포니아 Gold Rush로써 알려진 경제적 붐의 시작을 기록했다. 원래 기자, 변호사, 그리고 사업가였던 <u>많은 광부들은 그들의 경험을 글로 보관했다.</u> 이 많은 글은 그들의 새로운 일과 관련된 화려한 문구에 퍼지게 되었다. 흥미롭게도, 이러한 많은 문구들은 여전히 영어에서 오늘날 사용하고 있다.

"성공적인"을 의미하는 유명한 문구 "pan out"은 골드 러쉬로 거슬러 올라가 볼 수 있다. <u>광부들은 팬을 사용하여 가치 없는 광물들로부터 금을 분리하곤 했다.</u> ; 금은 팬의 바닥에 가라앉고, 다른 침전물들은 제거되곤 했다. "pan out"의 가능성 있는 유래는 누군가의 팬 속에서 모든 금을 모으는 과정으로 온 것이다.

답 ③, ②

다음 글을 읽고 물음에 답하시오.

James's first novels used conventional narrative techniques : explicit characterization, action which related events in distinctly phased sequences, settings firmly outlined and specifically described. But this method gradually gave way to a subtler, more deliberate, more diffuse style of accumulation of minutely discriminated details whose total significance the reader can grasp only by constant attention and sensitive inference. His later novels play down scenes of abrupt and prominent action, and do not (㉠) much offer a succession of sharp shocks as slow piecemeal additions of perception. The curtain is not suddenly drawn back from shrouded things, but is slowly moved away. Such a technique is suited to James's essential subject, which is not human action itself (㉡) the states of mind which produce and are produced by human actions and interactions. James was (㉢) interested in what characters do, than in the moral and psychological antecedents, realizations, and consequences which attend their doings.

1. 글의 흐름으로 보아 빈칸에 들어갈 말의 순서로 가장 적절한 것은?

      ㉠   ㉡   ㉢   ㉠   ㉡   ㉢

① that – but – more   ② very – or – less

③ so – but – less   ④ as – or – more

2. 글의 내용으로 보아 작가 James의 후기 소설은 다음 중 어떤 소설인가?

① action novels   ② detective novels

③ shocking novels   ④ psychological novels

Advice

1. ㉠ 'not so A as B' 원급 부정 비교문이다. 따라서 so나 as가 적절하다. ㉡ 'not A but B'의 상관접속사 구문으로 but이 와야 한다. ㉢ 빈칸 앞부분까지의 흐름이 마음의 상태, 즉 심리적인데 더 관심이 있다 했으므로 빈칸에는 less가 와야 적절하다.

James의 첫 소설은 전통적인 설화체 기법, 즉 명확한 성격묘사, 분명하게 단계적으로 계획된 순서상으로 일어난 사건들과 관련된 행동, 견고하게 개요가 서술되고 구체적으로 묘사된 배경을 사용했다. 그러나 이 방법은 점차로 독자의 부단한 주의와 섬세한 추론에 의해서만 그 전체적인 중요성을 파악할 수 있는 세심하게 구별되어지는 세부사항들로 축적된 더 미묘하고, 더 신중하고, 더 장황한 문체에 그 자리를 내주었다. 그의 후기 소설들은 돌발적이고 두드러진 행위의 장면들은 가볍게 다루고(강조하지 않고), 느리고 단편적인 인식의 덧붙임만큼 그렇게 강렬한 충격을 연속적으로 주지는 않는다. 커튼은 가려진 것들로부터 갑작스럽게 젖혀지지 않고 천천히 물러난다. 그러한 기법은 James의 본질적 주제에 어울리는데, 그 주제는 인간행위 그 자체가 아니라 인간의 행위와 그 상호작용에 의해 만들어내고 만들어지는 마음의 상태인 것이다. James는 등장인물의 행위보다는 등장인물들의 도덕적, 그리고 심리적 선행사건, 자각, 그리고 자신들의 행위에 수반되는 결과물에 더 관심이 많았다.

탑 ③, ④

다음 글을 읽고 물음에 답하시오.

The primary mission of WSI North America in Afghanistan is to provide protection for U.S. Government employees and to protect the U.S. Embassy and diplomatic facilities and equipment from damage or loss. These security specialists will also provide a range of security services, which may include executive protection, special event security and static security. This Protective Services contract requires security professionals who can meet strict professional and ethical standards and professionally represent the United States abroad. WSI North America is looking for Embassy Security Force personnel who possess a sense of pride in what they do and are looking for an opportunity to be part of history in the making. The Embassy Security Force Program is an opportunity to advance your career and to join an elite group of those who have taken the next steps in supporting the diplomatic mission of the U.S. Government in Afghanistan.

What do we offer?
• Salary ranges from $93,330 – $109,000 per year
• Lodging and meals provided
• Complete uniform, weapons, and personal protective gear issued
• Pre-deployment training
• Duty and housing on secure compounds
• 9 week on / 3 week off rotations with Roundtrip R&R ticket provided

1. 위와 같은 글은 신문의 어느 면에서 볼 수 있는가?
   ① Editorial   ② Obituary
   ③ Horoscope   ④ Advertisement

2. 위 글의 내용과 가장 일치하지 않은 것은?
   ① 주요 임무는 미국 정부요원 및 외교 인사/기관 보호이다.
   ② 현지에서 제공되는 숙박시설은 다소 위험지역일 수 있다.
   ③ 주둔지 배치 전 사전교육이 있고, 근무복 및 숙식이 제공 된다.
   ④ 전문성과 윤리성이 요구되는 직업이다.

아프가니스탄에 있는 WSI North America의 주된 임무는 미국 정부 피고용인들에게 보호를 제공하고, 그리고 미국 대사관과 외교 시설들과 장비를 손상이나 손실로부터 보호하는 것이다. 이러한 경호 전문가들은 또한 다양한 경호 서비스를 제공할 것인데, 그 서비스업들은 기업 중역 보호, 특별 행사 경호, 그리고 고정경호를 포함할 수 있다. 이러한 보호 서비스들의 계약은 엄격한 직업적 윤리적 규정을 충족시킬 수 있고, 전문적으로 미국을 해외에서 대표할 수 있는 경호 전문가들을 요구한다. WSI North America는 그들이 하는 것에 자긍심을 갖고 형성중인 역사의 일부가 될 수 있는 기회를 소유한 대사관 경호 부대 요원을 찾고 있는 중이다. 그 대사관 경호부대 프로그램은 아프가니스탄의 미국 정부의 외교 임무를 지원하는 그 다음 단계들을 취한 사람들의 엘리트 집단에 당신의 경력을 발전시키고 참여할 수 있는 하나의 기회이다.

우리는 무엇을 제공하는가?
• 연간 $93,330에서 $109,000에 이르는 범위의 월급
• 숙박과 식사를 제공함
• 완벽한 제복, 무기, 개인적 보호 장비를 지급함.
• 배치 이전의 훈련
• <u>안전한 구내에서의 임무와 거주가 가능함.</u>
• 9주간 임무 지속, 왕복 휴가여행(R&R) 티켓과 함께 3주간 휴식을 교대로 제공함.
diplomatic 외교의 facility 시설 executive 경영 간부 strict 엄격한 ethical 윤리적인

답 ④ (광고), ②

기출유형문제

다음 글을 읽고 물음에 답하시오.

Mobile learning, also known as m-learning, is a type of distant education that allows people to learn from curriculum presented on mobile devices. M-learning often supplements traditional classroom instruction or e-learning instruction and gives students access to educational materials from nearly any location. Frequent use of mobile devices has prompted the development of this alternative education format. With m-learning technology, instructors can create educational podcasts and audio lectures. Students can download this material onto their digital audio players for review at any time. Various mobile devices can be used to view video lectures and demonstrations. This technology also creates opportunities for students to share files and collaborate through instant messages. A smartphone is (ⓐ) mobile technology for m-learning. Students can download educational pictures and audios on the same device that allows them to e-mail their instructors. Smartphones are equipped with advanced browsers that let students view rich multimedia contents to supplement their education. These phones also have high storage capabilities to store downloaded contents for offline mobile learning.

1. 위 글의 제목으로 가장 옳은 것은?

   ① On-line Learning vs. Off-line Learning

   ② What Is M-Learning?

   ③ Smartphone, A New Device for M-Learning

   ④ Technology and Distant Education

2. 위 글의 빈 칸 ⓐ에 문맥상 가장 옳은 것은?

   ① most accessible

   ② most advanced

   ③ light-weight

   ④ all-in-one

▶ Advice

m-학습으로써 또한 알려진 Mobile 학습은 사람들이 이동 장치로 제시되는 교과과정으로부터 배울 수 있도록 허락하는 원격 교육 유형이다. M-학습은 종종 전통적인 교실 수업이나 e-학습 교육을 보충하고 학생들에게 거의 어떠한 위치에서라도 교육적 자료에 접근을 준다. 이동 장치의 빈번한 사용은 이러한 대체 교육 형태의 발달을 촉진시켜 왔다. m-학습의 기술 덕택에, 교사들은 교육적 팟캐스트와 오디오 강의를 만들 수 있다. 학생들은 이러한 자료들을 언제라도 복습을 위해 그들의 디지털 오디오 재생기에 다운로드할 수 있다. 다양한 이동 장치들은 비디오 강의와 설명을 보기 위해 사용될 수 있다. 이 기술은 또한 학생들이 즉각적인 메시지를 통해 파일을 공유하고 협력할 수 있는 기회를 만들어 준다. 스마트폰은 m-학습을 위한 가장 접근하기 쉬운 이동 기술이다. 학생들은 그들이 그들의 교사들에게 이메일을 보내도록 허락해주는 똑같은 장치에 교육적 그림과 오디오를 다운로드할 수 있다. 스마트폰은 학생들이 그들의 교육을 보충하기 위해 풍부한 멀티미디어 내용들을 보게 해주는 고급 브라우저가 장착되어 있다. 이러한 전화기들은 또한 오프라인 이동 학습을 위해 다운로드 된 내용들을 저장할 수 있는 높은 저장 능력을 가지고 있다.

curriculum 교과과정 supplement 보충하다 frequent 빈번한, 잦은 alternative 대체의, 대안의
demonstration 설명 collaborate 협력하다

답 ②, ①

다음 글을 읽고 물음에 답하시오.

An old man got on a train with a gorgeous hat his son bought for him. A young man beside him saw the hat on his lap and said, "Look, how elegant it is! Where did you get it?" The old man said, "My son bought it at H. S. department store for me." The young man stealthily slipped his calling card into the hat and yelled, "A few weeks ago, I bought the same hat at H. S. department store and stuck my calling card inside the hat, but the hat was stolen the other day. Now I see the calling card in your hat, so it must be mine. Now give it back to me."

The old man thought for a while what he should do. At last the old man handed the hat to the young man and said, "In fact, I'm a farmer and a few days ago, in a moonless night, a thief stole my favorite cow and dropped this hat unconsciously. You are insisting that this hat is yours. Thank God, you can take your lost hat and I can take my stolen cow back." At this the young man hesitantly said, "May I be excused a moment? Nature calls me." The young man stood up and went away in a hurry, leaving the hat behind. He never returned!

1. 위 글의 노인을 가장 잘 나타낸 것은?
   ① kind and generous
   ② foolish and careless
   ③ wise and witty
   ④ timid and indecisive

2. 위 글의 내용과 일치하지 않는 것은?
   ① 노인의 모자는 아들이 사준 것이다.
   ② 젊은이는 모자 속에 명함을 몰래 넣었다.
   ③ 젊은이는 모자가 자기 것이라고 주장했다.
   ④ 노인은 도둑맞았던 소를 되찾았다.

Advice

어느 노인이 아들이 사준 멋진 모자를 쓰고 기차에 올라탔다. 그 옆에 앉은 한 젊은이가 노인의 무릎 위에 있는 모자를 보고 말했다. "와, 멋진 모자네요. 어디서 사셨습니까?" 노인은 "아들이 H. S. 백화점에서 사준 거라네"라고 대답했다. 젊은이는 모자에 자신의 명함을 몰래 살짝 끼어 넣고 큰 소리로 말했다. "몇 주 전에 H. S. 백화점에서 똑같은 모자를 사서 그 모자 안쪽에 명함을 넣어두었는데 어느 날 그 모자를 잃어 버렸어요. 이 모자 안에 내 명함이 있는 걸 보니 내 모자임에 틀림없군요. 자, 이제 모자를 제게 돌려주시죠."

노인은 어떻게 해야 하나 잠시 생각했다. 마침내 노인은 모자를 젊은이에게 건네주면서 말했다. "사실 난 농부라네. 며칠 전, 달도 없는 어두운 밤에 도둑이 들어 내가 가장 아끼는 소를 훔쳐가면서 자신도 모르게 이 모자를 떨어뜨렸다네. 당신이 이 모자가 자신의 것이라고 우기니, 당신은 잃어버린 모자를 찾게 된 거고, 난 잃어버렸던 소를 찾게 되었으니 잘되었네." 이에 젊은이는 머뭇거리며 말했다. "죄송하지만 화장실에 좀 가야겠어요." 젊은이는 모자를 그냥 둔 채로 일어서서 서둘러 나가 다시는 돌아오지 않았다.

gorgeous 호화로운, 멋진, 훌륭한 lap 무릎 stealthily 몰래 slip A into B A를 B에 넣다 calling card 명함
stick 찔러 넣다, 고정시키다 unconsciously 무의식적으로, 자신도 모르게 hesitantly 망설이며, 우물쭈물하다가
generous 관대한 witty 재치 있는 timid 소심한, 어리석은 indecisive 우유부단한

🔠 ③ (현명하고 재치 있는), ④

단원평가

1 다음 글의 주제로 가장 적절한 것은?

> Even the advent of technology has not changed the fact that we are biological creatures ruled by our biological clocks. We are not alone in this. Our basic instinct to sleep each day to recharge our physical batteries is shared by animals and plants in various ways. The owl, for example, sleeps during the day and hunts at night, while some flowers can be observed to close when the sun goes down. Just like them, we need to follow our natural demands and respect our biological clocks. Whether we like it or not, we are controlled by, rather than in control of, natural forces.

① the need to control technology

② the modern tendency to resist basic instincts

③ the importance of biological clocks in our lives

④ the way to recharge our physical batteries

answer 1.③

1 해설 : 과학 기술의 도래조차도 우리가 생체 시계에 의해 지배를 받는 생물학적 동물이라는 사실을 변화시키지 못했다. 우리만 이런 것은 아니다. 우리의 신체라는 배터리를 재충전시키기 위해(신체의 원기를 회복하기 위해) 우리가 매일 잠을 자는 기본적인 본능은 다양한 방법으로 동물과 식물도 공유한다. 예를 들어, 올빼미는 낮에 잠을 자고 밤에 사냥하는 반면에 어떤 꽃들은 해가 진 다음에 닫히는 것을 관찰할 수 있다. 그것들과 마찬가지로 우리는 우리의 타고난 요구 사항(선천적으로 필요로 하는 것)을 따르고 우리의 생체 시계를 존중할 필요가 있다. 좋든 싫든 간에 우리는 자연의 힘을 통제하기보다는 자연의 힘에 의해 통제를 받는다.

advent 출현, 도래 biological 생물학(상)의 recharge 재충전하다

2 다음 글의 요지로 가장 적절한 것은?

Most of us, it seems, would simply prefer things to remain the same — the present situation looks more appealing. We are afraid of rocking the boat. Accordingly, the present day, with all its faults, is generally more reassuring than a doubtful future. Yet it is clear to me that we are living in a period of rapid change and that during such periods we become especially prone to feelings of nostalgia and fear of change. Reminding ourselves of "the good old days" offers a convenient way for us to cling to some fantasy of order and control, but it is no more than that.

① 사람들은 나이가 들수록 통제받는 것을 싫어한다.
② 사람들은 현 상태를 유지하고자 하는 성향이 있다.
③ 사람들은 나이가 들면 어려웠던 시절을 그리워한다.
④ 현실에 대한 불만이 만족스러운 미래를 창조한다.

`answer` 2.②

2 해설 : 우리 대부분은 단지 사물들이 똑같이 남아있기를 더 좋아하는 것처럼 보인다. 다시 말해, 현 상황이 더 마음에 드는 것처럼 보인다. 우리는 평지풍파를 일으키는 것을 두려워한다. 따라서 그 모든 결점에도 불구하고 현재는 일반적으로 미심쩍은 미래보다 더 안심이 된다. 그러나 우리가 빠른 변화의 시기에 살고 있고 그러한 시기 동안에 우리는 특히 향수의 감정을 느끼고 변화에 대한 두려움을 느끼는 경향이 있게 되었다는 것이 나에게는 분명하다. "좋았던 옛 시절"을 회상하는 것은 우리가 질서와 통제에 대한 어떤 환상에 집착하는 편리한 방법을 제공하지만 그 이상의 것은 아니다.
appealing 마음을 끄는, 매력적인 rock the boat 평온한 상태를 어지럽히다, 평지풍파를 일으키다
reassuring 안심시키는, 위안을 주는 rapid 빠른, 급속한 prone to ~하는 경향이 있는, ~하기 쉬운
nostalgia 과거를 그리워 함, 향수 cling to ~에 매달리다, 집착하다 no more than 단지 ~인

3 글의 제목으로 가장 적절한 것은?

While we're traveling, we normally spend only a second looking at everyday objects. The day races past us without our really being aware of it. The average time we spend looking at things has been steadily decreasing during the last fifty years. We say that the world is going faster, but that might be because we are perceiving it faster. Just try looking at objects for at least five seconds. You can do this when you're walking or looking out of the car. You'll find that five seconds is a long time. This slight increase in the time we take to observe things can increase our passion for life and the quality of life.

① Spend Longer Looking
② Be Open to New Ideas
③ Don't Be Overprotective
④ Don't Believe in Yourself Too Much

---

answer 3.①

---

3 해설 : 여행을 하면서 우리는, 일상적인 사물을 보는 데 보통 단 1초만 소비한다. 하루는 우리가 의식하지도 못한 채 휙 지나가 버린다. 우리가 사물을 보는 데 걸리는 평균 시간은 지난 50년 동안 꾸준히 줄어들었다. 우리는 세상이 더 빨리 움직인다고 말하지만, 아마도 세상이 더 빨리 간다고 우리가 인식하려 하기 때문일 수 있다. 사물을 5초 이상 바라보는 일을 시도해 보라. 걸으면서도, 창밖을 보면서도 이렇게 할 수 있다. 5초가 긴 시간이라는 것을 알게 될 것이다. 우리가 사물을 바라보는 데 보내는 시간을 조금만 늘려도 삶에 대한 열정과 삶의 질을 높일 수가 있다.
passion 열정 overprotective 과잉보호하는

4 다음 글이 시사하는 바로 가장 적절한 것은?

> It takes time and effort to change the way you think and act. Consider the way you brush your teeth. This is a simple habit pattern. But a considerable amount of effort is required to change it. Before beginning to brush, you would have to remind yourself about the new method you plan to use. While brushing, your mind would wander and you would catch yourself returning to your old method. After a second reminder you would start using the new method only to forget and have to catch yourself again. And so it would go until enough time and energy had been spent to make the new method as automatic as the old method was.

① Time is money.　　　　　　　② Habit is second nature.
③ Well begun is half done.　　　④ Time will show who is right.

5 다음 글에서 필자가 주장하는 바로 가장 적절한 것은?

> As far back as I can remember, I've heard about the importance of a positive attitude and the powerful effect it could have on my life. I heard it from my parents, teachers, coaches, and supervisors over the years. How many times in your life have you been encouraged to have a positive attitude? Although attitude plays an important role in everyone's life, many people don't realize the influence it has on their performance at work and on their relationships. The attitude that you carry around makes an incredible difference in your life. It can be a powerful tool for positive action. Or it can be a poison that weakens your ability to fulfill your potential. Your attitude dictates whether you are living life or life is living you. Attitude determines whether you are on the way or in the way.

answer 4.②

4 해설 : 당신이 생각하고 행동하는 양식을 바꾸려고 하면 시간과 노력이 필요하다. 이를 닦는 방법을 생각해 보라. 이것은 단순한 습관 유형이다. 그러나 그것을 바꾸려면 상당한 양의 노력이 필요하다. 이를 닦기 전에, 당신은 새로이 사용하려는 방법을 자신에게 상기시켜야 할 것이다. 이를 닦는 동안에, 당신의 마음은 이를 닦는 일에만 머무르지 않게 되고, 당신 자신은 자신이 옛 방식으로 되돌아가고 있음을 발견하게 될 것이다. 또 다시 생각을 한 후에도, 당신은 새로운 방법을 사용하기 시작하지만 잊어버리게 되고, 다시 자신을 다잡아야만 한다. 그래서 새로운 방식이 옛날 방식처럼 자동적으로 될 때까지는 충분한 시간과 노력을 쏟은 후에야 가능하다.
considerable 상당한　remind 상기시키다

① 삶의 긍정적인 면과 부정적인 면을 모두 수용해야 한다.
② 삶에 대한 태도가 인생에 중요한 영향을 미친다.
③ 부모나 교사로부터 삶의 태도를 배워야 한다.
④ 삶의 긍정적인 태도를 행동으로 나타내야 한다.

6 다음 글을 읽고, 빈칸에 가장 적절한 것은?

Go to any vacant lot and look around. Under the "no dumping" signs you will find old tires, rusting sinks, junked refrigerators, and other trash. There are also laws about the care of dogs, but some dog-owners seem to be ignorant of them. They let their dogs run loose and do not clean up after them. Perhaps the most disregarded of all laws are our traffic regulations. More and more drivers are speeding, going through red lights, and double parking on the road. And some drivers, apparently not even worrying about being fined, have been parking in spaces clearly marked as reserved for the physically challenged. These are some examples that show _____.

① a boom for keeping pets　　② kind acts of the unknown
③ a lack of respect for the law　　④ a need for environment-friendly laws

answer 5.②　6.③

5 해설 : 내가 기억할 수 있을 만큼 오래 전에 나는 긍정적인 태도의 효과와, 이러한 긍정적인 태도가 인생에 있어서 갖는 강한 효과에 대해 들어왔다. 나는 이러한 사실을 나의 부모님과 선생님들, 감독들 그리고 관리자들로부터 긴 세월에 걸쳐서 들었다. 얼마나 여러 번 당신은 당신의 인생에서 긍정적인 태도를 견지하라고 격려 받는가? 태도가 모든 이의 인생에서 중요한 역할을 하지만 많은 사람들은 그것(태도)이 일에 대해에 갖는 성과나 그들의 인간관계에 대한 영향은 미처 깨닫지 못한다. 당신이 지니고 있는 태도는 당신의 인생에 있어서 놀라운 차이를 만든다. 그것(태도)은 긍정적인 행동에 대해서는 강력한 도구가 될 수도 있다. 혹은 태도가 당신의 잠재 능력을 충족시키려는 당신의 능력을 약화시키는 독이 될 수도 있다. 당신의 태도는 당신이 삶을 살고 있는 지 혹은 삶이 당신을 살게 하는 지를 결정한다. 태도는 당신이 길 위에 있는지(긍정적이고 능동적인 삶의 태도) 길 안에 있는 지(부정적이고 수동적인 삶의 태도)를 결정한다.
weaken 약화시키다 fulfill 완수하다 potential 잠재력, 가능성

6 해설 : 아무 공터라도 가서 둘러보라. "쓰레기 투기 금지"라는 표지판 밑에서 낡은 타이어, 녹슬어가는 싱크대, 버려진 냉장고 등의 쓰레기들을 발견하게 될 것이다. 개를 관리하는 것에 관한 법 규정들도 있지만, 일부 개의 주인들은 그러한 규정들을 모르는 것 같다. 그들은 자신들의 개를 풀어놓아 돌아다니게 하고, 개가 더럽혀 놓은 것을 치우지 않는다. 아마도 모든 법 규정 중에서 가장 등한시되는 것이 교통 법규일 것이다. 과속 운전을 하고, 정지신호를 지키지 않으며, 도로에 이중 주차를 하는 사람들이 점점 늘어나고 있다. 그리고 일부 운전자들은, 벌금이 부과되는 것에 대해 아랑곳하지 않는 듯이, 장애인 전용 주차 공간이라고 분명하게 표시되어 있는 곳에 차를 주차해 왔다. 이러한 것들은 <u>법을 존중하는 마음이 결여되어 있음</u>을 보여주는 예들이다.
vacant lot 공 터, 빈 땅 rusting 녹슬어 가는 disregarded 등한시되는, 무시되는 regulation 규정
apparently 분명히 fine 벌금(을 부과하다)

7 다음 글을 읽고, 빈칸에 가장 적절한 것은?

While humans may have shifted from signs to speech long ago, Stokoe and Armstrong don't want people to consider sign language primitive – just the opposite. "My work in sign language," says Stokoe, "is to let people know that deaf people are just as bright and able to handle abstract thought as hearing people, given equal education. Prejudice against them because they don't speak leads to all sorts of bad judgments about deaf people. Recognizing the fact that we all probably owe a great deal to the era when language began _____ might change some of that. The first language may have been a language not of voices but of signs."

① with hunting ② with agriculture
③ in a gestural state ④ in logical thinking

8 다음 글을 읽고, 빈칸에 가장 적절한 것은?

Hermit crabs occupy the empty shells of dead sea snails for protection while still retaining their mobility. They are capable of discriminating among a selection of shells of various sizes and species, and they choose the one that fits the body most closely. Hermit crabs change shells as they grow, although in some marine environments a large enough variety of shells may not be available and hermit crabs may be forced to occupy a smaller–than–ideal "house." When a shell becomes too small for the hermit crab to occupy, it will sometimes become aggressive and fight other hermit crabs to gain a _____ one.

answer 7.③

7 해설 : 비록 인류가 오래 전에 기호로부터 말로 전환했을지 몰라도, Stokoe와 Armstrong은 사람들이 수화를 원시적인 것으로 생각하기를 원하지 않는다. 오히려 그 반대로 생각하기를 바란다. Stokoe는 다음과 같이 말한다. "수화에서의 내가 할 일은 사람들에게 청각장애인들이 동등한 교육만 받는다면 들을 수 있는 사람과 마찬가지로 똑똑하며 추상적인 사고를 할 수 있다는 것을 알리는 것입니다. 그들이 말할 수 없다는 이유로 생기는 그들에 대한 편견은 청각장애인에 대한 온갖 종류의 잘못된 판단을 초래합니다. 우리 모두가 언어가 <u>몸짓 상태</u>로 시작되었던 시기에 대단히 큰 빚을 지고 있다는 사실을 인식하는 것은 그러한 태도를 조금 바꿀 수 있을 것입니다. 최초의 언어는 목소리 언어가 아니라 기호 언어였을 지도 모릅니다."
shift 바뀌다 sign language 수화 primitive 원시적인 abstract 추상적인 prejudice 편견 era 시대, 시기

① cleaner

② smaller

③ heavier

④ more comfortable

9 다음 글을 읽고, 빈칸에 가장 적절한 것은?

Hospitals are increasing infant security to prevent the kidnapping of babies. For example, hospitals are providing guards to patrol their halls and conducting periodic safety training. Also, hospitals are requiring babies to wear ID bracelets. These bracelets automatically alert an electronic security system if they are beyond a specific area or removed. _____, more hospitals are including the mother's thumb print and the baby's footprint in medical records. Finally, many hospitals no longer release birth announcements to the local media.

① Therefore

② Furthermore

③ Nevertheless

④ On the contrary

---

answer 8.④ 9.②

---

8 해설 : 소라게는 이동을 하면서 자신을 보호하기 위해 죽은 소라류의 빈 껍질을 차지한다. 소라게는 다양한 크기와 종류의 껍질 중에서 자기 몸에 꼭 맞는 것을 찾아내서 선택할 수 있다. 소라게는 몸이 커지면서 소라껍질을 바꾸어 살아야 한다. 하지만 어떤 바다 환경에서는 자신의 몸 크기에 적당한 껍질을 찾을 수 없어, 어쩔 수 없이 자기 몸보다 더 작은 집에서 살아야 하는 경우도 있다. 껍질이 너무 작아 소라게가 살 수 없게 되면 더 편한 집을 얻기 위해 때로 공격적이 되어 다른 게들과 싸우기도 한다.

Hermit crab 소라게 mobility 이동 discriminate 구별하다 aggressive 공격적인

9 해설 : 병원에서는 아기들의 유괴를 방지하기 위해 유아경비체제를 강화하고 있다. 예를 들면, 병원에서는 복도를 순찰하기 위해 경비원을 채용하고 주기적인 안전훈련을 실시하고 있다. 또한, 병원에서는 아기들에게 신원확인용 팔찌를 착용하도록 하고 있다. 만약 아기들이 특정 지역을 벗어나거나, 팔찌가 제거된다면 자동적으로 전자안전장치가 울리게 된다. 더욱이, 많은 병원에서는 엄마의 엄지 지문과 아기의 발 지문을 진료카드에 기록하여 보존하고 있다. 마지막으로, 수많은 병원에서는 어느 집에서 아이가 태어났다는 사실을 지역신문을 통해 공공연하게 알리지 않는다.

security 안전 kidnap 유괴 periodic 주기적인 bracelet 팔찌 announcement 공고

10 다음 글을 읽고, 빈칸에 가장 적절한 것을 고르시오.

The world religions of Christianity and Islam definitely share some similarities, but they also differ in significant ways. Both worship one god. Both believe Jerusalem to be a holy city, and both teach that one's fate after death is decided on a day of judgement. The two religions, _____, differ when it comes to their central teacher of prophecy. For Christians, that figure is Jesus. For Muslims, that figure is Muhammad. Christianity and Islam also worship different sacred works. The sacred text at the center of Christianity is the Bible, while the Koran is the holy book of Islam.

① however   ② similarly
③ what is more   ④ in addition

11 주어진 글 다음에 이어질 글의 순서로 가장 적절한 것은?

Recently, there has been a huge increase in the number of people who remain single.

ⓐ Most people who live alone are young adults who postpone marriage into their late twenties, or thirties. One reason they often give for staying single is that they have not met the right person.

ⓑ For example, in 2003, about 26 percent of all US households were single-person households. Similar statistics can be seen in Australia, where one in twelve people lives alone.

ⓒ Others say that they prefer the single lifestyle. As educational and employment opportunities increase, marriage is no longer the only path to economic security and emotional support.

answer 10.①

10 해설 : 세계적 종교인 기독교와 이슬람교는 유사점이 있지만 중요한 면에서 몇 가지가 다르다. 둘 다 유일신을 숭배하고, 예루살렘을 성스러운 도시로 여긴다. 그리고 두 종교 모두 심판의 날에 사후의 운명이 결정된다고 가르칩니다. <u>그러나</u>, 두 종교는 그들의 핵심적인 선지자들을 언급할 경우는 다르다. 기독교인들에겐 Jesus이고 이슬람교도들에겐 Muhammad이다. 기독교와 이슬람교는 또한 서로 다른 성물(聖物)을 숭배합니다. 기독교의 핵심인 성서(聖書)는 Bible이고 이슬람의 성서는 Koran이다.
prophet 예언자, 선지자 worship 숭배하다 sacred 신성한

① ⓐ - ⓑ - ⓒ   ② ⓑ - ⓐ - ⓒ

③ ⓑ - ⓒ - ⓐ   ④ ⓒ - ⓐ - ⓑ

12 글의 흐름으로 보아 주어진 문장이 들어가기에 가장 적절한 곳은?

> However, being socially responsible does not mean that a company must abandon its primary economic mission.

> Corporate social responsibility means that a corporation should be held accountable for any of its actions that affect people. (①) It implies that negative business impacts on people and society should be corrected if at all possible. (②) It may require a company to give up some profits if its social impacts are seriously harmful to some of the corporation's investors. (③) This also doesn't suggest that socially responsible firms cannot be as profitable as other less socially responsible firms. (④) Social responsibility requires companies to balance the benefits to be gained against the costs of achieving those benefits.

answer   11.②   12.③

11 해설 : 최근에 독신으로 살고 있는 사람들의 수가 크게 증가해왔다. ⓑ 예를 들어 2003년도에 미국 가정 전체의 약 26%가 독신가정이었다. 유사한 통계치를 호주에서도 찾아볼 수 있는데, 그 곳에서는 열두 명에 한 명꼴로 혼자 산다. ⓐ 혼자 사는 대부분의 사람들은 20대 후반이나 30대로 결혼을 미룬 젊은 성인들이다. 그들이 혼자 사는 이유로 흔히 제시하는 한 가지는 그들이 적임자를 만나지 못했다는 것이다. ⓒ 또 어떤 사람들은 자신들이 독신의 생활방식을 선호한다고 말한다. 교육이나 고용의 기회가 증가할수록 결혼은 경제적 안정과 정서적 뒷받침을 얻는 유일한 길이 더 이상 아닌 것이다.

postpone 연기하다, 미루다 household 가족, 세대 statistics 통계(학) security 안전

12 해설 : 기업의 사회적인 책임이란 어떤 기업이 사람들에게 영향을 미치는 그것의 모든 행동에 대해 책임을 져야 한다는 의미이다. 그것은 사람들과 사회에 대한 부정적인 기업의 영향은 가능한 한 바로잡아야 한다는 것을 의미한다. 그것은 어떤 기업의 사회적인 영향이 그 기업의 일부 투자자들에게 심하게 해로운 것이라면 그 기업에게 이익의 일부를 포기하도록 요구할 수도 있다. <u>하지만 사회적으로 책임이 있다는 것이 한 회사가 그것의 주요한 경제적 임무를 포기해야 한다는 것을 의미하지는 않는다.</u> 또한 이것은 사회적으로 책임이 있는 회사가 다른 사회적인 책임이 덜한 회사만큼 이익을 낼 수 없다는 것을 암시하는 것도 아니다. 사회적인 책임이란 얻을 수 있는 이익을, 그러한 이익을 얻기 위한 희생에 대비해 견주어 볼 것을 요구하는 것이다.

responsible 책임이 있는 abandon 포기하다, 버리다 hold ~ accountable for ~에게 ~에 대한 책임을 지우다 imply 의미하다 investor 투자자 balance A against B A를 B에 대비해 견주어 보다

13 주어진 문장 다음에 이어질 글의 순서로 가장 적절한 것은?

I remember when I lived in Africa, a friend of mine had a baby.

ⓐ On the evening of the seventh day, they invited me to a big party. All the neighbors and friends were there to celebrate. At the party, the family asked their ancestors to protect the child.

ⓑ They told me that a new baby is part of the whole community. That's why the mother receives a lot of support. In fact, her neighbor lived with her and helped for a few months.

ⓒ I was looking forward to visiting my friend and seeing her new baby. I was surprised because her family wouldn't let me see her or the baby immediately. They said that when a baby is born, for the first seven days, only family members can visit the mother.

① ⓐ - ⓑ - ⓒ   ② ⓑ - ⓐ - ⓒ

③ ⓑ - ⓒ - ⓐ   ④ ⓒ - ⓐ - ⓑ

answer 13.④

13 해설: 내가 아프리카에 살던 때, 친구가 아기를 가졌던 기억이 난다. ⓒ 나는 친구를 방문해서 그녀의 아기를 보고 싶었다. 곧장 산모와 아기를 보지 못하게 하던 그녀의 가족 때문에 난 놀랐다. 처음 7일 동안은 오로지 가족들만 이 산모를 방문할 수 있다고 했다. ⓐ 7일 째 되던 저녁에 그들은 나를 성대한 파티에 초대했다. 모든 이웃들과 친구들이 축하해주기 위해 파티에 참석했다. 파티 도중에 가족들은 아기를 보호해 달라고 조상들에게 빌었다. ⓑ 새로 태어난 아기는 전체 공동체의 일부라고 그들은 말했다. 그것이 산모가 많은 후원을 받는 까닭이었다. 실제로 산모의 이웃들은 그녀와 함께 살면서 두세 달간 산모를 도왔다.

14 다음 글에서 전체 흐름과 관계 없는 문장은?

For a long time psychoanalysis was the only psychotherapy practiced in Western society, and it is based on the theories of Sigmund Freud. ① According to Freud's views, psychological disturbances are due to anxiety about hidden conflicts in the unconscious parts of one's personality. ② One job of the psychoanalyst, therefore, is to help make the patients aware of the unconscious impulses and desires that are causing the anxiety. ③ However, some symbols in dreams seem to be universal ; in other words, they appear to have the same meaning to people everywhere. ④ Psychoanalysts believe that understanding these unconscious motives is very important. If patients can have that kind of understanding, called insight, they have taken the first step toward gaining control over their behavior and freeing themselves of their problems.

answer 14.③

14 해설 : 정신분석학은 오랫동안 서구사회에서 시행된 유일한 심리치료였으며 Sigmund Freud의 이론에 근거하고 있다. Freud의 견해에 의하면 심리적 장애는 개인 성격의 무의식적인 부분들에 숨어있는 갈등에 대한 불안에서 생겨난다. 그렇기에 정신분석학자가 하는 한 가지 일은 그러한 불안을 야기하는 무의식적인 충동과 욕망을 환자들이 인식할 수 있도록 도와주는 것이다. (그렇지만, 꿈에 등장하는 일부 상징들은 보편적인 것 같다. 다시 말해, 그것들은 모든 사람들에게 동일한 의미를 갖고 있는 것 같다.) 정신 분석가들은 이러한 무의식적인 동기들을 이해하는 것이 매우 중요하다고 믿는다. 통찰이라고 불리는 그러한 이해를 할 수 있으면 환자들은 자신들의 행위에 대한 통제와 자신들의 문제를 해결하는 방향으로 첫걸음을 내딛게 된 것이다.
psychoanalysis 정신분석학 psychotherapy 심리치료 psychological disturbance 심리적 장애
hidden conflict 숨어있는 갈등 unconscious impulse 무의식적인 충동

15 다음 중 어법에 맞는 표현을 골라 가장 적절하게 나열한 것은?

Volunteerism is a means ⓐ of / that bringing fresh ideas and energy, whether physical or financial, into government while relieving some of the service burden. One highly visible example of volunteerism is the "Adopt a Highway" program. Over the past ten years, the number of local businesses and civic clubs willing to pick up litter along designated stretches of state highways ⓑ has / have skyrocketed. You have probably noticed the "Adopt a Highway" signs with the names of volunteering groups ⓒ listed / listing underneath. The state saves money, the roadsides stay clearer, and the volunteering groups have good feelings and free advertising to go along with sore backs.

---

① of − has − listed

② of − has − listing

③ that − have − listed

④ that − have − listing

15 해설 : 자원 봉사 활동은 신체적인 것이건, 재정적인 것이건 간에 봉사 부담의 일부를 덜어 주면서 새로운 아이디어와 활력을 정부에 불어 넣는 수단이다. 자원 봉사 활동의 한 가지 눈에 띄는 예는 "Adopt a Highway" 프로그램이다. 지난 10년간, 주도(州道)의 지정된 곳을 따라서 기꺼이 쓰레기를 수거하는 지방 사업체와 시민 단체의 수가 급격하게 늘어났다. 아래에 기재된 자원 봉사 단체의 이름과 함께 "Adopt a Highway" 간판을 보았을 것이다. 주(州)에서는 비용이 절감되고, 길가는 더 깨끗이 유지되고, 자원 봉사 단체들은 아픈 허리와 함께 뿌듯한 기분과 무료 광고의 효과를 가지게 된다.
ⓐ 동명사를 목적어로 취하는 전치사 of가 적절하다. that 뒤에는 절(주어+동사)이 와야 한다.
ⓑ 주어가 the number이므로 has
ⓒ 자원 봉사 단체의 명칭이 기재되는 것이므로 listed가 적절하다.
litter 쓰레기 designated 지정된 stretch 확장, 범위, 직선코스

16 다음 중 어법에 맞는 표현을 골라 가장 적절하게 나열한 것은?

> If you look around any research laboratory nowadays, you will notice that it is full of equipment and instruments specially made for scientific work. However, if you had visited a scientist's workroom in the medieval ages, you would have found very ⓐ few / little instruments. Instead, you could ⓑ find / have found a workroom containing no more than books, papers, pens and ink. Scientists in those days believed they could investigate nature only by thinking about it. In fact, there was hardly a difference between scientists and philosophers. The change from only thinking to investigating experimentally with special instruments ⓒ is / are one of the chief changes that gave rise to modern science.

① few – find – is
② few – have found – is
③ little – find – are
④ little – have found – are

16 해설 : 오늘날 연구실을 둘러본다면, 연구실이 과학적인 적업을 위해 특별히 만들어진 기구와 도구들로 가득 차 있는 것을 보게 될 것이다. 그러나, 중세 과학자들의 작업실을 방문해 보았다면 도구를 거의 발견할 수 없었을 것이다. 그 대신 책, 종이, 펜과 잉크 밖에 없는 작업실을 발견할 수 있었을 것이다. 그 당시 과학자들은 자연에 대해 사색을 하는 것만으로도 그것을 연구할 수 있다고 믿었다. 사실 과학자와 철학자의 차이는 거의 없었다. 단순한 사색에서 특별한 기구를 갖춘 실험적 연구 활동으로의 변화는 현대 과학을 낳게 한 주요한 변화들 가운데 하나이다.
ⓐ 셀 수 있는 명사 instruments를 꾸며 줄 수 있는 형용사로 few가 와야 한다.
ⓑ 내용상 가정법 과거완료인 앞 문장 'if you had visited ~ in the middle ages'의 가정이 계속 이어지는 문장이므로 could have found가 적절하다.
ⓒ 'from ~ instruments'가 주어 'The change'를 꾸며 주고 있는 구조이므로 단수 동사 is가 적절하다.
medieval 중세의 no more than 단지, 오직(=only) give rise to ~을 낳다, 일으키다

17 다음 글의 내용과 일치하지 않는 것은?

From the 5th to the 15th centuries, Europeans with tooth problems went to people called barber-surgeons. These people performed many services, including cutting hair, pulling teeth and treating medical conditions. Dental treatment improved during the 14th and 15th centuries as they increased their knowledge about teeth. Modern dentistry began in the 1700s in France. That was when Pierre Fauchard published his book called The Surgeon Dentist. It was the first book about dental science. The book provided information about dental problems for other dentists to use. And it described ways to keep teeth healthy. Pierre Fauchard is considered the father of modern dentistry.

① 근대 치의학은 프랑스에서 시작되었다.
② 과거에는 이발사가 치과 치료도 하였다.
③ Fauchard는 치의학 발전에 기여하였다.
④ 치과 전문 의사는 14세기에 처음 출현하였다.

answer 17.④

17 해설 : 5세기에서 15세기까지 치아에 대한 문제가 있는 유럽인들은 이발사 겸 외과의사라고 불리는 사람들에게 찾아갔다. 이들은 많은 서비스를 제공했으며, 여기에는 이발, 치아 뽑기 및 의학적 상태를 치료하는 것들이 포함되었다. 이들은 치아에 대한 지식을 증가시키면서 14세기에서 15세기에 걸친 치의술을 향상시켰다. 현대 치과 의학은 1700년대 프랑스에서 시작하였다. 이때 삐에르 포샤르(Pierre Fauchard)는 'The Surgeon Dentist (치과 의사 =dental surgeon)라는 책을 출판하였다. 이 책은 다른 치과의사들이 사용할 수 있도록 치아문제에 관련된 정보를 제공하였으며, 치아를 건강하게 유지하는 방법에 대하여 서술하였다. 삐에르 포샤르는 현대 치의학의 아버지라고 간주되고 있다.
barber-surgeon 이발사 겸 외과의사

18 말레이시아의 visa 정책에 관한 글이다. 내용과 일치하는 것은?

- Nationals of Commonwealth countries, ASEAN countries, and Switzerland do not require a visa to enter Malaysia.
- Citizens of France, Germany, and South Korea do not require a visa to enter Malaysia for social or business visits not exceeding three months. For other purposes, a visa is required.
- Nationals of Iran, Iraq, and Syria do not require a visa to enter Malaysia for the purpose of social or business visits of not more than fourteen days. For other purposes, a visa is required.
- Nationals of Israel and Serbia are not allowed to enter Malaysia for any purpose without prior approval from the Malaysian Government.

---

① 스위스 국민은 출입국시 비자를 발급 받아야 한다.
② 독일 국민은 1년 범위 내에서 비자 없이 관광할 수 있다.
③ 사업을 하는 한국인은 비자 없이 세 달 이상 방문할 수 있다.
④ 이스라엘 국민은 사전 허가 없이 방문할 수 없다.

---

answer 18.④

18 해설
- 영국연방국, ASEAN회원국, 스위스 국민은 말레이시아에 입국하는데 비자가 필요 없다.
- 3개월을 초과하지 않는 범위에서 사교적 혹은 사업 목적으로 방문하는 프랑스, 독일, 대한민국 국민은 비자가 필요 없다. 다른 목적의 방문은 비자가 필요하다.
- 14일을 넘지 않는 범위에서 사교적 혹은 사업 목적으로 방문하는 이란, 이라크, 시리아 국민은 말레이시아입국에 비자가 필요 없다. 다른 목적의 방문은 비자가 필요하다.
- 이스라엘, 세르비아인은 말레이시아 정부의 사전 승인 없이는 어떤 목적으로도 입국이 허용되지 않는다.
  Commonwealth 영국연방 ASEAN 동남아시아 국가연합 approval 승인 exceed 초과하다

19 다음에서 'health plan' 등록을 권유하는 이유로 가장 적절한 것은?

ATTENTION

This is to notify all employees who have not previously enrolled in a health plan to enroll at this time. In addition, employees who are members of a plan may make changes if they wish to. The employer contributes a major portion of the cost of this insurance and offers you excellent health protection at a reasonable cost. If you are not enrolled in a plan, it is suggested that you give serious consideration to these benefits. There will be no other opportunity to enroll until next year at this time.

---

① 가격이 적절하고 보장성이 뛰어나기 때문에
② 승진할 수 있는 기회가 많기 때문에
③ 다음 해에는 보험 시장에 변화가 크기 때문에
④ 사업주가 비용을 전부 부담하기 때문에

19 해설 : 이것은 기존의 health plan에 등록할 기회를 놓친 종업원들에게 이번에 등록을 하라고 촉구하는 공지입니다. 또한 기존의 회원들은 원하면 계약내용을 바꿀 수 있습니다. 고용주는 보험비용의 상당부분을 부담하며, 이 보험은 비싸지 않은 가격으로 뛰어난 건강보장혜택을 제공합니다. 보험에 등록하지 않았다면, 이러한 혜택을 진지하게 고려해 보시기 바랍니다. 내년 이맘때까지는 등록할 기회가 없습니다.
notify 알리다 enroll 등록하다 contribute 기여하다 portion 비율 next year at this time 내년 이맘때

20 밑줄 친 prolonged scrutiny의 뜻으로 가장 적절한 것은?

When you observe the night sky with a telescope, you must be patient. If at first you don't see anything where a star cluster or nebula is supposed to be, keep looking. Then look some more. You'll be surprised at how much more of the scene comes into view with <u>prolonged scrutiny</u>: faint little stars here and there, and just possibly the object of your desire. After you see your object once or twice, you'll see it more and more often. After a few minutes you may be able to see it nearly continuously where at first you thought there was nothing but blank sky.

① a quick and casual glance
② a noble and tolerant attitude
③ long and careful examination
④ spiritual and material support

---

answer 20.③

20 해설 : 망원경으로 밤하늘을 관찰할 때에는 참을성이 있어야 한다. 성단이나 성운이 있을 것으로 생각되는 곳에서 처음에는 아무 것도 볼 수 없더라도, 계속 지켜보라. 그리고 좀 더 바라보라. <u>오랫동안 주의 깊게 살펴보면</u> 얼마나 많은 광경—여기저기에서 나타나는 희미한 작은 별과 아마도 여러분들이 찾던 바로 그 물체-이 눈앞에 펼쳐지는지 놀라게 될 것이다. 한두 번 그 물체가 보이면 점점 더 자주 그것이 보이게 될 것이다. 몇 분이 지나면, 처음에는 아무 것도 없는 빈 하늘이라 여겼던 곳에서 거의 계속하여 그것을 볼 수 있게 될 지도 모른다.
nebula 성운 cluster 성단, 덩어리, 송이 faint 희미한, 기절하다 nothing but 단지 = only noble 고귀한 tolerant 참을성 있는 intense 강렬한, 집중적인, 치열한

Do you want to be healthier and live longer? Then take some lessons from the Chinese. And stay away from the typical North American diet.

The Chinese eat a healthy, plant-based diet. A joint study found that although the Chinese diet varies from region to region, it generally includes a lot of rice, grains, and fruit. Animal products are eaten sparingly. In southern China, for instance, almost every meal includes a big bowl of rice. People usually eat a vegetable with the meal, perhaps some fruit, and maybe some fish. Pork and chicken are eaten only on special occasions.

The rate for heart disease among men in China is one-sixteenth the rate in the U.S. The rate for colon cancer is only about two-fifths of the U.S. rate. Scientists believe that the poor diet of North American is killing them. The average citizen consumes too much meat, sugar and salt and not enough vegetables, grains, and fiber. And these unhealthy eating habits are prime suspects in several serious diseases: heart disease, stroke, diabetes, and some cancers. Some call these diseases "_____." As countries become richer, people begin to eat more meat. Heart disease and certain kinds of cancer increase. This is happening in Japan and in the wealthier parts of China.

* colon cancer : 결장암

21 위 글의 요지로 가장 적절한 것은?

① 질병의 종류가 다양해지고 있다.
② 중국인들의 식습관이 서양화되고 있다.
③ 미국인의 성인병 발병률이 줄어들고 있다.
④ 채식 위주의 식습관은 질병을 예방해준다.

23 문맥상 빈칸에 들어갈 말로 가장 적절한 것은?

① family diseases
② overeating diseases
③ diseases of wealth
④ diseases of poverty

21-22

해설 : 당신은 더 건강하고, 더 오래 살기를 원하십니까? 그러면 중국 사람들에게 좀 배우세요. 그리고 전형적인 북미의 식사법에서 탈피하세요. 중국 사람들은 채소를 기본으로 하는 건강식을 합니다. 공동연구에 의하면, 비록 중국 사람들은 지역에 따라서 먹는 것이 다양하지만, 일반적으로 쌀, 잡곡, 과일을 많이 먹습니다. 육류는 자주 먹지 않습니다. 예를 들면, 중국 남부지방에서는 거의 매끼 밥을 한 그릇씩 먹습니다. 사람들은 식사를 하면서 야채를 먹고, 과일이나 생선을 먹습니다. 돼지고기나 닭고기는 특별한 경우에만 먹습니다. 중국에서 심장병 발병률은 미국의 16분의 1입니다. 결장암 발병률은 미국의 5분의 2밖에 안됩니다. 과학자들은 북미의 나쁜 식사법이 그들을 죽이고 있다고 믿고 있습니다. 일반 시민들은 고기, 설탕, 소금을 너무 많이 섭취하고, 야채, 곡식, 섬유질을 충분히 섭취하지 않습니다. 그리고 이러한 나쁜 식습관은 심장병, 뇌출혈, 당뇨병, 암과 같은 몇몇 심각한 질병들을 유발하는 것으로 의심받고 있습니다. 어떤 사람들은 이러한 질병들을 "부자병"이라고 부릅니다. 국가가 부유해질수록 사람들은 더 많은 고기를 먹습니다. 심장병이나 몇몇 종류의 암이 늘어납니다. 이러한 현상은 일본이나 중국의 부유한 지역에서 일어나고 있습니다.
sparingly 드물게 pork 돼지고기 colon cancer 결장암 fiber 섬유질 stroke 뇌출혈 diabetes 당뇨병

기출문제를 분석하여 만들어진 실전모의고사로 스톱워치 등을 사용하며 실전감각을 키워보자.

실전모의고사

CHAPTER 01

제1회 실전모의고사

1 다음 빈칸에 들어갈 말로 가장 적절한 것은?

> Career consultants often advise their clients to reflect _____ on the approaches they take to a job search.

① recently   ② periodically

③ nearly   ④ obviously

2 다음 빈칸에 들어갈 말로 가장 적절한 것은?

> Many small business owners _____ when interest rates started to increase markedly.

① concerning   ② have concerned

③ concerned   ④ were concerned

3 다음 빈칸에 들어갈 말로 가장 적절한 것은?

> A : I wonder if I could invite you over for dinner this weekend?
> B : I wish I could, but I'll be out of town this weekend. Could you give me a _____?

① chance   ② notice

③ raincheck   ④ date

4 다음 빈칸에 들어갈 말로 알맞은 것을 순서대로 나열한 것은?

ⓐ A : Don't forget to call me when he _____ back. / B : Okay, I will.

ⓑ A : Nice to meet you, too. I'd like to get _____ with you. / B : Me, too.

---

① get, up
② gets, along
③ will get, well
④ will have gotten, beyond

5 다음 중 어법상 어색한 것은?

① We were born in the era of technology.
② But life wasn't always the way we know it.
③ Thorough most of human history, indoor toilets, indoor running water, and electrical service was unknown.
④ To get water, people went to a well or river and carried the water home in buckets.

6 다음 보기 중 밑줄 친 부분의 의미와 가장 가까운 것은?

Our deepest fear at the moment is that a nuclear war would leave the earth barren.

---

① bullied
② brutalized
③ broken into
④ lifeless

7 다음 대화의 빈칸에 들어갈 말로 가장 적절한 것은?

> A : Andrew, will you do me a favor?
> B : Sure, what is it?
> A : Can you drive Jane and me to the hospital on Monday?
> B : I think so. I'll mark it on my calendar so I don't forget.
> A : Its really kind of you. But I'm sorry to bother you.
> B : Don't worry about that.
> A : Thanks. I haven't forgotten your helping me several times.
> B : _____.

① What are friends for?
② That's why we're here.
③ A drowning man will catch at a straw.
④ You look only on one side of the shield.

8 다음 빈칸에 들어갈 말을 순서대로 나열한 것은?

> He ran up to his friend and _____ hands with him. They _____ each other for thirty years!

① shake, didn't see
② shook, didn't see
③ shook, hadn't seen
④ had shaken, hadn't seen

9 다음 빈칸에 들어갈 말로 가장 적절한 것은?

> All participants should _____ review the attached memo regarding Tuesday's orientation seminar to be held at Mauli Hotel.

① briefly ② readily
③ visibly ④ scarcely

10 다음 글에서 밑줄 친 scofflaw 가 의미하는 것은?

In 1917, the United States decided to ban, or prohibit, the production, sale and use of alcohol. The ban became law when the Eighteenth Amendment to the Constitution was passed. The law was commonly called Prohibition. Not everyone was pleased with Prohibition. People who made, sold or drank alcohol protested. They felt the new law violated their civil rights. These people began a quiet rebellion. If they could not get alcohol legally, they would get it illegally. A wealthy man in the state of Massachusetts – a non-drinker – offered a prize for the best word to describe a person who laughed at the new law. He would give the winner 200 dollars. The man received 25,000 proposals. He chose the word <u>scofflaw</u>. The winning word was announced at a public ceremony.

① 술을 제조하는 사람
② 시민 권리 보호법
③ 음주 금지법
④ 새 법을 우습게 여기는 사람

11 다음 빈칸에 들어갈 말로 가장 적절한 것은?

As a result the harvest from the sea remains small as long as man continues to gather fish from the waters with the same old methods. Indeed, from year to year his catch is likely to decrease for two reasons : pollution and overfishing. Today, unfortunately, man pours into the waters of the world millions of tons of sewage, garbage, industrial waste, poisons, and heated water. Such pollution is killing marine life at a frightening rate. _____ overfishing reduces the number of fish and whales.

① However
② Nevertheless
③ In addition
④ By the way

12 다음 글의 요지로 가장 적절한 것은?

Zoo officials frequently complain that people seem to be unable to read signs. They insist on feeding the animals even when signs to the contrary are conspicuously posted. Such people, however, are not deliberately trying to be contrary. They are merely trying to be kind. But if they really have the best interests of the animals at heart, they will refrain from feeding them. By feeding an animal the wrong kind of food, they can literally kill it with kindness.

① 멸종되어 가는 동물들을 보호해야 한다.
② 동물원 안에서는 음식을 먹어서는 안 된다.
③ 지나치게 사나운 동물들은 경계를 해야 한다.
④ 동물들에게 무조건 먹이를 주어서는 안 된다.

13 다음 빈칸에 들어갈 말로 가장 적절한 것은?

There is another aspect of my country that makes it unique in the Americas, and that is our bilingual and bicultural make up. (Canada has two official languages, English and French, and in its largest province a majority of the inhabitants speak the latter almost exclusively.) It gives us a picturesque quality, of course, and that is certainly a tourist asset : Visitors are intrigued by the _____ of Quebec city, with its twisting street and its French style cooking. But there is also a disturbing regional tension. Quebec has become a nation within a nation, and the separatist movement is powerful there. French Canada's resistance to English Canada's culture and economic pressure can be seen as similar to English Canada's resistance to the same kind of pressure from the United States. This helps to explain why many English-speaking Canadians who call themselves nationalists are strong supporters of special rights for the province of Quebec.

① foreignness
② vastness
③ grandeur
④ conservatism

※ 다음 글을 읽고, 물음에 답하시오. 【14-15】

I didn't know _____ until I was going through her things after she died. I discovered something I had long forgotten. One night, I recalled the events of the day and how badly I had behaved toward my mother. Quietly I slipped out of bed and picked up a pencil and paper from the dresser, then tiptoed into the kitchen. I quickly wrote (a) a short letter asking my mother to forgive me for being so naughty. I didn't want my brothers and sisters to read (b) my "sorry" note, so I added a postscript : "Please don't let anyone else see this." Then I put the letter under my mother's pillow.

The next morning I found a return note for (c) the message under my pillow. My mother wrote that she loved me and forgave me. This became my way of apologizing whenever I talked back or disobeyed. My mother always left a return note, but she never spoke about our under-the-pillow messages in front of the family. Not even when we were grown.

When my mother passed away, I had to go through her personal belongings. In her desk was a bundle of notes tied with a faded ribbon. On top was (d) a message, which read, "In the event of my death, please destroy these." I turned over the packet and glanced at the handwriting on the bottom. To my surprise I recognized my childish writing, "P.S. : Please don't let anyone else see this. Love, Eddie."

14 위 글의 빈 칸에 들어갈 말로 가장 적절한 것은?

① what influenced my family most
② why my mother was strict to me
③ how well my mother could keep a trust
④ how important writing letters could be

15 위 글의 내용으로 보아, 밑줄 친 (a)～(d) 중에서 나머지 넷과 가리키는 바가 다른 하나는?

① (a)
② (b)
③ (c)
④ (d)

16 글의 흐름으로 보아 주어진 문장이 들어가기에 가장 적절한 곳은?

Yet despite the differences, there are some similarities between the two sleep disorders.

Sleepwalking and sleeptalking seem to be different sleep disorders. (①) Sleepwalkers are capable of walking down stairs or out of doors, all the while remaining fast asleep. (②) Sleeptalkers, in contrast, stay still, but they effortlessly carry on long conversations. (③) To be sure, what they say doesn't make any sense. (④) During their walking or talking hours, neither sleepwalkers nor sleeptalkers remember what happened the night before. Also, both disorders appear to be passed down from parents to children.

17 다음 빈 칸에 가장 적절한 것은?

Children who are old enough to understand the idea of schedules and chores can understand the needs of your home business. Explain to your children that you do your work at home so that you can be near them when they need you. But also be sure they understand that you must do your work so that you will have the money necessary to keep your house, feed the family, and provide them with money for entertainment. Once your children understand the necessity of your work, then outline a work schedule and explain it to them. Then make sure they understand that between hours x and y, you will be doing work, and then tell them to _____.

① save time and energy
② find a part-time job
③ get over bad habits
④ respect your schedule

18 밑줄 친 combine에 관한 설명 중, 다음 글의 내용과 일치하지 않는 것은?

The combine relieved farmers of much of the burden of harvest. It enabled farmers to rescue crops which otherwise might have been lost. The combine was first developed for use in countries where the climate was suitable for grain production. It was said that the climate in such countries as the British Isles was totally unsuitable for its use. However, this was not true. Combines work in quite damp conditions. The use of a combine resulted in a big reduction in the time and labor required to harvest a given crop because only one or, at the most, two men were needed to operate the machine. Other labor required to transport the grain to storage was not excessive.

① 수확량의 손실을 경감시켰다.
② 영국에서는 사용에 적합하지 않다고 여겨졌다.
③ 기후가 습한 나라에서도 사용할 수 있다.
④ 수확한 곡물의 수송 부담을 가중시켰다.

19 (a), (b), (c)의 각 네모 안에서 어법에 맞는 표현으로 가장 적절한 것은?

Anxieties often seem (a) magnifying / magnified in the still of the night. Dealing with them can help you sleep. Just writing down worries, deadlines or to-dos before hitting the pillow can make them (b) feel / to feel more manageable. Do whatever helps you relax. Try simple yoga exercises, like the forward bend : Standing with your legs hip-width apart, bend at your waist, letting your arms and head dangle while releasing the tension in your neck and shoulders. Or while lying on your back, (c) doing / do progressive muscle relaxation, tensing and then releasing body parts, beginning with your feet and progressing toward your forehead.

① magnifying – feel – doing
② magnified – feel – do
③ magnifying – to feel – doing
④ magnified – to feel – doing

20 주어진 문장 다음에 이어질 글의 순서로 가장 적절한 것은?

Tales from the past generally associate heroism with physical strength and raw courage in the face of danger.

(a) Many people think that cancer-survivor and seven-time Tour de France winner Lance Armstrong and stem-cell researcher Hwang Woo-suk are contemporary heroes.

(b) These two people did not engage in bloody battles, but they have overcome obstacles, and done something significant to the world, capturing the imagination of human beings.

(c) Recently, however, new definitions of heroism and new kinds of heroes have emerged.

① (a)—(c)—(b)

② (b)—(a)—(c)

③ (b)—(c)—(a)

④ (c)—(a)—(b)

제2회 실전모의고사

1 다음 빈칸에 들어갈 말로 가장 적절한 것은?

> To _____ one's license for the next five years, a professional accountant should complete advanced training of no less than 40 hours per year at the institute of Professional Accountants.

① persist   ② endure

③ enlarge   ④ prolong

2 다음 빈칸에 들어갈 말로 가장 적절한 것은?

> All employees are advised to report any unsafe conditions, because prevention of an accidents is ____ to paying for damages.

① preferable   ② available

③ avoidable   ④ curable

3 다음 밑줄 친 부분과 바꿔 쓸 수 있는 것은?

> No one will <u>put up with</u> Jim's behavior any more.

① tolerate

② imitate

③ be bothered by

④ be impressed with

4 다음 빈칸에 들어갈 말로 가장 적절한 것은?

> A : Can't you drive faster?
> B : Calm down, buddy. I'd rather _____ than have an accident.

① delay
② delaying
③ be delayed
④ to be delayed

5 다음 빈칸에 들어갈 말로 가장 적절한 것은?

> A : Dad, Why didn't you buy me a gift this time?
> B : Come on. Is there anything you want _____ you don't already have?

① where　　　　　　　　② when
③ what　　　　　　　　④ that

6 다음 두 사람의 대화가 어색한 것은?

① A : I have a headache. It won't go away.
　 B : Why don't you take some medicine?
② A : Do you mind if I open the window?
　 B : Yes, I do. It's hot in here, isn't it?
③ A : How many games did the team win?
　 B : They won two ones of five games.
④ A : What a lovely painting it is! It looks expensive. John, how much was it?
　 B : I didn't buy it. I painted it myself.

7 다음 보기 중 밑줄 친 부분의 의미와 가장 가까운 것은?

The development of nuclear energy, on the other hand, can mean increased <u>revenues</u> for the government.

① headaches
② agreements
③ production
④ income

8 다음 빈칸에 들어갈 말을 순서대로 나열한 것은?

A lot of trees _____ down and some kinds of trees _____.

① had cut, were disappeared
② was cut, disappear
③ were cut, were disappeared
④ were cut, disappeared

9 다음 빈칸에 들어갈 말로 가장 적절한 것은?

Poland has made a successful _____ to a market-oriented economy since 1990.

① location
② transition
③ cooperation
④ suspension

10 다음 글의 제목으로 가장 적절한 것은?

Flood waters are dangerous. The force of a few inches of water can toss you to the ground. While camping, just keep your radio turned on and tuned to a weather station. Tons of water miles away can reach and swallow you in a few minutes. If there's a flood, just get out of the car. Cars can be easily swept away in just two feet of water. If you have limited time, take only family medicines, blankets and a battery-powered radio with you. Don't wait until the last minute to leave, hoping to save your possessions. Save your life instead.

① How to Set Up Camping Tents
② What to Do in Case of Flood
③ How to Locate Campsites
④ Items We Need in Emergencies

11 빈칸 (a)와 (b)에 들어갈 말로 가장 적절한 것끼리 짝지은 것은?

Pen designers must be aware of hundreds of requirements. Make the pen too thin, and it will not be strong enough to stand up to the hard use of schoolchildren. Make the middle section too thick, and it can neither be grasped properly by the fingers nor controlled with enough precision. (a) _____, people with arthritic hands may need a thick body because they can't close their fingers entirely. And what of those who use the pen as a measuring device or as a mechanical instrument to poke, stab, and twist? (b) _____, the instructions for the clock in my automobile say to set it by pressing the recessed button with the tip of a ball-point pen.

	(a)	(b)
①	However	For example
②	However	Nevertheless
③	In conclusion	For example
④	In conclusion	Nevertheless

12 다음 글을 읽고, 빈 칸에 가장 적절한 것을 고르시오.

While speed remains something new to mankind, it is bound to be in fashion. But for my part, I like crawling. When the roads were still empty of speeding machinery, the day seemed twice as long, as one passed over the miles so slowly. One did not see much of the world in a day, but the eye could linger on what one saw. If the inventors could have known what they were about to destroy with their inventions, surely they would have hesitated before yielding to their genius. _____ is almost the same thing as not to have traveled at all.

① To travel without a road map
② To travel without a companion
③ To drive along the road slowly
④ To pass through a landscape swiftly

13 Sea Cloud호에 관한 다음 글의 내용과 일치하는 것은?

The Sea Cloud is a legendary ship. Built in 1932 at a time when the greatest attention was paid to detail and fine craftsmanship, the Sea Cloud is decorated with original oil paintings, antique furniture, and rich wood paneling. The cabins are beautifully decorated, some with fireplaces, and each with a private marble bathroom. Breakfast and lunch are buffet style and there is a sit-down meal served for dinner. A journey aboard the Sea Cloud, which carries only 64 passengers, is an intimate experience on one of the most elegant vessels on the sea.

① 전설 속에 나오는 무역선이다.
② 현대식 가구로 장식되어 있다.
③ 객실마다 욕실을 갖추고 있다.
④ 64명의 승무원이 근무한다.

14 밑줄 친 She에 관한 설명 중, 글의 내용과 일치하지 않는 것은?

She was born in England in 1821, and emigrated to New York City. One day she decided that she wanted to become a doctor. That was almost impossible for a woman in the middle of the nineteenth century. After writing many letters seeking admission to medical schools, she was finally accepted by a medical school in Philadelphia. After graduating from the medical school in 1849, she wanted to become a surgeon. Unfortunately a serious eye infection forced her to abandon the idea. She found it difficult to start her own practice because she was a woman. In 1857 she and her sister, also a doctor, along with another female doctor, managed to open a new hospital, the first for women and children. Besides being the first female doctor and founding her own hospital, she also established the first medical school for women.

① 영국에서 태어나서 미국으로 이주했다.
② 필라델피아에 있는 의과대학에 입학했다.
③ 여성이라는 이유로 외과의사가 될 수 없었다.
④ 의과대학을 졸업하고 8년 후에 병원을 개원했다.

Cleanliness is next to godliness, we are taught, but is it possible to become so clean that it's not good for us? That's the question <u>posed</u> by Dr. Levy. All that washing with new antibacterial soaps may be damaging our immune systems, he says. He contends that it is killing helpful germs and encouraging the growth of super bacteria.

Dr. Levy longs for the old days when children built strong immune systems by getting dirty. He wants us to use the cleaners our parents trusted : plain soap and water. Dr. Levy says he has seen no evidence to show that antibacterials benefit health.

"Our passion for protecting ourselves from every germ, every dog hair, and every piece of dust might be a waste of time," Dr. Levy warns. We are fast becoming a society with immune systems so fragile that even the unpleasantness and misfortunes of daily life knock us out. We know now, more than ever, that trying to protect ourselves from every germ isn't possible.

15 위 글의 제목으로 가장 적절한 것은?

① Cleanliness Is Healthiness
② Stop the War on Bacteria
③ Soap : The Only Solution
④ Bacteria as Our Enemy

16 글의 밑줄 친 posed와 같은 의미로 쓰인 것은?

① The problem <u>posed</u> in the math test was hard to solve.
② He was broke, but he <u>posed</u> as a rich man.
③ The six foreign ministers <u>posed</u> for photographs.
④ The policy <u>posed</u> a threat to jobs in the coal industry.

17 글의 흐름으로 보아, 주어진 문장이 들어가기에 가장 적절한 곳은?

For example, a person living in Japan will use the Japanese language to communicate with other Japanese.

Like animals, people also use different languages. (①) Each culture has its own words and symbols that are used by people within that culture to communicate with others in the same culture. (②) Unlike animals though, some cultures use more than one language. (③) People within these cultures are said to be either bilingual or multilingual. One such place is Canada. (④) It is very likely that a person living in Canada may speak both French and English. Likewise, a person living in Switzerland may speak Italian, German and French.

18 다음 글의 주제로 가장 적절한 것은?

Overall good health is composed of five unique spheres of wellness: the physical, the mental, the family and social, the spiritual, and the material. Picture the Olympic symbol with five interlocking rings. Like the Olympic rings, the five spheres of wellness overlap and interact. Most of us have experienced the way the spheres affect another. To live a happy life, you must have good health in all five spheres. Knowing which areas need improvement and which are already healthy is the key to increasing your happiness.

① the importance of balance for a happy life
② the relationship between mind and body
③ psychological benefits of social activities
④ the responsibility of taking care of one's family

19 다음 글에서 밑줄 친 EPA가 의미하는 것은?

The EPA report concluded that average global temperatures could start to rise within a few decades – some say the rise has already begun—and reach levels nine degrees Fahrenheit higher than today's temperatures by the end of the next century. This, the scientists said, could destroy global weather patterns, change annual amounts of rainfall, swell or dry up rivers, and raise the level of the seas. Farming, building, and the political stability of nations could be disrupted.

① 건축 협회
② 국립 의사 양성소
③ 산아 제한 협회
④ 환경 보호국

20 다음 글의 요지로 가장 적절한 것은?

Frequent repetition of positive experiences can change your self-concept in a dramatic and positive manner. One major difference between people with a low level of self-respect and those with a high level is the type of memories they choose to recall. People with a low level usually think over negative experiences while people with a high level spend their time recalling and enjoying positive memories. Set aside five to ten minutes a day to recall positive things and success you have achieved. As you recall each positive experience, compliment yourself on your success. Continue with this exercise until it is easy to recall success and you feel good about your self-compliments.

① Don't blame others for their faults.
② Self-respect is a matter of no importance.
③ Life is a mixture of good and bad memories.
④ Try to recall positive things and feel good about yourself.

제3회 실전모의고사

CHAPTER
03

1 다음 밑줄 친 부분과 바꿔 쓸 수 있는 것은?

> The members told us about the strange experience <u>by turns</u>.

① alternately   ② contently

③ persuasively   ④ voluntarily

2 다음 빈칸에 들어갈 말로 가장 적절한 것은?

> You know what they say? It is _____ over spilt milk.

① used to cry   ② of no use to have cried

③ no use crying   ④ of no use having cried

3 다음 빈칸에 들어갈 말로 가장 적절한 것은?

> Since you participated in the planning of this project, you are also partially _____ for this unfortunate result.

① guilty   ② responsible

③ eligible   ④ negligible

4 다음 대화의 빈칸에 들어갈 말로 가장 적절한 것은?

> A : I really admire your determination.
> B : Thank you. I'm _____.

① flattered   ② endeared
③ deserved   ④ entertained

5 다음 빈칸에 순서대로 들어갈 말로 가장 적절한 것은?

> The War of 1812 saw the birth of an American icon : "Uncle Sam." He appears to have _____ in 1813 in Troy, New York, but nothing more than that is known. The inspiration for Uncle Sam is sometimes traced to Samuel Wilson, and army inspector in Troy, but it seems more probable that the name was merely _____ from the initials U. S. The top−hatted, striped−trousered figure we associate with the names was popularized in the 1860s in the cartoon of Thomas Nast and later _____ by the famous I WANT YOU recruiting posters of the artist James Montgomery Flagg.

① arisen − delved − replaced
② arisen − derived − reinforced
③ risen − derived − replaced
④ risen − delved − reinforced

6 다음 빈칸에 들어갈 말로 가장 적절한 것은?

> I am trying to finalize _____ will be needing shuttle service in order to ensure sufficient transportation.

① which   ② where
③ why   ④ who

7 다음 밑줄 친 부분과 바꿔 쓸 수 있는 것은?

I cannot help feeling <u>apprehensive</u> about the danger.

① worried
② regretful
③ helpless
④ appreciative

8 다음 빈칸에 들어갈 말을 순서대로 나열한 것은?

This morning I had difficulty _____ someone _____ that car _____.

① finding − who get − to wash
② to find − that got − washing
③ finding − who could get − washed
④ in finding − got − to wash

9 다음 빈칸에 들어갈 말로 가장 적절한 것은?

There is a very high demand for people with ability to _____ efficiently with little or no supervision.

① familiarize
② face
③ function
④ handle

10 다음 글이 주는 교훈을 속담으로 가장 잘 나타낸 것은?

I have a small machine shop. For a long time business was really slow. We once went weeks without any new orders. It was difficult for us especially since some of the other shops in our area were really busy. But then one day we got a small order. Then the following week we got another. Business started to pick up. We started to get orders every week. Recently I got an offer to do a really big job, and I took it without considering how much work it would be. But I wish I hadn't accepted it because now we have too much to do.

① Don't bite off more than you can chew.
② Too many cooks spoil the broth.
③ A leopard cannot change its spots.
④ A bad workman argues with his tools.

11 밑줄 친 (a), (b), (c)에서 어법에 맞는 표현을 골라 짝지은 것으로 가장 적절한 것은?

Most children stop to notice the sounds around them and (a) investigate / investigating how they can make sounds with any object. While some are very sensitive to noise and cover their ears during joyful banging and pounding, other children robustly create noise whenever possible. Making loud sounds is a powerful experience, helping children feel big in their small bodies. Children make sounds in their play more often than they use words. They eagerly imitate the roar of an engine or the sweet mew of a kitten. (b) Observed / Observing how they use sounds can teach adults so much about what children understand and feel. We can take advantage of their interest and alert sense of hearing by intentionally providing installations (c) that / what create interesting sounds.

① investigate – Observing – that
② investigate – Observed – what
③ investigating – Observing – what
④ investigating – Observed – that

12 다음 글의 제목으로 가장 적절한 것은?

It is natural that people will always want to have holidays. And holiday areas will always want to have tourists around. Consequently, this has resulted in a rapid rise in tourism over the last thirty years. More and more people are taking holidays. Most people are now better off than in the past and have more money available for holidays. People also have more leisure time and the length of their annual holidays has increased. In addition, places have become more accessible as transportation improvements have made travel faster, easier, and cheaper.

① How to Take a Holiday
② How to Travel on Holiday
③ Why Tourism Is Increasing
④ Why People Have More Money

13 다음 빈칸에 들어갈 말로 가장 적절한 것은?

Modern computers touch the life of every citizen in varied and often unexpected ways. Not only do computers prepare our utility bills, credit-card bills and bank statements but also they control our traffic, assist us in making travel and theater reservations, watch the weather for us and help to diagnose our bodily ills. _____, most of us still have little direct contact with computers. Most computers still require a medium between the ultimate user and the computer, someone who is familiar with the way the computer works and with the special language that is needed to address it.

① Owing to this
② In spite of this
③ According to this
④ In addition to this

14 다음 글의 주제로 가장 적절한 것은?

Although chemically grown foods might seem much cheaper than organic foods, food prices do not reflect hidden costs. These included more than $100 billion in federal subsidies in 2004 alone. Pesticide regulation and testing leads to higher costs. The environmental damage is another big hidden cost. Food prices don't count waste disposal and cleanup. The prices don't include the wells poisoned by farm chemicals. They don't count the fact that we're losing marine life because of nitrogen runoff from overusing fertilizers. Eating an unhealthy diet adds a host of additional costs including many deaths.

① the production cost of organic foods
② subsidies to promote nonchemical farming
③ merits and demerits of chemical fertilizers
④ honest cost-counting of chemically grown foods

15 다음 글에 설명된 아동의 행동 특성으로 가장 적절한 것은?

A group of researchers observed kindergarteners playing with crayons. The kids seemed to enjoy it with great concentration and apparent pleasure for internal reasons. Next, the researchers promised some of the children "Good Player Awards" for their drawing efforts with the crayons. For one week, these children knew they would get a "prize" at the end of the week for their drawing behavior. For the remaining children, no such promises were made. There was a significant change in the crayon use among the kids promised external rewards. Surprisingly, they spent much less time playing with crayons than before. By contrast, the other children maintained their normal frequency and duration of use.

① 그림을 통하여 심리를 드러내기도 한다.
② 글보다는 그림을 좋아하는 경향이 있다.
③ 어른들의 말을 그대로 믿는 경향이 있다.
④ 보상을 약속 받으면 의욕이 약화될 수 있다.

16 다음 글의 내용을 한 문장으로 요약하고자 한다. 빈칸 (a)와 (b)에 가장 적절한 것끼리 짝지은 것은?

Insect and human societies have a lot in common in that individual members of the community work together. Termite workers coordinate their efforts to build nests. Similarly, in human societies engineers, town planners and construction workers unite to build cities. The nests of social insects are as complex as a man-made city. In some insect nests special accommodation is provided for the young and for food storage. Many nests also have devices for regulating the temperature. So insect nests are as functional as human houses. Therefore, many analogies have been made between social insects and human societies. It must not be forgotten, however, that insect social behaviour is determined by innate instinctive mechanisms. Insects show no capacity for learning or for developing a social tradition based on learning.

→Insects are (a)_____ to humans in working together, but different from humans in their (b)_____ abilities.

	(a)	(b)
①	same	building
②	similar	learning
③	sociable	regulating
④	common	analyzing

Sally and Harry are a young married couple with two small children. They live in a large city in an apartment that has become too small for their growing family. They are thinking about moving to a bigger place, but they haven't decided yet if they should find a place in the city, or go out to the country to live.

Sally was raised in the city and likes the conveniences and lively atmosphere of city life, especially the educational, cultural and social opportunities. Harry, on the other hand, likes the advantages of the friendly small town life that he knew as a boy when he had plenty of space and opportunities to enjoy the countryside.

Sally generally dislikes the idea of moving into the country, except that she would like them to own their own house and that would be made possible by the relatively low real estate values there. Harry would gladly move to the countryside, except that he dislikes the idea of spending so much time commuting to and from his office.

17 위 글에서 Sally가 생각하는 시골생활의 이점에 해당하는 것은?

① 넓은 생활공간
② 활기찬 분위기
③ 낮은 부동산 가격
④ 조용하고 깨끗한 환경

18 위 글의 내용과 일치하지 않는 것은?

① Harry는 시골로 이사하기를 원했다.
② Sally와 Harry는 서로 의견이 다르다.
③ Harry는 시골에서 어린 시절을 보냈다.
④ Sally와 Harry는 시골로 이사하기로 결정했다.

※ 19-20. 다음 글을 읽고 물음에 답하시오.

Talk of intelligent life on other planets was once the stuff of science fiction or idle speculation. Recently, however, many astronomers have promoted the view that civilizations may be scattered among the stars like grains of sand. The idea has inspired countless novels, movies, and television shows, but has also led to a long and serious scientific search, using huge dish antennas that scan the sky for faint radio signals coming from intelligent aliens.

Now, however, Peter Ward and Donald Brownlee claim that the conventional wisdom is wrong. In their book, they say the search for alien life is likely to fail. Drawing on astronomy, geology, and paleontology, they argue that humans might indeed be alone in the cosmos. They say that science is showing the Earth's composition and stability to be extraordinarily (a) _____. Almost everywhere else, the radiation levels are so high and the right chemical elements are so scarce that life cannot evolve into advanced communities.

Dr. Ward, a famous paleontologist specializing in mass extinction, says : "We have finally said out loud what we have thought for so long. Life, at least complex life, is (b) _____ in the universe." His colleague Dr. Brownlee comments : "People say the sun is a typical star, but that's not true. Almost all other environments in the universe are terrible for life. It's only in the Garden-of-Eden like Earth that it can exist."

19 위 글의 밑줄 친 the conventional wisdom의 내용으로 가장 적절한 것은?

① 우주는 계속 팽창하고 있다.
② 지구가 가장 살기 좋은 행성이다.
③ 외계인은 공상과학의 산물이다.
④ 다른 별에도 생명체가 있을지 모른다.

20 위 글의 빈칸 (a), (b)에 공통으로 들어갈 단어로 가장 적절한 것은?

① rare
② unstable
③ familiar
④ temporary

CHAPTER
04

정답 및 해설

제1회 정답 및 해설

1 ②	2 ④	3 ③	4 ②	5 ③	6 ④	7 ①	8 ③	9 ①	10 ④
11 ③	12 ④	13 ①	14 ③	15 ④	16 ③	17 ④	18 ④	19 ②	20 ④

1 해설 : 진로 상담가들은 그들의 고객들에게 종종 그들의 구직활동을 하면서 이룬 성과들을 주기적으로 반영하라고 충고한다.
동사 reflect를 꾸며주는 부사자리로 '주기적으로 반영하다'라는 의미의 reflect periodically
recently 최근 periodically 주기적으로 nearly 거의 obviously 분명히

2 해설 : 많은 작은 사업가들은 이자율이 현저히 증가하기 시작했을 때 걱정했다.
be concerned that / over / about ~에 대해 걱정하다. when절의 동사가 started과거이므로 시제일치

3 해설 : A : 이번 주말에 저녁 식사에 초대해도 될까요?
B : 가고 싶지만 이번 주말에는 제가 여기에 없습니다. 연기해 주실 수 없을까요?
상대방의 초대에 연기를 요청할 때 사용하는 표현. 'Could you give me a raincheck?'
raincheck : 초대 등의 연기. 원래 우천으로 경기가 연기되어 관중들에게 나누어주는 표를 의미함. invite
~ over for dinner : 저녁식사에 초대하다 be out of town : 출타중이다 notice : 사전 통보

4 해설 : ⓐ A : 그가 돌아오면 나에게 전화하는 것을 잊지 마라. / B : 그래, 그럴게.
시간이나 조건의 부사절에서는 미래의 뜻으로 현재시제를 사용해야 한다.
ⓑ A : 나도 만나서 반가워. 너와 잘 지내고 싶어. / B : 나도 그래.
get along with : ~와 사이좋게 지내다

5 해설 : indoor toilets,... and electrical service까지가 be unknown의 주어부이다. 따라서 동사를 이에
일치시켜 were unknown으로 고쳐야 한다.
① 우리는 기술의 시대에 태어났다.
② 그러나 생활이 늘 우리가 현재 알고 있는 대로였던 것은 아니다.
③ 거의 모든 인류역사에 걸쳐서 실내 화장실과 실내 수도, 전기시설은 세상에 없었다.
④ 사람들은 물을 얻기 위해서 우물이나 강으로 가 양동이에 물을 담아 집으로 가져왔다.
in the era of technology : 기술의 시대 indoor running water : 실내 수도 electrical service : 전기 시설
well : 우물 in bucket : 양동이에 담아서

6 해설 : 그 순간에 우리의 가장 깊은 두려움은 핵전쟁이 지구를 황량하게 남길 것이라는 점이다.

barren : 척박한, 불모의, 황량한

① bullied 괴롭힘을 당하는

② brutalized 야수가 된

③ broken into 침투된

④ lifeless 생명체가 살지 않는

7 해설 : A : Andrew, 부탁 하나 들어줄래?

　　B : 물론이지, 뭔데?

　　A : 월요일에 Jane과 나를 병원에 태워다 줄 수 있니?

　　B : 가능할 것 같아. 잊지 않도록 달력에 표시해 둘게.

　　A : 정말 고마워. 하지만 너를 성가시게 해서 미안해.

　　B : 그 점에 대해서 걱정하지 마.

　　A : 고마워. 네가 여러 번 나를 도와준 것을 잊지 않고 있어.

　　B : <u>친구 좋다는 게 모야?</u>

8 해설 : 그는 그의 친구에게 달려가서 그와 악수를 했다. 그들은 30년 동안 서로 보지 못했다.

첫 번째 빈칸은 ran과 병렬을 이루어 과거형이고, 두 번째 빈칸은 30년 전부터 계속 보지 못했다는 의미이므로 과거완료를 쓴다.

9 해설 : 모든 참가자들은 Mauli Hotel에서 열리는 화요일의 오리엔테이션 세미나에 관한 동봉된 메모를 간단히 점검해야 한다.

briefly review 간단히 검토하다 readily 쉽게(easily, manually), 즉시

10 해설 : 1917년 미국은 술의 생산, 판매 및 사용을 금지하기로 결정했다. 그 금지는 제 18번째 헌법 수정안이 통과되었을 때 법률이 되었다. 그 법률은 보통 금주법이라고 불리었다. 모든 사람이 다 금주법에 만족한 것은 아니었다. 술을 만들고, 팔거나 또는 마셨던 사람들은 이의를 제기했다. 그들은 그 새 법이 그들의 시민권을 침해했다고 느꼈다. 이런 사람들은 조용한 반란을 시작했다. 만약 그들이 합법적으로 술을 얻을 수 없으면, 불법적으로 얻을 것이다. Massachusetts주의 한 부자가 물론 - 술을 마시지 못한 사람인데 - 새 법을 비웃는 사람을 가장 잘 묘사한 단어를 만든 사람에게는 상금을 주겠다고 했다. 그는 승자에게 200달러를 줄 것이다. 그 사람은 25,000명의 제안을 받았는데 그는 scofflaw라는 단어를 택했다. 그 선택된 단어는 공개 의식에서 발표되었다.

11 해설 : 따라서 인간이 옛날과 같은 방법으로 물에서 고기를 잡는 한, 바다로부터의 어획량은 여전히 적을 것이다. 사실, 해마다 두 가지 이유-오염과 남획-때문에 인간의 어획량이 줄어드는 것 같다. 오늘날 불행하게도, 인간은 수백만 톤의 하수, 쓰레기, 산업 폐기물, 독극물, 폐수를 바다 속에 쏟아 붓는다. 그러한 오염은 놀라운 속도로 해양 생물을 죽이고 있다. 게다가, 남획은 고기와 고래의 수를 줄인다.

12 해설 : 동물원 관리들은 사람들이 표지판을 읽지 못하는 것 같다고 종종 불평한다. 사람들은 반대의 표지판이 분명히 부착되어 있을 때조차도, 동물들에게 계속해서 먹이를 주려고 한다.   하지만 그런 사람들은 고의적으로 정반대의 행동을 하려고 애쓰는 것은 아니다. 그들은 단지 친절하게 굴려고 그럴 뿐이다. 그러나 그들이 진심으로 동물에 대해 최고의 관심을 가지고 있다면 동물들에게 먹이 준 것을 삼가 해야 할 것이다. 동물에게 잘못된 종류의 먹이를 먹임으로써, 그들은 글자 뜻 그대로 친절로 그 동물을 정말 죽일수 있다.

13 해설 : 우리나라가 북아메리카대륙 내에서 다르게 여겨질 수 있는 독특한 면이 있다면 그것은 바로 2개 언어를 사용하고 2개의 문화로 이루어져 있다는 점이다. (캐나다는 두개의 공용어 즉 영어, 불어를 사용하며, 큰 주에서 대부분의 거주자들은 거의 배타적으로 불어를 쓰고 있다.) 물론, 그것은 우리에게 그림 같은 특징을 주고 또한 그것은 관광객의 자산이 된다. 즉, 관광객들은 꼬불꼬불한 도로와 불란서식의 식사를 하는 퀘벡시의 이질성에 당혹해 한다. 그러나 혼란스럽게 하는 지역적인 긴장도 있다. 퀘벡은 나라 안의 작은 나라가 되었고 분리주의 운동이 강하게 일고 있다. 영어권 캐나다의 문화·경제적 압력에 대한 불어권 캐나다의 저항이 영어권 캐나다의 미국에 대한 같은 종류의 압력에 대한 저항과 비슷하다. 이러한 사실은 왜 스스로 국가지상주의자라고 부르는 많은 영어권 캐나다인이 퀘벡주에 대해 특별한 권리를 부여하는 것에 대한 강한 후원자가 되었는가를 설명하는데 도움이 된다.
foreignness 외래성, 이질성 vastness 광대함 grandeur 장엄함, 위엄 conservatism 보수성

14-15

해설 : 나는 어머니가 돌아가신 후 물건을 정리하고서야 비로소 <u>그분이 얼마나 신의를 잘 지키셨는지</u>를 알았다. 나는 오랫동안 잊고 있었던 어떤 것을 발견했다.
어느 날 밤, 나는 그날의 사건들과 내가 어머니에게 얼마나 못되게 행동했는지를 회상했다. 조용히 나는 침대에서 빠져나와 화장대에서 연필과 종이를 집어 들고, 살금살금 부엌으로 갔다. 나는 어머니께 내가 그렇게 버릇없이 굴었던 것을 용서해달라고 하는 <u>(a) 짧은 편지 한 통</u>을 빠르게 썼다. 나는 오빠들과 언니들이 <u>(b) 나의 "사과" 쪽지</u>를 읽는 것을 원하지 않았기 때문에, "제발, 아무에게도 이것을 보여주지 마세요."라는 추신을 덧붙였다. 그 다음 나는 그 편지를 어머니 베게 밑에 넣었다.
그 다음 날 아침, 나는 내 베게 밑에서 <u>(c) 그 글</u>에 대한 답장의 쪽지를 발견했다. 어머니는 나를 사랑하며 나를 용서한다고 쓰셨다. 이것이 내가 말대꾸하거나 말을 따르지 않았을 때마다 하는 내 사과의 방법이 되었다. 어머니는 항상 답장의 쪽지를 남겼지만, 가족 앞에서 우리의 베게 밑 쪽지 글에 대하여 절대 말하지 않으셨다. 심지어 우리가 성장했을 때에도.
어머니가 돌아가셨을 때, 나는 어머니의 유품을 정리해야 했다. 어머니의 책상 속에 빛바랜 리본으로 묶여진 쪽지 꾸러미가 있었다. 위에 <u>(d) 쪽지 글</u>이 하나 있었는데, "내가 죽었을 경우에 이것들을 파기해 주세요."라고 적혀 있었다. 내가 그 다발을 뒤집자 아래에 손으로 쓴 것이 보였다. 놀랍게도 나는 내가 어릴 적에 쓴 글이라는 것을 알아보았다. "추신 : 아무에게도 이것을 보여주지 마세요. 사랑하는 Eddie가."
(a), (b), (c)는 내가 쓴 사과의 쪽지이고, (d)는 어머님이 쓰신 쪽지이다.

16 해설 : 나는 항상 허리케인을 인류에게 없어도 될 존재로 여겨왔다. 그러나 최근에 나는 허리케인이 자연의 균형을 유지하는데 필요하다는 것을 알았다. 폭우와 번쩍거리는 번개, 그리고 으르렁거리는 천둥을 동반하는 시속 150마일의 바람을 지닌 이 열대성 폭풍은 참화를 가져올 수 있다. 그러나 과학자들은 그것들이 대단히 가치가 있다고 말한다. 허리케인은 적도에서 형성된 숨막힐 듯한 열기의 대부분을 흩어지게 하고, 남북 아메리카에 충분한 비를 내려준다. 따라서 과학자들은 더 이상 그것이 형성되는 것을 막으려 하지 않는다. 그들은 허리케인이 해로움보다 이로움을 더 많이 준다는 것을 확신하고 있다.

17 해설 : 자녀들이 일정과 집안일에 대한 개념을 이해할 만큼 성장하면, 집안에서의 개인사업도 필요하다는 것을 이해할 수 있게 된다. 자녀들이 함께 해 달라고 할 때 그렇게 해 주려면 집안에서 사업을 해야 한다는 것을 그들에게 설명해 주어라. 가정을 경영하고, 가족을 부양하고, 오락비를 제공하기 위한 금전을 마련하기 위해서도, 여러분이 일을 해야 한다는 것을 그들에게 꼭 이해시켜라. 여러분이 일하는 것이 불가피하다는 점을 자녀들이 이해하게 되면, 업무 일정을 요약해서 그들에게 설명해 주어라. x시와 y시 사이에는 일을 할 것이라 사실을 그들에게 꼭 이해시킨 후, <u>여러분의 일정을 존중하라고 말하라.</u>

18 해설 : 콤바인은 농부들에게서 수확에 대한 큰 부담을 덜어주었다. 그것은 농부들이 콤바인이 없었다면 잃었을지도 모르는 농작물을 구해내는 것을 가능하게 했다. 콤바인은 처음에 기후가 곡물 생산에 적합한 나라에서 사용될 목적으로 개발되었다. 영국제도와 같은 곳의 기후는 그것을 사용하기에 전혀 어울리지(→ 적합하지) 않다고들 말했다. 하지만 그것은 사실이 아니었다. 콤바인은 상당히 습기가 많은 상태에서도 제 기능을 수행한다. 콤바인의 사용은 수확해야할 농작물을 거둬들이는데 필요한 시간과 노동력을 대폭 줄이는 결과를 가져왔는데 이는 그 기계를 가동시키는데 오로지 한 사람 혹은 많아봐야 두 사람이 필요하기 때문이다. <u>다른 곡물을 저장소로 수송하는데 필요한 그 밖의 노동력은 그리 대단하지 않았다.</u>

19 해설 : 걱정거리는 종종 한밤중에 더 커 보인다. 그것들을 해결하면 잠드는 데 도움이 된다. 걱정거리나, 최종 기한, 혹은 해야 할 일들을 잠자리에 들기 전에 적어 보기만 해도 걱정거리들이 보다 해결 가능한 것처럼 느껴진다. 긴장을 풀 수 있는 일은 무엇이든 하라. 앞으로 몸을 숙이는 것과 같은 간단한 요가 연습을 한 번 해 보라. 엉덩이 넓이로 다리를 벌리고 서서 허리를 굽혀 팔과 머리를 아래로 내려 뜨려 목과 어깨의 긴장이 풀리게 하라. 혹은 등을 대고 누워서 발부터 시작해서 이마 쪽으로, 신체 각 부위를 팽팽하게 긴장시켰다가 다시 긴장을 푸는 식으로 점진적인 근육 완화 운동을 하라.
(a) magnify는 '확대하다'의 의미로, 걱정거리(anxieties)가 확대된 것처럼 보이는 것이므로 과거분사형인 magnified가 옳은 표현이다.
(b) 사역동사 make의 목적보어 자리에는 동사 원형이 와야 하므로 feel이 옳은 표현이다.
(c) while~ back, tensing~ forehead는 모두 분사구문으로 (c)의 자리에는 주절의 동사 do가 와야 한다. 주어가 없으므로 명령문임을 알 수 있다.

20 해설 : 과거의 이야기들을 보면 일반적으로 영웅적 자질은 위험에 대항하는 신체적인 힘과 원초적인 용기와 관련되어 있다. (c) 하지만 최근에 영웅적 자질에 대한 정의가 새롭게 내려지고, 새로운 종류의 영웅들이 출현하였다. (a) 암을 이겨내고 프랑스 투어를 일곱 번이나 제패한 랑스 암스트롱과 줄기세포 연구자인 황우석 박사를 현대의 영웅으로 여기는 사람들이 많다. (b) 이 두 사람은 격렬한 전투에 참가하지는 않았지만, 장애를 극복하고, 세상 사람들에게 중요한 일을 함으로써, 사람들의 마음을 사로잡았다.

제2회 정답 및 해설

1 ④	2 ①	3 ①	4 ③	5 ④	6 ②	7 ④	8 ④	9 ②	10 ②
11 ①	12 ④	13 ③	14 ③	15 ②	16 ①	17 ②	18 ①	19 ④	20 ④

1 해설 : 다음 5년 동안의 자격증 연장하기 위하여 프로페셔널 회계사는 Professional Accountants 기관에서 1년에 적어도 40시간의 고급훈련을 마쳐야한다.
enlarge (부피)확장하다 endure 참다 persist 주장하다, 참다

2 해설 : 모든 직원들은 사고의 예방이 피해에 관해 지불하는 보다 선호되는 것이기 때문에 어떤 안전하지 못한 상황들을 보고하라고 충고 받는다.
preferable to ~보다 더 좋은 available 이용 가능한 avoidable 막을 수 있는, 피할 수 있는
curable 치유 가능한

3 해설 : 어느 누구도 Jim의 행동을 더 이상 참지 않을 것이다.
tolerate 견디다 imitate 모방하다 be bothered by ~에게 괴롭힘 당하다
be impressed with ~에 감동받다

4 해설 : A : 더 빨리 운전할 수 없어?
　　　　B : 어이, 진정해. 사고 당하느니 늦는 게 차라리 나아.
문맥상 "사고를 당하느니 늦는 것이 낫겠다"라는 의미인데, "늦는 것"은 스스로 늦추는 것이 아니라 "늦어지는" 것이므로 수동태 구문인 "be delayed"가 와야 하고, 〈I'd rather + 동사원형〉 구문을 생각하면 be delayed가 된다.

5 해설 : A: 아빠, 이번에 저에게 선물을 왜 안 사주셨나요?
　　　　B : 진정해. 네가 아직 갖지 않은 원하는 것이 있니?
선행사가 anything이므로 관계대명사 that을 사용

6 해설 : A : 제가 창문을 열면 싫어하시겠어요?
　　　　B : 네, 그래요. 여긴 더워요, 그렇죠?
'Do you mind~'로 질문할 경우 긍정의 대답은 Of course not, Not at all등이 가능하다.

7 해설 : 반면에, 핵에너지의 개발은 정부에게는 증가된 수익을 의미할 수 있다.
revenue 수익

8 해설 : 많은 나무들이 잘려졌고, 몇몇 종류의 나무들이 사라졌다.

복수 주어 trees는 의미상 '잘림을 당했다'이므로 수동형이고, disappear(사라지다)는 자동사로 수동태가 불가능한 동사이므로 시제 맞춰 disappeared가 적절하다.

9 해설 : Poland 는 1900년 이후로 시장지향적인 경재에 대해 성공적인 변화를 만들어내 왔다.

make a successful transition 성공적인 변화를 만들어내다.

10 해설 : 홍수는 위험합니다. 수 인치의 물의 힘으로 당신을 땅에 내 던질 수도 있습니다. 야영을 하는 동안에 그저 라디오를 켜둔 채로, 일기예보 방송에 의지하세요. 수마일 밖에 있는 엄청난 양의 물이 수 분 후에 당신에게 들이닥쳐서 당신을 삼킬 수 도 있습니다. 만약 홍수가 발생 한다면 차에서 나오세요. 차들은 단지 2분 후에 쉽게 쓸려갈 수 있습니다. 만약 당신에게 (제한된 시간이 있다면→)시간이 제한되어 있다면, 가족용 비상약과 담요와 건전지로 작동되는 라디오만을 챙기세요. 당신의 물건들을 구하려고 하면서, 떠나기 전 마지막 순간까지 기다리지 마세요. 대신에 당신의 생명을 구하세요.

11 해설 : 펜을 디자인하는 사람들은 수많은 요구 사항들을 잘 알고 있어야 한다. 펜을 너무 가늘게 만들면 험하게 사용하는 학생들을 감당할 만큼 튼튼하지 못할 것이다. 중간 부분을 너무 두껍게 만들면 손가락으로 잘 잡을 수도 없고 세밀하게 다룰 수도 없다. <u>그러나</u> 손가락에 관절염이 있는 사람들은 손가락을 완전히 오므릴 수 없기 때문에 두툼한 연필이 필요할지도 모른다. 그리고 펜을 측정 도구로 사용하거나, 쑤시고 찌르고 비트는 기구로 사용하는 사람들은 어찌할 것인가? <u>예를 들면</u>, 내 차에 있는 시계의 사용 안내서에는 시간을 맞출 때 볼펜 끝으로 오목 단추를 누르라고 적혀 있다.

12 해설 : 속도가 인류에게 새로운 것으로 남아 있는 한, 그것은 유행이 될 수밖에 없다. 그러나 나는, 여유로운 것을 좋아한다. 도로에 빨리 달릴 수 있는 자동차가 없어서 아주 천천히 수 마일을 걸어갔을 때는 하루가 두 배나 더 길어 보였다. 사람들은 하루 만에 세상의 많은 부분을 볼 수 없었다. 하지만 눈은 보고 있는 것에 오래 머무를 수 있었다. 만약에 발명가들이 그들의 발명품들이 파괴하려는 것을 알았었더라면 확실히 그들은 그들의 천재성을 보여주기 이전에 주저했을 것이다. <u>대충 빨리 경치를 지나가면서 보는 것</u>은 전혀 여행하지 않는 것과 같은 것이다.

13 해설 : Sea Cloud는 전설로 남을만한 배이다. 세부장식과 섬세한 기술에 가장 주의를 기울였던 때인 1932년에 만들어진 Sea Cloud는 각종 유화 원작품, 고풍의 가구, 그리고 호화로운 나무 벽판으로 치장되어 있다. <u>객실은 아름답게 꾸며져서 일부 객실에는 벽난로가 있고 각 객실에는 대리석으로 만든 개인용 욕실이 있다.</u> 아침식사와 점심식사는 뷔페식이고 저녁식사로는 의자에 앉아 하는 식사가 제공된다. Sea Cloud를 타고 가는 여행은 승객이 불과 64명인데 바다의 가장 격조 높은 선박들 중 하나에서의 아늑한 경험이 된다.

14 해설 : 그녀는 1821년 영국에서 태어나 뉴욕시로 이주했다. 어느 날 그녀는 의사가 되기로 결심했다. 그것은 19세기 중엽에 여성에게는 거의 불가능한 것이었다. 의과대학 입학을 요청하는 많은 편지를 쓴 후 그녀는 마침내 필라델피아의 한 의과대학으로부터 입학허가를 받았다. 1849년 의과대학을 졸업한 후, 그녀는 외과의사가 되길 원했다. 안타깝게도 심각한 눈병에 감염되어 그 꿈을 버려야했다. 그녀는 그녀가 여성이라는 이유로 병원 개업이 어렵다는 것을 알게 되었다. 1857년 그녀와 역시 의사였던 그녀의 여동생은 다른 여성의사와 함께 여성과 아동을 위한 최초의 병원을 마침내 열었다. <u>그녀는 최초의 여성의사이자 자신의 병원을 개원했을 뿐 아니라 또한 최초의 여성 의과대학을 설립했다.</u>

15-16

해설 : 깨끗함이란 신성한 것에 버금가는 것이라고 배웠지만 너무 깨끗해서 우리에게 좋지 않을 가능성이 있는가? 그것은 Levy 박사가 제기한 질문이다. 새로운 항균 비누로 세척하는 것은 우리의 면역체계를 손상시킬 수 있다고 그는 말한다. 그는 그것이 도움을 주는 세균을 죽이고 슈퍼 박테리아의 성장을 촉진한다고 주장한다.

Levy 박사는 어린이들이 더러워서 강력한 면역체계를 가지고 있었던 옛날을 그리워한다. 그는 우리가 우리 부모님들이 신뢰했던 세제, 즉 평범한 비누와 물을 사용하기를 바란다. Levy 박사는 항균제들이 우리 건강에 유익하다는 것을 보여주는 어떤 증거도 본 적이 없다고 말한다.

"우리 자신을 모든 세균, 모든 개 털, 모든 먼지에서 보호하려는 우리의 열정은 시간 낭비일 수 있다,"라고 Levy 박사는 경고한다. 우리는 일상생활의 불쾌감이나 불운조차도 우리를 녹초가 되게 할 정도로 연약한 면역 체계를 가진 사회로 급속히 변하고 있다. 우리는 전보다도 지금 우리 자신을 모든 세균으로부터 보호하려 하는 것이 불가능하다는 것을 안다.

17 해설 : 동물처럼 사람도 서로 다른 언어를 사용한다. 각각의 문화는 고유의 말과 상징이 있다. 그것들은 동일 문화권내에서 의사소통을 하기 위해 쓰여 지는 것이다. 예를 들면, 일본에 사는 사람은 다른 사람과 의사소통하기 위해 일본어를 사용한다. 그렇지만 동물과는 달리, 어떤 문화에서는 한 가지 언어 이상을 사용한다. 이러한 문화권에 있는 사람들을 2중 언어 사용자 혹은 다중언어 사용자라고 한다. 캐나다가 그런 나라중 하나이다. 캐나다에 사는 사람은 프랑스어와 영어 둘 다를 사용할 가능성이 높다. 이와 같이, 스위스에 사는 사람이 이탈리아어, 독일어, 그리고 프랑스어를 할 수도 있다.

18 해설 : 총체적인 건강함은 다섯 가지의 독자적인 영역의 건강함으로 구성되는데, 신체적, 정신적, 가정·사회적, 영적, 물질적인 것을 일컫는다. 서로 맞물려 있는 다섯 개의 원으로 구성된 올림픽의 상징을 떠올려 보라. 올림픽의 상징에 있는 원들처럼, 건강함의 다섯 가지 영역은 서로 겹쳐서 상호 작용을 한다. 우리들 대부분은 그 영역들이 서로에게 영향을 준다는 것을 경험했다. 행복한 삶을 살기 위해서는 다섯 가지 영역 모두 건강해야 한다. 어느 분야가 개선을 필요로 하고 어느 분야가 이미 건강한지를 아는 것은 행복을 증진시키는 열쇠가 된다.

19 해설 : EPA 보고서는 지구의 평균 온도가 불과 몇 십 년 이내에 상승하기 시작하여 - 몇몇은 이미 상승이 시작되었다고 말한다. - 다음 세기말에는 현재 기온보다 화씨 9도나 더 높은 수준에 이를 수도 있다고 결론을 내렸다. 이것이 지구의 날씨 변화 양식을 파괴하고, 평균 강우량을 변화시키며, 강물을 범람하게 혹은 마르게 하고, 해수면을 상승시킬 수도 있을 것이라고 과학자들은 말했다. 농업, 건축 그리고 국가들의 정치적 안정이 붕괴될 수도 있을 것이다.

20 해설 : 긍정적인 경험의 빈번한 반복은 여러분의 자아개념을 극적이고 긍정적으로 변화시킬 수 있다. 자아존중이 약한 사람과 강한 사람의 주된 차이는, 그들이 선택적으로 회상하는 기억의 유형이다. 자아존중이 약한 사람들은 대개 부정적인 경험을 오래 생각하는 반면, 자아존중이 강한 사람들은 긍정적인 기억을 회상하고 즐기며 시간을 보낸다. 하루에 5~10분을 긍정적인 것과 여러분이 성취한 성공을 회상하는데 할당해 보아라. 긍정적인 경험을 회상하면서, 여러분의 성공을 자화자찬 해 보아라. 성공을 회상하는 것이 쉬워질 때까지, 또한 자화자찬에 대해 기분이 좋아질 때까지 이러한 연습을 계속해 보아라.

제3회 정답 및 해설

1 ①	2 ③	3 ②	4 ①	5 ②	6 ④	7 ①	8 ③	9 ③	10 ①
11 ①	12 ③	13 ②	14 ④	15 ④	16 ②	17 ③	18 ④	19 ④	20 ①

1 해설 : 구성원들은 차례로 이상한 경험들에 대해 우리에게 말했다.
by turns 차례로, 교대로 alternately 번갈아, 교대로 contently 만족스럽게 persuasively 설득력 있게 voluntarily 자발적으로

2 해설 : 너 그들이 말하는 것 알지? 우유를 엎지르고 울어도 소용없다.
동명사의 관용 구문 'It is no use −ing'을 사용하는 표현

3 해설 : 당신이 그 프로젝트에 참여했으므로 이 불행한 결과에 대해 부분적으로 책임이 있다.
participate in ~에 참여하다. partially 부분적으로 be responsible for ~에 책임이 있다 eligible 적격의, 적합한 (=suitable) negligible 무시해도 좋은

4 해설 : A : 당신의 결단력에 정말 감탄했습니다.
　　　B : 감사합니다. 과찬이십니다.
admire 감탄하다 determination 결단력 endeared 사랑받는 entertained 환대받은

5 해설 : 1812년 전쟁은 미국인 우상인 '엉클 샘'의 탄생을 지켜보았다. 그는 뉴욕 주 트로이시에서 1813년에 나타난 것으로 보이지만 그 이상의 것이 알려진 바는 없다. 엉클 샘에 대한 영감은 트로이의 군 검열관인 Samuel Wilson으로 거슬러 올라가지만 그 이름은 단지 미국의 머리글자에서 파생되었다는 것이 좀 더 그럴 듯하다. 그 이름 하면 우리가 연상하는 모자를 쓰고 줄무늬 바지를 입은 인물은 1860년대에 Thomas Nast의 만화에서 대중화되었고 나중에 예술가 James Montgomery Flagg의 '나는 너를 원해'라는 유명한 신병 모집 포스터에 의해 더욱 공고해졌다.
arise 나타나다, 생기다 rise 증가하다 delve 탐구하다, 찾아내다 derive 파생하다 replace 대체하다 reinforce 강화하다

6 해설 : 나는 충분한 교통편을 보장하기위해서 누가 셔틀버스서비스를 필요로 하고 있는지 결정하기위해 노력하고 있다.
선행사가 없으며 의미상 주어 역할을 하는 의문사가 와야 한다.

7 해설 : 나는 그 위험에 대해 걱정을 느끼지 않을 수 없다.
cannot help ~ing ~하지 않을 수 없다 regretful 유감스러운 helpless 무력한 appreciative 고마워하는, 감탄하는

8 해설 : 오늘 아침, 나는 그 차를 세차하도록 시킬 사람을 찾는 데 어려움을 겪었다.
have difficulty ~ing ~하는 데 어려움을 겪다 / 선행사 someone을 받고 주어 역할을 하는 관계대명사절이 필요 / get은 사역동사로 목적어 that car는 '세차 되어지다'라는 수동의 의미이므로 목적보어로 과거분사가 오는 것이 적절하다.

9 해설 : 거기에는 감독 없이 효율적으로 일할 수 있는 능력이 있는 사람들에 대한 매우 높은 수요가 있다.
감독 없이 효율적으로 일을 할 수 있는 능력 = function efficiently

10 해설 : 나는 작은 기계 가게를 소유하고 있다. 오랫동안 사업이 정말 침체했다. 우리는 한번은 어떤 새로운 주문도 없이 몇 주를 보냈다. 그것은 우리 지역의 다른 가게들이 정말 바빴기 때문에 우리에겐 특히 힘든 것이었다. 그러나 그러던 어느 날 우리는 작은 주문을 받았다. 그리고 나서 그 다음 주에 또 다른 주문을 받았다. 사업이 잘되기 시작했다. 우리는 매주 주문을 받았다. 최근에 나는 정말로 큰 일을 하게 될 제의를 받았고, 그것이 얼마나 많은 일이 될지 고려도 하지 않고 수락했다. 그러나 이제 우리가 할 일이 너무 많기 때문에 그것을 수락하지 말았으면 좋았을 것을.
① '씹을 수 있는 것보다 더 큰 것을 물지 마라(힘에 겨운 일은 하지마라).'가 적절하다.
② 요리사가 많으면 국을 망친다(사공이 많으면 배가 산으로 간다).
③ 표범은 반점을 바꿀 수 없다(타고난 성격은 절대 고칠 수 없다).
④ 형편없는 직공이 연장 탓한다.

11 해설 : 대부분의 아이들은 그들 주변에 있는 소리를 알아차리기 위해 멈추어서 물체가 어떻게 소리를 낼 수 있는지를 조사해 본다. 어떤 아이들은 소리에 매우 민감해서 흥겨운 소리가 나는 동안에 그들의 귀를 막는 반면에, 다른 아이들은 가능할 때마다 힘차게 소리를 만들어 낸다. 소리를 만드는 것은 강력한 경험이며, 아이들이 그들의 작은 몸 안에서 웅장함을 느낄 수 있게 도움을 준다. 아이들은 노는 동안에 언어를 사용하는 것보다는 훨씬 더 많이 소리를 사용한다. 그들은 엔진의 굉음 또는 새끼 고양이의 울음소리를 열심히 모방한다. 아이들이 어떻게 소리를 이용하고 있는지를 관찰하는 것이 아이들이 이해하고 느끼고 있는 것에 관해 많은 것을 어른들에게 가르쳐 줄 수가 있다. 재미있는 소리를 만들어내는 장치를 (아이들에게) 의도적으로 제공함으로써 우리는 아이들의 흥미를 이용할 수도 있고 예민한 청각을 갖게 할 수도 있다.
(a)의 investigate는 하나의 주어에 대해 동사 일치를 시켜야 하므로 앞의 동사 stop과 마찬가지로 원형을 써주는 것이 적절하고, (b)는 문장의 주어 역할을 하는 형태가 되어야 하므로 observing이 맞다. (c)는 installations라는 선행사가 존재하므로 선행사를 포함하는 관계대명사 what이 나올 수 없으므로 that을 사용해야 한다.

12 해설 : 사람들은 당연히 항상 휴가를 갖고 싶어 할 것이다. 그리고 휴양지에서는 항상 관광객들을 주변에 돌아다니기를 바랄 것이다. 결과적으로 이는 지난 30년간 관광업의 급속한 성장을 가져왔다. 휴가를 보내고 있는 사람들이 점점 더 많아지고 있다. 오늘날 대부분의 사람들은 과거보다 더 부유해져서 휴가를 보낼 여윳돈도 더 많아졌다. 사람들은 또한 여가시간을 더 많이 가지고 있고 연간 휴일 수도 증가해왔다. 뿐만 아니라 교통의 발전이 여행을 보다 빠르고 쉽고 저렴하게 해줌에 따라 여러 장소에 보다 쉽게 접근할 수 있게 되었다.

13 해설 : 현대의 컴퓨터는 모든 사람들의 생활에 다양하고 의외의 방식으로 영향을 미친다. 컴퓨터는 공공요금 고지서, 신용 카드 고지서와 은행 기록을 작성해 줄 뿐 아니라, 교통을 통제하고 여행이나 극장 예약을 도와주며, 날씨도 살피고 신체 질병을 진단하는 것도 도와준다. 이런 점에도 불구하고, 우리 대다수는 여전히 컴퓨터와 직접적인 접촉을 거의 하지 않고 있다. 대부분의 컴퓨터는 여전히 궁극적인 이용자와 컴퓨터 사이에서 컴퓨터가 작동하는 방식과 컴퓨터에 접촉하는 데에 필요한 특별한 언어에 익숙한 매개자를 필요로 한다.

14 해설 : 농약과 화학 비료로 재배된 식품이 유기농 식품보다 값이 훨씬 싸게 보일는지 모르지만, 식품 가격이 숨겨진 비용을 반영하지 않는다. 2004년만 하더라도 이 비용에는 연방 보조금에서 나온 천억 달러 이상이 포함되어 있었다. 살충제의 규제 및 시험 사용은 더 높은 비용을 유발한다. 환경에 미치는 피해는 또 다른 큰 숨겨진 비용이다. 식품 가격에는 쓰레기 처리와 청소비용이 계산되지 않는다. 그 가격에는 농장에서 사용하는 비료나 농약에 의해 오염된 우물물도 계산되지 않는다. 과다 사용된 비료로 인한 질소의 배출 때문에 우리가 해양 생물을 잃고 있다는 사실도 계산되지 않는다. 건강에 좋지 않은 음식을 먹으면 많은 사망자를 포함하여 엄청난 추가적인 비용이 보태지는 셈이다.

15 해설 : 어느 연구원들은 유치원 아이들이 크레용을 가지고 노는 모습을 관찰했다. 그 아이들은 내적인 이유 때문에 열심히 집중하여 분명히 즐거워하면서 크레용을 가지고 노는 것 같았다. 다음으로 그 연구원들은 그 아이들 중 몇 명에게 크레용을 가지고 그림을 열심히 그리면, "열심히 그리는 어린이 상"을 주겠다고 약속했다. 일주일 동안, 이 아이들은 그림 그리는 행동 때문에 주말에 상을 받을 것이라는 것을 알고 있었다. 나머지 아이들에게는 그런 약속을 하지 않았다. 외적 보상을 약속 받은 아이들에게는 크레용 사용에서 상당한 변화가 있었다. 놀랍게도 그들은 이전보다 크레용을 가지고 노는 데 훨씬 더 적은 시간을 보냈다. 대조적으로 다른 아이들은 크레용을 사용하는 평소의 빈도와 지속성을 유지했다.

16 해설 : 곤충과 인간의 사회는 집단의 각기 구성원들이 함께 일한다는 면에서 공통점이 많다. 흰개미들은 집을 짓기 위해 함께 노력한다. 이와 유사하게, 인간 사회에서도 기술자들, 도시 설계가들, 그리고 건축 근로자들이 도시를 짓기 위해 협력한다. 무리를 이루어 사는 곤충들의 보금자리는 인공의 도시만큼이나 복잡하다. 어떤 곤충의 보금자리에는 특별한 방이 어린 곤충과 먹이 저장을 위해 제공된다. 많은 보금자리들이 온도를 조절하기 위한 장치들을 지니고 있다. 그러므로 곤충의 보금자리는 인간의 주택과 같은 기능을 한다. 따라서 무리를 이루어 사는 곤충과 인간 사회 사이에 많은 유사점이 있다. 그러나 곤충의 사회적 행동은 타고난 본능적 장치에 의해 결정된다는 것을 망각해서는 안 된다. 곤충들은 배울 수 있는 능력이나 혹은 학습에 기초를 둔 사회적 전통을 발전시키는 능력을 보여주지 못한다.
→ 곤충은 협력하여 일한다는 측면에서 인간과 유사하지만, 학습 능력에 있어서는 인간과 다르다.

17-18

해설 : Sally와 Harry는 두 명의 어린 자녀가 있는 젊은 부부이다. 그들은 대도시의 작은 아파트에서 살고 있는데 가족이 늘면서 공간이 비좁게 되었다. 그들은 더 넓은 곳으로 이사할 것을 고려하고 있는데 도시로 갈지, 아니면 시골에 가서 살지 아직 결정을 하지 못하고 있다. Sally는 도시에서 자랐는데 도시 생활의 편리함과 활기찬 분위기, 특히 교육적, 문화적, 그리고 사교의 기회를 선호한다. 한편 어렸을 때 즐길 수 있는 여유 공간과 기회가 아주 많은 시골에서 생활했던 Harry는 정감 있는 작은 마을 생활의 이점을 선호한다. Sally는 상대적으로 부동산 가격이 낮은 시골에서 자신들의 집을 마련할 수 있다는 점을 제외하고는 시골로 이사하는 것을 대체로 싫어한다. Harry는 사무실에 출퇴근하느라 많은 시간이 소비되는 점을 제외하고는 기꺼이 시골로 이사하고 싶어 한다.

19-20

해설 : 다른 행성들에 있는 지능이 있는 생명체에 대해 말하는 것은 한때 과학소설의 소재나 쓸모없는 추측거리였다. 하지만 최근에 많은 천문학자들은 문명들이 모래알과 같은 별들 사이에 산재해있을지 모른다는 견해를 펼쳐왔다. 그 생각은 수많은 소설, 영화 그리고 텔레비전 프로그램들에 영감을 제공해주었지만, 지능을 가진 외계인들로부터 나오는 희미한 무선 신호들을 받기 위해 하늘을 탐지하는 거대한 접시 안테나를 이용해 길고 진지한 과학적인 연구에 이르기도 했다.

하지만 지금 Peter Ward와 Donald Brownlee는 그 전통적인 지식이 틀렸다고 주장하고 있다. 자신들의 책에서 그들은 외계의 생명체에 대한 연구가 실패할 것 같다고 말한다. 천문학, 지질학 그리고 고생물학에 근거해서 그들은 인간이 우주 속에서 실제로 유일할지 모른다고 주장하고 있다. 그들은 지구의 구성과 안정성이 극도로 보기 드물다는 것을 과학이 보여주고 있다고 말한다. 거의 모든 다른 곳에서는 방사능 수준이 너무 높고 적절한 화학적 요소가 너무 부족해 생명체가 진보된 공동체로 진화할 수 없다.

대량 멸종을 전공하고 있는 유명한 고생물학자인 Ward박사는 말한다. "우리는 그렇게 오랫동안 생각해 왔던 것을 큰 소리로 말할 수 있게 되었습니다. 생명체, 적어도 복잡한 생명체는 우주에서 보기 드뭅니다." 그의 동료인 Brownlee박사도 언급하고 있다. "사람들은 태양이 전형적인 별이라고 말하지만 그것은 사실이 아닙니다. 우주에 있는 거의 모든 다른 환경들은 생명체가 살기에는 끔찍합니다. 그것이 존재할 수 있는 곳은 단지 지구와 같은 에덴동산뿐입니다."

최근 기출문제분석을 통해 출제경향을 파악하여 실제 시험에 대비하자.

부록

최근 기출문제분석

2018년 제1차 경찰공무원(순경) 채용
2018년 제2차 경찰공무원(순경) 채용
2018년 제3차 경찰공무원(순경) 채용

1 다음 밑줄 친 단어의 의미와 가장 가까운 것은?

> The woman was <u>convicted</u> and sentenced to ten years in prison for the murder case.

① indisposed   ② tattered

③ condemned   ④ dejected

🔑 convict 유죄를 선고하다, 유죄 판결을 내리다   sentence (형을) 선고하다

「그 여성은 <u>유죄 판결을 받았으며</u>, 살인 사건으로 징역 10년을 선고받았다.」

① (몸이 아프거나 무슨 다른 이유 때문에) ~할 수 없는, 몸[기분]이 안 좋은
② 낡을 대로 낡은, 누더기[넝마]가 된; 다 망가진
③ 비난받은; 유죄 선고를 받은; 사형수의
④ 기운 없는, 낙담[낙심]한

2 다음 밑줄 친 단어의 의미와 가장 가까운 것은?

> The earthquake and the <u>subsequent</u> aftershocks frightened citizens.

① opaque   ② repellent

③ sanguine   ④ ensuing

🔑 subsequent 그[이] 다음의, 차후의   aftershock 여진

「지진 그리고 <u>그 다음의</u> 여진은 시민들을 두려움에 떨게 하였다.」

① 불투명한
② 혐오감을 주는, 불쾌한
③ 쾌활한, 희망에 찬
④ 다음의, 계속되는

3 다음 빈칸에 들어갈 단어로 가장 적절한 것은?

> The truck went out of control and came close to (　　　) over a pedestrian.

① running　　　　　　　② pulling

③ taking　　　　　　　④ looking

🔑 run somebody/something over (차량이나 그 운전자가) (사람·동물을) 치다　pedestrian 보행자

「그 트럭은 통제가 되지 않게 되었고 한 명의 보행자를 거의 칠 뻔했다.」

4 다음 ㉠, ㉡, ㉢에 들어갈 단어로 가장 적절한 것은?

> We're all told at school that white reflects sunlight and black absorbs it, so the paler your clothes are, the (　㉠　) you'll be. But it's not quite that simple. In many hot countries, locals often wear dark colors. Peasants in China and old ladies in southern Europe, for instance, traditionally wear black, and the Tuareg, the nomadic people of Sahara, favor indigo blue. These clothes are effective because there are two thermal (　㉡　) happening at once. Heat is coming downwards from the sun but it is also going outwards from the body. Though light clothes are better at reflecting the sun's heat, dark clothes are better at radiating the body's heat. Given that no one born in a hot climate willingly stands in direct sunlight, the dark clothing has the (　㉢　) because it keeps you cooler when you're in the shade.

① ㉠ warmer　　㉡ programs　　㉢ edge

② ㉠ cooler　　㉡ processes　　㉢ advantage

③ ㉠ warmer　　㉡ products　　㉢ advance

④ ㉠ cooler　　㉡ progress　　㉢ defect

🔑 absorb 흡수하다　peasant 농부　nomadic 유목의　indigo blue 남색　thermal 열의, 온도의　radiate 발산하다　willingly 자진해서, 기꺼이

「우리 모두는 학교에서 흰색은 햇빛을 반사하고 검은색은 흡수해서, 당신의 옷이 더 엷을수록 당신이 더 시원할 거라고 듣는다. 하지만 그것은 그렇게 간단하지 않다. 많은 더운 나라에서, 현지인들은 종종 어두운 색을 입는다. 예를 들어 중국의 농민들과 남유럽의 할머니들은 전통적으로 검은 옷을 입으며, 사하라의 유목민인 투아레그는 남색을 선호한다. 이 옷들은 두 가지 열 공정이 한꺼번에 일어나기 때문에 효과적이다. 열은 태양으로부터 내려오고 있지만 그것은 또한 몸으로부터 바깥으로 나간다. 가벼운 옷은 태양열을 잘 반사하지만 어두운 옷은 몸의 열을 발산하는 데 더 좋다. 더운 기후에서 태어난 누구도 자진해서 직사광선에 서 있지 않는 것을 감안하면, 어두운 옷은 그늘에 있을 때 더 시원하게 해주기 때문에 장점이 있다.」

answer　1.③　2.④　3.①　4.②

5 다음 ㉠, ㉡에 들어갈 말로 가장 적절한 것은?

• The game industry must (㉠) to changing conditions in the marketplace.

• A tree provides homes for many creatures, all of (㉡) also use it for food.

---

① ㉠ adopt   ㉡ which

② ㉠ adapt   ㉡ which

③ ㉠ adopt   ㉡ them

④ ㉠ adapt   ㉡ them

        ㉠ adopt는 '입양하다, 채택하다'의 뜻으로 주로 타동사로 쓰이고, adapt는 '~에 적응시키다, 적응하다'로 자동사와 타동사로 모두 쓰인다. ㉠ 뒤로 to ~ing인 전치사 명사구이므로 주로 타동사로 쓰이는 adopt는 적절하지 않다.

        ㉡ all of 뒤의 ㉡에 들어갈 대상은 앞에서 언급한 creatures이므로 대명사로 사용가능한 them과 which가 가능하지만, 문장에 접속사가 없으므로 관계대명사의 계속적 용법에 해당하는 which를 써야 한다.

「• 게임 산업은 시장의 상황 변화에 <u>적응해야</u> 한다.

• 나무는 많은 생물들에게 집을 제공하며, <u>그들(생물들)</u> 모두는 또한 그것(나무)을 먹이로도 사용한다.」

6 다음 문장에서 어법상 가장 적절하지 않은 것은?

The people ㉠<u>were stunned</u> into ㉡<u>silent</u> as they slowly began ㉢<u>to realize</u> ㉣<u>what</u> the mayor's statement meant to their future as citizens in the city.

---

① ㉠   ② ㉡

③ ㉢   ④ ㉣

        ② 전치사 into 뒤에는 명사인 silence가 와야 한다.

be stunned into silence 놀라서 할 말을 잃다

「사람들은 시장의 성명이 도시의 시민으로서 그들의 미래에 어떤 의미를 갖는지 서서히 깨닫기 시작하면서 놀라서 할 말을 잃었다.」

7 다음 문장에서 어법상 가장 적절한 것은?

- The police officer approached ㉠to the suspected murderer.
- Your baby looks ㉡lovely.
- He will explain ㉢us how he could pass the test.
- He was ㉣disappointing with the result of the test.

① ㉠
② ㉡
③ ㉢
④ ㉣

㉠ approach to → approach : approach는 3형식 완전타동사로 전치사 to를 쓰지 않는다..

㉢ us → to us : explain은 3형식 동사로 4형식으로 쓸 수 없다.

㉣ disappointing → disappointed : 주어인 그가 실망한 것이므로 과거분사 형태로 써야 한다.

「• 경찰관은 살인범으로 용의자에게 접근했다.
• 당신의 아기는 사랑스러워 보이네요.
• 그는 우리에게 어떻게 시험에 합격할 수 있었는지 설명할 것이다.
• 그는 시험 결과에 실망했다.」

8 다음 문장에서 어법상 가장 적절한 것은?

- The daughter made her parents ㉠happily.
- Chaera ㉡lay down on the bed and took a nap yesterday.
- When he ㉢will retire next month, we will give him a present.
- Trees must be fitted for the places ㉣where they live in.

① ㉠
② ㉡
③ ㉢
④ ㉣

㉠ happily → happy : made는 5형식 동사이므로 목적격 보어가 와야 한다.

㉢ will retire → retires : When절은 시간의 부사절이므로 will을 사용할 수 없다.

㉣ live in → live : where은 관계부사로 where 뒤로 완벽한 절이 이어져야 하므로 in을 삭제해야 한다.

「• 딸은 그녀의 부모님을 행복하게 했다.
• Chaera는 어제 침대에 누워서 낮잠을 잤다.
• 그가 다음 달에 은퇴할 때, 우리는 그에게 선물을 줄 것이다.
• 나무는 그들이 살고 있는 장소에 적합해야 한다.」

9 다음 우리말을 영작한 것 중 가장 적절한 것은?

① 새로운 관리자는 이전 관리자보다 더 우수하다.

　→The new manager is more superior to the old one.

② 시민들은 그 파출소가 폐쇄되어서는 안 된다고 요구했다.

　→Citizens demanded that the police box was not closed.

③ 서희는 가족과 함께 있을 때 가장 행복하다.

　→Seohee is happiest when she is with her family.

④ 우리가 가장 존경했던 선생님께서 지난달에 은퇴하셨다.

　→The teacher whose we respect most retired last month.

　　① more superior to→superior to : superior to는 '~보다 뛰어난'의 뜻으로 자체에 비교의 의미가 들어 있다.

　　② was not closed→(should) not be closed : be closed 폐쇄하다

　　④ whose→whom

10 다음 A, B의 대화 중 가장 적절하지 않은 것은?

① A : Could you deliver this parcel to my office?

　B : Consider it done.

② A : Jinmo took an unrelated issue during the conference.

　B : He did me a good turn.

③ A : Would you mind opening the door?

　B : Of course not.

④ A : Is her business shaping up?

　B : Not that I know of. She is having a cash flow problem.

　　parcel 소포　shape up (특히 좋은 방향으로) 되어 가다[전개되다]

　　① A : 이 소포를 내 사무실로 배달해 주실 수 있나요?

　　　B : 맡겨만 주세요.

　　② A : 진모는 회의 기간 동안 관련이 없는 문제를 다루었어.

　　　B : 그는 내게 친절히 대해 줬어.

　　③ A : 문 좀 열어 주시겠습니까?

　　　B : 물론이죠.

　　④ A : 그녀의 사업은 잘 되어 가고 있나요?

　　　B : 내가 아는 바로는 아니에요. 그녀는 현금 유통 문제를 겪고 있어요.

11 다음 빈칸에 들어갈 단어로 가장 적절한 것은?

Newtown has developed a new subway system. It transports people quickly and cheaply from all parts of the city to the downtown center of the city. It stops at all major intersections, and it connects with buses and elevated trains. In this way, it makes the city convenient for tourists, because it is easy to travel to the city's major attractive sights. With the subway system, Newtown is becoming one of the most (   ) cities in the country.

① prosperous   ② skeptical

③ mindful   ④ indifferent

🔑 intersection 교차로 elevated train 고가 열차

「뉴타운은 새로운 지하철 시스템을 개발하였다. 그것은 시내 각지에서 시내 중심가로 사람들을 빠르고 싸게 실어 나른다. 그것은 모든 주요 교차로에 정차하고, 버스와 고가 열차를 연결한다. 이런 식으로, 그것은 이 도시를 관광객들에게 편리하게 만든다. 왜냐하면 이 도시의 매력적인 주요 명소로 여행하기 쉽기 때문이다. 지하철 시스템으로, 뉴타운은 전국에서 가장 <u>번영한</u> 도시 중 하나가 되고 있다.」

① 번영한 ② 회의적인 ③ 주의 깊은 ④ 냉담한

12 다음 ㉠, ㉡에 들어갈 말로 가장 적절한 것은?

Your culture maintains an implicit schedule for the right time to do many important things; (㉠), the right time to start dating, to finish college, to buy your own home, or to have a child. This unspoken timetable provides you with a social clock that tells you if you're keeping pace with your peers, are ahead of them, or are falling behind. On the basis of this social clock, you evaluate your own social and professional development. If you keep up with the rest of your peers, then you'll feel well adjusted, competent, and a part of the group. If you're late, you'll probably experience feelings of dissatisfaction. (㉡) in some cultures the social clock is becoming more flexible and more tolerant of deviations from the conventional timetable, it still exerts pressure to keep pace with your peers.

① ㉠ for example   ㉡ Even though

② ㉠ in addition   ㉡ Therefore

③ ㉠ for instance   ㉡ Despite

④ ㉠ however   ㉡ In conclusion

answer   9.③ 10.② 11.① 12.①

implicit 은연중의, 암묵적인 tolerant 관대한 deviation 벗어남, 일탈

「당신의 문화는 예를 들어, 데이트를 시작하거나, 대학을 졸업하거나, 집을 사거나, 아이를 가질 적절한 시기에 대한 암묵적인 일정을 유지한다. 이 무언의 시간표는 여러분이 동료들과 보조를 맞추는지, 그들보다 앞서 있는지, 아니면 뒤처지고 있는지를 알려주는 사회적 시계를 제공한다. 이 사회적 시계에 근거하여 당신은 자신의 사회적, 직업적 발전을 평가한다. 만약 당신이 다른 동료들과 보조를 맞추면, 당신은 잘 적응하고, 유능하며, 그룹의 일원이라고 느낄 것이다. 만약 당신이 늦다면, 아마 불만족감을 경험하게 될 것이다. 비록 어떤 문화권에서는 사회적 시계가 전통적인 시간표에서 벗어난 것에 대해 더 유연하고 더 관대해지고 있지만, 그것은 여전히 당신의 동료들과 보조를 맞추도록 압력을 행사한다.」

13 다음 글의 내용으로 가장 적절하지 않은 것은?

Universities are promoting themselves much more widely in order to attract prospective students. They identify demographics to appeal to diverse groups of students in very distinct manners. Some of their recent efforts include the creation of special Web sites, brochures, and more informal events to target students from certain backgrounds. They also enlist consultants to find out what educational issues concern various groups. This is in stark contrast to traditional recruitment strategies, which simply involved mass-mailings and meeting students at large, intimacy-lacking college fairs at local high schools.

① 대학들은 다양한 집단의 학생들을 유치하기 위해 노력하고 있다.
② 대학들은 학생 유치를 위해 상담가와 협력하고 있다.
③ 대학들은 소외계층 사람들을 모집하는 데 주력하고 있다.
④ 대학들의 홍보 방법은 과거와 뚜렷한 대조를 이루고 있다.

prospective 장래의, 유망한 demographics 인구통계 enlist (협조·참여를) 요청하다 in stark contrast (이와는) 아주 대조적으로 recruitment strategies 채용 전략 intimacy 친밀감 fair 박람회

「대학들은 유망한 학생들을 유치하기 위해 그들 자신을 훨씬 더 널리 홍보하고 있다. 그들은 매우 뚜렷한 방법으로 다양한 학생들의 집단에게 호소하기 위해 인구통계를 파악한다. 최근 그들의 노력 중에는 특별한 웹사이트, 브로셔, 그리고 특정 배경의 학생들을 대상으로 한 좀 더 비공식적인 행사들을 만드는 것이 포함되어 있다. 그들은 또한 컨설턴트들에게 다양한 단체와 관련된 교육 문제를 알아봐 달라고 요청한다. 이는 단순히 지역 고등학교에서 대규모의 친밀감을 결여한 대학 박람회에서 학생들을 만나고 집단 메일을 보내는 것만을 포함했던 전통적인 채용 전략과는 아주 대조적이다.」

14 다음 글의 내용으로 가장 적절한 것은?

I was surprised to learn that the notion of a bedtime is not the norm around the world, even among other industrialized societies. For example, in Southern European countries like Italy, Spain, and Greece, children are typically allowed to participate in the family's late evening life, falling asleep in cars or laps instead of their own rooms, and there is no specified time for going to bed. The same is often true for families in Central and South America. In many tribal cultures, such as the Mayan or the Balinese, infants and toddlers are held, carried, or accompanied continuously by a series of caretakers. They are able to doze, fall asleep, stir, and waken under many circumstances, even in the middle of noisy, all-night ritual observances, with little need for special sleep aids like pacifiers, blankets, or stuffed animals.

---

① 많은 부족 문화권에서는 아이들의 숙면을 위해 담요와 같은 특별한 수면 보조기구들을 주로 활용한다.

② 남부 유럽 국가 아이들은 가족의 늦은 저녁 생활에 참여할 수 있지만 잠은 반드시 자신의 방에서 자는 것이 원칙이다.

③ 남아메리카의 아이들은 명시된 취침 시간이 없다.

④ 그리스 아이들은 명시된 취침 시간을 갖고 있다.

🔑 notion 관념, 개념 norm 표준 participate 참가하다 specify 명시하다 tribal 부족의 infant 유아 toddler 걸음마를 배우는 아이 doze 졸다 stir 움직이다, 휘젓다 pacifier 고무 젖꼭지

「나는 취침 시간이라는 개념이 다른 산업화된 사회에서도 세계적으로 표준이 아니라는 것을 알고 놀랐다. 예를 들어, 이탈리아, 스페인, 그리스와 같은 남유럽 국가에서는, 아이들이 일반적으로 가족의 늦은 저녁 생활에 참여할 수 있고, 그들 자신의 방 대신 자동차나 무릎에서 잠들 수 있으며, 명시된 취침 시간이 없다. 중남미의 가족들도 종종 마찬가지다. 마야족이나 발리족과 같은 많은 부족 문화권에서는, 유아와 걸음마를 배우는 아이들은 일련의 양육자들에 의해 지속적으로 안기거나, 데리고 있거나, 동반된다. 그들은 많은 상황에서 심지어 소음 속에서 밤새 진행되는 의식 동안에도 고무 젖꼭지, 담요, 또는 봉제 동물 인형과 같은 특별한 수면 보조기구가 거의 필요 없이, 졸고, 잠들고, 움직이고, 깨어날 수 있다.」

15 다음 글의 내용으로 가장 적절한 것은?

> The Republic of Ireland was long seen as an economic powerhouse in Europe. Driven by a comparatively modest corporate tax rate of 12.5%, it had the highest levels of growth in Europe from 1995 to 2007. Then things started to go wrong. The country's real estate bubble burst in 2007, leading to six months of recession in the middle of the year. Then the global financial crisis struck in 2008, and Ireland descended into a two-year recession. And it has never recovered from that shock, alternating since then between recession and anemic growth.

① Ireland steadily experienced the abrupt growth from 2007 to 2008.

② The recession of Ireland in 2007 was caused by a housing collapse.

③ Ireland led Europe with the lowest corporate tax up to 2007.

④ The economy of Ireland after 2010 has continued to expand steadily.

🔑 powerhouse 유력[실세] 집단[기관]   modest   (크기·가격·중요성 등이) 그다지 대단하지는 않은, 보통의   corporate tax rate 법인세율   recession 불황   descend 내려가다, 내리막이 되다   anaemic 빈혈이 있는, 활기 없는

「아일랜드 공화국은 오랫동안 유럽의 경제 대국으로 여겨졌다. 법인세율이 12.5%로 비교적 낮은 편이어서 1995년부터 2007년까지 유럽에서 가장 높은 성장률을 보였다. 그러다 일이 잘못되기 시작했다. 2007년 그 나라의 부동산 거품이 붕괴되면서 한 해 중 6개월간의 경기 침체로 이어졌다. 그 후 2008년에 세계 금융 위기가 닥쳤고, 아일랜드는 2년간의 불황으로 내리막길을 걷게 되었다. 그리고 그 이후 아일랜드는 경기 침체와 활기 없는 성장을 번갈아 하면서 그 충격에서 결코 회복되지 않고 있다.」

① 아일랜드는 2007년부터 2008년까지의 급격한 성장을 구준히 경험했다.

② 2007년 아일랜드의 불황은 주택 붕괴에 의해 일어났다.

③ 아일랜드는 2007년까지 가장 낮은 법인세율로 유럽을 이끌었다.

④ 2010년 이후 아일랜드 경제는 구준히 성장해 왔다.

16 다음 글의 흐름으로 보아 〈보기〉의 문장이 들어갈 곳으로 가장 적절한 것은?

〈보기〉

As the work is accomplished, the energy escapes the organism and disperses into the environment as low-quality heat.

The passage of energy in a linear or one-way direction through an ecosystem is known as energy flow. ① Energy enters an ecosystem as the radiant energy of sunlight, some of which is trapped by plants during the process of photosynthesis. ② This energy, now in chemical form, is stored in the bonds of organic molecules such as glucose. ③ When the molecules are broken apart by cellular respiration, the energy becomes available to do work such as tissue repair, production of body heat, or reproduction. ④ Ultimately, this heat energy radiates into space. Thus, once energy has been used by organisms, it becomes unavailable for reuse.

ecosystem 생태계 radiant 방사의, 복사의 photosynthesis 광합성 bond 유대, 결합 molecule 분자 glucose 포도당 respiration 호흡

「생태계를 통한 선형 또는 일방향 에너지의 통과는 에너지 흐름으로 알려져 있다. ① 에너지는 햇빛의 복사 에너지로 생태계에 유입되는데, 그 중 일부는 광합성 과정에서 식물에 의해 갇힌다. ② 이 에너지는, 현재 화학적 형태로, 포도당과 같은 유기 분자의 결합에 저장된다. ③ 세포호흡에 의해 분자가 분리될 때, 그 에너지는 조직 치료, 체온의 생성, 또는 재생과 같은 일을 할 수 있게 된다. ④ 그 일이 완료되면, 에너지는 유기체에서 벗어나 낮은 품질의 열로 환경으로 분산된다. 궁극적으로, 이 열 에너지는 우주로 방출된다. 그러므로 일단 에너지가 유기체에 의해 사용되면, 그것은 다시 사용할 수 없게 된다.」

17 다음 글의 요지로 가장 적절한 것은?

In the early days of my first web hosting company, I was often criticized for not sticking with plans. If I saw a better opportunity, I would often divert all energy to the new opportunity and let the other one go. It's like being on a busy sidewalk and seeing a dollar bill a few yards away; you start to walk toward it with the intent to pick it up, and then you see a ten-dollar bill that is even closer. How could you not change the course and pick up the ten-dollar bill instead? Let someone else get the one-dollar bill, or if it is still there, get it after you pick up the ten-dollar bill. It was not long before those on my team began to realize the method to my madness.

① 상황 변화에 대처하는 유연성을 가져라.
② 새로운 기회를 다른 사람에게 양보하는 미덕을 가져라.
③ 단기적인 계획보다 장기적인 계획을 세워라.
④ 자신의 계획들에 집착하기보다는 타인의 조언을 경청하라.

🔑 stick with ~을 계속하다   divert 전환하다

「나의 첫 번째 웹 호스팅 회사 초기에는, 계획을 고수하지 않는다는 비판을 자주 받았다. 만약 내가 더 좋은 기회를 본다면, 나는 종종 모든 에너지를 새로운 기회로 전환하고 다른 하나는 놓아버릴 것이다. 그것은 마치 복잡한 인도를 타고 몇 야드 떨어진 곳에 있는 1달러 지폐를 보는 것과 같다. 당신은 그것을 집으려는 의도를 가지고 그것을 향해 걸어가기 시작하고 나서 당신은 10달러 지폐, 심지어 더 가까이 있는 것을 보게 된다. 어떻게 코스를 바꿔서 (1달러) 대신에 10달러짜리 지폐를 가지러 가지 않을 수 있겠는가? 다른 사람이 1달러짜리 지폐를 가지게 두거나, 만약 그것이 계속 거기 있다면, 10달러짜리 지폐를 집어들고 난 후에 그것을 가지면 된다. 이윽고 우리 팀원들은 나의 이 광적인 방법에 대해 깨닫기 시작했다.」

18 다음 글의 내용으로 가장 적절한 것은?

The medical library of a hospital is a special library. So are the libraries of a law office, a weather bureau, a labor union, a museum, an arboretum, or an encyclopedia publishing firm. A special library is a part of a hospital, business, or other organizations, and it offers practical information to the workers or members. Such a library is not generally open to the public. Usually it concentrates on a particular subject - medicine, law, climate and weather, labor, or art. A special library may have few books, relying heavily instead on such materials as magazines, reports, and computer printouts. These enable the library to keep up in fast-moving fields including aerospace and bio-technology.

① Special libraries have more books than other types of materials.

② A special library usually focuses on a particular field.

③ Special libraries contribute to a local community.

④ A special library is not proper for assisting fast-moving fields.

🔑 bureau 사무소, 국 arboretum 수목원 concentrate 집중하다 rely on ~에 의지[의존]하다, ~을 필요로 하다

「병원의 의료 도서관은 특별한 도서관이다. 법률사무소, 기상청, 노조, 박물관, 수목원, 백과사전 출판사의 도서관도 마찬가지다. 특별한 도서관은 병원, 사업체, 기타 조직의 일부로서, 근로자나 회원에게 실질적인 정보를 제공한다. 이런 도서관은 일반적으로 대중에게 공개되지 않는다. 보통 그것은 의학, 법률, 기후와 날씨, 노동, 예술이라는 특정한 주제에 집중한다. 특별한 도서관은 가지고 있는 책이 거의 없으며, 대신에 잡지, 보고서 그리고 컴퓨터 인쇄물과 같은 자료들에 많이 의존한다. 이러한 것들은 도서관이 항공우주산업과 바이오 테크놀로지를 포함한 빠르게 변화하는 분야에서 보조를 맞출 수 있게 해 준다.」

① 특별한 도서관은 다른 종류의 자료보다 더 많은 책을 소장하고 있다.

② 특별한 도서관은 보통 특정 분야에 초점을 맞춘다.

③ 특별한 도서관은 지역사회에 공헌한다.

④ 특별한 도서관은 빠르게 변화하는 분야를 보조하기에 적합하지 않다.

answer 17.① 18.②

19 다음 글의 주제문을 만들기 위해 ㉠, ㉡에 들어갈 말로 가장 적절한 것은?

> Americans in Greece often get the feeling that they are witnessing an argument when they are overhearing a friendly conversation that is more heated than such a conversation would be if Americans were having it. Linguist Sarah Tannen showed that in the conversations of working class Eastern European Jewish speakers – both male and female – in Philadelphia, a friendly argument was a means of being on good terms with someone. Linguist Jane Frank analyzed the conversation of a Jewish couple who tended to polarize and take argumentative positions in social situations. But they were not fighting. They were staging a kind of public sparring, where both fighters were on the same side.

〈주제문〉

Many cultures of the world see (㉠) as a pleasurable sign of (㉡).

① ㉠ arguing   ㉡ intimacy

② ㉠ sparring   ㉡ fighting

③ ㉠ friendly argument   ㉡ cultural difference

④ ㉠ conversations   ㉡ similarity

☞ witness 목격하다   friendly conversation 담소   overhear 어쩌다 듣다, 엿듣다   polarize 양극화하다   argumentative 논쟁적인

「그리스에 사는 미국인들은, 미국인들끼리 나누는 대화보다 더 격앙된 (그리스인들이 나누는) 담소를 어쩌다 들었을 때, 그들이 말다툼을 목격한다는 느낌을 종종 받는다. 언어학자 사라 테넌은 필라델피아에 거주하는 동유럽 유대계 노동자 계층과의 – 남성과 여성 모두 – 대화에서 친근한 논쟁이 누군가와 좋은 관계를 맺는 수단이라는 것을 보여주었다. 언어학자 제인 프랭크는 사회적 상황에 대하여 양극화하고 논쟁적 입장을 취하는 경향이 있는 유대인 부부의 대화를 분석했다. 하지만 그들은 싸우지 않았다. 그들은 두 선수 모두 같은 편인 곳에서 일종의 공개적인 스파링(논쟁)을 하고 있었다.」
〈주제문〉
세계의 많은 문화권에서는 <u>논쟁</u>을 <u>친밀함</u>의 즐거운 표시로 본다.

20 다음 글의 주제로 가장 적절한 것은?

Errold Reid of Mount Sinai School of Medicine in New York City and his colleagues studied piano players who had been playing for at least 10 years. Eleven of the players experienced varying degrees of piano-related discomfort; 21 were pain-free. The researchers found that no postural differences were evident in the two groups, but the players who were pain-free relied heavily on their back and neck muscles. Conversely, players who experienced pain used smaller muscles in their forearms more. According to the study, not using the strong back muscles shifts the work to the smaller, more delicate muscles in the fingers and arms, which is too hard on those little muscles.

① 피아노 칠 때 사용하는 근육이 통증에 미치는 영향
② 피아노곡 감상을 통한 통증 치료 효과
③ 목 근육에 의존하여 생기는 부작용과 해결 방법
④ 오랜 시간 피아노를 치기 위한 바른 자세

> ✦ postural 자세의 forearm 팔뚝
>
> 「뉴욕 시에 있는 Mount Sinai 의과대학의 Errold Reid 교수와 그의 동료들은 적어도 10년 동안 연주해 온 피아노 연주자들을 연구했다. 11명의 연주자들은 다양한 수준의 피아노 관련 (통증으로) 불편함을 경험했다; 21명은 통증이 없었다. 연구원들은 이 두 그룹에서 자세의 차이는 전혀 나타나지 않았지만 통증이 없는 연주자들은 등과 목 근육에 크게 의존한다는 것을 발견했다. 반대로 통증을 경험한 연주자들은 팔뚝의 작은 근육을 더 많이 사용했다. 이 연구에 따르면, 강한 등 근육을 사용하지 않는 것은 손가락과 팔의 더 작고 더 섬세한 근육으로 일을 이동시키며, 이것이 작은 근육에 무리를 준다고 한다.」

1 다음 밑줄 친 단어의 의미와 가장 가까운 것은?

> A theory developed by a scientist cannot be accepted as part of scientific knowledge until it has been underlined{verified} by the studies of other researchers.

① repealed
② refuted
③ confirmed
④ neutralized

🔑 verify 확인하다, 입증하다

「과학자가 개발한 이론은 다른 연구자들의 연구에 의해 <u>입증되기</u> 전까지는 과학적 지식의 일부로 받아들여질 수 없다.」
① 폐지하다
② 논박하다
③ (특히 증거를 들어) 사실임을 보여주다[확인해 주다]
④ 무효화[상쇄]시키다

2 다음 빈칸에 들어갈 단어로 가장 적절한 것은?

> Jason used to confide all his secrets to her because he believed she would never _____ them to other people.

① divulge
② diverge
③ deluge
④ decry

🔑 「제이슨은 그녀가 절대로 다른 사람들에게 비밀을 <u>누설하지</u> 않을 것이라고 믿었기 때문에 그의 모든 비밀을 그녀에게 털어놓곤 했다.」
① (비밀을) 누설하다 ② (다른 방향으로) 갈라지다 ③ 쇄도하다 ④ 매도하다

3 다음 밑줄 친 단어의 의미와 가장 가까운 것은?

> One reason that energy prices are so volatile is that many consumers are extremely limited in their ability to <u>substitute</u> between fuels when the price of natural gas, for example, fluctuates.

① differentiate

② exchange

③ subdue

④ retain

🔑 substitute 대신하다, 대용하다 volatile 변덕스러운 fluctuate 변동[등락]을 거듭하다

「에너지 가격이 이처럼 변동성이 큰 이유 중 하나는 많은 소비자들이 예를 들어 천연가스 가격이 변동을 거듭할 때 연료를 <u>대체</u>할 수 있는 능력이 극도로 제한되어 있기 때문이다.」

① 구별하다 ② 교환하다 ③ 진압하다 ④ 유지하다

4 다음 빈칸에 들어갈 단어로 가장 적절한 것은?

> Although he was a(n) _____ man with a family, he behaved in an infantile manner, clamoring for attention if he did not get his way.

① grown

② innocent

③ obstinate

④ juvenile

🔑 infantile 어린애 같은, 유치한 clamor 시끄러운 외침, 소란

「가정을 꾸린 <u>다 큰</u> 어른이었지만, 그의 뜻대로 되지 않으면 주의를 소란스럽게 하며 유치하게 행동했다.」

① 다 큰, 장성한 ② 결백한 ③ 완강한 ④ 어린애 같은

5 다음 빈칸에 들어갈 단어로 가장 적절한 것은?

> The most persistent question in the selective attention theories has been whether the shifts in attention that accompany changes in the arousal level are _____ or deliberate.

① automatic ② incessant

③ conscious ④ sporadic

> ☞ persistent 끈질긴, 집요한 arousal level 각성 수준 deliberate 의도적인
>
> 「선택적 주의 이론에서 가장 집요한 질문은 각성 수준의 변화를 수반하는 주의의 변화가 <u>무의식적인지</u> 의도적인지에 관한 것이었다.」
>
> ① 무의식적인 ② 끊임없는 ③ 의식하는 ④ 산발적인

6 다음 빈칸에 들어갈 표현으로 가장 적절한 것은?

> Usually, people who have been adopted _____ have access to their files.

① do not allow ② are not allowed to

③ has not been allowed ④ is not allowed to

> ☞ 'be allowed to ~'는 '~하는 것이 허용되다'의 뜻이다. 주어인 people이 복수이므로 are not allowed to로써야 한다.
>
> 「보통, 입양된 사람들은 그들의 파일에 접근<u>하는 것이 허용되지 않는다</u>.」

7 다음 빈칸에 들어갈 표현으로 가장 적절한 것은?

> The chameleon's camouflage is very effective. As a result, _____ from a distance, it is indistinguishable from its environment.

① seeing ② they are seen

③ to be seen ④ seen

> ☞ 주절의 주어인 it(카멜레온)이 보이는 것, 즉 수동이므로 seen이 가장 적절하다.
> camouflage 위장
>
> 「카멜레온의 위장은 매우 효과적이다. 그 결과, 멀리서 <u>보면</u>, 그것은(카멜레온) 자신의 환경과 구분되지 않는다.」

8 다음 ⑦~㉣ 중 어법상 가장 적절하지 않은 것은?

People have been asking questions about ⑦<u>what</u> they have seen around them for thousands of years. The answers they have come up with have changed a lot. So ㉡<u>is</u> science itself. Science is dynamic, building upon the ideas and discoveries which one generation passes on to the next, as well as ㉢<u>making</u> huge leaps forward when completely new discoveries are made. What hasn't changed is the curiosity, imagination and intelligence of those doing science. We might know more today, but people who thought deeply about their world 3,000 years ago ㉣<u>were</u> just as smart as we are.

---

① ⑦

② ㉡

③ ㉢

④ ㉣

🔑 ㉡ so + 대동사 + 주어 ~의 '~도 마찬가지이다' 구문이다. 앞 절의 서술어가 have p.p이고 주어가 science 로 단수이므로, is → has로 고친다.

leap forward 빠르게 진보하다

「사람들은 수천 년 동안 그들 주변에서 본 것에 대해 질문을 해 왔다. 그들이 생각해 낸 답은 많이 달라져 왔다. 과학 그 자체도 마찬가지다. 과학은 역동적이다. 게다가 완전히 새로운 발견이 이루어졌을 때, 한 세대가 다음 세대에 물려주는 아이디어와 발견을 바탕으로 빠르게 진보한다. 변하지 않은 것은 과학을 하는 사람들의 호기심, 상상력, 지능이다. 오늘날 우리는 더 많이 알지도 모르지만, 3,000년 전에 그들의 세계에 대해 깊이 생각한 사람들은 우리만큼 똑똑했다.」

9 다음 빈칸에 들어갈 표현으로 가장 적절한 것은?

Maggie will be waiting for me when my flight _____ this evening.

---

① will arrive

② is arrived

③ arrives

④ will have arrived

🔑 시간의 부사절에서는 현재시제가 미래를 나타내므로 arrives로 쓴다.

「Maggie는 오늘 저녁 내 비행기가 <u>도착할</u> 때쯤 나를 기다리고 있을 것이다.」

10 다음 빈칸에 들어갈 표현으로 가장 적절한 것은?

Rachel impressed her superiors so much that _____ a position available, they would have promoted her immediately.

① had been
② there had been
③ had there been
④ if there were

🔑 so ~ that 구문으로 that절에서 가정법 과거완료의 if가 생략되면서 had가 도치된다.
if there had been → had there been

「Rachel은 그녀의 상사에게 너무 깊은 인상을 주어서 빈자리가 <u>있었다면</u>, 그들은 그녀를 즉시 승진시켰을 것이다.」

11 다음 글의 내용으로 가장 적절하지 않은 것은?

The gnu is a heavy animal that lives in southern Africa. Weighing 300 to 475 pounds, the gnu is equipped with high, large shoulders and a thick neck. Attaining a shoulder height of 3-4 feet, it stands higher at the shoulder than at the rump. Its big head has long horns that curve upward. Stiff hairs grow on the gnu's forehead, neck, and shoulders, as well as on its long tail. The southern African form, the white-tailed gnu has a black mane and flowing white tail. Now extinct in the wild, the white-tailed gnu is preserved in a number of national parks and reserves. The brindled gnu is reasonably abundant over much of central and southeastern Africa. It ranges from northern South Africa to Kenya. The brindled gnu has yellowish-brown or gray hair with dark stripes on its shoulders and neck.

① gnu는 높고 큰 어깨와 두꺼운 목을 갖고 있다.
② gnu의 어깨는 높이가 3-4피트에 이른다.
③ 흰 꼬리 gnu는 검은 갈기를 가지고 있다.
④ 얼룩 무늬 gnu는 야생에서 멸종되었다.

🔑 gnu 누(남아프리카산의 암소 비슷한 영양) be equipped with ~을 갖추고 있다 rump (네 발 달린 동물의) 엉덩이 mane 갈기 brindle 얼룩무늬인 reasonably 상당히

「그 gnu는 남아프리카에 사는 무거운 동물이다. 무게 300에서 475파운드의 이 gnu는 높고 큰 어깨와 두꺼운 목을 가지고 있다. 어깨 높이가 3-4피트까지 이르며, 엉덩이보다 어깨가 더 높게 서 있다. 그것의 큰 머리는 위로 구부러지는 긴 뿔을 가지고 있다. gnu의 이마, 목, 어깨는 물론 긴 꼬리에도 단단한 털이 자란다. 남아프리카 종류인 흰 꼬리 gnu는 검은 갈기와 흐르는 하얀 꼬리를 가지고 있다. 현재 야생에서 멸종된 흰꼬리 gnu는 많은 국립공원과 보호구역에 보존되어 있다. 얼룩무늬 gnu는 중앙과 동남 아프리카의 많은 지역에 상당히 풍부하다. 그것은 북아프리카에서 케냐까지 이른다. 얼룩무늬 gnu는 황갈색이나 회색 털을 가졌고 어깨와 목에 검은 줄무늬가 있다.」

12 다음 글의 내용으로 가장 적절하지 않은 것은?

Plastic bags were found in the digestive systems of more than 400 leatherback turtles. The leatherback turtle is a critically endangered species. Jellyfish is their main diet. Mistaking the increased amounts of plastic bags drifting in the currents for drifting jellyfish is causing the leatherbacks harm. Plastic bags account for 12 percent of all marine debris, and plastic bottles and plastic caps and lids are also prevalent at six and eight percent respectively. Marine litter is one of the most pervasive and solvable pollution problems plaguing the world's oceans and waterways. A simple solution to the plastic bag issue is reusable shopping bags. An increased awareness of the effects of plastic bags has caused many states and countries to implement plastic bag related legislation. For example, when Ireland imposed a fee on each plastic bag used by consumers, single-use plastic bag consumption dropped by 90 percent.

① 장수거북은 비닐봉지를 해파리로 착각하고 먹었다.
② 비닐봉지 외에도 플라스틱으로 만들어진 해양쓰레기가 있다.
③ 비닐봉지 사용으로 인한 해양오염에 대한 인식이 높아졌다.
④ 아일랜드는 1회용 비닐봉지 사용에 요금을 부과하였으나 큰 효과를 보지 못했다.

🔑 digestive system 소화기 계통 leatherback turtle 장수거북 drifting 표류하는 current 해류 marine debris 해양 쓰레기 prevalent 일반적인, 널리 퍼져 있는 respectively 각자, 각각

「400마리가 넘는 장수거북의 소화기 계통에서 비닐봉지가 발견되었다. 장수거북은 멸종위기에 처한 종이다. 해파리는 그들의 주된 식량이다. 해류에 표류하는 많은 양의 비닐봉지를 떠다니는 해파리로 오해하는 것이 장수거북에게 해를 끼치고 있다. 비닐봉지는 전체 해양 쓰레기의 12%를 차지하며 플라스틱 병과 플라스틱 마개와 뚜껑도 각각 6%와 8%로 널리 퍼져 있다. 해양 쓰레기는 세계의 해양과 수로를 괴롭히는 가장 만연하고 해결할 수 있는 오염 문제들 중 하나이다. 비닐봉지 문제에 대한 간단한 해결책은 재사용 가능한 쇼핑백이다. 비닐봉지의 영향에 대한 인식이 높아지면서 많은 주와 국가가 비닐봉지 관련 법안을 시행하게 되었다. 예를 들어 아일랜드가 소비자가 사용하는 비닐봉지마다 수수료를 부과하자 1회용 비닐봉지 소비량이 90% 가량 줄었다.」

13 다음 글의 내용으로 가장 적절하지 않은 것은?

A special feature of the real estate rental market is its tendency to undergo a severe and prolonged contraction phase, more so than with manufactured products. When the supply of a manufactured product exceeds the demand, the manufacturer cuts back on output, and the merchant reduces inventory to balance supply and demand. However, property owners cannot reduce the amount of space available for rent in their buildings. Space that was constructed to accommodate business and consumer needs at the peak of the cycle remains, so vacancy rates climb and the downward trend becomes more severe. Rental rates generally do not drop below a certain point, the minimum that must be charged in order to cover operating expenses. Some owners will take space off the market rather than lose money on it. A few, unable to subsidize the property, will sell at distress prices, and lenders will repossess others. These may then be placed on the market at lower rental rates, further depressing the market.

*distress price : 투매 가격(판매자가 손해를 감수하는 가격)

① The market of manufactured products has a better chance of balancing supply and demand than the real estate rental market does.

② The manufacturers and the merchants would be better at coping with the fluctuation of the market than the property owners are.

③ When the economic cycle of the real estate market reaches its peak, vacancy rates increase and depression becomes more severe.

④ Lower rental rates resulting from too much supply in the real estate rental market make it more depressed.

○━ real estate 부동산 prolonged 장기적인 contraction 수축 phase (변화 · 발달 과정상의 한) 단계[시기/국면] accommodate 공간을 제공하다 vacancy 결원, 공석 subsidize 보조금을 주다 distress prices 투매 가격(판매자가 손해를 감수하는 매우 싼 가격)

「부동산 임대 시장의 특징은 공산품보다는 심각하고 장기간의 수축 국면을 겪는 경향이다. 공산품의 공급이 수요를 초과하면 제조업체는 생산량을 줄이고, 상인은 재고량을 줄여 수급 균형을 맞춘다. 그러나 부동산 소유자들은 건물 내 임대 가능 공간을 줄일 수 없다. 경기순환의 정점에 사업체와 소비자의 요구를 수용하기 위해 건설된 공간은 그대로 남아 있어 공실률이 높아지고 하향 추세가 더욱 심해진다. 임대료는 일반적으로 운영비를 충당하기 위해 부과해야 하는 최소 금액 이하로 떨어지지 않는다. 일부 주인들은 손해를 보기보다는 그 공간을 시장에서 빼버릴 것이다. 그 부동산을 보조할 수 없는 소수의 사람들은 투매 가격으로 팔 것이고, 대부업자들은 다른 부동산들을 압류할 것이다. 그런 다음 이것들은 더 낮은 임대료로 시장에 출시되어 시장을 더욱 침체시킬 수 있다.」

① 공산품 시장은 부동산 임대 시장보다 수급 균형을 맞출 가능성이 더 높다.
② 제조업체와 상인들은 부동산 소유자들이 하는 것보다 시장의 요동에 더 잘 대처할 것이다.
③ 부동산 시장의 경기순환이 절정에 이르면 공실률이 높아지고 침체가 심해진다.
④ 부동산 임대 시장에서 공급 과잉에 따른 임대료 인하는 그것을 더 침체시킨다.

14 밑줄 친 it이 가리키는 대상이 나머지 셋과 다른 것은?

An economy as big as the United States can afford to place reasonable bets in all areas where ㉠it looks as if technology can be pushed forward. In contrast, a country as small as Israel cannot. The U.S. research and development budget is three times the entire GDP of Israel. Israel has to focus, concentrate its money, and place its bets on a very limited number of technologies if ㉡it is to spend enough money on any one technology to have any chance of success. If ㉢it spends very small sums in all areas, it will end up wasting all of its resources. But if it must focus its bets, in what areas should ㉣it focus? No one knows. Since small countries and companies have to bet in what is an intrinsically riskier, more uncertain environment, they not surprisingly tend to bet less.

① ㉠   ② ㉡

③ ㉢   ④ ㉣

🔑 It looks as if S + V에서 it은 비인칭 주어로 형식상의 주어이다. 나머지 it은 Israel을 가리킨다.
can afford to ~할 수 있다 push forward 계속 나아가다 place a bet on ~에 (내기를) 걸다

「미국처럼 큰 경제는 기술이 계속 나아갈 수 있는 것처럼 보이는 모든 분야에 합리적인 투자를 할 여유가 있다. 이와는 대조적으로 이스라엘처럼 작은 나라는 그럴 수 없다. 미국의 연구개발 예산은 이스라엘 전체 국내총생산(GDP)의 3배이다. 이스라엘은 성공의 기회를 갖기 위해 어떤 하나의 기술에 충분한 돈을 쓰려면, 매우 제한된 수의 기술에 베팅을 걸어야 하며 초점을 맞추고, 돈을 집중해야 한다. 만약 이스라엘이 모든 분야에서 아주 적은 돈을 쓴다면, 그것은 결국 그것의 모든 자원을 낭비하게 될 것이다. 그러나 만약 이스라엘이 베팅에 초점을 맞추어야 한다면, 그것은 어느 영역에 초점을 맞춰야 할까? 아무도 모른다. 작은 나라들과 회사들은 본질적으로 더 위험하고 더 불확실한 환경에 돈을 걸어야 하기 때문에, 그들이 더 적게 돈을 거는 경향은 놀랄 일이 아니다.」

answer 13.③ 14.①

15 다음 글의 흐름으로 볼 때, 〈보기〉의 문장이 들어갈 곳으로 가장 적절한 것은?

〈보기〉

In the same way, thinking of yourself as successful, talented, responsible, or fairly paid depends entirely on whom you choose for comparison.

Typically, we don't make social comparisons randomly or on some absolute scale. (㉠) Meaningful evaluations are based on comparing yourself with people of similar backgrounds, abilities, and circumstances. To illustrate, let's ask a student named Wendy if she is a good tennis player. (㉡) If Wendy compares herself with a professional, the answer will be negative. But within her tennis group, Wendy is regarded as an excellent player. (㉢) On a fair scale of comparison, Wendy knows she is good and she takes pride in her tennis skills. (㉣) Thus, a desire for social comparison provides a motive for associating with others and influences which groups we join.

① ㉠

② ㉡

③ ㉢

④ ㉣

☞ comparison 비교 circumstance 환경 take pride in ～에 자부심을 갖다

「전형적으로, 우리는 무작위로 또는 어떤 절대적인 규모로 사회적 비교를 하지 않는다. 의미 있는 비교는 자신을 비슷한 배경, 능력, 환경을 가진 사람들과 비교하는 것에 기초한다. 예를 들어, 웬디라는 학생에게 그녀가 훌륭한 테니스 선수인지 물어보자. 웬디가 자신을 전문가와 비교한다면 답은 부정적일 것이다. 그러나 그녀의 테니스 그룹 내에서 웬디는 뛰어난 선수로 여겨진다. 타당한 비교 범위에서 보면, 웬디는 자신이 잘한다는 것을 알고 있고 그녀의 테니스 실력에 자부심을 갖고 있다. 같은 방법으로, 네 자신을 성공적이고, 재능 있고, 책임감이 있고, 혹은 합당한 보수를 받는다고 생각하는 것은 전적으로 네가 비교를 위해 누구를 선택하느냐에 달려 있다. 그러므로 사회적 비교에 대한 욕망은 다른 사람들과 관계를 맺고자 하는 동기를 제공하고 우리가 어떤 그룹에 가입하는지에 영향을 준다.」

16 다음 글의 흐름으로 볼 때, 〈보기〉의 문장이 들어갈 곳으로 가장 적절한 것은?

〈보기〉

For example, many African agricultural development programs are based on the conversion of communal land to private holdings.

As a rule, women farmers work longer hours and have lower incomes than do male farmers. This is not because they are less educated or less competent. Rather, it is due to restricting socio-cultural factors. Firstly, most women farmers are involved in subsistence farming or food production for the local market that yields little cash return. (㉠) Secondly, they have less access to credit at bank than men. (㉡) Government-subsidized rates that would make it possible for them to acquire the 'Green Revolution' technology, such as hybrid seeds and fertilizers are also comparatively inaccessible to women. (㉢) Thirdly, in some societies women cannot own land and so are excluded from agricultural improvement programs and projects aimed at landowners. (㉣) This conversion adversely affects women because women have access to communal land while they are excluded from private holdings.

*subsistence farming: 자급적 농업

① ㉠

② ㉡

③ ㉢

④ ㉣

☞ agricultural 농업의 conversion 전환, 변환 communal 공동의 holding 보유 restrict 제한하다 subsistence 생존 yield 내다[산출/생산하다] acquire 얻다 fertilizer 비료 inaccessible 접근할 수 없는 exclude 배제하다

「일반적으로, 여성 농부들은 남성 농부들이 그러는 것보다 더 오랜 시간을 일하고 더 낮은 수입을 얻는다. 이것은 그들이 교육을 덜 받았거나 능력이 부족해서가 아니다. 오히려, 그것은 사회 문화적 요소들을 제한하기 때문이다. 첫째로, 대부분의 여성 농부들은 현금 보상을 거의 낼 수 없는 자급적 농업이나, 현지 시장의 식량 생산에 관련되어 있다. 둘째로, 그들은 남성들보다 은행에서 신용에 대한 접근이 더 적다. 그들이 잡종 종자와 비료와 같은 '녹색 혁명' 기술을 얻는 것이 가능하도록 만들어 주는 정부 보조금 또한 상대적으로 여성들에게 접근이 어렵다. 셋째로, 몇몇 사회에서 여성들은 토지를 소유할 수 없기 때문에 토지 소유자를 위한 농업 개발 프로그램이나 프로젝트로부터 배제된다. 예를 들면, 많은 아프리카 농업 개발 프로그램은 공유지의 사유지 전환에 기초를 두고 있다. 이 전환은 공유지에는 접근할 수 있지만 사유지로부터는 배제되는 여성들에게 불리하게 영향을 끼친다.」

17 다음 ㉠, ㉡에 들어갈 표현으로 가장 적절한 것은?

Single-person households and "empty nesters" have different lifestyles and preferences than larger families. Singles, especially, spend heavily on foodservice, both for convenience and for social occasions. The increasing domination of these smaller all-adult households and single-person households has implications for restaurant patronage patterns. (㉠), the use of takeout has grown among both families with children and adult-only households (singles and couples). But these different types of households tend to be interested in different types of takeout, and for different reasons. (㉡) the family with kids may order a crowd-pleasing, inexpensive meal such as a large pizza or a bucket of chicken, the single adult might be more likely to stop on the way home after work for a sophisticated green salad that's "too much trouble" to make for just one person. Adults who live alone or with one other person are more likely to rely on takeout as a routine pattern of sourcing food, whether they are in an older age group or a younger one.

*empty nester : (장성한 자녀가 집을 떠난 뒤) 둘만 사는 부부

---

① ㉠ Nevertheless   ㉡ Since

② ㉠ For instance   ㉡ While

③ ㉠ However   ㉡ When

④ ㉠ For example   ㉡ Because

🔑 household 가구, 가정   empty nester 빈집지기, (장성한 자녀가 집을 떠난 뒤) 둘만 사는 부부 domination 지배   patronage 후원, 애용   sophisticated 세련된

「1인 가구와 '빈집지기'는 더 큰 가구들보다 다른 생활양식과 선호를 가진다. 특히 독신자들은 편리함과 사회적 행사 모두를 위해 음식 서비스에 많은 돈을 쓴다. 모두 성인으로 구성된 이 더 작은 가구와 1인 가구의 지배의 증가는 식당의 애용 패턴에 영향을 미친다. 예를 들어, 테이크아웃의 이용은 아이들이 있는 가정과 성인뿐인 가구들(독신 또는 커플) 사이에서 모두 증가했다. 그러나 이 다른 유형의 가정은 다른 타입의 테이크아웃에, 다른 이유로 관심을 갖는 경향이 있다. 아이들이 있는 가족은 큰 피자나 치킨 한 버킷과 같은 여러 사람을 즐겁게 하고 저렴한 식사를 주문하는 반면에 독신인 성인은 퇴근 후에 집에 오는 길에 오직 한 사람만을 위해 만들기엔 "너무 번거로운" 세련된 그린 샐러드를 위해 멈추는 경향이 더 많을 수 있다. 혼자 살거나 다른 사람과 함께 사는 성인들은 나이가 많든 적든 음식을 조달하는 일상적인 패턴으로 테이크아웃에 의존하기 쉽다.」

① ㉠ 그럼에도 불구하고 ㉡ ~ 때문에, ~ 이후로

② ㉠ 예를 들면 ㉡ ~하는 반면에

③ ㉠ 그러나 ㉡ ~할 때

④ ㉠ 예를 들면 ㉡ ~하기 때문에

18 다음 글의 주제로 가장 적절한 것은?

> It is commonly believed that writers are working alone. Yet people see only the surface of the process. Consider, for example, a writer who creates a novel in the solitary confinement of her house. The writer is alone only in a very narrow sense. Indeed, she is writing, typically, about people, with people, and for people. The process of writing a novel can hardly be reduced to an individual cognitive reflection. Thus, the imaginary reader is always present in the creative process of writing — as an addressee, a possible judge of the creation, and, more generally, a partner in a dialogue that each human creation ultimately is. Our writer arguably also is motivated by specifically human, social purposes, such as to be understood, respected and needed by others.

① characteristic of the writer as a social being
② dialogues between the writer and the reader
③ importance of the writer's creativity
④ solitude of the imaginary reader

○━ solitary 혼자 하는, 홀로 있는 confinement 갇힘, 얽매임 ultimately 궁극적으로 arguably (충분한 근거를 갖고) 주장하건대, 거의 틀림없이

「작가들은 보통 혼자서 일한다고 여겨진다. 그러나 사람들은 그 과정의 표면만을 볼 뿐이다. 예를 들자면, 자신의 집에 홀로 갇혀 소설을 창작하는 작가를 생각해 보라. 그 작가는 아주 좁은 의미에서만 혼자인 것이다. 실제로, 그녀는 일반적으로 사람들에 대해, 사람들과 함께, 그리고 사람들을 위해 글을 쓰고 있다. 소설을 쓰는 과정은 개인적 인식의 반향으로 축소되기는 힘들다. 따라서 가상의 독자는 항상 집필이라는 창작의 과정에 항상 존재한다. - 수신인으로, 창작의 개연성 있는 심판으로, 그리고 더욱 일반적으로, 인간 창작물의 궁극적 형태인 대화 속 파트너로. 우리의 작가는 또한 틀림없이, 특히 다른 사람들에 의해 이해되고, 존중받고, 그리고 필요성을 인정받는 것과 같은 인간적이고 사회적인 목적에 의해 동기부여가 된다.」

① 사회적 존재로서 작가의 특징
② 작가와 독자 사이의 대화
③ 작가의 창의력에 대한 중요성
④ 가상 독자의 고독

19 다음 글의 요지로 가장 적절한 것은?

Whether moral progress is possible or not could be a decisive factor in evaluating human history. The analogy below can provide us with an answer. Before the invention of the microscope, people had no tools for seeing microscopic creatures and, consequently, made inaccurate judgments regarding the causes of disease. With the invention of the microscope, however, scientists were able to perceive entities they'd previously been unable to and, as a result, were able to make improved judgments — many of which we still accept today. Similarly, in the moral sphere, when people don't have the tools needed for perceiving the rightness or wrongness of something, they make judgments that are less accurate than they would be if they had such tools. We can see then, for instance, how the limited perspective of some people in 19th-century America led them to conclude that racism was acceptable and how our wider perspective these days enables us to recognize how terribly mistaken that earlier judgment was.

① 현미경의 발명은 인류의 질병 퇴치에 매우 획기적인 사건이었다.
② 19세기 미국의 인종주의자들은 도덕적으로 미개한 상태에 놓여 있었다.
③ 인류가 과학적 진보를 이루어왔듯이 도덕적 진보 역시 가능하다.
④ 인류가 과학적 진보를 이루는 것은 도덕적 진보를 이루어 나가는 것과 별개의 문제다.

⌒ evaluating 평가 analogy 비유, 유사점 inaccurate 부정확한 racism 인종 차별

「도덕적 진보가 가능한지 아닌지는 인류 역사를 평가하는 데 있어 결정적 요인이 될 수 있다. 아래의 유사점은 우리에게 해답을 제공해 준다. 현미경 발명 이전에, 사람들은 미생물을 보기 위한 도구가 없었고, 따라서 사람들은 질병의 원인과 관련하여 부정확한 판단을 내렸다. 그러나 현미경의 발명과 함께, 과학자들은 그들이 이전엔 불가능했던 개체들을 인식할 수 있었고, 결과적으로, 개선된 판단 – 오늘날에도 여전히 받아들이고 있는 다수의 – 을 내릴 수 있었다. 유사하게, 도덕적 영역에서도, 사람들이 옳거나 그름을 인식하기 위해 필요한 도구들을 가지고 있지 않을 때, 사람들은 그런 도구들을 가지고 있다면 내렸을 판단보다 덜 정확한 판단들을 내린다. 예를 들면, 우리는 19세기 미국 일부 사람들의 제한적인 관점이 어떻게 그들로 하여금 인종 차별을 받아들일 만하다고 결론짓게 했는지를, 그리고 오늘날 우리의 넓은 관점이 우리로 하여금 이전의 판단들이 얼마나 심하게 잘못되었는지를 인식하게 하는지를 알 수 있다.」

20 다음 글의 제목으로 가장 적절한 것은?

Fourteenth-century approaches to music had a profound and continuing impact on music in later centuries. Perhaps most significant was the invention of a precise and unambiguous notation that could record a wide variety of rhythms and allowed music to be distributed in writing and performed accurately wherever it went. We now take this for granted when we play from notation and sight-read through unfamiliar music, but it was a remarkable innovation in the fourteenth century. Among its effects was that composers could fix their music exactly as they wished it to be performed, leading them to take pride in authorship. The increased interest in the individual and in satisfying the human senses that was characteristic of the age grew stronger in the fifteenth and sixteenth centuries and has remained important ever since.

① The Innovative Invention of Musical Instruments
② Musical Notation : Its Invention and Contributions
③ Authorship : Motivation for Innovations
④ History of Music in Terms of Genre

🔑 profound 엄청난, 심오한 unambiguous 모호하지 않은, 분명한 notation 표기법 accurately 정확히, 정밀하게 take somebody/something for granted ~을 당연시하다 sight-read (악보를 처음 보고) 즉석에서 노래[연주]하다

「14세기 음악의 접근법은 그 이후 세기의 음악에 심오하고 지속적인 영향을 끼쳤다. 아마도 가장 의미 있는 것은 매우 다양한 리듬을 기록할 수 있고, 음악을 글로 기록해 배포되도록 하며, 그것이 어딜 가든 정밀하게 연주되도록 해 준 정확하고 모호하지 않은 표기법의 발명이다. 오늘날 우리는 악보로 공연을 하고, 낯선 음악도 악보를 보고 즉석에서 연주하는 것을 당연하게 여기지만, 14세기에 그것은 주목할 만한 혁신이었다. 그 효과들 중 하나는 바로 작곡가들이 그들이 바라는 대로 정확히 연주되도록 그들의 음악을 고칠 수 있었다는 점이다. 이는 그들이 저작에 자부심을 느끼도록 이끌어 주었다. 그 시대의 특징이었던, 개인과 사람을 만족시키는 것에 대한 증가된 관심은, 15세기와 16세기에 더욱 강해졌고, 그 이래로 줄곧 중요하게 유지되었다.」

① 악기들의 혁신적인 발명
② 음악 기호법 : 그것의 발명과 공헌
③ 저작 : 혁신을 위한 동기부여
④ 장르의 관점에서 음악의 역사

1 다음 밑줄 친 단어의 의미와 가장 가까운 것은?

It is <u>obligatory</u> for everyone in a car to wear a seat belt.

---

① clumsy   ② nebulous

③ compulsory   ④ mutable

    🔑   obligatory 의무적인

      「차 안의 모든 사람은 안전벨트를 매는 것이 <u>의무적이다</u>.」

      ① 어설픈, 세련되지 못한

      ② 흐릿한, 모호한

      ③ 강제적인, 의무적인

      ④ 변할 수 있는

2 다음 빈칸에 들어갈 단어로 가장 적절한 것은?

The police found no _____ evidence that he was involved in that crime.

---

① lacking   ② impending

③ compelling   ④ upcoming

    🔑   involve 수반하다, 관련[연루]시키다

      「경찰은 그가 그 범죄에 연루되었다는 <u>설득력 있는</u> 증거를 찾지 못했다.」

      ① ~이 없는[부족한]

      ② 보통 불쾌한 일이 곧 닥칠, 임박한

      ③ 설득력 있는, 강력한

      ④ 다가오는, 곧 있을

3 다음 빈칸에 들어갈 단어로 가장 적절한 것은?

> Because aging is one of the _____ realities that one cannot really fight against, the best one can do is to keep oneself healthy so as to age with grace and fitness.

① incipient

② inexorable

③ congenial

④ salutary

🔑 aging 노화   fight against ~와 싸우다

「노화는 실제로 대항할 수 없는, <u>멈출 수 없는</u> 현실 중 하나이기 때문에, 최선은 우아하고 건강하게 늙기 위해 몸을 건강하게 유지하는 것이다.」

① 막 시작된

② 멈출[변경할] 수 없는, 거침없는

③ 마음이 맞는[통하는]

④ (흔히 불쾌해 보이지만) 유익한, 효과가 좋은

4 다음 ㉠, ㉡에 들어갈 말로 가장 적절한 것은?

> • Seohee (㉠) her book on the table.
> • The heavy snow prevented us (㉡) baseball.

① ㉠ lay ㉡ to play

② ㉠ lay ㉡ from playing

③ ㉠ laid ㉡ to play

④ ㉠ laid ㉡ from playing

🔑 ㉠ 뒤에 목적어 her가 있으므로 타동사가 와야 한다. 타동사 lay는 '두다, 놓다'는 의미로, 주어가 3인칭 단수이기 때문에 현재시제의 경우 lays, 과거시제의 경우 laid가 와야 한다.

㉡ '막다'는 의미의 동사인 prevent는 전치사 from과 함께 prevent A from ~ing의 형태로 'A가 ~하는 것을 막다'로 쓰인다.

prevent A from ~ing A가 ~하는 것을 막다

「• 서희는 책을 탁자 위에 놓았다.
• 폭설은 우리가 야구를 하지 못하게 했다.(＝ 우리는 폭설 때문에 야구를 할 수 없었다)」

5 다음 ㉠, ㉡, ㉢에 들어갈 단어로 가장 적절한 것은?

> When an animal is injured, the first thing it will do, if it possibly can, is scramble to its feet. Despite the fact that doing so will probably cause (㉠) pain, the instinct to get up drives the animal because the alternative, taking no action to get up, invites predators to come in to kill and eat the (㉡) one. Emotionally, we do the same thing. Often a person who has just suffered an injury or a devastating shock or loss will answer, "Fine" when asked, "How are you?" Just labeling this as (㉢) misses the deeper truth. The organism, animal or human, is trying not only to look fine in order to avoid attack, but trying to be fine.

①	㉠ severe	㉡ vulnerable	㉢ threshold
②	㉠ acute	㉡ aggressive	㉢ pretense
③	㉠ further	㉡ defenseless	㉢ denial
④	㉠ voracious	㉡ defensive	㉢ disguise

☞ injure 부상을 입다 scramble (특히 힘겹게 손으로 몸을 지탱하며) 재빨리 움직이다, 허둥지둥[간신히] 해내다 instinct 본능 drive 몰아붙이다 predator 포식자 devastating 대단히 파괴적인, 엄청나게 충격적인

「동물이 상처를 입었을 때, 그것이 가장 먼저 할 일은, 가능할 경우, 다리로 허둥지둥 일어나는 일이다. 비록 그렇게 하는 것이 아마도 <u>더 심한</u> 고통을 일으킬 것이라는 사실에도 불구하고, 일어나려는 본능이 그 동물을 몰아붙인다. 왜냐하면 그 대안적 행동, 즉 일어나려는 행동을 취하지 않는 것은 <u>무방비</u>의 동물을 죽여서 잡아먹도록 포식자를 불러들이기 때문이다. 감정적으로 우리도 같은 일을 한다. 종종 부상이나, 치명적인 충격 또는 손실로 고통을 받는 사람은 "좀 어때"라는 질문을 받았을 때, "괜찮아"라고 답을 할 것이다. 단지 이것을 <u>부정</u>이라고 규정하는 것은 더 깊은 진실을 놓치는 것이다. 생물이나 동물 또는 인간은, 공격을 피하기 위해 괜찮게 보이도록 노력할 뿐만 아니라 괜찮아 지려고 노력한다.」

① ㉠ 극심한 ㉡ 취약한 ㉢ 한계점
② ㉠ 극심한 ㉡ 공격적인 ㉢ 겉치레
③ ㉠ 더 이상의, 추가의 ㉡ 무방비의 ㉢ 부정
④ ㉠ 게걸스러운 ㉡ 방어적인 ㉢ 변장

6 다음 글의 내용과 가장 일치하지 않는 것은?

The aye-aye, the largest nocturnal primate in the world, displays an unusual degree of fearlessness towards humans. Wild aye-ayes have been known to appear unexpectedly from nowhere in the rainforest to sniff a researcher's shoes. It is different from the other *lemurs because it is highly specialized in many ways; its continuously growing incisor teeth (which led to its being considered a rodent during part of the 19th century), its large ears (almost certainly used in locating insect larvae in dead wood), and its long skeleton-like middle finger used to extract larvae from holes. So unique is it among the lemurs that it has proven extremely difficult to determine which other lemurs are its closest relatives. The aye-aye is so unusual that it is not only strange within the context of the primates, but it is one of the most distinctive mammals on earth.

*lemur 여우원숭이

① 야행성 영장류인 아이아이원숭이는 이상할 정도로 인간을 두려워하지 않는다.
② 아이아이원숭이는 계속 자라나는 앞니 때문에 19세기 이래로 설치류로 간주되고 있다.
③ 아이아이원숭이의 커다란 귀는 유충을 찾는 데, 긴 중지는 유충을 꺼내는 데 사용된다.
④ 아이아이원숭이는 가장 독특한 포유류 중 하나이다.

🔑 aye-aye 아이아이, 다람쥐원숭이 nocturnal 야행성의 primate 영장류 fearlessness 겁 없음, 대담무쌍 sniff 코를 킁킁거리다 incisor teeth 앞니 rodent 설치류 larvae 유충 skeleton 뼈대 extract 꺼내다 [뽑다/빼다] mammal 포유동물

「세상에서 가장 큰 야행성 영장류인 아이아이원숭이는 인간을 향해 유별난 수준의 겁 없음을 보여준다. 야생의 아이아이원숭이는 열대우림에서 갑자기 예상 밖으로 나타나서 연구자의 신발을 코로 킁킁거리는 것으로 알려져 있다. 이는 다른 여우원숭이들과는 다른데 여러 가지 방식에서 매우 특별하기 때문이다; 이 동물의 계속 자라는 앞니(그것이 19세기 중 한때 그 원숭이들을 설치류라고 여겨지게 하였다), 큰 귀(죽은 나무 안의 벌레 유충의 위치를 찾아내는 데 거의 확실하게 사용된다), 그리고 구멍에서 유충을 꺼내는 데 사용되는 뼈대 같은 긴 가운데 손가락 등이다. 이것은 여우원숭이 중에서도 매우 독특해서 어떤 다른 여우원숭이가 이 동물의 가까운 친척인지를 밝히기가 매우 어렵다는 것이 입증되었다. 아이아이원숭이는 너무 독특해서 영장류의 맥락에서도 매우 낯설 뿐 아니라 지구상의 가장 독특한 포유동물 중 하나이다.」

7 다음 밑줄 친 부분 중 어법상 가장 적절한 것은?

① The game was <u>watching</u> outside the stadium on a huge screen.

② We will never get to the meeting unless the train <u>leaves</u> within five minutes.

③ With sunshine <u>streamed</u> through the window, Hugh found it impossible to sleep.

④ The water which she <u>fell</u> was freezing cold.

⟋ ② unless는 조건의 부사절을 이끄는 접속사이므로 미래를 뜻하더라도 동사는 현재시제로 쓴다.
　　① 주어 The game은 보이는 것이므로 수동태 형태가 와야 한다. 따라서 watching→watched로 고쳐야 한다.
　　③ 전치사 + 목적어 + 목적보어 형태의 분사구문으로 stream은 자동사이고 능동의 의미로 쓰였으므로 현재
　　　분사인 streaming으로 써야 한다.
　　④ fell이 '빠지다'의 의미로 쓰일 경우 자동사로 쓰이는데, 관계대명사 which 뒤의 문장이 완전하므로 옳지
　　　않다. 따라서 '~에'를 의미하는 전치사 in/into를 써서 fell → fell in/into로 쓴다.
　　① 그 경기는 경기장 밖에서 거대한 스크린으로 시청되었다.
　　② 기차가 5분 안에 출발하지 않으면 우리는 절대 회의에 도착하지 못할 것이다.
　　③ 햇빛이 창문을 통해 흘러 들어와서, Hugh는 잠자는 것이 불가능하다는 것을 알았다.
　　④ 그녀가 빠진 물은 몹시 차가웠다.

8 다음 우리말을 영작한 것 중 가장 적절한 것은?

① 유수는 그 회사에 지원하는 것을 고려하고 있다.

　→Yusoo is considering applying for the company.

② 그 경찰서는 난민들에게 생활필수품을 제공했다.

　→The police station provided commodities with refugees.

③ 판사는 죄수가 재구속되어야 한다고 명령했다.

　→The judge ordered that the prisoner was remanded.

④ 그는 물속으로 깊이 잠수했다.

　→He dived deeply into the water.

⟋ ① consider는 동명사를 목적어로 취하는 완전타동사로 applying은 적절하게 쓰였다.
　　② provide A with B는 'A에게 B를 제공하다'는 뜻이므로 provided commodities with refugees →
　　　provided refugees with commodities로 고쳐야 한다.
　　③ order의 목적어로 that절이 온 구문으로 that절의 동사는 (should) + 동사원형으로 쓴다. 따라서 was →
　　　(should) be로 고쳐야 한다.
　　④ deeply는 '매우'이다. '깊이'는 deep을 쓴다.

9 다음 A, B의 대화 중 가장 적절하지 않은 것은?

① A : Wasn't that last question on the test tough?

B : Yes, it was tricky.

② A : Hi, please transfer me to Ella Jones.

This is her husband.

B : I'll put you right through.

③ A : Why is Mina so fed up at her job?

B : She feels overeaten.

④ A : Chanhee? What brings you to London?

B : I just arrived on business.

☞ ① A : 시험의 마지막 문제가 어렵지 않았니?
　　B : 응, 까다로웠어.
　② A : 안녕하세요. Ella Jones에게 연결해 주세요. 저는 그녀의 남편입니다.
　　B : 바로 연결해 드리겠습니다.
　③ A : Mina는 왜 그녀의 일에 싫증을 내?
　　B : 그녀는 과식했다고 느껴.
　④ A : Chanhee? 런던에는 무슨 일로 왔니?
　　B : 비즈니스 차 지금 막 도착했어.

10 다음 밑줄 친 부분 중 어법상 가장 적절하지 않은 것은?

> If properly stored, broccoli will stay ⊙fresh for up to four days. The best way to store fresh bunches is to refrigerate them in an open plastic bag in the vegetable compartment, ⓛwhich will give them the right balance of humidity and air, and help preserve the vitamin C content. Don't wash the broccoli before ⓒstoring it since moisture on its surface ⓔencourage the growth of mold.

① ⊙

② ⓛ

③ ⓒ

④ ⓔ

☞ ④ encourage의 주어 moisture가 단수이므로 encourages로 써야 한다.
　① stay는 불완전자동사로 보어(fresh)를 취한다.
　② 관계대명사 which는 앞 문장의 내용을 받는 선행사이다.
　③ before(접속사) you store it에서 주어인 you가 Don't wash의 주어와 일치하여 생략되었고 동사 store에 -ing를 붙여 분사구문의 형태를 취했다.
　bunch 다발, 송이　compartment 칸막이, 구획　humidity 습기

　「제대로 보관하면, 브로콜리는 최장 4일간 신선함을 유지할 수 있다. 싱싱한 송이를 보관하는 가장 좋은 방법은 열린 비닐봉지에 담아 야채 칸에 냉장 보관하는 것인데, 이는 습도와 공기의 적절한 균형을 주고 비타민C 함량을 보존하는 데 도움이 된다. 브로콜리는 표면의 습기가 곰팡이의 성장을 촉진시키므로 보관하기 전에 씻지 말아라.」

answer 7.② 8.① 9.③ 10.④

11 다음 글의 내용과 가장 일치하지 않는 것은?

The Hazara are an ethnic minority living in the arid mountainous regions of Central Afghanistan. Several things distinguish them from other ethnic groups in the area. The first is their strongly Asiatic ancestry, which suggests that they are probably descended from the Mongolians, although the group has clearly intermixed with people of Eastern European and Middle Eastern ancestry as well. The Hazara speak Hazaragi, a form of Persian, and they are primarily Shia Muslims. This ethnic group also has its own distinct cultural and religious traditions. Most of all, they are famous for their poetry and storytelling, with legends of their culture and life being passed down in the form of lengthy songs, poems, and stories told to children. While those in this ethnic group share values with other Muslims across the Middle East, they sometimes express them in different ways, integrating rich folklore and a history of superstition into their practice of the Muslim faith.

① 중앙 아프가니스탄 산악지역에 사는 하자라족은 주로 시아파 무슬림이다.
② 하자라족은 아마도 몽골인종계이지만 동유럽인과 중동인의 혈통과도 섞였다.
③ 하자라족의 언어는 페르시아어의 일종인 하자라기어이다.
④ 하자라족 고유의 문화적 전통인 민간전승설화는 중동지역 무슬림 신앙의 바탕이 되었다.

🔑 minority 소수 distinguish 구별하다 ancestry 조상 descend 자손이다, 계통을 잇다 integrate 통합시키다 folklore 민속 superstition 미신

「하자라족은 중앙 아프가니스탄의 건조한 산악지역에서 살고 있는 소수 민족이다. 몇 가지 점들이 그들을 그 지역의 다른 민족으로부터 구분해 준다. 첫 번째는 그들의 뚜렷한 아시안 조상으로, 비록 그들 집단이 동유럽과 중동 조상의 사람들과 함께 섞였을지라도, 그것은 그들이 아마도 몽고족의 자손이라는 것을 암시한다. 하자라족은 페르시아어의 한 형태인 하자라기어를 사용하고, 그들은 주로 시아파 무슬림이다. 이 민족은 또한 그들 고유의 문화적이고 종교적인 전통을 가지고 있다. 무엇보다도, 그들은 장문의 노래나 시들, 그리고 아이들에게 들려주는 이야기들과 같은 형태로 전해지는 그들의 문화와 삶에 관한 전설들과 더불어 시와 이야기들로 유명하다. 비록 이 민족의 사람들은 중동을 가로질러 다른 무슬림들과 가치를 공유하지만, 그들은 풍부한 민속과 미신의 내력들을 무슬림 신앙의 관습과 통합하여 때때로 그들을 다른 방식으로 그들을 표현한다.」

12 다음 밑줄 친 표현의 의미와 가장 가까운 것은?

A : I've heard that you got a job offer.

B : Yes, but I am not sure whether to take it or not.

A : Really? I thought you wanted to make a change in your career.

B : Yes, but it is hard to make a decision.

A : Take your time and <u>ponder it</u>.

B : Thank you.

---

① mull it over
② weigh it down
③ make up for it
④ take it down

☞ offer 제안 take your time 천천히(신중하게) 해 ponder 숙고하다, 곰곰이 생각하다

「A : 네가 취업 제안을 받았다고 들었어.
B : 응, 그런데 그걸 수락해야 할지 말아야 할지 모르겠어.
A : 정말? 나는 네가 경력에 변화를 주길 원한다고 생각했어.
B : 응, 하지만 결정하기가 어려워.
A : 여유를 가지고 <u>그것을 곰곰이 생각해 봐</u>.
B : 고마워.」

① mull over ∼에 대해 숙고하다
② weigh down ∼을 (마음, 기분을) 짓누르다
③ make up for ∼에 대해 보상하다, 만회하다
④ take down 분해하다, 치우다

13 다음 글의 주제문을 만들기 위해 ㉠, ㉡에 들어갈 말로 가장 적절한 것은?

Classification allows us to focus on one or two features and see something in terms of those characteristics alone. To classify plants and animals, we have to ignore all the variations that distinguish one plant from another and one animal from another. We have to focus only on those aspects that are shared by all plants and that differentiate them from all animals. We ignore the great variation that exists within each group and reduce its members to the common ground that ties all the members of that group together. As a result, we come to see objects in terms of their membership in a particular group, and we miss seeing that each is more than its group membership. Trapped by the category of doors, we become blind to the three-by-seven- foot pieces of wood that are right in front of us.

〈주제문〉

In classification, we concentrate on a few features (㉠) to group members, and in doing so, we tend to overlook (㉡) within the group.

① ㉠ distinctive   ㉡ membership

② ㉠ different   ㉡ great variation

③ ㉠ shared   ㉡ group membership

④ ㉠ common   ㉡ individual variations

☛ Classification 분류 classify 분류하다 variation (특히 양·정도의) 변화[차이]

「분류는 우리가 한두 가지 특징에 초점을 맞출 수 있게 해 주며, 그러한 특징들만으로 무엇인가를 볼 수 있게 해준다. 식물과 동물을 분류하기 위해서, 우리는 한 식물과 다른 동물을 구별하는 모든 정도의 차이를 무시해야 한다. 우리는 모든 식물이 공유하고 모든 동물과 구별되는 그런 측면에만 초점을 맞추어야 한다. 우리는 각 집단 내에 존재하는 큰 정도의 차이를 무시하고 그 집단의 모든 구성원을 하나로 묶는 공통의 지반으로 그 구성원을 축소시킨다. 그 결과, 우리는 특정 그룹의 구성원이라는 측면에서 개체를 보게 되고, 각각이 그룹 구성원 이상임을 보는 것을 놓친다. 문이라는 카테고리에 얽매여 우리는 우리 바로 앞에 3×7 피트의 나무토막들을 보지 못하게 된다.」

〈주제문〉

분류에서, 우리는 그룹 구성원에 <u>공통적인</u> 몇 가지 특징에 집중하며, 그렇게 함으로써 그룹 내의 <u>개별적인 차이</u>를 간과하는 경향이 있다.

14 다음 글의 주제문을 만들기 위해 ㉠, ㉡에 들어갈 말로 가장 적절한 것은?

The underlying idea of world history is that the interaction among human societies resembles not the relationships among billiard balls, but rather among bacteria. Billiard balls rolling around the table may collide and affect each other's trajectories, but they do not actually change each other: The eight ball is an eight ball even after it is struck by the cue ball. Bacteria, however, fundamentally shape each other as they interact. Because the membranes covering bacteria are full of pores, bacteria can exchange genetic information and can even fundamentally alter each other's basic make-up when they touch. Similarly, human societies in contact affect each other's development. World historians, recognizing this, seek to understand human history through studying both developments within societies and the way in which societies relate to each other.

〈주제문〉

World history is that of (㉠) relationships between human societies in which human societies, like bacteria, have interacted and (㉡) each other into a fundamentally different society.

① ㉠ inverse   ㉡ amended
② ㉠ reciprocal   ㉡ transformed
③ ㉠ cozy   ㉡ absorbed
④ ㉠ diplomatic   ㉡ isolated

☞ underlying 근원적인   billiard 당구의   collide 충돌하다   trajectory 궤도   fundamentally 본질적으로
interact 상호 작용하다   membrane 얇은 막   make-up 조직, 성질

「세계사의 근원적인 개념은 인간 사회 사이의 상호 작용이 당구공 사이의 관계가 아니라 박테리아 사이의 관계를 닮았다는 것이다. 테이블 주위를 굴러다니는 당구공은 충돌하여 서로의 궤도에 영향을 줄 수 있지만, 실제로는 서로 변화시키지 않는다: 8개의 볼은 큐볼에 부딪힌 후에도 8개의 볼이다. 그러나 박테리아는 상호 작용을 하면서 본질적으로 서로를 형성한다. 왜냐하면 박테리아를 덮고 있는 얇은 막은 구멍으로 가득 차 있기 때문에, 박테리아는 유전 정보를 교환할 수 있고 심지어 그들이 접촉할 때 서로의 기본적인 성질을 근본적으로 바꿀 수도 있다. 이와 비슷하게, 접촉하고 있는 인간 사회는 서로의 발전에 영향을 미친다. 이를 인식한 세계사학자들은 사회 내부의 발전과 사회가 서로 연결되는 방식을 연구함으로써 인간의 역사를 이해하려고 한다.」
〈주제문〉
세계사는 인간 사회가 박테리아와 같이 상호 작용을 하고 서로를 근본적으로 다른 사회로 변화시키는 인간 사회 사이의 상호 관계다.

15 다음 글의 흐름으로 보아 〈보기〉의 문장이 들어갈 곳으로 가장 적절한 것은?

〈보기〉

When a director changes the story into a film, however, all these rights are taken from the reader, and everything is constructed according to the taste of people other than the reader.

I propose that the reason people enjoy the book version of a story more than the film version is that each reader creates the details in his or her favorite scenes. ㉠ The characters—the way they look, talk, dress—and everything else in the story are guided by the writer but are constructed by the reader according to his or her individual tastes. ㉡ Here, in effect, the reader also becomes the director and the producer and fixes everything to his or her liking. ㉢ The more these details are solidified in a certain way, the more the artist invades the audience's domain, and confines the reader's imagination to what is presented to them by others. Thus, the art, the artist, and the audience lose out. ㉣

① ㉠ ② ㉡

③ ㉢ ④ ㉣

📌 〈보기〉에 역접의 부사(however)가 있고, 감독이 이야기를 영화로 만들 경우 독자가 아닌 사람들의 취향에 따라 이야기가 구성된다는 내용이 주어졌으므로, 이와 반대되는 내용이 앞에 나오는 ㉢에 들어가는 것이 가장 적절하다.

domain 영역 confine 제한하다

「나는 사람들이 영화 버전보다 책 버전의 이야기를 더 즐기는 이유는 각각의 독자들이 자신이 좋아하는 장면에서 세부사항을 만들어 내기 때문이라고 생각한다. 등장인물들 – 즉 그들의 외모, 말투, 옷차림 – 그리고 이야기의 다른 모든 것들은 작가가 안내하지만, 그 혹은 그녀의 개인적인 취향에 따라 독자에 의해 구성된다. 여기서 사실상 독자는 연출자와 제작자가 되어 모든 것을 마음에 드는 대로 고친다. 그러나 감독이 이야기를 영화로 바꾸면, 이 모든 권한들은 독자들로부터 거둬들여지고, 모든 것은 독자가 아닌 사람들의 취향에 따라 만들어진다. 이러한 세부 사항들이 일정한 방법으로 굳어질수록 예술가는 청중의 영역을 침범하고, 독자의 상상력을 다른 사람들이 그들에게 제시하는 것에 제한한다. 따라서 예술, 예술가, 관객은 손해를 본다.」

16 다음 빈칸에 공통으로 들어갈 단어로 가장 적절한 것은?

> We tend not to notice how many creative tasks benefit from (　　) because they are built in and have become invisible. For example, almost all popular music is in 4/4 time, four beats in the bar, with the emphasis usually landing on the first beat. Tracks are normally three or four minutes in length, contain a chorus, and so on. These are just a few (　　) of many that popular music follows, and yet look at the variation that can be achieved. Many songs break these rules, but they often achieve their effects because there is a rule to break in the first place. Painters, writers, artists, and so on are all influenced by previous styles to various degrees and it's these previous styles that provide (　　).

① repercussions

② catastrophes

③ encroachments

④ constraints

○━ bar (악보의) 마디 emphasis 강세

「우리는 얼마나 많은 창의적인 작업들이 <u>제약</u>들로부터 혜택을 얻는지 알아차리지 못하는 경향이 있다. 왜냐하면 그것들은 이미 만들어졌고, 보이지 않게 되었기 때문이다. 예를 들어, 거의 모든 대중음악은 4/4박자로, 한 마디에 4박자로 되어 있는데, 강세는 대개 첫 박자에 놓여진다. 트랙의 길이는 보통 3~4분이고 코러스 등이 들어 있다. 이것들은 대중음악이 따르는 많은 <u>제약</u>들 중 단지 몇 가지일 뿐이지만, 성취할 수 있는 변화들을 보인다. 많은 노래들이 이러한 규칙을 깨뜨리지만, 애초에 깰 수 있는 규칙이 있기 때문에 그 성취를 얻는 경우가 많다. 화가, 작가, 예술가 등 모두 다양한 측면에서 이전 스타일에 영향을 받았으며, <u>제약</u>들을 제공하는 것은 이러한 이전의 양식들이다.」

① 반향 ② 참사 ③ 침략 ④ 제약

17 다음 글의 내용으로 가장 적절한 것은?

The Rust Belt is notorious for its poor air quality. For decades, coal plants, steel production, and auto emissions have pumped *particulates like *sulfate into the atmosphere over the eastern U.S. Especially before air quality laws began appearing in the 1970s, particulate pollution was behind acid rain, respiratory disease, and ozone depletion. But a new study from Harvard University suggests that the Rust Belt's thick particulate fog may have helped slow down the effects of climate change, particularly when it was thickest. Throughout the 20th century, global temperatures have gone up by just under one degree Celsius. But in the U.S., eastern and central states haven't seen the same rise. In fact, temperatures there actually decreased over the same period. The reason seems to be particulate pollution. Instead of trapping warm air in the atmosphere like carbon dioxide, fine particles like sulfate reflect the sun's light and heat. They may even group with watery cloud droplets, which do the same thing. The effect is a net cooling across entire regions.

*particulates : 분진, *sulfate : 황산염

① Rust Belt의 석탄 공장, 철강 생산으로 인한 황산염 분진들은 미국의 서부권으로 배출되었다.
② 오존 증가, 호흡기 질환, 산성비의 원인은 분진으로 된 오염 물질이다.
③ 새로운 연구는 Rust Belt의 두터운 분진 안개가 기후 변화의 영향을 늦추었을 가능성이 있다고 주장한다.
④ 황산염 같은 미세한 입자들은 태양빛을 흡수하여, 전 지역에 냉각효과를 가져온다.

○━ atmosphere 대기 respiratory 호흡의, 호흡기 degree Celsius 섭씨 droplet 작은 물방울 net cooling 순수 냉각

「Rust Belt는 공기 질이 나쁜 것으로 악명이 높다. 수십 년 동안, 석탄 공장, 철강 생산, 자동차 배기가스는 황산염과 같은 분진들을 미국 동부 대기 속으로 뿜어냈다. 특히 1970년대에 대기 질에 관한 법이 나타나기 전에, 분진 오염은 산성비, 호흡기 질환, 오존 파괴의 배후에 있었다. 그러나 하버드 대학의 한 새로운 연구는 Rust Belt의 짙은 분진 안개가 기후 변화의 영향을 늦추는 데 도움을 주었을지도 모른다고 암시하고 있는데, 특히 그것이 가장 짙었을 때 그렇다. 20세기를 거쳐 지구의 온도는 섭씨 1도 이하로 올라갔다. 그러나 미국에서 동부와 중부의 주가 같은 상승을 보이지 않았다. 사실, 그곳의 온도는 같은 기간 동안 실제로 감소하였다. 그 이유는 분진 오염인 것처럼 보인다. 이산화탄소처럼 대기 중에 따뜻한 공기를 가두는 대신, 황산염과 같은 미세한 입자들은 태양의 빛과 열을 반사한다. 그들은 심지어 그와 같은 일을 하는, 물기가 많은 구름 방울들과 무리를 지을 수도 있다. 그 효과는 전 지역에 걸친 순수 냉각이다.」

18 다음 빈칸에 들어갈 단어로 가장 적절한 것은?

Man differs from the lower animals because he preserves his past experiences. What happened in the past is lived again in memory. About what goes on today hangs a cloud of thoughts concerning similar things undergone in bygone days. With other animals, an experience perishes as it happens, and each new doing or suffering stands alone. But man lives in a world where each occurrence is charged with echoes and reminiscences of what has gone before, where each event is a reminder of other things. Hence he lives not, like the beasts of the field, in a world of merely physical things but in a world of signs and symbols. A stone is not merely hard, a thing into which one bumps; but it is a(n) (　　) of a deceased ancestor.

① monument

② foundation

③ enchantment

④ elimination

🔑 preserve 보전하다, 유지하다   perish 멸망하다, 사라지다   echo 메아리   Hence 그러므로   merely 단지
ancestor 선조, 조상

「인간은 과거의 경험을 보전하기 때문에 하등 동물들과 다르다. 과거에 있었던 일은 기억 속에서 다시 살아난다. 오늘날 일어나고 있는 일에 지난날 겪었던 비슷한 일들에 대한 생각의 여운이 드리운다. 다른 동물들에 있어, 경험은 일어나는 대로 사라지며, 각각의 새로운 행동이나 고통은 독립적으로 존재한다. 그러나 인간은 각각의 사건이 과거에 일어났던 것에 대한 메아리와 회상으로 가득 차 있고, 각각의 사건이 다른 것들을 상기시키는 세상에서 살고 있다. 그러므로 인간은 들판의 짐승들처럼 단지 물리적 사물의 세계에 사는 것이 아니라 기호와 상징의 세계에 살고 있다. 돌은 단순히 단단하고 부딪히는 것이 아니라 죽은 조상의 <u>기념물</u>이다.」

① 기념물 ② 기초 ③ 황홀감 ④ 제거

---

19 다음 ㉠, ㉡에 들어갈 말로 가장 적절한 것은?

Can we sustain our standard of living in the same ecological space while consuming the resources of that space? This question is particularly relevant since we are living in an era of skyrocketing fuel costs and humans' ever-growing carbon footprints. Some argue that we are already at a breaking point because we have nearly exhausted the Earth's finite carrying capacity. (㉠), it's possible that innovations and cultural changes can expand Earth's capacity. We are already seeing this as the world economies are increasingly looking at "green," renewable industries like solar and hydrogen energy. (㉡), many believe we will eventually reach a point at which conflict with the finite nature of resources is inevitable. That means survival could ultimately depend on getting the human population below its carrying capacity. Otherwise, without population control, the demand for resources will eventually exceed an ecosystem's ability to provide it.

① ㉠ However   ㉡ Still

② ㉠ Therefore   ㉡ On the other hand

③ ㉠ Hence   ㉡ Though

④ ㉠ Nevertheless   ㉡ For instance

⚷ sustain 유지하다　consume 소비하다　relevant 적절한, 의미 있는　skyrocket 급히 상승하다　exhausted 다 써버린　finite 유한한　carrying capacity 적재량　expand 확장하다　conflict 다툼, 분쟁　inevitable 피할 수 없는　ultimately 궁극적으로　exceed 넘다, 초과하다

「우리는 똑같은 생태계 공간에서 그 공간의 자원을 소비하는 동안에 우리 삶의 수준을 유지할 수 있을까? 이 질문은 치솟는 연료비와 계속 증가하는 인간의 탄소 발자국 시대에 살고 있기 때문에 특히 의미가 있다. 일부는 우리가 지구의 유한한 적재량을 거의 소진했기 때문에 이미 한계점에 도달했다고 주장한다. 그러나 혁신과 문화적 변화 지구의 수용량을 확장하는 것이 가능하다. 우리는 이미 세계 경제가 점점 태양열과 수소 에너지 같은 "녹색의," 재생 가능한 산업들을 주목함에 따라 이것을 목격하고 있다. 그러나 여전히 많은 이들이 우리가 결국은 유한한 자원의 속성과 상충이 불가피한 지점에 도달할 것이라고 믿는다. 그것은 생존이 궁극적으로 인구를 적재량 이하로 낮추는 것에 달려있다는 것을 것을 의미한다. 그렇지 않으면, 인구 조절 없이, 자원에 대한 수요는 결국 그것을 제공할 수 있는 생태계의 능력을 초과할 것이다.」

① ㉠ 그러나 ㉡ 여전히

② ㉠ 그러므로 ㉡ 반면에

③ ㉠ 따라서 ㉡ 그럼에도 불구하고

④ ㉠ 그럼에도 불구하고 ㉡ 예를 들면

20 다음 글의 요지로 가장 적절한 것은?

> On the way home from school on Tuesday, a dad promises his five-year-old son that he will take him to the baseball game on Saturday afternoon. When they get home, Dad learns from Mom that earlier in the day she had scheduled a swim lesson for Saturday afternoon and can't change it. When they tell their son, he gets terribly upset, and the situation melts down. Why is the kid so upset? Dad didn't know about the swim lesson. By the adult definition, he did not lie. But by the kid definition, he did lie; any false statement— regardless of intent or belief—is a lie. Therefore, unwittingly, Dad has given his child the message that he approves of breaking promises.

① Parents who break their promise by chance don't give their child the impression that they told a lie.

② It is difficult for children to grasp the qualifying role of intent in telling a lie.

③ It goes without saying that children would rather take a lesson than play on weekend.

④ There are few roles parents play in the development of their child's habit of keeping a promise.

☞ melt down 녹이다, 붕괴되다 definition 정의 regardless ~에 관계없이 intent 의도 unwittingly 자신도 모르게, 부지불식간에

「화요일 학교에서 집으로 돌아오는 길에, 한 아빠가 다섯 살짜리 아들에게 그가 토요일 오후 야구경기에 그를 데리고 가겠다고 약속한다. 그들이 집에 돌아오면, 아빠는 엄마로부터 그 날 더 이른 시간에 토요일 오후에 수영 레슨을 하기로 했고, 그것을 바꿀 수 없다는 것을 알게 된다. 그들이 아들에게 말할 때, 그는 몹시 화가 나고, 상황은 붕괴된다. 그 아이는 왜 그렇게 화가 났을까? 아빠는 수영 레슨에 대해 몰랐다. 어른의 정의에 따르면, 그는 거짓말을 하지 않았다. 하지만 아이 정의에 따르면, 그는 거짓말을 했다; 모든 거짓 진술은 – 의도나 믿음에 상관없이 – 거짓말이다. 그러므로, 아빠는 자신도 모르게 그의 자식에게 약속을 어기는 것을 승인한다는 메시지를 준 것이다.」

① 우연히 약속을 어긴 부모는 아이에게 그들이 거짓말을 했다는 인상을 주지 않는다.
② 거짓말을 하는 데 있어 의도가 갖는 합당한 역할을 아이들이 이해하는 것은 어려운 일이다.
③ 아이들이 주말에 놀기보다 레슨을 받고자 하는 것은 말할 필요도 없다.
④ 아이들의 약속을 지키는 습관을 발달시킴에 있어 부모들이 갖는 역할은 거의 없다.

서원각 교재로 인터넷강의 들을 사람

다 모여라 ~ !!

공무원시험 / 취업대비 / 자격증준비 / 부사관·장교준비
서원각 인터넷강의와 대비하자!

서원각 홈페이지 제공 강의

공무원	9급 공무원	서울시 기능직 일반직 전환	각 시·도 기능직 일반직 전환	교육청 기능직 일반직 전환
	관리운영직 일반직 전환	사회복지직 공무원	우정사업본부 계리직	서울시 기술계고 경력경쟁
기술직 공무원	물리	화학	생물	
	기술계 고졸자 물리/화학/생물			
경찰·소방공무원	소방특채 생활영어	소방학개론		
군 장교, 부사관	육군부사관	공군부사관	해군부사관	부사관 국사(근현대사)
	공군 학사사관후보생	공군 조종장학생	공군 예비장교후보생	공군 국사 및 핵심가치
NCS, 공기업, 기업체	공기업 NCS	코레일(한국철도공사)	한국전력공사	
자격증	임상심리사 2급	건강운동관리사	사회조사분석사	사회복지사 1급
	텔레마케팅관리사	청소년상담사 3급	관광통역안내사	국내여행안내사

서원각

자격시험 대비서

핵심이론 〉	출제예상문제 〉	온라인강의 제공

임상심리사 2급

건강운동관리사

사회조사분석사 종합본

사회조사분석사 기출문제집

교재구입 시
무료동영상강의
제공

국어능력인증시험

청소년상담사 3급

관광통역안내사 종합본

서원각 동영상강의 혜택

www.goseowon.co.kr

>> 수강기간 내에 동영상강의 무제한 수강이 가능합니다.
>> 수강기간 내에 모바일 수강이 무료로 가능합니다.
>> 원하는 기간만큼만 수강이 가능합니다.